Rethinking

Reconstructing

Reproducing

*

“精神译丛”

在汉语的国土

展望世界

致力于

当代精神生活的

反思、重建与再生产

---

*

L'anomalia selvaggia

Potere e potenza in Baruch Spinoza

Antonio Negri

精神译丛 · 徐晔 陈越 主编

[意] 安东尼奥 · 奈格里 著　赵文 译

野蛮的反常：
巴鲁赫 · 斯宾诺莎那里的权力与力量

西北大学出版社

安东尼奥·奈格里

照片由作者本人提供

献给安娜(Anna)和弗朗切斯科(Francesco)

目　录

吉尔·德勒兹序

6

奈格里关于斯宾诺莎的这部书成于狱中,是一部大书,在很多方面刷新了对斯宾诺莎主义的理解。在这里我想对该著作所阐明的主要论点中的两点作一强调。

1. 斯宾诺莎的反法律主义

斯宾诺莎的基本观点是力量的自发发展——即 almeno virtualmente——的观点。这也就是说,一般而言,无须依靠中介去建构与这些力量相对应的关系。

相反,中介必要性的观点基本上属于法律主义的世界观,如霍布斯、卢梭、黑格尔等人所论述的那样。这种世界观的意涵包括:(1)力量在个体和个人那里有其起源;(2)它们必须被社会化才能产生与自身相符合的适当关系;(3)因而必须有一个权力(potestas)来进行中介;(4)这种视域的内在核心是危机、战争或对抗,而权力则是以解决方案的面目出场的,当然这是一种"对抗式解决"。

斯宾诺莎往往被认为亦属此法律主义谱系,介乎霍布斯与卢梭之间,而奈格里不以为然。在斯宾诺莎那里,力量须臾不可脱离自发性和生产性,它们无须中介而能发展的原因也在于此自发性和生产性——自发性和生产性也即它们的形势。这些因素也同时是促成社会化的因素。斯宾诺莎直接思考的是“诸众(moltitudine)”而不是个体。他的哲学是与“权力(potestas)”哲学相对的“力量(potentia)”哲学。它是从马基雅维利直至马克思的反法律主义传统的一个组成部分。而存在论层面的“构成”或物理学及动力学意义上的“形势”等全部观念,都是与法律主义的契约相对立的。① 在斯宾诺莎那里,存在论视点使他看到的是直接生产,这与所有诉诸某个必然存在(un Dover-Essere)——它会给每个有限性都找到一个中介——的做法都是对立的(“在霍布斯看来,危机决定并覆盖了存在结构的范围,而在斯宾诺莎这里,危机是被包含在存在结构之内的”)。

7

尽管我们可以感到奈格里论点的重要性和新颖性,但读者也会震惊于这种论点所呈现的那种乌托邦氛围。因此,奈格里强调了荷兰形势的例外性质,也正是这种形势使斯宾诺莎主义的立场成为了可能:奥伦治家族代表了认同于君主制欧洲的“权力”,与此相反,德·维特兄弟治下的荷兰则试图大力发展生产力自发性表现的市场和力量社会化之直接形式的资本主义。斯宾诺莎主义的反常和荷兰的反常……但这种乌托邦能够成为例外而不同于别的乌托邦吗?奈格里的分析的第二个重要之点就与此有关。

2. 斯宾诺莎之演变

第一个斯宾诺莎——这个斯宾诺莎体现在《简论神、人及其

---

① 参看埃里克·阿里埃(Eric Alliez):《超越马克思的斯宾诺莎》(“Spinoza au-delà de Marx”),载《批判》,1981 年 8—9 月,第 41 期第 12 卷(*Critique*, agostosctt. 1981, n° 41 M12),本文出色地分析了这种对立。

心灵幸福》和《伦理学》开篇部分当中——实际上还处于那种乌托邦视角之中。这个斯宾诺莎重复着这个视角,因为只有这样才能保证力量扩张的最大化,使之得到提升,从而能够对实体和——通过实体——样式进行建构(泛神论的建构)。但显而易见,在作用的自发性或无中介性之中,具体现实的物质构成不可能使自身表现为权力、知识和思想,而是向世界彻底敞开,只能与其自身保持同一性,仅停留于一种纯粹理念(idéelle)意义的存在之生产性之中。

正是由于这一原因,第二个斯宾诺莎——这个斯宾诺莎体现在《神学政治论》之中,并在《伦理学》的展开过程中得到强化——那里明显表现出两个根本性的论题:一方面,实体的权力被限制,仅让实体充当某种地平线的作用;另一方面,在世界之上开启思想,思想作为物质性想象被提了出来。在这里,乌托邦消失了,让位于革命的唯物主义的种种前提。但这并不意味着他重又确立了对抗和中介。存在的整个范围都是无中介地存在的,但它是一个场所,不再是有关理念(idéelle)意义的实体构成的乌托邦,而是建成政治制宪的场所。

身体(以及心灵)无非都是力量。在这个意义上说,不能仅仅通过它们的相遇和它们间的偶然冲突(危机的冲突)来界定它们。所有身体(以及心灵)组成了无限的部分,这些身体(以及心灵)通过这无限部分间的关系来界定它们自身,并因而具有了“诸众”的特征。所以,身体和身体之间的组合和分裂过程,取决于它们之间典型关系的和谐与不和谐。两个或更多的身体就可以组成一个整体或者说一个第三身体,如果在具体环境下它们之间产生了相互关系的话。在这里就需要想象最高级的推演——在这点上,这种想象启迪着理智——以确保诸身体(以及诸心灵)能够按照

8

适当的关系相遇合。也是在这里，才有了有关共同概念的斯宾诺莎理论，这个理论极为重要，它也是《伦理学》第一部分和第五部分的主要内容。这种物质性的想象在强化了自身与理智联盟的同时，也在存在的全部范围内为身体之间的物理组合以及人们的政治制宪提供担保。

奈格里曾在马克思的《政治经济学批判大纲》上下过大功夫，如今他在斯宾诺莎这里亦复如是。奈格里勾勒出了斯宾诺莎著作中《简论神、人及其心灵幸福》和《神学政治论》所占据的位置的整体变化。在整个意义上，奈格里也勾勒出了斯宾诺莎那里存在的一种演变：从**进步的乌托邦**到**革命的唯物主义**的演变。有一则轶事说斯宾诺莎本人非常钦佩西班牙那不勒斯革命者马萨尼埃罗①（尼采也说过轶事与“思想家生活中的思想”有着重要的关联②），

---

① 1647 年 6 月 7 日，马萨尼埃罗领导革命者火烧梅尔卡托广场，高呼“国王活得太久了，让他和政府一起毁灭吧！”此后，贫民革命者在他的领导下经历了艰难的武装斗争时期，这也是那不勒斯反抗西班牙统治希望建立独立共和国的斗争。——译注

② “这种讲述古希腊哲学家历史的尝试，因其篇幅短小而有别于类似的尝试。之所以能做到这一点，是因为这里所谈到的只是每个哲学家的很少一部分学说，就是说，它是有所取舍的。但是，选出的这些学说，却能最鲜明地体现一个哲学家的个性。相比之下，如果像平常的手册所惯用的那样，悉数列举流传下来的一切可能的原理，则必然会使一个哲学家的个性归于沉寂。这样的叙述会变得极为乏味：因为正是那些个性的东西才使我们对那些被驳倒的体系感兴趣，也只有这样的东西永远不能被驳倒。通过三件轶事，便可给出一个人的肖像。”见尼采：《希腊悲剧时代的哲学》，李超杰译，载尼采：《悲剧的诞生》，上海：上海人民出版社 2016 年版，第 164 页。——译注

而奈格里或许是第一个对此轶事赋予全部哲学意义的人。

对奈格里的这两个论点,我的介绍是极其简要的。我认为,在这里还不宜对它们展开讨论,也不宜匆忙地反对或赞成。但这两个论点对于理解斯宾诺莎在思想史中的例外身份而言有着明显的价值。这些论点具有深刻的新颖性,最重要的是,它们也让我们看到了斯宾诺莎本人的新颖性——在其"未来哲学"意义上来讲的那种新颖性。它们也证明了政治在斯宾诺莎哲学中奠基的基础作用。我们的首要任务是搞清楚这个基础的范围,进而才能理解奈格里以这种方式在斯宾诺莎——真正地、深刻地作为斯宾诺莎主义者的斯宾诺莎——那里所作出的发现。

9

皮埃尔·马舍雷序:现在的斯宾诺莎

"有某种不成比例的东西和超人的东西",安东尼奥·奈格里这样来概括斯宾诺莎所从事的理论冒险的特征;而其后果则是某种超乎寻常的恶意全力反扑而来、突入时代,打破这一冒险的表面的连续性,通过这种富有挑衅性的不成比例,他也在召唤我们重返造就这场冒险的运动。奈格里对这一经验给出了这样的解释,我们也可以从相同的角度来看待他的这种解释,因为奈格里的野蛮的力量颠覆了人们借以理解哲学——不仅仅是斯宾诺莎的哲学——的那种流俗的条条框框:他迫使我们以一种颠倒过来的视角重读哲学,并使我们发现,在我们曾据信应该通过文献掌握的学说的位置上、在理论体系中固定的条框的位置上,存在着真正属于历史、属于我们的历史的"活的思想"。

把斯宾诺莎构想为历史中的思想家,这意味着什么呢? 显然,这意味着充分地将他放回到他的时代,放回到 17 世纪下半叶的荷兰,放回到封建世界的经济、政治、意识形态的崩解之中,斯宾诺莎正是考虑到这一历史条件而对新社会诸形式作出发明,期望这些社会形式能具有与此历史条件相配套的生产方式、交往方式和意识方式:斯宾诺莎之所以能创造出理性的概念和方法,进而对这场变革做出贡献,恰恰是由于他处于这种"形而上学生产的非凡基质”之中。但是,斯宾诺莎既在自己的时代之中也背叛了他自己的时代,他让自己与这个时代拉开了一段距离,把自己投入了另一个时代——一个既属于他自己也属于我们的时代。奈格里在论述斯宾诺莎对现实的政治建构——这是他全部思想工作的结果——的时候,强调了斯宾诺莎的“超常的现代性(straordinaria modernità)”:如果说这种哲学是“未来哲学”的话,那么这正是因为它是在“历史时代的界外”形成的。斯宾诺莎对他的时代所作的表述达到了这样一种程度,以至于此时代超出了简单一时一地的界限:也正是这一点——至少在我们看来——使他不仅曾活过,而且也活在现在。

10

所以今天必须阅读斯宾诺莎。这是不是说我们必须把他当代化呢,是不是要把他移植到另一个时代、我们的时代呢——而这种做法势必要以一种使其复生的、化简的阐释对他作重新发现?绝不是这个意思。这绝不是斯宾诺莎的现在时。他之所以虽去犹在,正是由于他从来都是现在的。这种现在,不是那种无时间性的永恒的现在,而是历史的现在,因为这一历史还在一个方向上继续,不可遏抑地在他的时代和我们的时代里继续着它的步伐。斯宾诺莎思想中永远现在现前或者——倘若你非要这么说的话——“永恒”的东西是什么呢?是其思想的历史性,或者说,一种内在性力量(potenza immanente)。斯宾诺莎的思想正是凭借这种力量超出具体一时一地的固定范围,也正由此力量而获得了理论生产性。斯宾诺莎不是像定点存在于抛物线之中那样存在于历史之中的——抛物线在此定点之外自有其完整的路线,相反,斯宾诺莎就是历史,他运动所到之处即是历史,一直投射到也是他的在场的这个未来之中。

奈格里让我们在斯宾诺莎之后重新发现斯宾诺莎,从"初次奠基"转入了"第二次奠基"。斯宾诺莎之后的斯宾诺莎不是就斯宾诺莎还原的斯宾诺莎,那样不过是以思辨和镜像的方式为他举办荣休庆典,让他回到某种想象的同一性中罢了。评注者们在那种同一性中获得他们自己的满足,他们也乐于逗留其中,在那里搞出被他们称为"体系"的且确定的结构。奈格里却强调了斯宾诺莎工作的过度性,强调了它对人们总把它拉回其中的狭隘范围的超越,从而让这个结构发生了内爆。这种哲学就是一种完整的历史,我们不可能对它作终结性的定论,我们永远不可能穷尽对它的谈论,它是一种活的思想,它尚处于过程之中,还未被画上句号,这个过程在继续着,它还继续活着并因而不断地使自身发挥着作用。

奈格里对斯宾诺莎哲学的阐释是惊人的,因为它让我们看到了一种过程性(processività)——这种过程性从该哲学的内在要求出发让它开始持续运动起来。此过程性是内在性的,它源自"斯宾诺莎思想的内在成熟过程":它不是外部环境压力的结果,不是为它规定了方向的客观的、无条件的历史的结果,而是一种"危机"的结果,哲学也分享了它自己时代里的这个危机,面对着这个危机以自己的方式形成了应对的方案并获得了它自己的对象。所以,"这种过度与其说是与危机时代——相对地——不匹配的关系所造成的,不如说是危机意识为了克服危机而在规划之中不得不引入的绝对的组织方式的结果":斯宾诺莎形而上学中的政治维度绝非武断的蛮力而致,而是得自于这种形而上学为自己设定的强力,即迫使自己重建全部建筑的强力。在本书的最非凡的章节之一里,奈格里对《神学政治论》进行了阅读,但却不是通过

11

《伦理学》或按照《伦理学》去读,而是在《伦理学》中去读,也就是说,在《伦理学》理路和概念中存在的“不平衡”所造成的间隙中去阅读:这种解读表明,政治理论的作用就是一种形而上学运算符(un operatore metafisico),因为它既是这种形而上学的症状,又是促成其改造的力量。“斯宾诺莎的努力的尺度和过度:政治理论把这种反常吸收并投射进了形而上学思想当中。形而上学被推到了政治斗争的前线,在它自身内包含着不平衡的平衡、不可尺度化的尺度——这些构成了斯宾诺莎的典型特征。”如果说斯宾诺莎哲学既听命于理论也听命于实践的话,这正是因为斯宾诺莎哲学是与哲学决裂的哲学,它在自己的体系中发现了必须超越此体系的迫切要求。

这种内部成熟并不是一种连续发展:正如我们所说,它源自一种危机,一种时代危机,这一危机也是思想危机,时代中的裂隙在他的思想中造成裂隙,造成了理论断裂和实践裂隙。“历史时间与斯宾诺莎哲学的真实时间之间是不一致的。大到无可尺度化的这种特性正是这种哲学在危机中对其自身的理解、重新配置它自身的策略的产物。它之所以如此规定自身,实际上是为了标明差异、呈现裂隙。”要与自己的时代拉开距离、与自己本身拉开距离,就必须“对其体系进行新的形而上学奠基”,它使斯宾诺莎“把由本质而来的事物的生产过程置于危机之中”,从而造成一种新的构成性方案,使斯宾诺莎实现了一种“极其重要的逻辑飞跃”。如果说他的思想是如此有效和真实,并因而总是现在时的,其原因就在于对断裂的欲望让它充满活力。

由于这种不断的切分,哲学也会增殖,不断返回自身,这种返回不是再次使自身闭锁于自身体系的遮蔽性的确定性之中,而是不断向着它前抛的张力和风险敞开。在转入“第二次奠基”之后，奈格里在《伦理学》专论第三种知识的第五部分中，发现了作为第一、二部分主题的“初次奠基”的要素。奈格里对此作出了解释，这种解释很像将精神分析技术运用于斯宾诺莎——奈格里说这种重复是一种“具有净化功能的偶然失误”。“在这里我们看到了理论中断——斯宾诺莎思想中的暂停——的复现，它被再次模拟一遍，以便得到升华。”“在经验的连续体中，几乎可以明确地发现不同的阶段或内容、不同的方案和解决办法”，就像在“教育剧”中所看到的那样。哲学因为直面这些校正，而达到了它的实在，掌握了现实：这是一种在它自身内部又外在于它的运动，哲学正是通过这一运动实现了自身。其实现方式，并不是黑格尔视角下的那种解决方法，而是对由历史造成的不可跨越的裂隙进行呈现，进而也使它自己成为真理。

正是这样一种对真理的生产扩展了斯宾诺莎的全部思想，而在奈格里看来他的全部思想不仅是对**努力**（conatus）的理论思索——这个概念是在《伦理学》第三部分得到集中阐明的，也就是在这里斯宾诺莎的学说遭遇了危机——，而且也是对努力的生动实践：斯宾诺莎的全部思想都表现出一种动态平衡，在不断地左支右绌之间把自身抛向一个必然的未来。“它绝不是一种终结了的本质，而毋宁说就是行动本身，是无休止的存在的给予及其在意识中的呈现。”“存有造就本质，以动态的方式、构成性的方式，所以当下的现在也造就趋势：哲学要想保持平衡，就得奔向未来。”斯宾诺莎的哲学在每一次形成不平衡观念的那一刻，都使自身进入裂隙之中，这种裂隙完全洞开，并预见到超越了它的简单一时一地性的现在性之中。我们应该看到，这种同步性也提出了

12

一个难题:一个学说倘若只完全囿于自身,仅汲汲于我们借以辨认自己的同一性的那种理论与实践的融合,难道就没想到真理内在目的论——真理就是它自己的意义和统一性的担保者——的幻觉吗?我们可以拿这个问题求教于奈格里。

然而找到这个问题的答案之前,就让我们听任裂解式的解读所带来的不可抗拒的撕扯之力的侵袭吧,这种解读把斯宾诺莎本人的论述推到了我们所能达到的极致,“犹如——在力量的长期积累之后——可怕的风暴即将到临”。我们且听风暴。

13

亚历山大·马泰隆序

在这里，我想谈谈我对奈格里这部著作深怀的钦敬之情，以及我对我所理解的其斯宾诺莎阐释的本质之点的赞成，另外附带地也谈一些保留意见，这些意见或对哲学史家——由于职业原因，他们往往专注于文本的精确性——有所启发。

钦敬之情，这是既在古典意义上也在现今意义上而言的钦敬之情，因为奈格里通过非凡的马克思主义分析使斯宾诺莎思想与他所处的当时荷兰风起云涌的历史变革之间的关系变得清晰可见了。不幸的是，我在这个问题上知之甚少，以至于无法判断奈格里提出的假说的真假。但这一假说很富有成果：它可以让我们对我们已经熟知的东西勾勒出一个内在逻辑，并且与此同时可以让我们了解到迄今尚往往被以边缘视之的某些事实的重要性质。这一假说第一次让我们理解了"文艺复兴"的泛神论乌托邦后来还在尼德兰长期存在，而它的含混性和不确定性或许也正是斯宾诺莎在《简论神、人及其心灵幸福》的拱心石部分表现出来的含混性和不确定性。之所以会如此，**在很大程度上都取决于"荷兰的反常"**。这一假说还让我们认识到，新兴资本主义在荷兰较晚发生危机，**这一事实也说明了**早期的这种泛神论何以错位地存在于荷兰，并且也可以说明斯宾诺莎为什么会觉得——或者说以何种方式觉得——必须去完成一种相当困难的概念重构。最后,这一假说让我们理解了,斯宾诺莎面对绝对主义解决方案——这种方案已经在欧洲其他地方造成了危机,而当时荷兰也有存在着绝对主义化的风险——采取了反对的立场,正是这种反对立场**决定了**他概念重构的最终形态。所以,撇开这个假说本身不谈,我相信,从根本上来说,它把我们的注意力吸引到这些事实上,这些事实本身就是极其重要的。

14

斯宾诺莎哲学确乎有其最终(或相对最终)的展开:奈格里说"二次奠基"是正确的。在这点上,除了有一个保留意见——后面我会谈到——之外,我基本上是同意奈格里的说法的。通过这个"二次奠基",斯宾诺莎不仅同残存的新柏拉图主义流溢论完全分道扬镳(这是所有严肃的评论者都承认的),而且也不再承认实体——无论实体是以何种形式存在的——相对于它的样式具有哪怕一丝一毫的超越性:实体并非是样式为其表面的某种实质;我们不处在神的海平面上,相反,平面本身就是**一切事物被吸纳于其中的地方**。无样式的实体仅仅是抽象,而无实体的样式也同样是抽象:个体的自然存在物——每个个体的自然存在物又与其他种种个体的自然存在物构成另外的个体自然存在物,如此构成,以至于无限——才是唯一具体的现实性。但这并不是说此前的分析的旨趣都是无效的;这意味着,曾归属于神的现在全都属于了事物本身:不再是神在自身的表面上生产万事万物,相反,事物本身——至少是部分地——成了自我生产者和在使它们的自我生产性边界得到规定的种种结构框架内的效果生产者。我们仍旧可以谈论神(正如斯宾诺莎所做的那样,正如从他的视角来看,他有理由做的那样),将它称为万物的这种永恒的生产活动性,将它称为一切自然的无限的和不可耗竭的生产性,但前提是,我们必须要记住这意味着什么:“生产自然的自然(la natura naturante)”是这样的自然,它是生产着的自然,是抽象地就其作为生产者而被考量的自然;“被自然生产的自然(la natura naturata)”,或诸样式,是种种结构,是自然本身以展开的方式的自我给予,是作为自然的自然产物的自然;但实际上,存有的都只是或多或少被组成的诸个体,其中每一个个体(既是生产的自然,同时也是被生产的自然)都努力生产出它所能生产并再生产出的一切:这种具体的存在论是以 conatus(努力)学说为开端的。因此,奈格里正确地将斯宾诺莎主义的最终展开的特征归结为**生产力的形而上学**——这种形而上学,同一切古典形而上学都是对立的,后者就其将事物的生产性归属于某种先验秩序的统辖之下而言,都或多或少是生产关系的形而上学。

这种生产力的形而上学在斯宾诺莎主义的各个层面中都起着作用,对此,奈格里给出了极为出色的说明。他向我们表明,沿着《伦理学》的后三部分的思路,人的渐进地被构成的主体性不是别的,而是真正复合性的自然本质;随着人的 conatus(努力)转变为欲望并且围绕它自身而使自身展开——多亏了想象的构成性作用(想象在这里不再是纯然消极的东西),人的世界逐渐真正成为了“第二自然”;诸个体的种种欲望——同样多亏了想象的作用——相互纠缠组合,从而在这个“第二自然”中引入了一种人际的维度;通过人和人际世界的生产本身,“第二自然”不断丰富地进入想象,幸赖于此,我们的 conatus(努力)才得以越来越成为自我生产的,也就是说越来越自由的 conatus(努力),我们也因而能越来越使这一 conatus(努力)变得理性,我们也越来越能合乎理性

15

地欲望,进而获得第三种知识和幸福。在《伦理学》的后三部分里,奈格里称,存在论成为了**实践的现象学**。它遵循的理论实际上是从最开始就已经形成了的;"神的理智之爱(amore intellettuale di Dio)",在某种意义上说(尽管在我看来这仅仅是一个方面),就是作为人通过自我认识而自我维持的人的实践本身。

《伦理学》虽然指出了这种知识的位置,但却留下了很多阐述上的空白,这种知识发生可能性的集体条件的相关理论还有待详述,在这方面尚有很多工作要做。这就是《政治论》的目标,奈格里正确地指出,《政治论》一书无论是在积极意义还是消极意义上说,都构成了斯宾诺莎哲学的最高点:至高点,也是极限所在。

之所以说该著是一个至高点,是因为斯宾诺莎从个体的 conatus(努力)出发向我们展示了构成/制宪(costituzione)是如何形成的,而所谓构成/制宪(costituzione)也即集体的 conatus(努力),他将这种集体 conatus(努力)也称为"诸众的力量(potenza della moltitudine)"。构成/制宪也依循着同样的原理:生产力相对于生产关系的第一性。政治社会并非是从无涉于诸个体的种种欲望的外部强加进来的某种秩序;政治社会甚至不是由某种契约、由源自某种先验义务的权力转让构成的。政治社会差不多是个体力量(potenze)间相互作用的机械的(而非辩证的)结果,个体力量(potenze)经过组合,而成为了集体权力(potere)。正如在自然的所有地方中的情况一样,政治关系不是别的,而就是集体生产力为其自身给予出来的并通过其自身展开而不断再生产的种种结构。因此,市民社会和政治社会之间是不可分的;国家,甚至民主国家,是不可能被理念化的。我完全同意奈格里的这一断言,即,我们应该反对霍布斯—卢梭—黑格尔的三位一体,尽管奈格里曾对我提出过责备——他的指责是基于误解的,这责任在我,因为我有时候措辞时未能对措辞的意涵的全部范围进行明确说明——,说我多少将斯宾诺莎黑格尔化了。奈格里对此学说的巨大革命前景和非凡意义的论断,我也是同意的:权利/法权(diritto)不是别的,而就是力量(potenza)本身;政治权力掌握者所拥有的权利/法权(diritto)不是别的,而就是诸众的力量(potenza):它是诸众每时每刻都在让渡和协调着的、并且可能不复为诸众所掌控的集体力量(potenza collettiva)。如果人民反叛,从定义上说,权利/法权(diritto)即在民,而——从定义上说——主权者的权利/法权(diritto del sovrano)实际上也就消失了。政治权力(potere)——甚至是在 potere 一词的法律意义上理解的"权力"乃是统治者对他们臣民的集体力量(potenza collettiva)的没收;想象性的没收仅仅在如下条件下才能产生真实的效果,即臣民本人必须要对这种没收信以为真。难题因而在于对最佳政体形式的发现:但是,要想从所有既有政治社会形式中探索出一种最优解放形式,也就是说,探索出使得诸众能通过此政治形式的展开而重新最大程度地掌握他们自己的力量——为了且仅为了此一原因——,就必须去了解最佳的[诸众]自我组织方式。

16

至于说斯宾诺莎详细考察这些结构时遭遇了局限(《政治论》第六章到第十一章),显然这也是他所处的历史情境的局限。奈格里友善地责备我对这一细致的考察过分强调,而在他看来,他所看到的这一考察的失败较之它的内容更有意义。但在我看来,斯宾诺莎本人严肃对待的事情,我们也必须严肃待之。但我同奈格里同样认识到,对于今天的我们而言,从未来的视角一如从永恒的视角(两种视角归根到底是同一个视角)来看,《政治论》中的本质的东西是其前五章所论述的该著作的基础。对于那些未读过《伦理学》的人来说，这些基础也将是不可理解的，因此，奈格里绝对正确地说，斯宾诺莎的真正的政治学就是他的形而上学，其形而上学是推至另一极端的政治学。

斯宾诺莎如何从其早期的泛神论（对这种泛神论而言，“事物是神[la cosa è Dio]”）抵达其学说的这种最终展开（对其最终展开而言，“神是事物[Dio è la cosa]”），这仍有待揭示。就此点而论，我是不能完全同意奈格里的，至少在这一方向上无法同意他，即在我看来，我已经证明了一个并不完全是他所认为的真理。因为，我认为——尽管他不以为然——，这个最终的斯宾诺莎主义（在某重要补充的条件下，确乎可称为最终的斯宾诺莎主义）是包含第一部分和第二部分在内的整部《伦理学》所体现出来的斯宾诺莎主义。而在奈格里看来，具有我们所知的那种形式的第一部分和第二部分，多谈的是神的属性学说，代表了《伦理学》的初稿，且在 1665 年发生过中断；这两个部分作为证据说明了斯宾诺莎思想中——尽管有种种预兆——出现了一种直接的发展，其特征体现为斯宾诺莎第一阶段的泛神论要求和继续满足这种要求的不可能性的意识之间的极度紧张；无论我们情愿与否，这里毕竟似乎存在着实体同样式之间的某种二元论：一边是神，另一边是世界（奈格里称之为“世界的悖论”）。只有在第三部分、第四部分和第五部分中——虽然第五部分还有由“净化”目的重新激活的古代教义的遗存痕迹——，生产力的形而上学才充分地得到了展现：属性学说几乎消失了，仅仅扮演着残余的角色。就此点而言，我觉得大有讨论的余地，我们可以向奈格里提出如下两条临

时的反对意见,以此来进行我们的讨论:

17 (1)从这部单一的著作所获得的材料出发重构《伦理学》的初稿是极其困难的。确有不少评注者(尤其是伯纳尔·鲁塞[Bernard Rousset])尝试着得出了一些颇令人感兴趣的结果,且不乏可信之点:就《伦理学》的某些地方而言,可以看到有两套语汇系统,其中之一,显然更为古旧(与《简论神、人及心灵幸福》的语汇更为接近);老的语汇系统向新的语汇系统的过渡是循着激进的内在论(immanentismo)方向进行的:斯宾诺莎从关于分有的语汇转入了关于力量的语汇。但是从一方面看,这只是局部现象,从另一方面看,两套语汇的局部交叠也涉及《伦理学》全书:全书各部分中都可见到这两套语汇,老旧的语汇层在后三部分中出现,并不明显地有别于它们在前两部分中的出现。因此似乎不能确定——正如我们所知道的那样——前两部分作于1665年之前,而后三部分作于1670年之后。尤其还因为,就算中间有五年的中断,斯宾诺莎1670年重新开始文稿的写作,似乎也不太可能不对文本的整体作统一的编订。按更为合理的推测来说,情况似乎是,每部分中老旧的语汇层是斯宾诺莎有意保留下来的词语和表达所致,他之所以保留它们,是因为就算它们会造成一定的含混,斯宾诺莎也认为这些含混毕竟也是易于清除的,重新使用它们,并不会与他的学说的新发展相矛盾。

(2)因此,我认为《伦理学》前两部分与后面三部分并不相抵牾。我们若孤立地看某些陈述的话,似乎确有矛盾,而一旦从论证的链条整体再审视它们,这些矛盾就消失了。斯宾诺莎在《伦理学》的第三部分、第四部分和第五部分的确不怎么谈论属性;这是正常情况,因为属性并不构成这里的对象,就属性问题,本质性的东西已经谈过了。但这三部分里的命题须由别的命题来证明,而那些别的命题也须由更先的命题来证明,如此等等;我们若是沿着这个链条溯至尽头,毕竟还是要回到关于属性的命题。也许这就是我与奈格里之间的明确的分歧点:他并没有严肃对待这种推理的顺序,而是把它当作了某种从外部强加进来的东西,并视之为"斯宾诺莎在他那个时代不得不付出的代价"。显然,在必须严肃对待这种推理的顺序这件事上,我没能说服他。但我相信,只要我们决定这么做了,就会在整部《伦理学》中发现巨大的逻辑一致性;条件——确切的条件——是按照完成形态的学说来整体地解释这一逻辑一致性:否则就会出现实际上的欠缺。我与奈格里一样认为,具体的存在论始于 conatus(努力)的理论;但这一理论只有通过实体和属性的学说才能得到证明,即证明:自然的整体——思想的事物和广延的事物的整体——是无限的和不间断的生产者和自我生产者;要证明这一点就必须从根源上重构具体的现实结构,这一重构又必须从对有着多样形式的生产活动性进行分析开始,而生产活动的多样形式恰恰就是可整合为单一实体的种种属性。当然,你可以认为无须证明这一点,但斯宾诺莎却不这样认为。你还可以认为斯宾诺莎这么认为是错的;如果这样,既然不讲逻辑有效性,那我再无可反驳:这是方法论选择的问题。如果选择思考本质性的推理顺序的话,我们就会比奈格里更为重视思想和广延的"平行论"(在更为精确的提法尚缺乏的情况下,姑且这么叫它吧),就会对他就完成形态的斯宾诺莎学说的阐释有所补益,且不与他的这种阐释相矛盾。这就是我前面说到的

18

"保留"的含义:在我看来,属性理论,按照斯宾诺莎意图人们理解的那样来理解的属性理论,才是"二次奠基"本身的基础。将这一点纳入考虑,《伦理学》第五部分的"永恒生命"——且不论奈格里所说的有多么准确——既与"净化"没有任何关系,**同时**又会显现其严格意义上的永恒性。

最后,我认为,我的这两条反对意见中的第一条,部分地取消了第二条的意义。《伦理学》虽有其初稿,但是却并没有在第一部分和第二部分里被原样照搬。奈格里以1665—1670年这一时期斯宾诺莎其他文本所作出的证明,毕竟给我留下了初稿**当然**就是他所说的那个样子的印象。这段时期的这些文本——首先是奈格里就这段时期斯宾诺莎通信作出评述的那些段落,尤其还有他作出了出色研究的《神学政治论》的催化剂功能——似乎都倾向于证明这一点。一方面,实际上,奈格里使我们信服地感到,斯宾诺莎的全部工作都贯彻着政治斗争的种种要求,以此为着眼点,斯宾诺莎又逐渐意识到了想象的构成作用(我们已经看到,想象的构成作用将在《伦理学》后三部分里扮演重要的角色),也正是这些要求使斯宾诺莎产生了重构他的概念的迫切需要。另一方面,种种迹象清楚表明这一需要直至1670年还未得到满足,故此,奈格里在他自己所称《伦理学》初稿内容与斯宾诺莎在《神学政治论》中仍旧论及社会契约这一事实(尽管整个《神学政治论》的上下文表明从逻辑上说不谈社会契约论也能进行表述)之间建立起了联系:完全不再谈契约——要敢于这么做,实际上必须等到其学说达到最成熟的最终形态(直到《政治论》,斯宾诺莎才能做到这一点);正如奈格里所做的那样,考察社会契约概念并探究

19

该概念在斯宾诺莎整个哲学的普遍成熟中何以消失，这一工作是成果颇丰的。

故此，我的保留意见相对于我的钦敬和认同而言是第二位的。最后，撇开种种细节不论，奈格里那里最让人吃惊的东西就是，他给出的那些灵光乍现而使我们目不暇接的直觉，就像是第三种知识持续不断、时时更新的闪电，而第三种知识恰是斯宾诺莎主义的真正本质。无疑，这源于（我同许多论者一样在这点上同意德勒兹的见解）奈格里的理论反思及其实践长久以来就已经是一名真正的斯宾诺莎主义者的理论反思和实践了。

Je ne connais qué Spinoza qui ait bien raisonné;

mais personne ne peut le lire.

——Voltaire a D'Alembert①

① 奈格里引法文题辞:“我只知道,斯宾诺莎评议者众,却鲜有其读者。——伏尔泰致达朗贝尔的信。”——译注

前 言

24

斯宾诺莎是个反常者。斯宾诺莎——这个异教徒和受诅咒者——没有像16、17世纪其他革命性的革新者那样身死牢狱或丧生于火刑柱,这恰恰说明他的形而上学作为对抗的力量关系中的一极,已经站稳了脚跟:17世纪荷兰的生产关系与生产力发展使对抗趋势日益明显。在这一背景之下,斯宾诺莎的唯物主义形而上学构成了这个世纪里的一种强有力的反常(l'anomalia potente):它并非是失败了的或边缘的反常,而是凯旋的唯物主义的反常,是已然走向前台的存在者——建构起其自身,并因而掌握了让世界发生革命的观念可能性的存在者——之存在论的反常。

研究斯宾诺莎思想是有益的,原因有三,每个原因都是积极且难题性的(problematico)。换言之,斯宾诺莎不仅提出并解决了他自己时代里的几个时代性难题;而且斯宾诺莎式的解答方法的形式本身包含了一种进步的难题性,这种难题性一直延伸到了我们的时代,并深植于我们的哲学视域之中。研究斯宾诺莎思想之所以重要的这三个难题性原因如下:

第一,斯宾诺莎发现了现代唯物主义的最高形态,它不仅支配着永恒与既有的存在哲学中的现代及当代哲学思辨的视域,而且也支配着这样一种无神论——它可以被界定为对存在或人类行为的一切先定的构成秩序的否定。然而,即便有着能产的和鲜活的形式,斯宾诺莎形而上学也没能成功冲破纯然“空间的”世界观(或伽利略物理学世界观)的局限。它当然冲击着这种观念并力图破除掉它的局限,但却没能找到出路。最终留下了存在的空间维度与其时间的、创生的、动态的维度间关系的未解难题。想象这一支配着斯宾诺莎整个体系的精神机能通过一种隐喻意义上的时间化秩序建构存在。所以实际上难题不唯没有解决,反倒是纯粹而迫切了:存在(在辩证法被阐明之前)避开了辩证唯物主义的纠缠。事实上,社会主义和苏维埃作家对斯宾诺莎的阅读并没有丰富辩证唯物主义,反倒把斯宾诺莎形而上学给出以取代唯物主义之纯然空间性和客观性维度的那些潜能给消除了。

25

第二,斯宾诺莎在处理政治问题时(政治学正是他思想的基本核心之一)发现了一种不容误解的民主形式。也就是说,他在唯物主义基础之上提出了民主的问题,因而也是将民主问题当作对国家的所有法学神话之批判提出的。民主制宪主义(costituzionalismo democratico)的唯物主义基础存在于生产的难题性之中。斯宾诺莎思想把制宪—生产关系(rapporto costituzione-produzione)归并为同一性联系;若不从一开始就把此二者联系在一起思考则不可能获得对政治的正确认识。绕开此一联系谈论政治,是不可能的,也是无耻的:我们将清楚地看到这一点。可是,斯宾诺莎往往被投入“民主”这口大锅里,与规范论的霍布斯先验论、卢梭普遍意志和黑格尔扬弃作用一勺烩,结果就是突出了生产与制宪之间、社会与国家之间的区分。还不仅止于此:在斯宾诺莎内在论(immanentismo)之中,在斯宾诺莎所论述的政治特性之中,民主即为以生产而组织起来的“诸众(moltitudine)”之政治,而宗教即为以民主而组织起来的“无知者(ignoranti)”的宗教。这种斯宾诺莎主义的政治理解构成了现代思想中的一个根本要素。即便这种论述尚未成熟到成功地把阶级斗争的对抗作用当作现实基础加以理解,但它确乎抓住了这一思想的全部前提,成功地表述了群众(masse)乃是社会变革和政治变革的基础的主角(protagonismo)。将于随后几个世纪里由自由主义—民主主义思想给资产阶级提出的种种神秘化难题——尤其是(在卢梭—黑格尔理论线索中的)雅各宾主义难题——,在这一斯宾诺莎思想跟前将被“终结”。让我们以直截了当的形式提出这个难题:诸众创造国家、无知者创造宗教的思想(这一思想使我们摆脱了那个完整的传统,杜绝了唯心主义的和法学的解决方式的一切可能性,尽管在连续几个世纪里这类解决方式一再地被给出,汗牛充栋)强有力地指向了共产主义阶级斗争至今仍会提出的那些问题。制宪与生产,恰如织体的经线与纬线,以无神论所要求的彻底平等的形式,交织起群众的经验与未来。

第三,斯宾诺莎表明形而上学的历史里包含着激进的选择方案。形而上学作为现代思想的最高组织形式并非铁板一块。它所包含的这种选择方案正是阶级斗争的历史所生产的。存在着“另类”的形而上学历史,受赞美的历史反对受诅咒的。而我们不能忘记,只有在形而上学的这种复杂性中现代才能被读懂。因而,如果事实如此的话,那么否定的思想(穿透形而上学并对之加以否定、朝向存在之积极性[positività dell'essere]开放的思想)的积极形式,既非怀疑论,亦非犬儒主义。否定的思想的积极形式只能存在于思想与起诸众历史行动物质中介作用的思想活动能力之间的构成性张力之中。构成性思想(pensiero costitutivo)不仅 26

有着否定的激进品格，而且还改造着否定，以让它立足真实存在的方式对它加以运用。在这一背景之中，破坏规范的构成性力量（制宪力/potenza costitutiva）就是斯宾诺莎对自由的界定。斯宾诺莎之反常就在于此，他的形而上学与资本主义生产的新秩序之间的矛盾关系构成了一种"野蛮的"反常，它彻底地表现着对并非由群众自由地构成的一切秩序的历史性破坏，彻底地表现着若不被理解为解放的地平线全景则无从定义的那种自由的地平线全景——它作为一种思想，既是相当否定性的，也因而同样是非常进步和具有构成性的。现代的革新思想的对抗性力量、现代革命原因之来自人民群众与无产者，以及从马基雅维利到青年马克思的共和主义立场的全部拱心石，都可以汇集到斯宾诺莎的典范式经验之上。就此而言，斯宾诺莎一直都是当代哲学论争的中心，他几乎与耶路撒冷圣殿中的耶稣一样——谁又能够否认这一点呢？

这些就是研究斯宾诺莎之所以有益的几个首要原因。另外或许也应该再考虑一个因素。我们应再返回到另类思想体系的起源（与资产阶级秩序形成之起源恰相对立的革命的起源），应再返回到那个矛盾，回到那个实际上刚好处于现代思想发展之中途的那个矛盾——这是为什么？这不仅是要承认斯宾诺莎的思想，而且也是承认一种场地和方案，它将能使我们实现对资产阶级思想传统的"超越"，但这无非是要构成一种操作手段，这一操作手段实际上针对的是一个全然不同的目标：建构一种对既被耗尽也步履维艰的革命思想传统本身的"超越"。我们发现我们所面临的革命传统是从污泥中捡起那些资产阶级旗帜的。在遭遇这个时代的历史敌人的时候，我们必须反省自问：除了污泥之外，留给我们的还有什么？

在这一意义上,阅读斯宾诺莎在我身上难以置信地重新点燃了革命体验。但我也绝非是唯一摸索走上这条道路的人。斯宾诺莎研究过去两个世纪里早已有了重大的复兴之势。就解读阐释——严格意义上的哲学解读阐释——而言,最好的例证是马夏尔·果鲁特(Martial Gueroult)对《伦理学》的非凡解释,但不幸未完成而成憾事。我们也可以在别处看到更具激情的著述:我指的是近来在当代(及马克思主义)批判难题性内部对斯宾诺莎作再解读的种种尝试。比如,作为阿尔都塞学派中的一员,马舍雷重新检讨了黑格尔对斯宾诺莎的解读,且不仅指满足于驳斥黑格尔解读的重大歪曲。马舍雷看得更深,在斯宾诺莎体系中辨识出了一个批判性地预示了黑格尔辩证法且发现了唯物主义方法的体系。吉尔·德勒兹从另外的方面、从不同的体系前提出发——但或许甚至是更具创新力地——以全景的、阳光朗照的视野为我们勾勒了斯宾诺莎哲学:这一哲学夺回了作为样式多样性空间的唯物主义,具体地解放了作为构成性力量的欲望。在宗教哲学和政治哲学领域,则有哈克尔从历史—结构方面所作的再界定——马泰隆在这方面所做的工作或许更为准确恰当:民主被表述为物质本质,被表述为群众想象、构成性技术与存在本质之投射(这种投射扫除了一切辩证法的复杂纠葛)的产物。就此而言,斯宾诺莎的批判是对未来的预演,他因而是一位当代哲学家,他的哲学是有关我们未来的哲学。

从20世纪60年代末以来丰富了斯宾诺莎研究的各类阐释都极具创新性,我既然谈到了这一点,似乎最好应该澄清我本人在这一研究中的目标。但是稍后对此再作解释更好一些,可还是必须首先澄清一点:毋庸置疑,激发了对现代思想起源和现代国家史研究的一个重要因素是这样一种认识,即对原生性危机的分析有助于搞清楚资本主义和资产阶级国家消亡的条件。虽说这项计划确乎构成了我早先研究(比如对笛卡尔的研究)的核心,但如今它不再是我的主要兴趣了。实际上让我感兴趣的,与其说是资产阶级国家及其危机的起源,不如说是进行中的革命所提供的理论替代方案和可行的可能性。说得更明白一些:斯宾诺莎提出的难题是主体在资本主义发展的单维性(unidimensionalità)——无论这种单维性是以资产阶级的和上层建筑的面目出现,还是以其实际的资本主义的和经济基础的形式出现——之中实现断裂的难题。换言之,斯宾诺莎向我们指明了,取代这一传统的生动的替代乃是一种物质力量,它就内在于现代哲学的形而上学死结之中,内在于哲学的轨迹——确切地讲,就是从斐齐诺[1]、尼古拉[2]直至19世纪的哲学之死(用凯恩斯主义的术语来说,这条轨迹的终点恰恰正是**食利者**知识的寿终正寝)的轨迹——之中。哲学史的书写将这些替代方案定位于过去:吉尔森(Gilson)在中世纪哲学中定位现代文化,沃尔夫森(Wolfson)在中世纪希伯来文化中定位斯宾诺莎,就是两个例子,但这在我看来总是似是而非的。谁知道这种做法为什么被认为是科学的呢?谁能知道呢?在我看来,这种做法恰恰是科学论述的对立面,因为它是对思想的条件与功能作文化谱系研究,而不是物质谱系研究:它不揭示未来——这恰是科学的任务。这种做法没有从过去的重负里释放

28

① 马西里奥·斐齐诺(Marsilio Ficino,1433—1499),文艺复兴时期欧洲学者,以拉丁语翻译了柏拉图的全部著作。——译注

② 库萨的尼古拉(Nikolaus Cusanus,1401—1464),中世纪的宗教哲学家。一直被看作是德语哲学的奠基性人物,被称为“近代的亚里士多德”。——译注

出任何可造福现在的东西,也没有释放出可创造未来的东西。因此,我对这一似是而非的做法反其道而行之,基于斯宾诺莎的论述所包含的力量来谈论未来。就算——由于谨小慎微或怠惰迟缓——我没有赢得未来,我至少想以这一反其道而行之的方法尝试着解读过去。在将斯宾诺莎带到我们面前的同时,我,作为许多可怜的学者中的一员,也将以一种解读过去的方式来质询这位真正的大师,而我所用的这种方法将使我能够抓住一些要素,它们在今天日益清晰地标示出了对未来之构成至关重要的一种革命实践现象学。此外,这种解读过去的方法也使我(而且确实是迫使我责无旁贷地)考量所有那些混淆、神话和罪责:从博比奥(Bobbio)至德拉・沃尔佩(Della Volpe)的理论及其最近的衍生学说一直在向我们灌输这样一种神圣信条,即民主是法律的统治,普遍利益"升华"为具有法律形式的特殊利益,国家的宪法功能对多数人负责,多党国家(Stato dei partiti)是一种了不起的政治中介,能够兼顾统一与多元,等等。斯宾诺莎,17 世纪的斯宾诺莎,却没说过这种傻话。自由,真正的自由,我们所热爱的、我们生死以赴的真正的自由,直接地、无中介地构成着这个世界。调节着多元性的不是法律,而是构成性过程,而自由的构成从来都是革命的。

我用来论证重读斯宾诺莎的正当性的这三条理由如今汇聚成了一个研究领域,通常可以被称为"对一种新革命"的定义。斯宾诺莎以一种激进形式界定了与资产阶级形而上学中的理性判然有别的"另类"理性。唯物主义思想——关于生产、关于构成/制宪的这一唯物主义思想——今天成了每个新理性主义命题的必然的、根本的基础。斯宾诺莎之所以实现了这一切,是由于他采用了强有力的手段,测定了一套动态系统——变革的、伸向未来的存在论动态系

29

统。以需要的自发性为基础、以集体想象为组织方式的一种构成性存在论(ontologia costitutiva):这就是斯宾诺莎主义理性。这就是基础。但还不仅止于此。在斯宾诺莎那里,不仅存在着对此一基础的界定,还有着一种驱动力,推动他发展这个基础,搞清发展的界域是什么,并让作为网络结构的这个界域接受批判。这里就用上了辩证法,但并非是作为思想的明晰形式的辩证法,而是作为对存在论基础的表达(articolazione)、作为对存有与力量之测定的辩证法:这就杜绝了把辩证法变成"万能钥匙"、将之看作冲突的直接组织,看作认识的根本结构的一切可能性。所以,在这项研究中,我必须从着眼于唯物主义思想的角度,去审视斯宾诺莎在界划需要与欲望的绝对多元性方面所付出的努力;我必须从着眼于生产论思想的角度,去审视斯宾诺莎是怎样在想象学说中把需要和财富之间的关系模式与柏拉图的爱的寓言的集中解决相结合的——在斯宾诺莎看来,柏拉图的爱的寓言在现代性的把握维度中,在披着宗教外衣的斗争中,在资本主义的发展条件下,业已被社会化;我必须从着眼于构成/制宪思想的角度,去审视斯宾诺莎(通过现象学、科学和政治学)所阐明的第一个现代革命规划,去审视斯宾诺莎对以自由为基础——而非以剥削为基础——的世界所作出的新的理性奠基。行动与内容胜于公式与形式。主动性胜于实证论。真理胜于合法化。对力量(potenza)的表现与配置胜于对权力(potere)的界定与运用。斯宾诺莎的这些方面应得到更为深入的研究。斯宾诺莎(从有关我们所生活的世界的"理性"认识的视角来看)的确恶名昭彰:他是一位存在哲学家,却全部推翻了超越论加于世界之生产性、内在性、透明性和直接性因果律之上的污名;他相信民主,他也是革命的,但却杜绝了法律统治和雅各宾主义的全部抽象可能性；他是研究激情的学者，却不是把种种激情定义为痛苦，而是定义为行动——历史的、唯物主义的，因而也是构成性的行动。从这个角度来看，我的这部著作只是深入研究的初步尝试。它迫切期待着——比方说吧——最终能有对斯宾诺莎那里的激情的详尽分析，即斯宾诺莎之再奠基规划得以展开的具体方式的分析。这将是一项次级的研究目标，它会集中于《伦理学》第三和第四部分。这项任务还有待于开始并深化展开，要完成这个任务，绝不可能通过某个学者的个人研究，只能是朝向并通过集体的、构成性实践的现象学来实现，因为正是集体的、构成性的实践构成了当代主动性和革命性的理性定义的背景。

30

本书写于狱中。其中多数部分也构思于狱中。当然，很久以前我就开始钻研斯宾诺莎。在学校的那段时期，我非常热衷于《伦理学》（在这里我不禁深情地想起了那些年里我的老师）。我一直学习《伦理学》，从没有中断过，但完整的研究需要更多的时间。入狱之后，我又从头开始：阅读、做笔记，并不断劳烦我的同事们给我寄来书籍。衷心地感谢他们。我曾被说服，相信监狱里有的是时间。被骗了，完全被骗了。监狱自有其节奏，转移、监押，根本没有留给你时间；监狱让时间支离破碎：这是资本主义社会的基本惩罚形式。所以本书——与我的所有其他著作一样——是在深夜油灯之下或白日偷空的片段时间里断续完成的。监狱里的作息规则非常糟糕，当然比大学里的生活要更为无趣；我希望我这项研究的艰苦条件可以被论证和评注的具体性所清偿。至于其他方面，我则需要请求谅解：我没能给出全部的参考书目（尽管我相信我看过了所有必要的相关著作），我没能充分地探究斯宾诺莎文化的历史形成过程(尽管我相信我对弗朗塞[Francés]和克拉科夫斯基[Kolakowski]研究的依赖,能使我在这一问题上稍可安心),我在对“黄金时代”的解释上过于轻信赫伊津哈(Huizinga)和考斯曼(Kossmann)的说法(但还有什么能取代他们的理解呢?),最后我要请求原谅的是,我有时会因这篇论文而沾沾自喜——这是在科学共同体之外进行工作的人难免的事情。在这么说的同时,我并不认为监狱生活为这项研究本身赋予了不同的品质——既不使它更糟,也不使它更好。我不会请求批评者们的宽恕。毕竟我不想否认,在可憎恶的囚室中的孤独是丰饶的,一如磨镜室中斯宾诺莎的孤独。

安东尼奥·奈格里
于罗维戈监狱、肋比毕亚监狱、
福松布罗内监狱、帕尔米监狱、特拉尼监狱
1979 年 4 月 17 日,1980 年 4 月 7 日①

① 得到斯宾诺莎著作考订版是困难的,鉴于此,我的所有引文(以及我使用的译文)全部来自格布哈特(C. Gebhardt)编译《斯宾诺莎著作集》(*Spinoza*, *Opera*, im Auftrag der Heidelberger Akademie der Wissenschaften, Heidelberg, C. Winters, Universitàtsbuchhandlung, 1924—1925)第四卷。

我主要的文献书目,参考的是让·普雷泼西埃(Jean Préposiet)所编《斯宾诺莎研究文献》(*Bibliographie spinoziste*, Annales Littéraires de l'Université de Besangon/ Les belles lettres, Paris, 1973)。

感谢提诺·柯斯塔(Tino Costa)及其他帮助整理笔记的朋友。深切感激你们!

第一章

荷兰的反常者

L'anomalia olandese

1. 一个形象的难题

31

研究斯宾诺莎意味着提出历史中的不平衡——一种哲学与规定其起源的历史维度及社会关系间不平衡——的难题。即便是从经验视角出发,一眼看去也会清楚地看到这种不符。编年史证明,无论是赞同地还是充满敌意地,总之是证明了斯宾诺莎思想反常骇人。在某些人眼中,它是“chaos impénétrable”“un monstre de confusion et de tenebres”①;保罗·维涅雷相当透彻地向我们展示了大革命前法国思想中这一传统的历史。② 而另一些人则说他是“un homme illustre & savant, qui à ce que l'on m'asseure, a un grand nombre de Spectateurs, qui sont entièrement attâchez à ses sentimens”③,而斯宾诺莎的通信也完全证明了这一论断④。不管怎样,这些编

---

① 法语,“不可理解的乱麻”,“混乱黑暗的一个怪物”。——译注

② P. 维涅雷(P. Vernière):《斯宾诺莎与大革命前的法国思想》两卷本(*Spinoza et la pensee française avant la Revolution*, Paris, 1954),这里维涅雷引用的是马西永(Massillon)所说的话,参看该著卷一,第 1 页。

③ 法语,“一位杰出而博学的人,我就坐在他旁边,他拥有大量的听众,他们完全被他的感情所吸引”。——译注

④ A. 凡·德林德(A. van der Linde):《贝内狄克图斯·斯宾诺莎文献提要》(*Benedictus Spinoza Bibliografie*, Nieuwkoop, 1961,影印 1871 年版),第 19 页。此为凡·斯图普(van Stoupe)的目击证言。

年史材料毕竟向我们描述了一种人格,勾画了一个思想家,描绘了一个形象,给出了一种评价,让我们看到了一种超人品格。一种双重品格。他有时像是魔鬼:斯宾诺莎有一副肖像,旁边牌子上的铭文就写着①:"Benedictus de Spinoza, Amstelodamensis, Gente et Professione Judaeus, postea coetui Christianorum se adjungens, primi systematis inter Atheos subtiliores Architectu"②。但有些时候,他又似乎是截然相反的样子③:"il lui attribue assez de vertus pour faire naitre au Lecteur l'envie de s'ecrier: Sancte Spinoza, ora pro nobis"④。顺着这些线索,我们还可以清晰地在 Pantheismusstreit——即赫尔德和歌德的德国泛神论——中看到种种非理论的斯宾诺莎崇拜的广泛存在,更不用说斯宾诺莎这位"富有德性的无神论者和自由理性的圣徒"的思想在欧洲的"美好时代"随处流行的情形了。⑤

编年史料中的这个双重形象以稍有不同的方式进入了哲学

---

① 同上书,第 29 页。

② 拉丁语,"贝内狄克图斯·德·斯宾诺莎,阿姆斯特丹人,犹太民族和犹太信仰,后加入基督教一支派,即由无神论细致微妙的建筑师们建构起来的第一体系"。——译注。

③ 同上书,第 33 页。

④ 法语,"他拥有的美德使他的读者不禁要喊出:圣斯宾诺莎,为我们祈祷吧"。——译注

⑤ P. 迪·弗纳(P. Di Vona)在其为 M. 达尔·普拉(M. Dal Pra)编《哲学史》(*Storia della filosofia*, Milano, 1975)卷七撰写的《B. 斯宾诺莎》一文(见该著第 901 页)中相当正确地指出了这一点;主要参考,请见 V. 台尔博(V. Delbos)和 L. 布伦斯维奇(L. Brunschvicg)的著作,另外,论述了这个问题的意大利论者中,G. 伦西(G. Rensi, Modena, 1929)的论著也值得一提。

史：斯宾诺莎思想的阐释史如此漫长，其间文本相互抵牾，编织起了一部真实的现代哲学史。[①] 同样，这里的关键也不仅仅是这个哲学家本人的双重性，只要神秘的谜题浮出表面，这种双重性是很容易得到界定的。此双重性之为双重性在于这种双重性里呈现了一种对立，奇异而绝对的对立使此双重性表现为错位。路德维希·费尔巴哈的解释或许最能说明这种情况，一方面，费尔巴哈把斯宾诺莎的思想理解为绝对的唯物主义（黑格尔主义的颠倒形式）[②]；另一方面他又认为，斯宾诺莎的自然主义的颠倒是一种形式，实际上以微妙的推演方式实现了“从对神的否定向对神的肯定”的过渡[③]。斯宾诺莎思想的双重现实之所以让我们吃惊，就是因为这种绝对性和极端性。

32

于是可以这样来假设：实际上有两个斯宾诺莎。只要我们能成功抑制并克服剥削的历史学所制造的那些建议或辩解，只要我们能对我们自己时代有批判的和历史编年学的意识并坚定地以此为基础，那么这两个斯宾诺莎就会一并鲜活起来。他们将不再属于大革命之前那些被妖魔化或神圣化了的黑暗世纪的历史。这两个斯宾诺莎都参与到了当代文化之中。一个斯宾诺莎表达着科学革命和文艺复兴文明所产生的最高级意识；另一个斯宾诺

---

① N. 阿尔特维克尔（N. Altwicker）在其《斯宾诺莎：斯宾诺莎接受与批判的思潮》（“Spinoza. Tendenzen der Spinoza-rezeption und Kritik”）一文中——本文为他所主编的《斯宾诺莎主义发展史资料汇编》（*Texte zur Geschichte der Spinozismus*, Darmstadt, 1971）——特别强调了这一点。见该著第 1 –58 页。

② L. 费尔巴哈（L. Feuerbach）：《全集》（*Samtliche Werke*, ed. W. Bolin and F. Jodi, Stuttgart, 1959），第三卷，第 322 页。

③ 同上书，第 384 页。

莎则生产出了一种未来哲学。一个斯宾诺莎是其时代文化史最高级、最广泛的发展的产物;另一个斯宾诺莎则包含着危机与革命观念所造成的脱节与突入(proiezione)。一个斯宾诺莎是论述了资本主义秩序的作家,另一个斯宾诺莎或许可以说是勾勒了未来之构成的作者。一个斯宾诺莎是唯心主义的最高发展;另一个斯宾诺莎则预见到了革命的唯物主义的基础,预见到了它的全部的美。可是毕竟这两个斯宾诺莎都体现在一个哲学之中:然而有着两个实实在在的倾向。真的吗?它们是斯宾诺莎思想的组成部分?抑或是暗含在斯宾诺莎与其时代的关系之中?我们必须深入对此假设加以探讨。掉书袋式的历史编纂学经验视域和哲学史的连续性与范畴化视域都不可能让我们搞清楚斯宾诺莎思想的这种真实的双重性。意识形态没有历史。哲学没有历史。意识形态及其哲学形式只可能**是**历史,是制造了它们、以思想刺透某种具体实践深度的人们的历史。我们能够洞察那种实践、那种情境的复杂性,但是,在昨天与今天之间唯一存在的是新具体实践的连续性。恰恰是我们利用了这位作家并提出问题。究竟是什么使对斯宾诺莎的这种利用是可行的?是他的哲学实践和我们的哲学实践之间的某些联系吗?这些就是斯宾诺莎的历史境遇所呈现的状况。斯宾诺莎思想的双重性——使它的意涵与种种视域相断裂的那种内在分裂——是一种反常,它在斯宾诺莎思想中如此强烈而特有,这使我们能接近它,使我们能领会它,同时又对一切致力于勾勒谱系或建构体系的意识形态机械论来说是难解的。我们被给予的是一个绝对的例外。

33

这个反常的基础就是斯宾诺莎生活并形成其思想的那个世界。斯宾诺莎的反常,荷兰的反常。赫伊津哈就问道:"你能够指出另一个创立不久即迅速达到文化巅峰的国家吗？倘若我们发现17世纪的荷兰文化只不过是一般欧洲文化最完美、最清楚的表现，我们的震惊或许会略有减少。然而情况并不是这样的。相反，虽然我们的国家位于法兰西、德意志和英格兰之间，但它与这些国家截然不同，其差异表现在许多方面，所以它是欧洲的例外，它不符合欧洲普遍的规律。"[①]这话是什么意思呢？

就让我们从着眼于文化行为、着眼于"黄金时代"最微妙的那些方面来评价这一论断开始。那些博学的辩解给我们勾勒的斯宾诺莎性格内敛，畏缩怯生。的确是这样。通信和各种证词都支持这一说法。但这个传闻并不能充当辩词，因为在荷兰社会里就是如此：哲学家只要社会化，只要嵌入广阔的文化社会之中，他就会隐藏自己。正如我们将看到的那样，克拉科夫斯基清晰地描绘了荷兰资产阶级有教养阶层所构成的社团的宗教生活及其形式。[②]

---

① J. 赫伊津哈(J. Huizinga)：《17世纪的荷兰文明》(*Dutch Civilisation in the Seventeenth Century*, London, 1968)，第11页。可参看汉语译本《17世纪的荷兰文明》，何道宽译，广州：花城出版社2010年版，第5页。

② L. 克拉科夫斯基(L. Kolakowski)：《没有教会的基督徒：17世纪的宗教意识与忏悔纽带》(*Chretiens sans eglise: La conscience religieuse et le lien confessionnel au XVII siecle* , Paris, 1969)；有关这一问题，还可参看其他一些重要文献，比如：G. 索拉里(G. Solari)：《法权哲学的历史研究》(*Studi storici di filosofia del diritto* , Turin, 1949)，第73－80、95－97页(我们在后面还会涉及索拉里对斯宾诺莎的理解的一些特点)；F. 梅里(F. Meli)：《斯宾诺莎与两位意大利斯宾诺莎主义先驱》(*Spinoza e due antecedent italiani dello spinozismo*, Florence, 1934)；C. 西尼奥列洛(C. Signorile)：《政治与理性：斯宾诺莎与政治第一性》(*Politica e ragione: Spinoza e il primato della politica* ,Padua, 1968)，该著附有大量参考文献。

斯宾诺莎就生活在这个世界里,他有着一个由单纯而爱好社交的朋友和通信者构成的庞大的关系网。然而对某个特定阶层的资产阶级来说,有教养的、避世的美好生活毫无抵牾地伴随着同资本主义权力(potere)——以相当成熟的手法被操控的资本主义权力——的联合。这就是一名荷兰资产阶级男人的状况。我们对这个时代里的其他天才伦勃朗也能说同样的话:在他的画布上,光的力量(potenza)强烈地聚焦于狂热扩张之中的资产阶级世界的人物身上。这个社会是散文式的,但也是有力的,它浑然不知地创造着诗篇,因为它所拥有的力量使它能够做到这一切。赫伊津哈正确地断言,17 世纪的荷兰不知道巴洛克为何物,也就是说,它根本与危机的内在化毫无关系。的确如此。就算 17 世纪上半叶荷兰对欧洲的"不信教者(Libertin)"来说是一片充满机会的土地,笛卡尔本人也前去寻找自由①,他们也在那里也看不到半点法国文化的影子,看不到那种华丽包裹之下的危机——新哲学努力清除的那种危机。我们或许可以说 17 世纪从未降临到荷兰。这里仍然活泼着人文主义——伟大的人文主义和伟大的文艺复兴。这里仍有着自由感以及对自由的爱——这里的自由是在该词最完整的意义上,即在人文主义意义上而言的:建构与革新。那些革命的德性(virtù)在其他国家里逐渐式

---

① B. 施耐德(B. Schneider):《不信教者:论 16 和 17 世纪的心理与社会史》(*Der Libertin: Zur Geistes-und Sozial geschichte im 16. und 17. Jahrhundert*, Stuttgart, 1970)。但更为重要的是参看 G. 柯亨(G. Cohen):《17 世纪上半叶在荷兰的法兰西作家》(*Ecrivains français en Hollande dans la premiere moitie du XVII siecle*, Paris-The Hague, 1921)。

微,普遍的君主主义—绝对主义早已试图将这种德性从其政治体系中连根拔除,但它还在荷兰存续着,随时可见并发挥着作用。

只需举一例。当时,绝对主义大力控制国家的文科与科学并使之统一起来,通过这种努力试图终结并重塑学院复兴运动。有那么多哲学家和哲学史家徘徊在学院之外,心怀热望期待厕身于学院!"黄金时代"荷兰的思想与艺术不仅独立于学院(Accademie),而且在很大程度上也是独立于大学(Università)的。① 斯宾诺莎为其他的哲学家树立了榜样。约翰·路易士·法布里斯以帕拉廷选帝侯的名义为斯宾诺莎提供了一个教席,但斯宾诺莎竟然对此反应消极,并提醒对方,他从事哲学工作的自由的绝对性决不容限制。② 斯宾诺莎的反应激怒了另一位宫廷贵人,他不禁啧有烦言③:"Il se trouvait bien mieux en Hollande ou… il avoit une liberte entiere d'entretenir de ses opinions et de ses maximes, les curieux que le visitoient, et de faire de tous ses Disciples, ou des Deistes,

---

① 有关17世纪上半叶的情况,除了克拉科夫斯基的评论之外,还可以参考P.迪邦(P. Dibon)的基础性著作《黄金时代的荷兰哲学》(*La philosophie neerlandaise au siecle d'or*, Amsterdam, 1954)。

②《斯宾诺莎书信集》标号为第四十七、四十八封的信。见A.德洛埃托(A. Droetto)编《斯宾诺莎书信集》(*Spinoza. Epistolario*, Turin, 1951)。[汉语译本参见洪汉鼎译《斯宾诺莎书信集》(北京:商务印书馆1993年版),第199-202页。下文参照洪汉鼎先生译本,引用页码,标注为"洪汉鼎译《书信集》第某页。"——译注]

③ A.凡·德林德:《贝内狄克图斯·斯宾诺莎文献提要》,第26页。

ou des Athees"[①]。斯宾诺莎的真实想法是(见《政治论》第八章第49节):"以国家经费建立学院与其说是为了培育人的各种自然能力,不如说是为了压抑它们。反之,在自由的共和国里,发展学问和技艺的最好办法就是允许任何人公开授课,经费自筹,名声好坏也由他自己负责。"[②]

但这个荷兰的反常者还不仅仅只是宁静避世又广交朋友。我们在他身上还要碰到一股巨大的商业与工业力量。几个欧洲最大的工业中心里就包括莱顿、赞丹和阿姆斯特丹。商业和剽窃从维斯瓦河延伸到西印度群岛,从加拿大延伸到香料岛。[③] 资本主义的利润秩序、野蛮积累的海洋探险、商业所激发的建构性幻觉以及导向了哲学的那种狂热,在这里交织成了一个整体。它们的巨大而野蛮的那些维度使它们完成了质的飞跃,成就为一种非凡的基质,为形而上学式的生产(produzione metafisica)提供了绝佳的土壤。与坎蒂莫里从赫伊津哈的例证中得出的结论相反,我的印象是,国际主义者格老秀斯比宗教虔诚论著作者格老秀斯更

---

① 法语,"他待在荷兰更好……他有着坚持自己观点和信条、接纳来访的好奇之士、发展自己的门徒或自然神论者或异教徒的完全的自由"。——译注

② 汉译可参考斯宾诺莎:《政治论》,冯炳昆译,北京:商务印书馆1999年版,第123页。译文有调整。——译注

③ 有关这个问题的参考文献必须提到E. H. 科斯曼(E. H. Kossmann)数量庞大的著作。也可参看J. L. 普莱斯(J. L. Price):《17世纪荷兰共和国的文化与社会》(*Culture and Society in the Dutch Republic during the 17th Century*, London, 1974)。

能让我们理解这个时代①:因为只有在此维度中,反常才成为野蛮的,从内到外地成为野蛮的。泰尔汉姆在他的斯宾诺莎研究导言中强调了这种社会革命发生的强度。资产阶级革命,但形式却反常:没有一个绝对权力为之保驾护航,而能以野蛮统治与再生产的无远弗届的投射方式绝对地展开。在相当长一段时期内,阶级斗争通过活力、扩张的手段得到了解决:这些手段或是表现为寡头制政治形式,或是表现为 1672 年奥伦治亲王所确立的(泰尔汉姆补充说明"波拿巴主义的"!)君主制政治形式——不管怎么说,资本主义的社会化水平是非常高的。(荷兰和威尼斯:在"欧洲良知危机"的那些个世纪里,它们的政治家和道德学家是多么热切地追逐着在资本社会化的"直接形式"中完成发展的梦想啊！我们稍后会对此加以详谈。②)我无意讨论泰

35

---

① 在为赫伊津哈的前引著作意大利译本所撰的前言中,D. 坎蒂莫里(D. Cantimori)强调了一个事实,即赫伊津哈推翻了有关格老秀斯的普遍判断,人们通常不会认为格老秀斯是一个著名的国际主义者。然而,坎蒂莫里更强调格老秀斯的"论述基督教真理的作家"的身份,"通过拉丁语和俗语,他被荷兰商人和士兵传播到了全世界,他们相信他在宣传一种宽容而理性的宗教,一种人文主义和伊拉斯谟主义传统中的宗教"。见《17 世纪的荷兰文明》(*La civilta olan dese del Seicento*, Turin, 1967),第 XIX 页。也可参看索拉里:《法权哲学的历史研究》(前书已引),第 93 页及以下。

② A. 泰尔汉姆(A. Thalheimer):《斯宾诺莎时代荷兰的阶级关系与阶级斗争》("Die Klassenverhältnisse und die Klassenkämpfe in den Niederlanden zur Zeit Spinozas"),载于泰尔汉姆和德波林(Deborin)编《斯宾诺莎在辩证唯物主义前史中的位置》(*Spinoza Stellung in der Vorgeschichte des dialektischen Materialismus*, Vienna-Berlin, 1928),第 11 -39 页。但总的来说,有关 17 世纪荷兰社会关系可参考 S. 冯・杜宁 -博尔科夫斯基(S. von Dunin-Borkowski)《斯宾

尔汉姆定义的相对恰当性，这里的问题是完全不同的。我们的问题是，这种荷兰生活的实质，即这种文化社会性，是由正在进行的革命的维度所决定的。

即便这位哲学家不是身处学院而是在他自己的书房里，即便这个书房非常近似于人文主义的书房（这里也还要采纳一下赫伊津哈的建议，他指出不能把北方人文主义、伊拉斯谟式人文主义同意大利、德国的人文主义相混淆），此人文主义者的书房毕竟不

诺莎的时代以来》（*Aus den Tagen Spinozas*, Munster, 1935）之《斯宾诺莎》第三卷。对资本主义社会化表面上的这种直接性性质，还需要深入审慎考量，只有这样才能看到资产阶级革命过程的某些维度在得到加强的同时也被淡化了，尤其是将它们放回到长时段的发展形式的历史连续性中看的时候就更为明显了。这似乎就是威尼斯及其政府的形象在意识形态中扮演的根本角色之一（与之形成互补的还有热亚那的形象，在资产阶级金融占统治地位的地区，热亚那的形象甚至更为重要）：不受命运拨弄的平稳发展、连续性的改良、权力的均势——总之，财富及其作用稳健发展的样板。这一想法并非没有触动过斯宾诺莎，尤其是在其思想发展的早期阶段。就此大致可参看斯宾诺莎《政治论》第七卷第 20 节；第八卷第 18、27、29 节。西尼奥列洛的《政治与理性》第 216 页及以下对此问题的探讨得出了较之于其他两部重要著作（夏博[Chabod]和布罗代尔[Braudel]的著作）成果更为丰富的结论，并附有一个详细的、注释完备的文献参考书目。西尼奥列洛的这部著作是非常好的信息来源，我再就该书评论一句：着眼于资产阶级思想起源中的政治第一性，该著作所得出的论点、概念尤其（但并非只是）适用于阐释斯宾诺莎的思想，至少能得出相当有力的阐释。因此，西尼奥列洛对斯宾诺莎思想的分析几乎完全是侧重于“政治”方面的，这一分析把这一点当作贯穿于形而上学的“隐在的意识形态”前提。然而以何种方式我们可以看到那种形而上学不再仅是——这个世纪、这个国家里的——政治的实践形式呢？

再是工匠的作坊。正如我们将看到的那样,斯宾诺莎思想所传播的那些伟大的文化与哲学思潮、犹太的和文艺复兴的思想倾向、反宗教改革运动的和笛卡尔主义的思想倾向——所有这些都在被纳入这位综合者之后得到了全部的改造,成为了努力适应于进行中的这场革命的哲学。通过斯宾诺莎,改造才被给予出来(è data)。这个人文主义者的书房不再具有作坊性质。当然,建造的精神——文艺复兴的建造精神——让它充满活力:但在斯宾诺莎这里,此时,此地,改造表现为拉开一段距离,使其自身在知识面前找到定位,把建构思想的视域固定下来;就此我们已经如此地远离了吉奥达诺·布鲁诺的或莎士比亚最后几部戏剧所体现的那种伟大的工匠的技艺!这里仅需提及这两个最真诚、最完美的晚期文艺复兴的理性榜样——关于这种技艺,弗朗西斯·雅茨已经作过相当精到的描述。① 在这里,在荷兰,在斯宾诺莎这里,革命呈现了世界规模的积累维度,而这正是荷兰反常者这里构成性的东西:这是一种建设维度与占有维度之间的不成比例性。

关于这一点,有一个可以用得上的重要概念,或许我们将会不断地提及并返回到这一概念上来。这个概念就是"诸众(multitudo)"。这个词大致见于斯宾诺莎最成熟的著作《政治论》当中,

---

① 我尤其要提到弗朗西斯·雅茨(Frances Yates)的《吉奥达诺·布鲁诺与阐释学传统》(*Giordano Bruno e la tradizione ermetica*, trad. it., Bari, 1969/*Giordano Bruno and the Hermetic Tradition*, *London*, 1964)和《莎士比亚最后的戏剧:一种新的理解尝试》(*Gli ultimi drammi di Shakespeare. Un nuovo tentativo di approccio*, trad. it., Torino, 1979/*Shakespeare's Last Plays*: *A New Approach*, London, 1975)。

但其之为概念则贯穿于他的全部哲学。正是这一概念使文艺复兴遗产（对主体新的尊严的感知）的烈度集中地得到了强化：也就是说，主体的这种新质导向了对人人合众的多样性（molteplicità）的感知，导向了建设性力量（potenza costruttiva），这一力量来自他们的尊严，被理解为总体性的他们的尊严。事实上，理论和伦理难题已经在可能性上被置于在极端宏大乃至不可测度的这场发展进程中呼之欲出的理解力（comprensione）的内部了。

只有在这一物质性作用力（forza）的基础上，斯宾诺莎哲学才能是可理解的哲学，才能被理解为超前于所有现代理性主义思想的力量（potenza）和反常。理性主义必定受到重商主义发展的调节并不可避免地收紧。[①] 当然，正如我们将看到的那样，即便是从未进入过 17 世纪的荷兰，即便在对资本主义发展和资产阶级精神的这种伟大的初体验之中，也浸透着危机的要素，也充斥着市场的那种关键性本质的启示。[②] 但这种反常在发展中的危机的边缘得以存续，它被推进得如此之远，革命的高潮大大溢出了周期性进步的范围——竟翻越过了 1660—1680 年低迷的经济形势，让人捉摸不清地在 1672 年穿越了前绝对主义政治形式造成的危机，以至于使这场危机没有——在斯宾诺莎的理解中——成为理

36

---

① 在这里，我想起了 J. 埃斯勒（J. Elster）著《莱布尼茨和资本主义精神的形成》（*Leibniz et la formation de L'esprit capitaliste*, Paris, 1975）一书中所论述的几个根本问题之一，至少是有关笛卡尔理性主义（部分地涉及莱布尼茨的理性主义）的那些问题。

② 请允许我提请读者参考我在《政治的笛卡尔和理性的意识形态》（*Descartes politico o della ragionevole ideologia*, Milano, 1970）一书中详细论述的那些论题。

性主义哲学的原罪(而在笛卡尔那里,在法国文化当中,它确乎是原罪):相反,这种反常,通过对危机的意识,明确接入了有关现实的一种更高的优先性思考。历史性时刻:赫伊津哈多次、从多个侧面强调了这个悖论,比如,他说“可以说,共和国越过了重商主义”①,并跳过原始积累直接进入了货币市场阶段。然而,换个视角,我们又看到荷兰在 17 世纪初毅然决然地点燃了烧死女巫的柴堆——的确,这个历史时期处于关键时刻,这一时期因其构成性反常而使斯宾诺莎越过了资产阶级文化及哲学的局限,在其基底孕育并造就了一种野蛮的、开放的、巨大的维度,直通一种未来哲学。

有两个斯宾诺莎吗?看来可能是这样的。在荷兰的反常节奏之下,决定了一种理论潜能,一方面这一潜能虽则植根于早期资本主义发展及其成熟文化环境之中,但另一方面又超前地通向了一个未来的维度,通向了冲破此时代历史局限的一个维度。资产阶级的产生的乌托邦危机、市场起源的神话的危机——这些都是现代哲学史中的关键点——在斯宾诺莎这里并未造成其退缩,而是形成了一种飞跃、一种超前、一种向未来的突入。这个基础分解并释放出了人类生产性的意义,以及人类希望所具有的那种物质性的意涵。危机摧毁了蕴含在资产阶级历史确定性之中的乌托邦,让它表面的连贯性烟消云散,继而也向其开放了人类及集体生产性的维度;批判哲学为此命运做好了奠基工作。当然,两个斯宾诺莎将构成斯宾诺莎思想中两个内在契机。

---

① 赫伊津哈:《17 世纪的荷兰文明》,前引书,第 19 页。

2. 斯宾诺莎的书房

斯宾诺莎思想所动用的工具和构成要素都是围绕荷兰革命被组织起来的。正如我们已经看到的那样,斯宾诺莎的思想有着历史的基础:受此基础支配并通过此基础的作用,"生成过程(processo genetico)"给我们带来了一个原创性的、结构性的样本。
37
斯宾诺莎的思想穿透了网络结构的这个历史基底并批判地组织起自己的形式。他的哲学分析与哲学生产预示了一种物质总体性,从而使他的思想足以挣脱历史基底,而具有综合性,因而最终也具有断裂性。斯宾诺莎的综合之所以如此有力,正是因为它充分顺应了它所属时代的特定的潜能:我们现在就会看到这一点。它充分顺应了它的时代的力量(potenza)和主旋律。

Secolo d'oro——黄金时代?"实际上,'黄金时代'的名字使人想起古典的愚人天堂,我们童年时代念书时,奥维德著作里的这个天堂就使我们厌烦。倘若我们的伟大时代一定要取一个名字,那就让它成为木材与钢材、沥青和焦油、颜料和油墨、勇气与虔诚、热情与幻想的时代吧。'黄金'一词更合适 18 世纪,那时,我们的金库里塞满了金锭。"赫伊津哈如是说,坎蒂莫里也特别强调了这一理解的睿智深刻。① 这个"时代"密度如此之大,如此具有决定性,斯宾诺莎及其通信者们正是从这一"时代"走进了舞台的中央的。这个荷兰的社会以及资产阶级的这个阶层,因为危机

---

① 赫伊津哈:《17 世纪的荷兰文明》,前引书,第 113 页。坎蒂莫里的评论见他为意大利语译文撰写的前言,第XIII页。

并且因为绝对主义的重建而缺少欧洲尤其是法国知识分子圈子所特有的那种劳动分工。至少是劳动分工并未达到同等水平。实验科学没有任何专门化,甚至学术活动不仅没有专门化,而且也算不上是职业活动。反射法则的研究由耶勒斯(Jelles)、斯宾诺莎这样的眼镜制造商和磨镜工所从事;席勒(Schuller)、梅耶尔(Meyer)、鲍麦斯特(Bouwmeester)和奥斯顿(Ostens)都是医生,他们所致力于对身体的 emendatio①,却也必须将精神涵括在内;德·弗里斯(De Vries)出身商人家庭,从事最高级的商贸活动,白莱塞(Bresser)是啤酒酿造商,布林堡(Blyenburgh)则是粮食经纪人;胡德(Hudde)是一名将自己的研究运用于税收利率的数学家,他还借助与德·维特的交情做到了阿姆斯特丹市长的职位。我们于是便进入斯宾诺莎圈子的最核心层,这里面不乏寡头政府的成员,他们参与了哲学的推进:从德·维特到凡尔底桑(Velthuysen),以至于惠更斯(Huygens)和奥尔登堡(Oldenburg),这两位早已进入了世界主义文化的轨道之中了。② 科学、技术、市场、政治:它们之间的联系和链接关系不应被我们理解为一种不稳定的基质,仿佛是关于权力(potere)的科学尚处于分散发展阶

---

① 拉丁语,“改进”。——译注

② 在各类有关斯宾诺莎生平的传记中都可找到他的友人及通信者的相关信息,尤其是杜宁-博尔科夫斯基的著作。胡德对德·维特工作的贡献,可参见 P. J. L. 德·夏特洛(P. J. L. de Chateleux)编《詹·德·维特有关生活保障金计算方法的报告》(*Le rapport de Johann De Witt sur le calcul des rentes viageres*, ed. P. J. L. de Chateleux ,The Hague, 1937)。前引西尼奥列洛著作中有关德·维特的文化作用的段落非常出色(第 78-88 页),包含了详细充分的参考文献。

段似的(就像是欧洲其他几个世纪里的情况那样),相反,它们正是一种生活观念的不同方面、它的力量、它的方兴未艾的权力的直接体现——它们应被理解为一种生产活动、一种劳动。

斯宾诺莎的书房以两种方式与这一形势相适应。① 它不是17世纪学院意义上的那种专业书房。② 毋宁说,它是一个有教养的商人的藏书室,在这里你可以看到意大利政治学家(首推马基雅维利)与拉丁文经典相并列,人文主义、当代哲学家与西班牙诗人相混杂,这是一间供闲余翻看提供灵感刺激的图书室,颇具文艺复兴风格。但从另一方面来看,这又不是一间文艺复兴危机时期的书房,不是一间巴洛克式的书房。此世纪前半页的知识人的书桌是完全不同的;在这儿的书桌上没有魔法书,没有助记装置。③ 我的意思是,这是一间人文主义的书房,它有着人文主义规

38

---

① 参看《莱茵斯堡斯宾诺莎故居协会编书目目录》(*Catalogus van de Bibliotheek der Vereniging Het Spinozahuis te Rijnsburg*, Leiden, 1965)。这个目录在许多部分都利用了 A. J. 塞瓦斯·范·罗延(A. J. Servaas van Roijen)的著作《本尼迪克特·斯宾诺莎藏书清单》(*Inventaire des livres formant la bibliotheque de Benedict Spinoza*, The Hague, 1888)以及 P. 维里欧(P. Vulliaud)的《从他的藏书所见之斯宾诺莎》(*Spinoza d'apris sa bibliotheque*, Paris, 1934)。

② 就此问题专门探讨的研究著述都可参考。也可见对莱布尼茨藏书的目录汇编,以及 R. 莫顿(R. Merton)的相关专著:《17 世纪英格兰的科学、技术与社会》(*Science, Technology and Society in 17th Century England*, 2nd ed. New York, 1970)。

③ 在此请再次允许我提请读者参考雅茨的著作《吉奥达诺·布鲁诺》和《莎士比亚的最后戏剧》,以及保罗·罗西的著作,还有拙著《政治的笛卡尔》。

划的连续性，并摆脱了还在别处继续着的人文主义危机。它反映了一种正在持续推进的文化。

我们若就此试图对斯宾诺莎武库中的文化成分加以界定，那么我们至少可以抓住四点：犹太成分、真正意义上的文艺复兴—人文主义成分、经院哲学（这是属于传统哲学和神学，并由反宗教改革派所复兴的经院哲学）成分，以及笛卡尔主义成分。

斯宾诺莎与希伯来文化有很深的渊源关系。他是直接介入权力之中的阿姆斯特丹犹太富人社区的成员①，他的家庭享有很高的地位。② 斯宾诺莎本人在犹太学校里接受教育，当然必须参加学校里公开的宗教护教辩论。③ 如今斯宾诺莎思想的犹太渊源已经成为了一个长期争论的中心：从乔尔到伍尔夫森，分析研究已经深入方方面面，这些分析研究也得出了很重要的结论。④ 而

---

① 赫伊津哈：《荷兰文明》，前书已引，第 51 页。另见 S. 福勒（S. Feuer）：《斯宾诺莎和自由主义的兴起》（*Spinoza and the Rise of Liberalism*, Boston, 1958）以及西尼奥列洛：《政治与理性》，前书已引，第 8 页以下以及第 227 页以下，该著对此主题有详细探讨，并附有丰富的文献说明。

② A. M. 瓦茨和 W. G. 范·德尔·塔克（A. M. Vaz Dias, W. G. Van der Tak），《斯宾诺莎、墨卡托和自学者》（*Spinoza, Mercator et Autodidactus*, The Hague, 1932）

③ I. S. 勒瓦（I. S. Revah），《斯宾诺莎和阿姆斯特丹葡萄牙犹太人社区的异教徒》（"Spinoza et les hérétiques de la communaute judeo portugaise d'Amsterdam"），载《宗教史学刊》（*Revue d'histoire de religions*, 154[1958]），第 173－218 页。

④ M. 约埃勒（M. Joel）：《斯宾诺莎学说的起源》（*Zur Genesis der Lehre Spinozas*, Breslau, 1871）；H. A. 沃尔夫森：《斯宾诺莎的哲学》两卷（*The Philosophy of Spinoza*, 2 vols. Cambridge, Mass, 1934）。

更为重要的是荷兰犹太文化内部——尤其是阿姆斯特丹犹太社区内部——的公开辩论的相关研究:乌列·达·科斯塔和胡安·德·普拉多应该是提出重要系列难题的关键人物,现代争论正是围绕这些难题才得以展开的。① 但毕竟我们尚未谈及斯宾诺莎本人是如何理解这一难题的。它不同于在犹太教传统中提出的难题:斯宾诺莎的难题无疑是17世纪文化的难题,是传统有关存在的目的论哲学同人文主义革命之间,以及概念上的唯名论与存在的唯实论之间相遭遇与冲突所产生的难题。犹太教就像某种整体文化一样被人文主义研究,甚至于犹太社区也因这种人文主义研究而向外部世界更加开放了。市场哲学和资本主义的第一缕微曦也必定对这些富有成果的联系产生了决定作用。也正是在这里,我们可以建立起一个可靠的观察点,它或许有助于我们理

---

① 除了格布哈特(C. Gebhardt)对乌列·达·科斯塔有所涉及之外,还可参看I. S. 勒瓦(I. S. Revah):《斯宾诺莎和胡安·普拉多》(*Spinoza et Juan de Prado*, Paris-The Hagne, 1959)和《斯宾诺莎的断裂起源:新文献》("Aux origines de la rupture spinozienne: Nouveaux documents"),载《犹太研究学刊》(*Revue des etudes juives*, 2, [1964]),第359－431页。在前引《斯宾诺莎学史文献》中,收有一篇A. 沃尔夫森的文章《斯宾诺莎和过去的宗教》("Spinoza und die Religion der Vergangenheit"),此文对搞清楚乌列·达·科斯塔在斯宾诺莎之前在犹太教内部引发辩难的那些方面是十分重要的(尤其见第298页)。值得指出的是,斯宾诺莎很可能利用了这种辩难,但他的使用又绝未返回到那些难题被提出时所具有的那种决定中(就这种决定而言,当时提出的难题大体而言就是个人的灵魂不朽难题)。斯宾诺莎仅仅是在实体形而上学的难题性配置中采用了科斯塔提出的问题。鉴于此,还有必要强调,只有从这种视角出发,在过去的犹太教文化和现在的斯宾诺莎体系之间进行谱系分析和一贯性的主题脉络重构,才是有益的。

解斯宾诺莎何以被革出教门。在斯宾诺莎这里,他有关存在的观念从一开始便与犹太教形而上学两种形式的传统存在观相脱节:既不同于表现为内在形式的神学目的论的存在观,也不同于表现为新柏拉图主义的存在观。因为他已经摆脱了这些传统形式,所以才能直达有关存在的现实主义的和生产论的观念。斯宾诺莎秉持一种生产论的现实主义(un realismo produttivo),除非遍历从人文主义通向科学革命的全部路径——因而也是彻底在目的论之外另辟蹊径的一条路径——则不能理解这一现实主义的意义。神性之于存在的内在性这一观念存在于犹太教的形而上学传统之中,在这一传统中最高深的哲学家迈蒙尼德那里可以看到该观念的最基本形式。[①] 另一方面,犹太神秘哲学——集中见于克莱斯卡思想之中——使深受柏拉图传统影响的创生与堕落的观念发生了彻底的人文主义化。[②] 斯宾诺莎对这两种犹太教传统的形而上学思路是了解的,但只是为了使自己摆脱它们的牵绊。

列奥·希伯来(Leo Hebraeus,即列维·本·吉尔松)是人文主义与希伯来哲学相遇合的象征。斯宾诺莎拥有列维·本·吉尔松所著的《对话》[③]的一份抄本,然而斯宾诺莎早期哲学极富其自身特性的生产论存在定义却不太可能源自该著。这种遇合当然是关键性的,如果从认识论哲学角度来看的话——因为"直觉""想象"和

---

① 关于这个问题,我主要参考的是 S. 扎克(S. Zac):《斯宾诺莎哲学中生命的观念》(*L'idee de vie dans la philosophie de Spinoza*, Paris, 1963),第 29 -38 页。

② 同上书,第 78 -83 页。这方面还可见沃尔夫森:《斯宾诺莎的哲学》,前书已引。

③ 见 A. J. 塞瓦斯·范·罗延:《藏书清单》,前书已引,第 132 页。

"理性"的综合构成了斯宾诺莎思想中的一个永恒主题①:于是,柏拉图《会饮篇》的传统在现代哲学中获得了肯定。但我们也可以提出反对意见,斯宾诺莎的生产论存在定义得自于布鲁诺!实际上,斯宾诺莎从布鲁诺那里似乎借用了不少东西。② 但毕竟人人都能从布鲁诺思想中汲取养料。布鲁诺所定义的存在的生产性从来没有摆脱过与工匠生产和美学创造的类比,因而这种定义不免落入万物有灵论的窠臼之中。③ 相反,斯宾诺莎的存在观是一种过度决定的观念(una concezione sovradeterminata),丝毫没有任何类比或隐喻的意涵。有关力量存在(un essere potente)的这一观念,绝不考虑任何等级,唯独考虑该存在自身的构成性力量。④ 显然,

---

① R. 霍尼希斯瓦尔德(R. Hoenigswald):《斯宾诺莎:试探其问题史地位》("Beitrag zur Frage seiner problemgeschichtlichen Stellung"),载阿尔特维克尔编:《斯宾诺莎主义发展史资料汇编》,前书已引,第 83 页及以下。

② 关于这一问题,可参看 C. 西格瓦尔特(C. Sigwart)在其《斯宾诺莎》(*Spinoza*, Gotha, 1866)中的分析,以及 R. 阿芬那留斯(R. Avenarius):《斯宾诺莎泛神论的前两个阶段以及第二阶段和第三阶段的关系》(*Ober die beiden ersten Phasen des Spinozischen Pantheismus und das Verhaltnis der zweiten zur dritten Phase*, Leipzig, 1868)。

③ 见扎克:《生活的观念》,前书已引,第 90 -93 页。

④ 见霍尼希瓦尔德:"斯宾诺莎",前书已引,第 91 页及以下,尽管这位作者经常从量的强度方面而非存在论的强度方面考虑存在的过度决定的观念。F. 阿勒基(F. Alquie)在他的讲演录《斯宾诺莎哲学中的自然与真理》(*Nature et verite dans la philosophie de Spinoza*, Paris, 1958)中强调了斯宾诺莎—布鲁诺关系的重要性,尤其见第 14 -15 页。阿勒基主张的论点是,在斯宾诺莎对形而上学背景的界定中有一种过度的数学主义,有一种来自布鲁诺的决定,正如在布鲁诺本人的思想中,这种决定是从生产性的方面发展出来的。

随着这一观念的形成,也出现了对充斥于整个人文主义和文艺复兴哲学内部的自然主义倾向的终结,此一倾向在波纳蒂诺·特勒肖(Bernardino Telesio)和托马索·康帕内拉那里有着最为充分的体现,尽管他们对斯宾诺莎本人的工作产生过极其重要的影响。①

好了,现在我们再回来看两个斯宾诺莎的问题,把一个和第二个斯宾诺莎放在他们的相互关系之中来看一看:悖论的是,这种

在这里对阿勒基的解释作一些评述还是很有必要的。实际上,他认为布鲁诺对斯宾诺莎有直接影响,这个主张是理解阿勒基的阐释的关键。他的阐释将斯宾诺莎的思想视为关于存在的某种泛神论超越性的学说,在这种学说中,存在相对其连带的诸决定具有泛神论超越性、实体相对于其连带的诸属性具有泛神论超越性,而且该学说对观念概念作二元论表述——即观念的诸观念(idea ideae),使理智和反思之间呈现出一种不对称关系,并在理性和受动激情之间作明确的二元论表述。总之,在斯宾诺莎思想中,存在的超越性观念支配着形而上学,宗教的超越性支配着伦理学。阿勒基在后一个问题上也作了系列讲演,即《斯宾诺莎的"论奴役"与"论解放"》(*Servitude et liberte selon Spinoza*, Paris, 1959)。之所以强调这些阐释的要点(马夏尔·果鲁特对之进行了针锋相对的严格批判)的重要性,是因为它们能让我们看到布鲁诺的影响能以何种方式被当作宗教视域在斯宾诺莎哲学中的延续——像是一种宗教自然主义——得到考量。在阿勒基看来,斯宾诺莎哲学系统中延续着布鲁诺的思想,也延续着文艺复兴的思想,所以,斯宾诺莎哲学绝非对各种笛卡尔主义二元论的解决,而是完全落入它们之中的。当然,这种阐释在我对斯宾诺莎的阅读中(甚至在我对布鲁诺的阅读中)是没有任何地位的。

① E. 卡西尔(E. Cassirer)认为,斯宾诺莎思想和特勒肖及康帕内拉的思想之间有密切关联。参看《新时代的科学和哲学中的知识难题》(*Das Erkenntnisproblem in der Philosophie und Wissenschaft der Neuren Zeit*, Darmstadt, 1973)新版卷二,第79-84页。就实质而言,卡西尔承袭的是狄尔泰的观点,后者认为,斯宾诺莎是文艺复兴自然主义伟大时代的"收束"。

关系完全构成了“生产性存在”反对“生产性存在”。这是什么意思呢?意思是斯宾诺莎从一开始就采用的是彻底存在论的、非目的论化的(non finalizzata)生产论观点。一旦他的思想进入更高层面,这种观念也随之调节,而存在的物质性也被激活,一切超验的残余都被消除净尽。在早期斯宾诺莎那里,就已经没有为任何认识论上的超验之物留下余地(或许属性观念是个例外),也没有给伦理学上的超验的可能因素留出地盘。斯宾诺莎哲学进入成熟阶段的标志就是彻底清理存在论差异的最后残余,就算存在论生产性在范畴层面被提出来也会将其概念消除。在第二个斯宾诺莎
40
看来,生产性存在是实践的存在论构成。从他所处的当时的文化出发,斯宾诺莎复原、提纯并加固了一种原初的、基础的和奠基性的存在论之极(polarità ontologica),而从犹太传统出发,他又结合人文主义思想形成了一种实体论的存在观,这种存在观中的存在即生产性意义上的存在。他把自然主义推向极端,从而突破了自然主义。这后一个阶段是一个质的飞跃:实际上,随着对存在概念的批判性提纯程度的提升,难题已经成为了呼之欲出的唯物主义的难题。

被第一种文化极化的斯宾诺莎哲学从根本上肯定了第二大类学说——反宗教改革的经院哲学和笛卡尔主义学说——的影响,也被后者置于危机之中。就此而言,这两种学说——尤其是在荷兰的文化氛围中——熔铸并形成了斯宾诺莎思想背景的浓烈明暗对比。① 这样一来,就有这样一个关键之点:这两种学说撕

① 尤其参看迪·弗纳对这个主题的评注,见前引文集《哲学史》第七卷所收他的那些文章。迪·弗纳是一个可信赖的参考资源,他既精通斯宾诺莎哲学又精通西班牙经院哲学。

裂了存在的统一性，其一借助的手段是重构超验存在论并对可能的形而上学进行奠基，另一借助的手段则是超验的认识论。斯宾诺莎可能在青年时期接触到了反宗教改革思想。1652 年，他在弗朗西斯科·凡·登·艾登(Franciscus van den Enden)的学校学习，后者是前耶稣会士，保持着文雅举止，以拉丁语和荷兰语追忆着“耶稣会”教理问答哲学。① 不管怎样，斯宾诺莎身处这种氛围，身处于他的时代特有的哲学、神学和学术文化之中，可能会吸入这种思想的味道。② 在这里我们须细致留意一点：热衷于要素(elementi)的这种思想潮流对《伦理学》③的第二次奠基的起源而言是至关重要的——《伦理学》之所以会有第二次奠基，就是因为在那一时刻，泛神论存在的绝对统一性要努力地向现实的构成难题开放，进而解决有关可能之物的关键问题并由此通向一种未来哲学。另外，注意一下反宗教改革派理论对成熟期斯宾诺莎政治思想的影响也是很重要的。但是暂时就早期斯宾诺莎而言，更迫切需要的是其对立面：他需要解放，摆脱这种思想，摆脱这种反宗教改革的反动经院哲学，摆脱它所划定的存在的秩序化的非现实性，摆脱各种等级秩序和存在论的阶梯，摆脱想象的顺序。

---

① 参看斯宾诺莎传记，以及迪·弗纳《哲学史》第 559 –560 页。A. 拉瓦(A. Ravà)在其《斯宾诺莎和费希特研究》(*Studi su Spinoza e Fichte*, Milano, 1958)中正确地强调了这一关系。

② J. 弗洛伊登塔尔(J. Freudenthal)在他的基础性著作《斯宾诺莎和经院哲学》(*Spinoza und die Scholastik*, Leipzig, 1886)中已经完整地勾勒出了斯宾诺莎思想中西班牙经院哲学的回响。这个问题后来又由杜宁 –博尔科夫斯基作了详尽地探讨。

③ 这个论点将在后面——从第五章开始及以下——得到探讨。

同样,理论框架也要使自身从笛卡尔主义理性的意识形态中摆脱出来:“在笛卡尔那里,神无疑是最清晰确定的观念的客体,但是这个观念只让我们认识到它是不可理解性本身。我们接触无限,但却不能理解它。这种不可理解性从全能者——高踞于我们理性之上的全能者——内部爆发出来,为它赋予了一种基本不可确定的特性,使它具有的唯一价值就是只能经由独断的判断被调查研究。从神出发,一切事物都充满神秘。我们的理解力,在面对有限之物时,无法决断此事物究竟是有限还是无限,只得退缩为对不可限定之物的审慎肯定。最终,在我们的存在基础之中,我们的身—心性质更强化了这两个不可理解的实体之间实质联结的不可理解性。在这里神的不可理解的神的全能体现为一个独一的效果,理性只得被迫将自身限制在自身之内,以便在这个领域里认可感觉(sentimento)的第一性。这样一来,我们的理性,无论在其上、其下,还是其中心,总是会遭遇神秘。”①在高峰阶

41

---

① M. 果鲁特:《斯宾诺莎:论神(〈伦理学〉第一部分)》(*Spinoza. Dieu* [Ethique 1], Paris, 1968),第9-10页。果鲁特的第二卷也应该被记住,这个第二卷即《斯宾诺莎:论心灵(〈伦理学〉第二部分)》(*Spinoza. L'ame* [Ethique 2], Paris, 1974)。正如我前面51页在注释里探讨阿勒基对斯宾诺莎—笛卡尔关系的阐释的著作时指出的那样,这个关系,是我们在阅读斯宾诺莎时遇到的一个关键要素。显然,我们将会回到这个难题。本文对果鲁特的引述,以及我本人在实质上对果鲁特的解读的接受——就他对斯宾诺莎—笛卡尔关系的理解而言——,使我必须在这里给出一种澄清,即便不是书目提要式的澄清。正如我们已经看到的那样,在阿勒基的阐释中,实体——作为生产自然的自然(natura naturans)的实体——,在斯宾诺莎的基本体系中蕴含着某种二元论的持久性,进而由此引发了认识论和伦理学中的种种后果。果鲁特

对此是完全否定的。果鲁特对《伦理学》拉丁文本的评注是有关斯宾诺莎泛神论的绝对内在性(immanentismo assoluto)及其严密逻辑的长篇考证。我们在后面将会看到果鲁特的观点的范围。就我个人而言,我是完全赞同斯宾诺莎与笛卡尔之间是有区别的这一立场和坚决主张的。在果鲁特解读《伦理学》的第一卷发表之后,M. 多兹(M. Doz)继续主张阿勒基的评论,批驳了果鲁特所主张的斯宾诺莎规划的绝对统一性的推断,见《形而上学和道德评论》(*Revue de metaphysique et de morale*)1976 年第二卷,第 221 -261 页。具体来说,多兹坚持认为,斯宾诺莎可能是借助种种悖论来推进论述的,而且斯宾诺莎提出的一系列"局部真理"产生了"种种假说",这些假说又"逐步地被清除出去"。此外,多兹还就存在论在斯宾诺莎那里具有何种地位的问题作了论断(实际上,这个问题也是我们感兴趣的),他主张斯宾诺莎的"这种存在论的虚空性",并认为由于这一原因,这种虚空被"神学所填补"。所以他认为,果鲁特是错误的,后者坚持斯宾诺莎体系有其自身逻辑,且该逻辑可以被用来以内生的和结构的方式克服已有的种种困难。实际上,这些困难是不可克服的,因为,斯宾诺莎所说的存在是在自然主义超越论和笛卡尔主义所说的虚空性之间来回被界定的:这就是说,只有神学才是外在的关键,因而也只有神学才能克服斯宾诺莎存在论中的种种困难。在多兹看来,笛卡尔的理性观念体系(ideologia)虽然同样难以在始源的二元论中构成系统的解决办法,但相较而言更为合理。吉内特·德雷福斯(Ginette Dreyfus)对多兹作出了回应,见《M. 果鲁特的斯宾诺莎,答 M. 多兹的异议》("Sur le Spinoza de M. Gueroult, reponses aux objections de M. Doz"),载《斯宾诺莎手册》1978 年第二卷(*Cahiers Spinoza*, 2 [1978]),第 7 -51 页。在我看来,他对多兹的答复非常清晰明白,即便失之于粗泛(从某种意义上说,他不仅正确地解决了多兹打开的问题,而且还打开了不可能轻下结论的另外一些问题),吉内特完全否认斯宾诺莎那里存在论与神学之间的不对称性。至于斯宾诺莎的悖论方法论,德雷福斯将这种方法论解释为一种进展之中的工作,因而在实质上是连贯的。J. 贝恩哈特(J. Bernhardt)在刊于同一卷《斯宾诺莎手册》(第 53 -92页)的文章《无限、实体和属性,论斯宾诺莎主义》("Infini, substance

段的这场革命却容不得这些让步。笛卡尔的神纯粹就是一种"无知的避难所(asylum ignorantiae)"(《伦理学》第一部分附录),类似于迷信和无知者那里的神。①直白地来讲:从资产阶级视角来看,

---

et attributs. Sur le spinozisme")表明自己赞同德雷福斯的论点——在这篇论文中,贝恩哈特给出了一项精湛的研究;最重要的是,该文论证了斯宾诺莎对笛卡尔视域的抛弃,见《斯宾诺莎手册》第59页。

① 斯宾诺莎:《伦理学》第一部分附录。杜朗特(Durante)译本,第94-95页。为避免误解起见(这些误解往往成了对斯宾诺莎的阐释),我们引述斯宾诺莎具有争议性的界说的时候,必须补充说明,斯宾诺莎的"神是无知的避难所(Deus asylum ignorantiae)"在任何情况下都不构成亚里士多德主义立场和理论立场的一种标志。索拉里在其论文《斯宾诺莎的宗教政治学及其对宗教的控制的学说》("Politica religiosa di Spinoza e la sua domina del jus circa sacrum")中极为审慎细致地考察了这个问题,本文刊于《法权哲学的历史研究》,前书已引,第73-117页。与通常的认识相反,索拉里主张,斯宾诺莎那里的神的概念作为伦理性和政治性的构成性关键,只能通向无知者的宗教,通向宗教行为的物质性。在这篇出色的论文中(较之于索拉里1927年发表的《斯宾诺莎的社会契约学说》[*La dottrina del contratto sociale in Spinoza*]一书中其他有关斯宾诺莎的论文而言,这篇论文最为杰出,这部著作我们还会在后面涉及),平易近民的宗教被认为是构成/制宪的一种积极要素,这个思想将在斯宾诺莎的反教派分离主义和反法律化的论争主张中产生极为重要的后果。近来,马泰隆在其《斯宾诺莎那里的基督和无知者的得救》(*Le Christ et la salut des ignorants chez Spinoza*, Paris, 1971)中继承了索拉里的这些分析,以极为充分和广泛联系的方式对这些分析作了论述。马泰隆细致地说明了种种宗教形式(从预言到谦卑信仰)发展的所有阶段都逐步地成为构成性的宗教形式。在马泰隆看来,斯宾诺莎思想中有一个显而易见的根本性的、历史性的要素:斯宾诺莎哲学将宗教颠倒了过来,它将无知者的宗教、穷人的得救,视为真理的历史性的、被决定了的展开的物质理路。所以,群众宗教不是被

关系要求着总体性(totalità),必须当机立断。如果我们将斯宾诺莎与其同时代的欧洲人作比较的话,我们将会发现在他的存在观中有那么一种绝对性和直接性,击碎一切战术假象(illusione tattica)。那种无法得到确解的存在就是战术性的:这就是笛卡尔。[1]面对着市场危机、面临首次估量阶级斗争效果并因而面临着要认可绝对主义的中介的**好汉们**,却绕不过这场可怕的梦。不难把这个理路补充完整:在革命进程的高峰期,尼德兰将要接受许多观念,这些观念总是以这种或那种方式多少带着百年来犹太教和基督教的神秘思路,把存在看作将在无尽的存有虚空中被解蔽之存在。若由此而产生一种乌托邦,那将是一种积极的乌托邦。如果存在由以现身,它将是一种完整的存在。此存在的这种完整性必定会受到方法论方面的诟病,但方法本身就是存在论的完满性:这里无须任何策略,伽利略物理学的存在论知觉(senso ontologico)杜绝了笛卡尔的方法论形式主义。[2]所以,笛卡尔与这里的考虑一点都不沾边。没有方法是作为条件的。没有准则是临时暂定的。也没有这样一种前提——无限者借以作为存有的所有目的而现身,没有这种前提,无论是在存在论阵地,还是——更不用说

视为科学的消极因素,而是被视为科学的积极条件。我们在研究中不断重返全部这些问题。马泰隆还发现了一个根本要素:他极为清楚地辨别出了这样一些逻辑—批判过程,斯宾诺莎借助这些过程消灭了传统的“双重真理”观和宗教用途的“政治”观。有必要在这里提请注意的是,我们虽然在这里尝试着对斯宾诺莎思想的历史条件进行界定,但我们会在下文更为深入地回到这种界定中来。(格布哈特编《斯宾诺莎著作集》卷二,第81页)。

① 请再次允许我参考我的著作《政治的笛卡尔》。

② 扎克:《斯宾诺莎哲学中生命的观念》,前书已引,第104－120页。

还是——伦理学阵地,都没有。法国和大陆世界已经踏入了必然妥协的阵地。而在荷兰这儿绝没可能。实际上,古典主义会扭曲理性的顺序,会熄灭来自生产的独创性——而这种独创性本就属于革命的理智(intelligenza rivoluzionaria)。危机思想和危机体验与这个形象的斯宾诺莎还距离尚远。

让我们返回斯宾诺莎思想源头活水的核心。这一核心就是文艺复兴思想,正是通过文艺复兴思想,自然主义内在论(immanentismo naturalistico)被推向了既绝对存在论又绝对理性论的观念的极限。正是一种有力的统一构成了这个综合,这一统一又正是在荷兰原始积累过程所带来的成熟条件下的资产阶级革命阵地中形成的。

倘若我们漏掉了这个综合的另一组成部分——形式的但也是基础的组成部分——所有这一切将失去其全部本质意涵,这个组成部分就是宗教。在这个问题上,哲学进展和传记意义上的发展以新的而且是决定性的方式交织在了一起。1656 年 7 月 26 日,斯宾诺莎被从阿姆斯特丹犹太社区中革除,多半也随之脱离了犹太商业环境——在经济地位上他发现自己确乎如此,自此以后他在志同道合者的伴随下开始筚路蓝缕的探索研究新途。约在 1660 年左右,也就是他退归莱茵斯堡之后,那个小的共同体形成了,在哲学上成为重镇。阿姆斯特丹也有一个团体——一个宗教共同体——团结了起来。社友会派(collegianti)①,还是阿明尼

42

① 社友会派,又称浸礼派或教友会派。17 世纪 20 年代出现于莱顿附近的莱茵斯堡。主张脱离教会,取消神职人员,只有成年人才应接受洗礼,期待“千年王国”来临。此派在三四十年代扩展至鹿特丹和阿姆斯特丹,吸引一些“阿明尼乌派”及“门诺派”人士参加,是当时荷兰的一个比较激进的基督教派。——译注

乌派(arminiani)①? 这些标签定义本身是成问题的。② 实际上我们遇到的是一种强硬而全新的经验:强硬,是因为它的宗教"宗派"强硬特征已经赢得了整个荷兰的社会化;全新,是因为这种经验是以严格的理性主义运用于宗教行为的非凡的试验。这里说"宗教"绝不意味着这是一个教义团体③;这不是一个教义团体,

---

① 阿明尼乌派又称"荷兰抗议派"。16世纪欧洲宗教改革运动中,在荷兰出现的以莱顿大学神学教授阿明尼乌(Jacobus Arminfus, 1560—1609)为代表的反对加尔文学说的一派。他们反对加尔文派的"神之预定论",认为个人得救虽为神所"预知",但并非完全由神所"预定",还在于个人凭借自己的自由意志对神的恩宠接受与否。因此又称"荷兰新归正派"。1618年后受到国教派的迫害,1630年由国王恢复该派自由。——译注

② J. C. 凡·斯里(J. C. van Slee):《莱茵斯堡的学术圈》(*De Rijnsburger Collegianten*, Haarlem, 1895),另见索拉里:《历史研究》,前书已引,第95-97页;梅里:《斯宾诺莎与两位意大利斯宾诺莎主义先驱》前书已引,和西尼奥列洛:《政治与理性》,前书已引,尤其是25页及以下和35页及以下的注释中给出的文献书目。我们对索拉里和西尼奥列洛的著作的特征作过了评论,尤其评论了后者的著作在历史方面是大有裨益的。在这里还有必要花一点时间对梅里的著作的特点作一点评述。这位年轻的作者在法西斯时代高峰期过早地去世(他的这本书出版于1934年),他以极强的历史学敏感性把握到了宗派主义思想和斯宾诺莎思想那里共有的理性改革的伟大主旨,而非斯宾诺莎思想与宗派主义思想之间的单一联系。梅里极为出色地强调指出,意大利(文艺复兴思想)和斯宾诺莎思想通过异端思想的潮流在构成/制宪和宽容理论中得到了革命性的延续。这是一部欧洲之书,写于法西斯主义野蛮的高潮时期。

③ C. 格布哈特(C. Gebhardt):《斯宾诺莎的宗教》("Die Religion Spinozas"),载《哲学史档案》(*Archiv fur Geschichte der Philosophie*),卷四十一(1932)。

这句话另一方面是要强调它的成员是**精神自由者**,就像法国的“不信教者”一样,他们当然既不是社友派也不是宗教改良主义者。[①] 克拉科夫斯基[②]在采纳梅因思玛[③]的结论的基础上为我们提供了有关这个团体的历史概貌。他写道,在门诺派(mennoniti)[④]中,提出团体与内部改良之间的截然区别的问题是没有意义的。而且——在这一背景之下——即便在边缘在宗教改良主义者与自由思想的自然神论信仰者之间作出区分也是没有意义的。事实上非教义方面才是根本性的方面,也正是在这一基础上这个综合体介于理性主义与宗教性之间的各种人物才能联系在一起。但话又说回来,即便斯宾诺莎圈子成员不再是基督徒,我们也不可能断定他们毫无宗教关切或缺乏宗教思考。[⑤] 于是在这里我们触及了斯宾诺莎主义综合体的形式方面:这种绝对理性主义和存在论主义采用了宗教的形式,但从柏拉图的“爱欲”到列奥·希伯来重新讲述的狄奥提玛的“精灵”这类思想往往都采用这种形式。

---

① M. 弗朗塞(M. Francés):《斯宾诺莎在16世纪下半叶的尼德兰》(*Spinoza dans lespays néerlandais de la seconde moitié du XVIle siècie*, Paris, 1937)。

② 克拉科夫斯基:《没有教会的基督徒》,前书已引,第206–217页及各处。

③ K. O. 梅因思玛(K. O. Meinsma):《斯宾诺莎和他的圈子》(*Spinoza en zijn kring*, The Hague, 1896);德译本(Berlin, 1909)。

④ 门诺派,新教福音主义中的一派,16世纪创于瑞士,主张成人通过洗礼得到再生,创始人是荷兰宗教改革家门诺·西蒙斯(Menno Simons, 1492—1559),属于再洗礼派中较温和的一翼。——译注

⑤ 就此主题,还可参考L. 缪尼耶–布莱(L. Mugnier-Pollet):《斯宾诺莎的政治哲学》(*La philosophie politique de Spinoza*, Paris, 1976),第35–49页。

然而也是在这里,联系既是确定的同时也是更为紧张的。确定,因为这一联系共享着存在完满性的观念,共享着革命已然成熟的意识。但也更为紧张,因为同样强硬的革命态势的显现要求一种超常的、彻底的脱节(dislocamento)。多么奇怪！竟然没有人从这个角度来分析这个形象的斯宾诺莎,因而也没人把握住这个早早彻底成熟的综合体中已然呈现的野蛮要素。这些要素附着于理性主义,具有欺骗性,但它们毕竟一直存在着,而且是如此重要！千年至福主义的种种宗教特征弥散在斯宾诺莎的圈子里,这个圈子也充满了内在紧张,而我们也还会在成熟的斯宾诺莎本人那里不断看到这种内在紧张。① 但在这里我们应该把其他一些要素纳入考量之中,其中最关键的一个要素是:莱茵斯堡距离莱顿很近,这个城镇新近已成为了一个纺织业和手工业的重要中心,而且已经是绝佳的再洗礼派之地。这块土地言说着它的历史。②

43

我们将会以相当长的篇幅对这一切作出详尽考察。但目前迫切先要搞清楚的是斯宾诺莎思想中那种与处于荷兰革命进程高潮期的荷兰文化形式相关的宗教形式。这种宗教特性过度决定着(sovradetermina)斯宾诺莎所理解的这场革命过程的物质具

---

① 克拉科夫斯基清楚地表明,这些主题应被视为这一时期荷兰宗教氛围的基本要素。此外,标号为第三十三封的奥尔登堡致斯宾诺莎的信中,包含了一些指向某些犹太复国主义计划的非常有趣的暗示。就此主题,可参见缪尼耶 - 布莱的《斯宾诺莎的政治哲学》,前书已引,第 20 -21 页。

② 参看 E. 布洛赫(E. Bloch):《革命神学家托马斯 · 闵采尔》(*Thomas Munzer teologo della rivoluzione*, Milanoo, 1980)。

体性。它是这样一种三位一体:神学理性主义、大规模群众基础和公开的论争,三者细密地交织在一起。我们还记得赫伊津哈说过,这里再次挪用了加尔文主义,这种加尔文主义得到了群众人文主义传统的改造。实际上,人文主义迷思以一种特别了不起的方式延续着,正是它造就了荷兰的反常。早期的斯宾诺莎正是这一迷思的辩护士。

3. 革命及其边界

尼德兰共和国的政治形式当然还没有达到与成熟的社会及经济革命相同的水平。所有历史学家都知道这一事实。① 然而它的政治形式是什么呢? 实际上,从威廉二世去世(1650)和1651年的"大议会"算起,中间经历詹·德·维特专权的整个时期(1653—1672)直至威廉三世和奥伦治家族的胜利,在这段令我们感兴趣的时期里,尼德兰共和国从未成功地清晰界定自身的政治形式。它一直只不过是一种建制和组织的结合,这些建制和组织有联邦同盟性质的,也有等级制的,而使之捏合起来的设计谈不上任何功能性特征,只是源于传统经验的积累,而这些传统经验又首推地方市镇发展所特有的制度经验,它们大多直接源自中世纪晚期形式的残余:所以,权力之间的平衡或单一权力的确定性

---

① 参看赫伊津哈、科斯曼、泰尔汉姆和缪尼耶-布莱等前已引述过的著述者的著作。也可参看西尼奥列洛:《政治与理性》,前书已引,以及K. 海克尔(K. Hecker):《斯宾诺莎那里的社会现实性和理性》(*Gesellschaftliche Wirklichkeit und Vernunft in Spinoza*, Regensburg, 1975)。

时不时地要视力量关系的平衡而定。[①] 鉴于它是这样一种难以归类的大杂烩式建制，在我看来哪怕是最常用的一些名目——如（泰尔汉姆意义上的）“寡头共和国”或“波拿巴式君主制”——都不足以适当而充分地命名它。事实上，荷兰的建制缺乏形式法则，它基本上是众多曾适应革命进程的有力制度的残余（已然相当惰性化了）的集合。“荷兰人民认为，为了保卫他们的自由，只要摆脱他们的伯爵，从国家肢体上切除其头颅就足够了。他们从来不想改组他们的国家，而是想让国家的其余部分保持原状。于是，荷兰成了没有伯爵的伯爵领地，就像没有头颅的肢体一样，而国家本身也没有名称。所以，大多数国民不知道谁掌握统治权也就不足为奇了”，斯宾诺莎如是说。[②] 这种情况也造成了潜在的宪法危机，斯宾诺莎对此也有强调，而且德·维特在“大议会”失败后也一再谈到过这一点。[③] 但是以上所谈的这个现象的负面本质也暴露了它的积极一面，即实际上这个现象也反映出了共和国的

44

---

① C. 威尔森（C. Wilson）：《联合省荷兰共和国》（*La République hollandaise de Provinces-Unies*, Paris, 1968）；J. 鲁尔达（J. Roorda）：《宗派党》（*Partijen Factie*, Groningen: 1961）；J. S. 布鲁姆莱（J. S. Bromley）和 E. H. 科斯曼（E. H. Kossmann）编：《不列颠和尼德兰》（*Britain and the Netherlands*, London-Groningen, 1961—1964）卷二。

② 斯宾诺莎：《政治论》（*Trattato politico*），德洛伊多（Droetto）、吉阿庇切利（Giappichelli）、图里诺（Torino）编辑，又见格布哈特编《斯宾诺莎著作集》卷三，第 352 页。[汉译可参考斯宾诺莎：《政治论》，冯炳昆译，北京：商务印书馆 1999 年版，第 123 页。译文有调整。——译注]

③ R. 福兰恩（R. Fruin）和 G. W. 凯尔坎普（G. W. Kernkamp）编：《詹·德·维特通信集》（*J. De Witt, Brieven*），卷一，第 62 页。

生存和发展是不容否认的、强有力的既定现实。现在我确信,在我使用这些不太充分的范畴时我是在强调这样一个猜想:荷兰共和国的政治建制完全是对其经济建制的反映。借用凯恩斯—汉密尔顿用以从国家形式方面分析资本主义起源时使用的术语来说,政治形式是相对中立的、"形势作用之下(congiunturali)"的现象。① 无论是德·维特还是威廉三世,他们都是形势作用之下的现象,其中的形式建制(尽管极难辨认)完全从属于经济关系的构成性物质性。我不会妄称这是一个规则:但它毕竟是荷兰反常性的例外性质的一种征象——这是多么重要的一种征象啊!然而较之于超前得反常的生产关系力量而言,意识形态形式却仍旧充满古风:无论是阿尔特胡修斯学派(di scuola althusiana)的民主主义(但从另一个角度来说,这个传统的某些方面毕竟是我们将要回归其上的基础)②,还是德·拉·库尔(De la Court)兄弟或冯·印索拉(von Insola)③在绝对主义方面作的新的理论尝试,都无助于我们理解力量对比的政治关系。西印度公司的结构所反映的形式特征要比其他任何制宪规划——甚至是严格意义上的制宪规划——更加充分,也要比任何**配套**于政治的意识形态更加充分,因为它们为我们呈现了荷兰建制的现实性,这绝非是一种离

① 参看汉密尔顿(Hamilton)和凯恩斯(Keynes)的著作,他们正确地主张资本主义"essor(飞跃)"的周期性性质。

② 参看后面我们专论斯宾诺莎政治学理论的那些章节。

③ 有关这一问题,尤其需要参看 E. H. 科斯曼(E. H. Kossman)的文章《17 世纪荷兰政治理论的发展》,载布鲁姆莱和 E. H. 科斯曼编:《不列颠和尼德兰》,前书已引,卷一,第 91 -110 页。

谱的说法。

如果我们想仍从同一角度更深挖掘这一问题,那么必得以人文主义和文艺复兴为出发点。这种观念将市场视为生产力的自发产物,视其为生产力具有活力的、直接的社会化,视其为借由此过程而实现的价值确定。正是这同一个市场会促生占有的哲学(la filosofia della appropriazione)。市场本身就是生产力的私人占有与生产力社会化的有效结合。① 如果 Respublica② 实际上就是"res publicae"③的统一化,这挺好:最为根本的是要形成一种强加于这种关系之上的措施,使这一关系必须以某种方式定出价值的动态统一,为所有参与到这个关系中的成员确定统一价值。从分析的角度来说这种表现效果很重要:实际上,它所标示出的这一运作机制,是商业发展的高级阶段和稳定的制度维度(如公司或阿姆斯特丹的股票交易)为了更好地限定现实的产物。

什么样的文化、哲学和意识形态模式能把握这种表现呢?④ 在面对现实的这些表现时,我们总是习惯于辩证地去理解:市场

45

---

① C. B. 麦克弗森(C. B. Macpherson):《占有式个人主义政治理论:从霍布斯到洛克》(*The Political Theory of Possessive Individualism*, Oxford, 1975)。另可参看我给该著撰写的前言(Milano, 1973)。

② 拉丁文,"政府"或"国家"。——译注

③ 拉丁文,原意为"公民组织"或"公民共同的事业"。——译注

④ 在这里我们应该停下来,以伯克瑙(Borkenau)和埃斯勒(Elster)的工作为基础,对经济发展和阶级斗争的政治代表同其物质性之间的关系加以反思。参看我的《工厂和意识形态》("Manifattura e ideologia"),载 P. 斯凯拉(P. Schiera)编:《工厂、资产阶级社会、意识形态》(*Manifattura, societa borgese, ideologia*, Rome, 1978)。

是辩证的。但这并不能适用于17世纪。比较适合于这种类型的现实表现的哲学模式在这一情形中反而是新柏拉图主义。这是一种复兴的新柏拉图主义,它可以被理解为这样一种模式:它认为因果普遍联系——主体的存在与客体的本质之间、个体与集体之间存在着连续的关联。从狄尔泰到卡西尔直至保罗·罗西[①]的许多哲学史家都探讨过这种新柏拉图主义对世界所作的表述的重要性,这种新柏拉图主义在整个文艺复兴时期里都是成功的,并且不断地在它所衍生的哲学中获得新的表达。另外,在我看来,我们必须对其中另一个基本要素予以强调:在我们所考察的这个时期,新柏拉图主义所阐释的这些普遍联系的关联项已经日益失去了它们的存在论含义。在原来的柏拉图主义传统中,这个存在论维度将普遍联系定位于存在者的创生与堕落的形而上学过程框架之中,并因而使这个"横向"关系从属于"纵向的"创生与等级化秩序。正如德勒兹很好地证明了的那样[②],新柏拉图主义显露出一种趋势,易于被改造成为一种表现哲学(filosophia dell'espressione)、一种关于平面的思想(pensiero della superficie),从而将超验的、等级的、流溢和堕落的那些方面彻底消除。在我看来,市场的早期意识形态——这种意识形态产生了具有制宪作用的非凡作用——就与这种意识形态方案有关。在研究早期斯宾诺莎的过程中,我们会有机会对之加以探讨并对这个考量加以

---

① W. 狄尔泰、M. 卡西尔、P. 罗西是最出色地强调了这些历史—哲学发展维度的著述者。

② G. 德勒兹(G. Deleuze):《斯宾诺莎和表现难题》(*Spinoza et le problème de l'expression*, Paris, 1968),第12-18页。

评价。

我们还会遇到一种意识形态，即资产阶级乌托邦，分享着这个意识形态的这个阶级总是想要在活动中消灭一切现实矛盾与对抗，尽管该阶级本身就是以这些矛盾和对抗为基础的。在1660年前后的荷兰，与其他欧洲国家一样，经济循环开始走下坡路，直至1680年。当然，在像荷兰这样有着如此强大的资本主义结构的国家里，这段下行趋势并不能为之造成剧烈的经济衰退或类似的病态现象。但在国际层面（尤其请注意1665—1667年因海上争霸问题引发的第二次英荷战争，以及从1670年持续到1676年的严重的法荷冲突，这场冲突表现形式多样，且双方互有胜负）其他已经公开的矛盾的共同作用下，这场经济下行危机确乎在击垮并摧毁荷兰政治意识形态的经验特殊性方面产生了突出的作用。[①] 换言之，资本主义发展作用的线性推进之梦会发生危机，阶级冲突借以被调控在可控范围并保持平衡的那种扩张模式会发生危机。资本主义革命亮出了它的边界：即使是在荷兰。欧洲历史上在17世纪30年代曾发生的撕裂，在荷兰这里，迟来了30年[②]，但作用要弱得多。显然，德·维特的失败和奥伦治家族1672年对宪法危机的解决办法还不能代表这场危机的关键时刻。

46

① 还请参看赫伊津哈、科斯曼、泰尔汉姆和缪尼耶－布莱、西尼奥列洛、K. 海克尔前引著作。

② 有关17世纪大危机，参看我在文献评述中引用过的《哲学史批判评论》（*Rivista critica di storia della filosofia*）1967年第一卷。这些研究的总体情况，可见马里奥·特隆蒂（Mario Tronti）编：《英格兰的国家与革命》（*Stato e rivoluzione in Inghilterra*, Milano, 1977）。

在17世纪60年代中期,先是德·维特的政治方案不得不在资本主义发展的新困难面前败下阵来。另一方面,奥伦治家族的解决办法也不能代表克服制度缺陷的出路;它不是一种制度改革,而是一场复辟。实际上,无论是德·维特,还是威廉三世,他们都是形势——而且是危机形势——中的阶段性人物,从一开始就注定要导向更为严重的危机。荷兰反常的终结?事态在发展之中,在这一阶段荷兰即便还保留着它的全部特殊性,但情况已经开始慢慢接近欧洲的情况了。政治理论逐渐不得不接受那些最准确地理解了资产阶级发展不可避免的危机本质的观点。就此而言,在这一点上霍布斯不折不扣地成了资产阶级的马克思。资产阶级对占有的迫切需求反而要求形成一种畏缩关系,这样才能发展本阶级,甚至才能自保和自我稳定。所有这一切都反映在这样一种意识形态之中:把历史地被体验着的政治关系构拟为先前革命发展的某种危机。人文主义和文艺复兴革命本身,它的波澜壮阔的侵越性的占有,被理解为一种战争状态,被理解为必须摆脱的自然暴力的社会:发展的危机被追溯到起源,以便确定这个进程的不充分性,从而确定这个规划方案的边界:紧随着解神秘化之后的就是这样一种负罪感,但这也仅仅是一个幻觉。①

在革命进程的边界,在危机的边界,斯宾诺莎反对霍布斯主义的结论,反对这种资产阶级的解决办法。他反对资产阶级吗?至少有一件事情是可以肯定的:他的思想超越了对此危机所作的反思的具体确定的边界。并非是不应重视这场危机,霍布斯式命题的有力的机械原子论并非不可接受,而且这场危机——无论是

---

① 这是麦克弗森在《占有式个人主义的政治理论》中的根本论题之一。

这一概念的可能性还是现实性——并非不能在哲学中被探讨。但是,在斯宾诺莎这里,革命的边界不能化简为这场危机,不能仅只将其封闭在这场危机的维度之中。在斯宾诺莎看来,对这一历史主体的界定,不能局限在危机概念之中。当资产阶级在17世纪的这个撕裂时刻里把这个危机理解为自身定义的构成性要素的时候,斯宾诺莎却要继续把以前的规划方案所蕴含的全部力量重新加以配置,从而使之完全发挥出来:未来哲学被嫁接在先前构成的基础之上,革命的冲力继续延伸,危机只是一个障碍,而不是本质。本质是构成性的;危机之所以被接受,为的只是要予以克服。这个断裂提供了发生飞跃的机会。

47

现在我们只谈相关的哲学层面。我们已经看到,市场意识形态如何从起源就具有了新柏拉图主义的形式。在斯宾诺莎这里,他采用了这个视域,但借助于一种与荷兰反常的力量相一致的方式强调新柏拉图主义的结构方面,将它推向极致,推向一种平面哲学。如今,危机的相关体验和思想介入进来,那种否定一切线性构成过程——因而也否定其自发性——的破坏性力量也会削弱这个平面。对此有两种解决办法:诉诸命令作用的中介和过度决定,去重建这种构成过程的直线性和本质性,而这正是资产阶级市场乌托邦的主要思路①;另一种就是斯宾诺莎的思路,即探寻从平面思想向实践的构成理论(teoria della costituzione della prassi)的过渡,探究危机的克服方式并力求使革命方案得以延续。在霍

---

① 在众多有关市场意识形态的诞生的相关著作中,可参看C.贝内蒂(C. Benetti):《斯密:商业社会的经济理论》(*Smith: La teoria economica della societa mercantile*, Milano, 1979)。

布斯那里,危机标明了存在论的地平线,而且这一地平线包含于危机之中;而在斯宾诺莎这里则相反,存在论的地平线包含着这一危机。也许这里就是现代和当代革命唯物主义的诞生地。不管怎样,由于存在论方面的原因,两种占有的社会模型殊途异路:在霍布斯那里,自由服从于权力,在斯宾诺莎这里权力服从于自由。

很奇怪:斯宾诺莎思想再次在我们眼中呈现为一种巨大的反常。事实上,我们正在对其思想作出的这一界定几乎完全是对它的历史性的否定。他的思想解释了革命意识形态的胜利因而具有绝对的领导权,但却成为了少数派思想,就在从解放的方向上理解、运用和推进危机这一概念的同时,就在不遗余力地坚持人文主义方案的革命性内容的同时,却即刻被排除在资产阶级意识形态的历史发展之外。但我们清楚这个意识形态的历史是多么空洞!我们同样知道真理和解放是多么强有力!斯宾诺莎思想的悖论可从这一方面来理解:他的哲学类似于一种后—资产阶级哲学(una filosofia postborghese)。马舍雷①告诉我们说:它是一种后辩证法哲学(una filosofia postdialettica)。的确如此:因为辩证法正是形形色色的资产阶级意识形态——即便是那些对危机和战争进行纯粹否定的资产阶级意识形态——的基本表现形式。斯

① P. 马舍雷(P. Macherey):《黑格尔或斯宾诺莎》(*Hegel ou Spinoza*, Paris, 1979),我们在这里涉及的也正是马舍雷这部著作的基本论点(我们还会不断返回这个论点),而马舍雷是受到阿尔都塞在其著作——尤其是《自我批评材料》(*Elementi d'autocritica*, 1975)——中的各种评注的启发才形成了他的这个论点的。

宾诺莎基于人文主义革命性内容的唯物主义改造使他的思考超越了所有辩证法形式。这种思考不依傍任何辩证法形式、不依傍任何过度决定的中介推进着人类的希望与实践的改造。也就是说，它绕开了资产阶级的概念，仿佛是过去几百年具有领导权的思考模式的直接产物。

现在对我们后文将深入探讨的最后一组概念作一界定。斯宾诺莎的哲学，就其是一种人文主义的和革命的哲学而言，首先是一种占有哲学。霍布斯的哲学亦复如是。但正如我们已经指出的那样，差别在于他们有关占有的存在论观念是不同的：在霍布斯看来，占有本身就表现为危机，因而应该从权力、从臣服方面接受再合法化。命令应加之于市场，这就是价值“创造”的视域。相反，在斯宾诺莎看来，正是危机让新柏拉图主义式的体系起源失去了意义，正是危机以摧毁形而上学先定和谐的方式改造了这个体系，因而斯宾诺莎不再向自由提出权力难题，而是提出构成性自由的问题。斯宾诺莎之于霍布斯的这个差异必须要以一系列新概念为前提。换言之，如果从个人角度来理解的话，那么霍布斯的方案将是丝毫否定不掉的。所以，斯宾诺莎的方案必须从构成性实践的现象开始，寻找一个可以涵纳此类现象的新的存在论视域。这个视域就是集体，是集体自由的视域，是一种非难题化的集体的视域。这仅仅是对人文主义革命乌托邦那自发性的、普通平常的梦想的简单转译吗？不是的。危机观念——危机是内含于这一存在论进程之中的——将会调动起集体性构成所必需的全部机制。而“**诸众**”的观念将会把文艺复兴的乌托邦和含混的潜能转化为集体性的方案和谱系，使之变为对整体、对总体的自觉表达和构成。因而，在斯宾诺莎这里，革命及其边界构成

48

了一个阵地,要在这块阵地里形成不同寻常的运筹,为以后几个世纪提前提出根本的哲学问题:作为实践的集体性构成的问题。从这个角度来看,斯宾诺莎的哲学是真正意义上的超时间的哲学:它的时间是未来!

第二章

斯宾诺莎圈子的乌托邦

L'utopia del circolo spinoziano

1. 意识形态张力

54

《简论神、人及其心灵幸福》(*Korte Verhandeling van God de Mensch en deszelfs Welstand*, 1660)为哲学批判提出的难题是根本无法解决的。① 但是我还是想讨论这个短论,不过,既不是将其当作

---

① G. 塞梅拉里(G. Semerari)在他的《简论神、人及其心灵幸福》意大利语译本(*Breve Trattato*, Firenze, 1953)第Ⅸ-ⅩⅫ页,对弗洛伊登塔尔(Freudenthal)和刘易斯·罗宾逊(Lewis Robinson)围绕该文本展开的争论作了总结。塞梅拉里接受C. 格布哈特的结论,这些结论是介于弗洛伊登塔尔对文本的清理和罗宾逊对文本的理解之间的调和。读者需要记住,这个争论,就像斯宾诺莎阐释的一般情况一样,在某种程度上,充斥于当代哲学的全部历史之中(参看费舍尔及其他人的著作);然而,将《简论神、人及其心灵幸福》以直线的、连续的线性方式同《伦理学》的阐释联系起来是无意义的。F. 阿勒基就是反对这种可能性的人之一,参见其著作《斯宾诺莎哲学中的自然和真理》(*Nature et vérité dans la philosophie de Spinoza*, Paris, 1958)第17-18页。阿勒基明确指出在《论神、人及其心灵幸福》中寻找(并找到)纯而又纯的斯宾诺莎式直觉是一个幻觉。他是绝对正确的,但这并不意味着,在这篇文本中不能找到这样一种被决定了的哲学—政治直觉,这种哲学—政治直觉虽不是斯宾诺莎思想特有的根本基础,但毕竟代表了斯宾诺莎思想的难题性出发点。对阿勒基来说,这是不可能的:他否认对斯宾诺莎思想作谱系学研究的可能性(第19页)。但是,执着于这种否定,难道不是又回到被否定的东西了

《伦理学》的最初草案——即便它的许多开端式命题一直延续到了《伦理学》当中——也不是将其当作一个“糟糕到无法补救的文本”①,而是要将它视为一个重要文献,反映着具体的意识形态情境,斯宾诺莎和从阿姆斯特丹到莱茵斯堡的那些人都处在这个意识形态情境之中——那些人作为斯宾诺莎圈子里的成员很有可能参与了这个有着相当混乱的题辞的文本的写作,也造成了这个文本的失败。我们要讨论的这个情境的基本特征是由一种理论努力所决定的,可以说那是一种泛神论的或事实上——在这一框架内——几乎是神秘主义的理论努力。

从这个观点来看,《简论》的第一部分②非常典型:通过几个连

吗——也就是说,难道不是承认了《简论神、人及其心灵幸福》包含了一种纯而又纯的直觉吗?这种直觉岂不正是自然主义和笛卡尔主义之间的基础性综合,而正是这种综合构成了斯宾诺莎思想的特点和范围吗?显然,我们对《简论神、人及其心灵幸福》的理解是不同的:我们将把它当作一篇“集体”文本来探究它的特殊性,它很可能是斯宾诺莎“圈子”的集体文本,我们将会看到这篇文本——及其表露出的难题性——怎样作为斯宾诺莎在其哲学发展中不断与之告别的起点而起着作用。有关《简论神、人及其心灵幸福》中形而上学思想特殊性,请参考J.-M.普塞尔(J.-M. Pousseur):《早期关于意识的斯宾诺莎主义形而上学》(“La premiere metaphysique spinoziste de la connaissance”),载《斯宾诺莎手册》1978年卷二,第287-314页。F.梅里在《斯宾诺莎与两位意大利斯宾诺莎主义先驱》中有关这个论题的评论也是有用的。

① J.弗洛伊登塔尔(J. Freudenthal):《刍议〈简论〉》(“Veher den Kurzen Traktat”),载《哲学和哲学批判学刊》(*Zeitschrift fur Philosophie und philosophische Kritik*),1896年,第238-282页。

②《简论神、人及其心灵幸福》,我使用的是塞梅拉里的译本,第3-46页(格布哈特编《斯宾诺莎著作集》卷一,第15-55页)。

续阶段就建构起客体的实体同一性。这些连续的阶段是[1]:一个概念,即神作为原因,作为《对话》[2]中的绝对内在性;论证,以便反驳一切形式的拟人论神的概念——采用比喻或隐喻方式理解此一存在者的界定都可归为拟人论神的概念,这是第一卷第七章的内容,这一章可以说构成了此短论的另一根本层面[3];三个连续步骤:神的绝对同一性、优先本质和存有(第一部分第一章至第二章)[4],形成神的概念和肯定性无限性的观念(第一部分第三章至第六

---

① 在格布哈特看来,《简论神、人及其心灵幸福》由三个层面构成:(1)早期斯宾诺莎文风的残余:第一部分第七章和第二部分第一章(序言除外)和第十七章(开头部分除外);(2)斯宾诺莎对其荷兰文原文的拉丁文直接转译并重写:第一部分第一章到第六章和第八章到第十章,以及第二部分的序言以及第二章到第二十六章;(3)注释、对话和附录。参看塞梅拉里为《简论神、人及其心灵幸福》意大利译本撰写的导言和格布哈特为他编辑的考订版《斯宾诺莎著作集》所作的细致注释,见《斯宾诺莎著作集》(*Opera*, Heidelberg, 1924—1925)第407-525页码。相反,M. 果鲁特在其《斯宾诺莎:论神》第472页中指出,我们应该按照该文本的写作时间顺序来对待这篇文本,从最早的部分到最晚写成的部分,顺序如下:(1)对话(格布哈特认为这部分是先于《简论》写成的),(2)简论本身,(3)旁注补充以及(4)几何学附录。在我看来,仅就内容的分析来说,果鲁特的论点是可以接受的。

② 《简论神、人及其心灵幸福》,第20-26页(格布哈特编《斯宾诺莎著作集》,卷一,第35-39页)。

③ 《简论神、人及其心灵幸福》,第20-26页。就此看来,格布哈特的日期推断与果鲁特的日期推断并无矛盾(格布哈特编《斯宾诺莎著作集》,卷一,第44-47页)。

④ 《简论神、人及其心灵幸福》,第5-20页(格布哈特编《斯宾诺莎著作集》,卷一,第44-47页)。

章)①——最后,将神的本质与自然的本质等同起来,理由在于它们的构成性属性的同一性(第一部分第八章至第十章)②。这些步骤仅仅在编纂的前后顺序上是连续的:从逻辑上说,这里没有步骤可言,有的只是同一个实体——在其自身的确定性之中、在其积极的无限性之中不断地重复又被从不同角度考察的同一个实体——的循环和流动。哲学的视角处在这个实体之中,处在它的直观和构成之中。这里得到描述的乃是与存在论的一种初始联系,一种近乎神秘同一性强度的关系。“凡是我们清楚、明确地认识到属于某一事物的性质的,我们也可以实际上肯定它属于这个事物:但是我们能够清楚、明确地认识,存在属于神的性质。因此……”(1.1)“事物的本质从来如此,也将永远如此。所以……”(1.2)③

55

阐释者们全都震惊于这个早期斯宾诺莎所具有的突破常例之力(eccezionale potenza):也许正是这个感觉可以让我们放心地将《简论》当作斯宾诺莎主义文本来使用。卡西尔就强调说,在这里“此前所有学说——无论它们是多么相互对立——所共有的那种哲学思考的一般方法,让位于一种全然不同的思想模式,提问方式的连续性似乎一下子被打断了”,过去那种提问方式“从来都

---

①《简论神、人及其心灵幸福》,第 27 -37 页(格布哈特编《斯宾诺莎著作集》,卷一,第 35 -43 页)。

②《简论神、人及其心灵幸福》,第 42 -46 页(格布哈特编《斯宾诺莎著作集》,卷一,第 47 -50 页)。

③《简论神、人及其心灵幸福》,第 5 页(格布哈特编《斯宾诺莎著作集》,卷一,第 15 页)。[斯宾诺莎《简论》中译本可参考《简论上帝、人及其心灵健康》,顾寿观译,北京:商务印书馆 1999 年版。——译注]

被当作结果，现在却成了出发点"，所以这种神秘的张力是极其强烈的。① 果鲁特看得更深，他并不只聚焦于那种神秘联系，而是在斯宾诺莎把存在视为绝对客观的断言中察觉到了一种转向，一种现代哲学框架内绝对原创性的转向。② 我也确信，斯宾诺莎圈子的

---

① E. 卡西尔：《新时代的科学和哲学中的知识难题》新版卷二，前书已引，第95－100页，J.-M. 普塞尔在《早期关于意识的斯宾诺莎主义形而上学》（前书已引）中已经正确地对《简论神、人及其心灵幸福》观点的特殊性进行了强调。在这里我们知道这一点就足够了：在《简论神、人及其心灵幸福》第二部分里，认识的绝对被动性得到了说明和扩展性的阐明。显而易见，这种观点和成熟期的斯宾诺莎形而上学是完全相悖的。普塞尔阐明了一种发生学的阐释，指出斯宾诺莎这种观点的展开是难以令人信服的。普塞尔在实质上同卡西尔的理解方向一致，他实际上倾向于认为，长期存在于斯宾诺莎思想发展中的这一不可调和的矛盾，是最初有关存在整体的泛神论直觉与物质性的和空间性的具体样式观之间的矛盾。这当然是一种矛盾，但并非是不可解决的：斯宾诺莎思想发展的特殊性恰恰就在于这两个方面的同时存在；斯宾诺莎思想就是有关诸平面的一种动态的和构成性的学说，这种学说为二元论的问题给出了一种解决办法。

② 果鲁特：《斯宾诺莎：论神》，前书已引，第10－16页。果鲁特的评注自然是极具价值的。但或许是他的分析着眼于全盘结构的原因，他的分析没能使他对斯宾诺莎的存在观之决定（determinatezza）作出完整的把握。就此而言，我们应积极看待普塞尔的评论，虽然普塞尔经常宣称反对果鲁特的阐释，但实际并非如此，相反，普塞尔的评论往往是在果鲁特的阐释框架之内进行的，我们应积极地将普塞尔的评论视为对该存在观的这种曲折度的某种性质的界定。无疑，在这里有一种神秘的元素。或许是一种"美学的"元素，——T. W. 阿多诺就指出过，"美学"的东西，是资产阶级哲学在其起源之中的某种根本性特征（我这里主要参考的是他的《基尔凯廓尔》）。另可参看M. 霍克海默（M. Horkheimer）《开端》（*Die Anfänge*, Stuttgart, 1932）中的

乌托邦实际上在这里得到了展现,不仅展现了这种乌托邦的最大张力,而且也展现了在根本层面塑造了这种乌托邦的那些错综复杂的革命性决定要素。让我们再回顾一下斯宾诺莎的书房的那些要素:我们可以在那儿看到一切,而对英勇的泛神论观念的热衷清晰地体现了文艺复兴自然主义——主要是布鲁诺版本的自然主义——的影响[①]:"人具有关于神的观念,这一点很清楚,因为他认识它的种种'属性',这些'属性'不是人所能生产的,因为

分析,存在之规定中有美学态度(atteggiamento),这将造成什么根本性的后果呢?它们就是在形而上学活动的规定中被决定为去蔽活动的那些后果。美学在资产阶级思想的完成形态的起源之中,要求着对逻辑整体的去蔽、要求着对现实性的揭示。当然,当我们说斯宾诺莎圈子的这种神秘元素和神秘的强烈性的时候,我们指的是资产阶级意识形态的这种谱系学上的征象。循着这种意识形态,对之加以追索——同时考虑它的多重发展——是一项我们必须以潜在方式加以推进的任务,之所以要从事这项任务,不仅是为了理解这个阶段的斯宾诺莎思想,而且也是为了搞清楚斯宾诺莎思想后来为什么能使自身摆脱这种奠基方式。举例来说,让我们以"普遍意志"概念的美学内容为例吧,按照资产阶级美学的戒律的说法,这是特殊和普遍的一种真正综合。在这个第一阶段的斯宾诺莎主义意识形态高歌猛进的发展时期里,存在着这种有害的意识形态,但却不见于斯宾诺莎思想的成熟期阶段(实际上,也还存在着,但却是以消极的形式、作为被批判的对象存在着)。存在之物质性构成的学说同资产阶级意识形态起源的神秘—美学连续性相断裂,进而也避免了一种批判式的解读,即避免了通过否定性去蔽的方式去作某种存在批判(这种批判解读恰恰构成了资产阶级危机哲学的出现契机,关于这一点还请参看阿多诺《基尔凯廓尔》)。

① 再次提请参考西格瓦尔特的《斯宾诺莎》(前书已引),以及阿芬那留斯的《斯宾诺莎泛神论的前两个阶段以及第二阶段和第三阶段的关系》,前书已引。

人是不完善的。但他认识这些属性,这一点由此清楚可知,即他知道:无限不能由许多不同的、有限的部分组成;不能有两个、而只能有一个唯一的无限;这个无限是完善的、不变的,因为他知道任何事物不会由它自身觅求它自身的消灭,并且这个无限不能变到,或变成某种更好的事物,就它是最完善的而言,否则它就不是最完善的,并且,人也知道这样一个事物不可能被外来的某物所影响,因为它是全能的。"(1.9)①

所以最让人吃惊的乃是《简论》的这种总基调,这种斩钉截铁的决断被德勒兹视为绝对理性主义的特征②:对积极无限性的这一决断将直接导致对存在的质性定义(非笛卡尔式的、非数目的——不可被化简为通过数来区分的定义)。从这里只需走一小步就可把握住斯宾诺莎圈子里对存在概念的基本假设之源头的那种宗教精神。毋庸置疑,在这里理性与信仰(基督教信仰)有了一种等同。当然,这一等同——具有荷兰改革(一般而言是清教改革)第二阶段发展典型特征的这一等同——又是**悬而未决**的:因为,此一等同蕴含着一种彻底对立的选择方案,要么是无基督教信仰的理性,要么则是无理性的基督教信仰。③ 这个再稳妥不过的等同、这个乌托邦

56

---

①《简论神、人及其心灵幸福》,第 9 页。(格布哈特编《斯宾诺莎著作集》卷一,第 18 页。)

② G. 德勒兹:《斯宾诺莎和表现难题》(前书已引),第 22 页,其中对梅洛-庞蒂的参考。

③ L. 克拉科夫斯基:《没有教会的基督徒》(前书已引),第 227-236 页。我们这位作者的这些段落对界说 17 世纪荷兰宗教思想所经历的一系列整体选择非常重要。不必赘言的是,克拉科夫斯基的评论从宗教社会学的角度来看也是非常重要的。

的简洁有力的存在、这个笃实的"基督教"界定方式为什么不被接受下来,被运用于泛神论及对它的根本性热忱之上呢?

这么说就意味着我们连我们难题的基本粗线条还没有捋出来。实际上在《简论》中,对其本身是会消亡的存在的直观引发了开端性的热忱,随即那个难题便被提了出来。作为一个例证,我们就来看一个注释(当然是文本后来的稿本中添入的),斯宾诺莎倾向于对上面那段文字作出这样的解释:"神的'种种属性':更好的是不如说'因为他知道什么是神所固有的',因为这些不是神的属性。神若没有它们诚然不是神,但并不是由于它们而是神,因为它们并不丝毫说明实质的东西,而只像是一些形容词,这些形容词要被人理解,需要具有实词。"(1.9)[①]这样一来,我们就处在不确定性之中。正文对本质属性给出的大致确认与注释所说的对属性的形容词性的定义相一致。就在这里出现了一种两可选择,与我们在宗教经验领域中看到的那种两可选择完全一样:要么是一种通过否定性定义机制去把握神的完全神秘的存在观,要么则干脆把存在和神、把属性与样式都压平到一个单一实体层面。要么是无理性的基督信仰,要么是无基督信仰的理性。这些倾向同时存在,但斯宾诺莎却不对它们作展开。相反,在第七章,他引人注目地把这个难题颠倒过来,强调说:"定义必定有两类:(1)对属性的定义。这些属性属于一个凭借它自身而存在的事物;这样的定义不需要任何类,或任何使它被更好地设想或更好地理解的事物,因为作为一个凭借它自身而存在的事物的属性,

---

①《简论神、人及其心灵幸福》,第9页,注释。(格伯哈特编《斯宾诺莎著作集》卷一,第18页。)

它们既凭借它们自身而存在,也就凭借它们自身而被认知。(2)对不凭借它们自身而存在的事物的定义,这些事物之存在只是通过那些属性——它们是这些属性的样式,也必须通过这些属性——如同它们的类——而得到理解。"(1.10)①神、属性、样式:一个混杂的流溢(emanatistico)过程被开动了起来,它是一个征象,暗示了对由肯定性的、无限存在的出现所提出的根本问题作出的某种部分的、怯懦的、不果断的回应!就此难题的提出而言,仍旧有着对属性的一种名词性的构想,仍旧想着有一个"能说话的神"——但这绝非是对存在的根本设想的一种解释。② 第八章"Natura naturans(生产自然的自然)"和第九章"被自然生产的自然(Natura naturata)"③又再次呈现了神学意义上的生产论与存在论意义上的流溢说不可分割的统一这一神秘主义之谜,再次呈现了这架斯宾诺莎装置的根源与构成要素的复杂性之谜。④

57

---

① 见《简论神、人及其心灵幸福》,第41页。有关属性学说的这一介绍,迪·弗纳在其为M.达尔·普拉编《哲学史》第七卷(前书已引)撰写的《B.斯宾诺莎》一文(第562页)中指出:"这个学说可以被视为斯宾诺莎对新柏拉图主义的最引人注目的一笔债务,有众多中间性的来源。"

② 参看L.罗宾逊(L. Robinson):《对斯宾诺莎〈伦理学〉的评注》(*Kommentar zu Spinoza's* Ethik, Leipzig, 1928),第63页及以下,第150页及以下;果鲁特:《斯宾诺莎:论神》,前书已引,第426-427页。

③《简论神、人及其心灵幸福》,第62页。(格布哈特编《斯宾诺莎著作集》卷一,第61页。)

④ 果鲁特《斯宾诺莎:论神》第345页及以下、第564页及以下以极大篇幅分析了"natura naturans(生产自然的自然)"和"natura naturata(被自然生产的自然)"的术语史,尤其参考了斯宾诺莎那个时代的经院哲学。

事实是这样的:这里以超出常规的力量提出了一种积极的乌托邦,但这一乌托邦却还立足未稳,摇摆于神秘主义的虚无化和逻辑的、存在论的客观主义之间,尚未能摆脱模糊性和直接性。但这种伴随对存在的初次感知而生的创新性张力持续保留了下来。《简论》第二部分从另一角度、在另一维度里,展现了这种紧张。人的本质构成于存在的完满性之中。这个提法与其说澄清了人的本质问题,不如说是使之更为难解:因为,一方面,这个形而上学装置保留了它的含混性,并借助流溢说的"下降"推演方式使这一含混性得以展开;另一方面,此装置细致划分了知识的等次和它们走出**意见**(opinio)阴影、**经验**(experientia)迷雾而逐渐能在"**确信**(fides)"与清晰知识[①](第二部分第四章)之间作出区分的各种阶段——这一点又倾向于使理性知识之绝对性和伦理价值之确定性固定于纯然肯定的领域之中。[②] 我们现在便看到了斯宾诺莎圈子的乌托邦的第二个要素,即这样一种观念:知识是理智、意志和自由的综合——或毋宁说是三者的一种共生现象。这个思路有其宗教特征,此特征就体现在把理论与实践联系起来的迫切要求之中,就体现在对以自然和世俗的方式过圣徒和先知的生活的要求之中。这仍旧是荷兰宗教乌托邦?某种犹太教隐修教义?还是文艺复兴斯多葛学派的古典影响?最终,抑或纯粹是可以在

---

① 《简论神、人及其心灵幸福》,第 62 页。(格布哈特编《斯宾诺莎著作集》卷一,第 61 页。)

② 我必须提到 G. 德勒兹的《斯宾诺莎和表现难题》(前书已引)的第二章到第四章,这一部分对斯宾诺莎思想中的这种趋势作了深刻的分析,其研究远远超出了《简论》的时间范围。

炼金术士那里看到、能在17世纪早期的改良版神秘主义那里看到的一种典型的晚期文艺复兴态度?① 无疑,在斯宾诺莎圈子所共有的强烈情感里,有着这所有一切因素。但让我们感兴趣的,与其说是这种强烈情感,不如说是它所造成的那种紧张。这一紧张具有进步性,它来自那种知识理论的方法——此认识论方法在伦理层面上是构成性的,因而在更深刻的存在论层面上具有创新性。

当然,在《简论》中发掘这一思想倾向的具体含义有着很多困难。让我们看个例子,看看知识倾向是怎么发展成知识方法的。最初似乎与神学乌托邦领域里被强调的东西没多少区别:"确信"和"绝对清晰的知识"总是混淆在一起(参看第二部分前几章)②,这致使理解力将激情、理性和神秘一股脑地附着于存在。不过,推理逐渐发展起来,运用清晰的认识逐渐占据上风。因果机制(由对神的实体性的肯定所启动的因果机制),《简论》(第二部分第六章)③向我们证明从来如此被规定了的这种绝对的决定论,必然在认知面上推演开来。因为认识必须而且能够顺应于存在的决

58

① A. 柯瓦雷(A. Koyré)在其为拉丁语—法语双语版《知性改进论》(*Tractatus de Intellectus Emendatione*, Paris, 1964)撰写的注释中(第99页)论述过这个主题,谈到过玫瑰十字会可能的影响("这个行动计划以令人吃惊的方式类似于玫瑰十字会群体的行动计划")。也可参看柯瓦雷对新斯多葛派文献的参考。

②《简论神、人及其心灵幸福》,第53页及各处。(格布哈特编《斯宾诺莎著作集》卷一,第54页及各处。)

③《简论神、人及其心灵幸福》,第34-37页(第一部分第四章"神的预定[La predestinazione divina]")。就此问题,参看果鲁特《斯宾诺莎:论神》卷一,前书已引,第576-577页。(格布哈特编《斯宾诺莎著作集》卷一,第40-43页。)

定性节律,所以演绎也就成为了几何式演绎。果鲁特指出,在《简论》的几何学附录①中"causa sui(自因)被认可为每个实体的性状(proprietà)"②:事实上,公理、命题、证明和附释的使用表明,在一个连贯的织体结构中,所有实体在存在论上都是一体关联着的。我们必须要非常清楚的是:方法与存在论的这种关联一体在这里并没有达到《伦理学》所提供的那种构成性强度,而且总的来讲,程序的不确定性妨害了清晰地表达出与泛神论推论、与"下降"的那些晦暗阶段的断裂。泛神论的感觉还没有褪除净尽,方法的建构性力量还仅仅是被暗示出来的,对实体存在直接而原始的理解造成了一种软环境,诸推论在这一软环境中不是体系化地展开的,而是漫开为一个平面。每一个推论性的表达都直接推自于绝对,推论的这种"直接在绝对之中立基(istallarsi nell'assoluto)"确乎有着一种力量,有可能延展出完满内在性思想,进而将思想的万物(universo conoscitivo)③

---

①《简论神、人及其心灵幸福》,第130页。(格布哈特编《斯宾诺莎著作集》卷一,第114页。)

② 果鲁特:《斯宾诺莎:论神》卷一,前书已引,第484-485页。

③ "思想的万物"并非是"思想着"的万物。这是斯宾诺莎哲学中的一种提法,在这里须作一提示。正如后来斯宾诺莎在《伦理学》(第一部分、第二部分)中表示的那样,任何个别事物,作为实体的无限多属性之样式的特殊分殊,必定也都内在地处在"思想"属性和"广延"属性(人只能感知这两种属性)之中。这也就是说,任何个别事物,都有其"广延"的存在(作为物体),和"思想"的存在(作为观念)。奈格里这里所说的"思想的万物",是指经由"推论"而可能被认识的万物观念。正如万物本身皆"立基于绝对"而构成了一个有广延的平面世界一样,能被观念、被认识的万物也与此"平行地"构成着另一个思想的平面世界。——译注

铺展开来,直至达到一道纯粹且构成性的地平线。而纵向深度的思想也与此同时得到了深化,以至于显得有些悖论的是,这种有关深度的思想颠倒成了一种有关广延的思想,在平面的、构成性的地基上发展起来。内在性彻底到足以构成对“歧义性、超越性和类比”①三个实在范畴、三个存在论关节的否定。我们在这里发现的这个要素当然仍然是某种冲动,仅是冲动而已,但它绝对是斯宾诺莎思想中基因内核特殊性所绝对固有的东西。

尤其在伦理领域,我们也发现了将这种存在论层面的张力予以展开的冲动,至少从两个视角来看是这样的。第一个视角是对有关“受动激情”的传统主题的使用(第五章到第十四章)。② 在这里令人吃惊的是明显出现了建构的导向、现象学的维度,以及在定义过程中起作用的谱系学思想的特殊性。在由存在、整体存在所编织起来的整个织体中,却显出了受动激情及其属性的形成,它们不是从绝对中演绎得出的推理结果,而毋宁说是建构绝对的动力。当然这还仅仅是萌芽,与《伦理学》中详细的论述还不能同日而语。但毕竟这是乌托邦的张力再次显示其力量的明证。相比起来,《简论》中因“最高幸福(beatitudine)”概念的建构而启动的第二个视角才更为重要。最高幸福是设计出来解决认识与自由关联难题的一个概念,它的关键不仅在于心灵与神的统一,而且也在于对一个建构过程的肯定,对认识与自由之间的沟通交

① 德勒兹:《斯宾诺莎和表现难题》,前书已引,第 40 页,总体参看第二章到第四章。

②《简论神、人及其心灵幸福》,第 64 -86 页(第二部分第五章到第十四章)。(格布哈特编《斯宾诺莎著作集》卷一,第 62 -80 页。)

往、对一种绝对社会性的肯定:“我们在自身之外产生的一切作用59或后果,愈是能够和我们结合在一起形成一个同一的性质,它们也就愈完善,因为愈是这样,它们也就愈接近内在的作用或后果。例如,如果我告诫我的邻人去爱恋快乐、想慕荣华、贪图财富,不论我自己是不是也爱恋这些东西,我都要蒙不利、受打击,这是很清楚的事;但是如果我全力以赴的唯一目的是要求能够享受和神的结合,以及在我内心产生真实的观念,并使这些同样也为我的邻人所认识,情形就迥然不同。因为我们大家一起都可以分享这个福祉,也就是说当它在他们心里激起了和我心里同样的欲望,从而使他们的意志和我的意志合而为一,我们形成一个同一的性质,永远地、全面地互相和谐一致。”①斯宾诺莎圈子里的乌托邦所具有的这种含混的张力超出了它在哲学和宗教方面所蕴涵的形而上学强度:这种乌托邦也是成员们本身的乌托邦,关乎他们共同参与共同生活的幸福甜蜜的共同体。乌托邦中集体参与所即将造成的新人,乃是理论规划本身当中所预期的合格的人。② 还是在这里,存在论的视角与解放救赎的视角、共同体视角、不竭的建构欲望的视角完全一致。显然,有了我们所面对着的这一切,任何诉诸否定性的绝对性——或许也可以称为恶或魔鬼——的

① 《简论神、人及其心灵幸福》,第128页。有关这一主题也须参看《简论神、人及其心灵幸福》第二部分第六章、第七章、第十九章和第二十六章。(格布哈特编《斯宾诺莎著作集》卷一,第112页。)

② 《简论神、人及其心灵幸福》,第129页。我指的是这个著名段落:“为了最后结束这一工作,我只需要对那些读我写的这本书的朋友们说几句话……”(格布哈特编《斯宾诺莎著作集》卷一,第107－108页。)[中文译本参看顾寿观译本,前书已引,第166页。——译注]

做法都成了多余![1] 在存在充分地被分有的这个甜蜜幸福的地带，绝对性概念本身（不仅是否定的绝对性，甚至还有肯定性的绝对性）似乎实际上都通通消失了。知识与自由之间的综合之路，被在存在论层面对 causa sui（自因）的建构所取代，如果说在认识论中这种退却造成了这一方法，那么这同一种运动又把一种 potentia（力量）的理论推向了前台，这种理论也即有关实际存在之扩张的理论。在这里我们只是刚刚有所领略的这个规划，正是绝对性消解过程的规划，在这个过程中，绝对性因建构性力量（potenza costruttiva）而既是在方法论知识之中也在实践哲学之中逐步消解。前方道路漫长，但那些已有的前提已然断定这条路是唯一的路径。

因而我们可以将《简论》视为一部泛神论文献。这是它基本的调子。我们还可以在这一时期的斯宾诺莎通信中看到这一倾向。[2] 一些基本的论题也见于通信中，而往往突显了泛神论的方面，这些基本论点一有可能便以比《简论》更为鲜明强烈的方式被提出。但是，在评价这一阶段支配着斯宾诺莎的前提的压倒性意义时候，我们千万不能忘记，即便 17 世纪泛神论已经发展成了一种哲学，也丧失了文艺复兴曾赋予它的那种乌托邦含义（布鲁诺死于火刑柱上，乌托邦已死），但毕竟在荷兰的语境中、在斯宾诺

---

① 具体而言，这个评论也适用于《简论神、人及其心灵幸福》第二部分奇特的第二十五章。

② 参看标号为第一封、第二封、第三封和第四封的信件，我稍后会详谈这些信件。此后所有引用《书信集》的地方，均参考的是 A. 德罗伊托（A. Droetto）所编的《书信集》（*Epistolariosi*, Torino, 1951）。

莎圈子的精神之中,它仍旧构成了抵抗失败的一个基础。当然是一个不充分的基础。进步可能性毕竟是客观的。必须跨越泛神论。跨越的唯一途径就在这里。在《简论》中我们已经开始读出这一新策略的某些前提。新策略在哪儿?我们已经看到了:它通向何方?在这里我们也看到了一条路径:causa sui(自因)通向potentia(力量),通向methodus(方法)。只有通过重新开放它自身,泛神论才能实现自我克服。这将是一种存在完满性的理论:这种重新开放只能是指对存在的建构。它是这样一种规划:哲学的展开必须依循方法,而此方法又只能是尚待哲学建构的实践。没有中介,相反,所凭借的只能是建构劳作——对全新的、独一的、明确的真理领域的建构。斯宾诺莎,把革命的过去和现存的乌托邦一并接受下来,让自己就位,去克服失败。

60

2. 方法和真观念:策略与落差

某些阐释者指出通向《知性改进论》(1661)①问题性的道路是"一种彻底的视角转变",而在《简论》最后的修订和附录中这种转变已经初见端倪。② 我们将看到,这种说法基本上是不对的:

---

① 此处引文我使用的是前面提到的A.柯瓦雷编的拉丁文—法文双语版《知性改进论》。[中文参看贺麟先生译《知性改进论》,北京:商务印书馆1960年版。——译注]

② 卡西尔:《新时代的科学和哲学中的知识难题》新版卷二,前书已引,第87页。阿勒基更为谨慎,在《斯宾诺莎哲学中的自然与真理》(前书已引,第23-27页)中只是称这种改变为"巨大的进步"。

这个说法并不适用于《简论》的附录——只要我们详细考察那篇或许构成了对此文最终修订的几何方式的附录。现在，我的假设是，《知性改进论》并不代表形而上学视角的改变，而代表了超越泛神论视域的首次尝试，这一尝试非常重要，具有真正创新性的一些特征，因而也保留着某些未决性和矛盾。以何种方式超越呢？其方式是：在认识论的基础上，抓住那个最初乌托邦式理解所特有的全部方面，并让它们彻底展开——正是最初的那个乌托邦式理解方式能有效地让存在者的完满性运动起来。因而，也就是在这里，《知性改进论》的根本难题，它的真正目标，不是在某种新真理观之下构造形而上学[①]，相反，是开掘出一个存在论阵地，以便创造出展望真理的新视域，也就是说，《知性改进论》的真正目标是从存在的力量(potenza dell'essere)回溯并上升到真理的力量(potenza della verità)。[②] 那么，此一开掘如何可能？这种方法策略在不改变存在论配置的情况下会造成什么结果呢？就此种研究的状况而言，这最终不会导向某种**僵局吗**？不会在研究结果和理论总目标之间形成某种落差，因而导致这一尝试的力量被抵消吗？因而，《知性改进论》计划(在泛神论的存在完满性之中形成新真理观)的失败是显而易见的，但唯其如此[③]，才亟须对这种存在观作彻底的调整——是不是这样呢？这些问题迫使我们在重构斯宾诺莎思想的过程中必须进一步向前走去；我们目前只能

---

① 同上书，第 11 页。

② 德勒兹：《斯宾诺莎和表现难题》，第 76 页及以下。

③ 如其通信向我们表明的那样，至少直到 1666 年，他的《知性改进论》才被摆上桌面。我们将在后面的文本中谈到他不发表它的原因。

从《知性改进论》对斯宾诺莎圈子共有的那个乌托邦所进行的独特的深化方式开始继续向前走去。

但我们还需要另一个前提。如果说存在论视角确乎仍然是重要的话,那么,同样千真万确的是,斯宾诺莎"通过17世纪思想中盛行的认识论争论而获得了自己明确的立场"。① "您问我,在笛卡尔和培根的哲学里,我发现了哪些错误。虽然我是不习惯揭露别人的短处的,然而我仍愿满足您的要求。第一个和最大的错误就在于:他们两人对于一切事物的**第一原因**和根源的认识迷途太远了;其次他们没有认识到人的心灵的真正本性;第三他们从未找到**错误的真正原因**。但是有关这三个问题的真知识是何等必要,只有那些完全缺乏求知欲和教育的人才看不到"②,斯宾诺莎在给奥尔登堡的信中这样说。斯宾诺莎在这里的回应可以简要表述为:这里首先涉及的一个问题是知识论之存在论基础,或者说,是逻辑取决于第一原因这一事实,——就笛卡尔而言,应该补充说明的是,在笛卡尔哲学中,心灵在未加证明的情况下就被划分为不同的功能,并摆脱了第一原因的决定;就培根而言,在其思想中,心灵往往使自身摆脱存在论的决定,与其他事物一样,心灵的构成与其说是"ex analogia universi(按普遍规则)"不如说是"ex analogia suae naturae(按其自身的自然)"。斯宾诺莎同时对两人进行了同样严厉的批评。但是,若仔细审视,就会发现,如果说这段时期信件中大量存在着反笛卡尔主义的论辩,而且这种论辩已经有了非常

61

---

① 迪·弗纳:《B. 斯宾诺莎》,载达尔·普拉编《哲学史》卷七,第564页。

②《书信集》,第40页。这些段落出自标号为第二封的信,该信是斯宾诺莎写给奥尔登堡的。(格布哈特编《斯宾诺莎著作集》卷四,第83页。)

明确的结论①，那么有关培根认识论的讨论却在相当大的程度上悬而未决，时时摇摆于各种经验论理性主义——尤其是霍布斯式经验论理性主义——的影响之间。甚至理性经验主义认识论的影响对斯宾诺莎的工作产生了重大且长期的作用。这并非是一个悖论，我们应当还记得斯宾诺莎圈子兼有人文主义和积极建构的特征，——也正是这种氛围让他乐于与奥尔登堡进行交往，并乐于听取伦敦皇家学会的最初科学规划。② 这不仅不是个悖论，而且事实上，英国经验主义知识理论完全符合于《简论》已经勾勒的那种存在论方案的建设性的逻辑图式。正如卡西尔和柯瓦雷③等人已经以相当大

① 在标号为第二封和第三封的书信中，具体而言，在涉及意志（自由—决定论）主题并对公理的界定进行深入研究的过程中，斯宾诺莎对笛卡尔思想的反驳似乎获得了巨大的推进。F. 阿勒基的《斯宾诺莎的"论奴役"与"论解放"》（前书已引，第 10 页）和伯恩哈特的文章《无限、实体和属性，论斯宾诺莎主义》（前书已引，第 59 页）都提到了这一点。阿勒基发现，《知性改进论》开始部分有一种笛卡尔式的色彩，具有一种临时道德的风格特征。我们已经看到，这种色彩并非是特属于笛卡尔主义的，毋宁说，它是这个时代的作者中通行的一种东西。

② 可以在斯宾诺莎的通信中了解有关奥尔登堡和皇家科学院的信息。也可参看斯宾诺莎和波义耳的关系和他们之间就流体物理学展开的讨论。更多有关斯宾诺莎和奥尔登堡的关系和皇家科学院的发展情况，参看西尼奥列洛：《政治与理性：斯宾诺莎与政治第一性》（前书已引）第 7 页和第 226 页（包括参考文献）。

③ 卡西尔：《新时代的科学和哲学中的知识难题》新版卷二，前书已引，第 122 －126 页。柯瓦雷在他所编辑的《知性改进论》的注释中已经指出过斯宾诺莎对培根的参考（见第 3、16、25、31、32、45、81、88、89 及 93 节）和对霍布斯的参考（见第 72、76 及 85 节）。

的篇幅所证明的那样,英国经验理性主义逻辑观和这种尚处萌芽状态的思想之间有着某种视域融合,它们之间存在着某种交汇,尽管在形而上学前提上互不让步,但在认识论场地里却有交集,比如原理定义和几何化表述的方法。但还不止于此:无论是在英国哲学家们还是斯宾诺莎看来,原理界定和几何化表述应被置于被赋予了建构性力量的物理学框架之内,——无论是培根所说的"感觉"①的自然关系间的实质牵引力的物理学框架,还是霍布斯所说的"努力(conatus)"冲动的物理学框架②,而且,斯宾诺莎的

---

① 我参考了最为开放的近期有关培根作为文艺复兴伟大作者的解读;尤其参看保罗·罗西(Paolo Rossi)的著作。但是,培根那里对"感觉"的革命性的复兴、对感性的高扬,有许多作者都有很好的说明,其中就包括卡尔·马克思的说明。

② 有关霍布斯的自然概念,参看 F. 勃朗特(F. Brandt)的基础性著作《托马斯·霍布斯的机械自然观》(*Thomas Hobbes' Mechanical Conception of Nature*, Copenhagen-London, 1928);至于霍布斯思想与大陆思想关系的相关问题,可见拙著《政治的笛卡尔,或理性的意识形态》(*Descartes politico o della regionevole ideologia*, Milano, 1970),尤其是 149 页以下,以及该书中所录的参考文献。我们也应该参看伯恩哈特的《无限、实体和属性》一文在这个问题上最为重要的论述。此文中采用的两个序列的论证是相当有益的。第一序列的论证(第 59 -65 页)证明斯宾诺莎极大且极为重要地依赖于霍布斯几何学方法,伯恩哈特以《数学研究的检验与修正》(*Examinatio et emendatio mathematicae hodiernae qualis explicatur in libris Johannis Wallisii*)为基本文本,对霍布斯作了大量的参考。萨维尔(Saville)的几何学理论在这方面也应该计入考虑之中,就像果鲁特正确地做的那样。伯恩哈特的第二个序列的证明证明了原创性几何学程序和斯宾诺莎实体形而上学特殊性之间的连续性。伯恩哈特的这两套论证都是极有说服力的。

力学框架更具原创性,斯宾诺莎的力学框架是"力量(potentia)"的物理学。在这三种提法当中,数学关系体系的观念——这种观念产生自新柏拉图主义的自然造化生成形式(forma poetica),并通过机械论抽象被重塑了——都服从于物理关系和力量的连续性。《知性改进论》以及《知性改进论》时期的斯宾诺莎通过17世纪认识论争论获得了自己的立场,但为的却是深化并丰富那种原生的泛神论视角。 62

现在我们才可以对《知性改进论》作出解读。我们还是直接处于乌托邦的场地之中:前二十五个段落[①]将知识难题作为苦修主义式的最高幸福理论提了出来,这些段落所勾勒的"emendatio(改进)"主要着眼点不是在道德要素与认知要素之间作出区分,而毋宁说是强调二者之间的联系。Emendatio(改进)是一个医学术语,意指一套技术以及一种手术目标:知性的改进即对知性进行治疗,唯有通过这种治疗,知性才能得到如其所是的重建并因而获得能力(virtù)。从这个视角来看,斯宾诺莎的论述大多源自斯多葛主义或新斯多葛主义:它在它自己的世纪里有无来源呢?[②]这种论述的起源、来源的确更近,近在手边,——我们可以在《知性改进论》论述的准备性条件那几个段落中辨认出这些来源:伦理的社会性和精神的共通性曾体现在斯宾诺莎圈子里,也被记录在《简论》之中,但在这里却一点都不复存在了。

"(一四)因此这就是我努力追求的目的:自己达到这种品格,

---

① 《知性改进论》,第一段到第二十五段,第4-23页。

② 就此问题,可参看柯瓦雷在他所编辑的《知性改进论》中给第一段和第十三段所加的注释。

并且尽力使很多人都能同我一起达到这种品格;换言之,这也是我的一种快乐,即尽力帮助别人,使他们具有与我相同的知识,并且使他们的认识和愿望与我的认识和愿望完全一致。为了达到这种目的,我们**首先**必须充分了解自然,以便足够使我们达到上述品格,并且,**其次**,还有必要组成一种社会,以便利于促进极可能多的人可能容易而且确定地达到这种品格。(一五)**第三**,我们还必须致力于道德哲学与儿童教育学的研究。健康既然对于达到我们的目的不是一个不重要的手段,所以,**第四**,不可不充分讲求医学。又凭借技术可以使得许多繁难的工作变成简易,并且可以节省生活中不少的时间和劳力,因此,**第五**,机械学也不可忽视。(一六)但我们首先必须尽力寻求一种方法来医治知性,并尽可能于开始时纯化知性,以便知性可以成功地、无误地、并尽可能完善地认识事物。由此人人都可以见到,我志在使一切科学皆集中于一个最终目的。这就是要达到上文所说的人的最高的完善境界。因此各门科学中凡是不能促进我们目的实现的东西,我们将一概斥为无用;换言之,我们的一切行为与思想都必须集中于实现这唯一目的。”①

---

① 欧麦罗·多米尼科·比亚卡(Omero Domenico Bianca)的译本《斯宾诺莎:知性改进论》(*Spinoza*, *De Intellectus Emendatone*, Torino, 1942)第11－13页的译文为:“因此这就是我努力追求的目的:自己达到这种至高完满的品格,并且努力使很多人都能同我一起达到这种品格;换言之,这也是我的一种快乐,即努力帮助别人,使他们具有与我相同的知识,并且使他们的认识和愿望与我的认识和愿望完全一致。为了达到上述品格,并且还有必要组成这样一种社会,以便利于促进尽可能多的人尽可能容易而确定地达到这种品格。此外,我们必须致力于道德哲学和儿童教育学的研究。再者,健康既然对于

达到我们的目的不是一个不重要的手段，所以不可不充分讲求医学。又凭借技术可以使许多繁难的工作变成简易，并且可以节省生活中不少的时间和劳力，因此机械学也不可忽视。但我们首先必须努力寻求一种方法来医治知性，并尽可能于开始时纯化知性，以便知性可以成功地、无误地、并尽可能完善地认识事物。由此人人都可以见到，我志在使一切科学皆集中于一个最终目的，即实现我们所说的至高的人类完满；因此，各门科学中凡是不能促进我们目的实现的东西，我们将一概斥为无用；换言之，我们的一切行为与思想都必须集中于实现这唯一目的（tendo：raggiungere cioè una suprema perfezione e fare del mio meglio a che molti con me la raggiungano，perché contribuisce alla mia felicità l'adoperarmi a che molti comprendano ciò che io comprendo in modo che il loro intelletto ed il loro desiderio si accordi con l'intelletto e con il desiderio mio；ma，perché ciò avvenga è necessario comprendere della natura tanto quanto è sufficiente per raggiungere quella perfezione；costruire poi una società，quale è appunto da desiderare，in modo che il più possibile degli uomini possa raggiungere quella perfezione con maggiore facilità e sicurezza. Bisognerà in seguito attendere alla filosofia morale ed alla scienza dell'educazione；poiché la salute giova non poco a raggiungere quel fine，anche la medicina dovrà essere coltivata interamente；infine，poiché molte cose，difficili，sono facilitate dall'arte in modo che possiamo guadagnare tempo e vantaggi nella vita，non dovrà essere trascurata neppure la meccanica. Ma prima di tutte queste cose è da meditare sul modo di emendare l'intelletto e di purificarlo，per quanto all'inizio è possibile，in modo che intenda le cose con successo，senza errore，ed il meglio possibile. Da tutto ciò ciascuno potrà vedere come io intenda dirigere tutte le scienze verso un solo fine ed un solo scopo，e cioè a che si raggiunga quella suprema perfezione umana，della quale abbiamo parlato；in modo che dovrà essere respinto come inutile tutto ciò che nelle scienze non contribuisce al nostro fine. In sostanza，per dirla in breve，tutte le nostre azioni e i nostri pensieri debbono essere guidati a quel fine）。”[汉译参看《知性改进论》，贺麟译，北京：商务印书馆 1986 年版，第十四段到第十六段，第21－22页。——译注]

接下来，斯宾诺莎仍然对他所依赖的这几个点进行了强调，不过，他不再那么聚焦于准备性条件了，而是特别申述了能让我们接近真理的具体而明确的方法，即一套“暂定的道德”：确保听众能欣然接受对真理进行讨论的语言的交流性和简单性，在保持健康的限度内享受快乐，以及以维持生命与健康为限度的对金钱的获取和使用。[①] 现在，应如何界定这种苦修主义呢——即便不是在资产阶级按部就班的感知之中，也是在尼德兰历史地形成的社会生活的那种幸福体验之中，如何去界定它呢？在这些早期的文字中，没有东西是“暂定的”；这里的苦修主义完全是积极的。《知性改进论》的开篇——人们往往将它们解作有关生存疑难和苦修主义神秘主义的讨论——实际上，看上去很像是“contemptu mundi”[②]，这不仅仅是从它们的文体形式上说的。[③] 事实上，这里的伦理学就是对存在的实际反映，预示了即将成为现实的伦理学革命。这里的伦理学也表明了它自身的实践作用，构成了某种存在论理据（就像所有的乌托邦一样），既是个人的存在论理据，也是群体的存在论理据。

63

“（一二）现在简略解释以下我所谓‘真善（verum bonum）’的意义和‘至善（summum bonum）’的性质。为了正确理解这一点，

---

① 见柯瓦雷在他所编辑的《知性改进论》中为第十七段所作的注释。

② 拉丁语，“俗世之蔑视”，这是古代世界和基督教世界常见的一种文体，希腊斯多葛学派和中世纪新柏拉图主义的哲学家经常以此为题进行写作，主题往往围绕“俗世、肉体和邪恶”展开。文艺复兴时期，伊拉斯谟也写作过《俗世之蔑视》。——译注

③《知性改进论》第一段到第十段，第4－11页。

首先必须注意,所谓善与恶的概念只具有相对的意义,所以同一事物,在不同的观点下,可以叫作善,也可以叫作恶;同样,可以叫作完满,也可以叫作不完满。因为没有东西,就其本性看来,可以称为完满或不完满,特别是当我们知道万物的生成变化皆遵循自然永恒的秩序及固定的法则的时候。(一三)但是人既然薄弱无力,不能在思想中把握这种法则,只能设想一个远较自己坚强的人性,而又见到自己并没有不能达到这种人性或品格的道理,于是便从事于工具的寻求以引导他达到这种完满境界,而认为凡是足以帮助他达到这种完满的工具为真善。但至善乃是这样一种东西,人一旦获得之后,凡是具有这种品格的其他个人也都可以同样分享。至于这种品格是什么性质,我将在适当地方指出,简言之,它是人的心灵与整个自然相一致的知识。"①

---

①《知性改进论》第 11 -13 页。比亚卡的译文(第 11 页)为:"现在简略解释一下我所说的'真善'的意义和'至善'的性质。为了正确理解这一点,首先必须注意,所谓善与恶只具有相对的意义,所以,同一事物,在不同的观点之下,可以叫作善,亦可以叫作恶;同样,可以叫作完满,也可以叫作不完满。因为没有东西,就其本性看来,可以称为完满或不完满,特别是当我们知道万物的生成变化皆遵循自然永恒的顺序及固定的法则的时候。但人既然薄弱无力,不能在思想中把握这种法则,只能设想一个较自己坚强的人性,而又见到自己并没有不能达到这种人性或品格的道理,于是便从事于工具的寻求以引导他达到这种完满境界,而认为凡是足以帮助他达到这种完满的工具为真善。但至善乃是这样一种东西,人一经获得之后,凡是具有这种品格的其他人也都可以同样分享。至于这种品格是什么性质,我将于适当的地方指出,简单说来,它是人的心灵与整个自然相一致的知识(Dirò ora brevemente che cosa io intenda per vero e che cosa sia il sommo bene. Per intendere ciò rettamente, è però da osservare che male e bene non si dice se non relativamente, così

"人的心灵与整个自然相一致的知识";然而,精神一旦被这个医治目的所瞄准,从知识的角度去发掘存在又是以什么为担保的呢? 知识形式又能通过何种方法得到选择、表述和细化,理智从而才能发现健康、至福的实际目标呢? 请注意:这里的难题仍然不是知识难题——尽管在《知性改进论》后面涉及了如下知识难题:对四种知识的改进①,斯宾诺莎用一系列例证来说明这些知识②,但这种知识改进在整篇《知性改进论》中仅限于简单的清单,而完全从属于方法上的强烈的伦理学性质。"perceptio exauditu(得自传闻)"的知识;"perceptio ex vaga experientia(得自泛泛经验)"的知识;"perceptio ubi essentia rei ex alia re concluditur, sed

---

che una medesima cosa può essere considerata buona o cattiva in relazione a diversi aspetti; lo stesso dicasi per perfetto e per l'imperfetto. Nulla, in effetti, considerato nella sua natura, potrà dirsi perfetto o imperfetto, specialmente dopo che avremo appreso che tutte le cose che avvengono, avvengono secondo un certo ordine e secondo determinate leggi della natura. Ma poiché l'umana debolezza non apprende con il suo pensiero quell'ordine ed intanto l'uomo concepisce una natura umana molto più eccellente della sua e non vede nessun ostacolo che gli vieti di conquistare una siffatta natura, egli è spinto a cercare i mezzi per raggiungere questa perfezione; e tutto ciò che serve per pervenirvi è detto vero bene, e il sommo bene è il pervenire ad una condizione tale da poter godere di tale natura perfetta insieme con altri individui, se ciò è possibile. Quale sia questa natura lo mostreremo a suo luogo; principalmente essa è la conoscenza dell'unione che la mente ha con tutta la natura)。"[汉译参看贺麟先生译本,前书已引,第十二段和第十三段,第 21 页。——译注]

①《知性改进论》第十八段和第十九段,第 14 -17 页。

②《知性改进论》第二十段到第二十五段,第 16 -23 页。

non adacquate（从另外事物的本质对某事物的推论，但却并不必然正确）”的知识；以及最后“perceptio per solam suam essentiam（纯粹认识一物的本质）”的知识——有关这种分类已经有了太多的讨论，太多人论述过按照升序或降序排列这些类知识的分级问题。①实际上，只有在分级之后问题才能真正被提出来，因为经过分类排序的分级，知识本身才能在它的相对自治的问题结构（problematica）中成形，也只有经过分类排序的分级，既有的这种存在才能向真理之构成的问题敞开。

“从上面的这些考察，我们可以看出哪种知识样式是我们必须选取的。”②即便是这个断言也没有让我们进入传统的认识论主题之中。我们仍处在某种过渡之中，而且仍旧还是在存在论层面的过渡。也就是说，为了得出本质知识而对前三种知性知识来源形式的批判，实质上确乎是对存在的一种辩护。“唯有第四种样式的知识才可直接认识一物的正确本质而不至陷于错误。所以我们必须首先采用这种样式的知识”③：为什么呢？因为唯有第四种样式的知识能为我们提供不借其他手段的方法观念，能够为我们提供并非建基于只就认知自身而探究认知的坏无限性之上的方法基础，——它所提供的方法的基础乃是知性固有的力量，这

64

① 这类讨论最晚近的一次，请参看果鲁特：《斯宾诺莎：论心灵》（前书已引）第593－608页（其分析是非常卓越的）。详尽的参考明细，参看柯瓦雷为第十八段和第十九段所撰写的注释。

② 《知性改进论》第23页。（格布哈特编《斯宾诺莎著作集》卷二，第12页。）

③ 《知性改进论》第22－25页。

种方法因而也被赋予了知性本身的自然本质的建构力和整合力。隐喻——在斯宾诺莎著作中罕见的几个隐喻之一,而那个时代却是一个最典型的隐喻的和巴洛克的时代①——有助于深化讨论的意义:在第四种样式的知识那里,方法极其严格地与知识的质料联系在一起,就如锻造铁的锤子必须是铁造的一样;方法的进步伴随着制造过程的进展,伴随着把自然转变成工具复又把工具转变成新的自然——第二自然、被建造的自然——的改造。

"(三一)人们最初利用自然的工具,费力多而且很不完备地做成了一些简单的器具,当这种器具既已做成之后,即可进而制造比较复杂的工具,费力比较少而且比较完备。如此循序渐进,由最简单的动作,进而为工具的制造,由工具的制造,进而为比较复杂的工具、比较新颖的器具的制造,一直达到耗费最少的劳动完成大量复杂的器具。同样,知性凭借其自然的力量,自己制造理智的工具,再凭借这种工具以获得新的力量来从事别的新的理智的作品,再由这种理智的作品又获得新的工具或新的力量向前探究,如此一步一步地进展,直至达到智慧的顶峰为止。(三二)理智的进展的情况就是这样,这是很容易看见的,只要我们能知道什么是寻求真理的方法,和什么是人的自然的工具,人们只需使用这种工具,就能制造出别的工具,以便来进一步向前探究。"②

---

① 参看拙著《政治的笛卡尔》中我专门探讨笛卡尔式隐喻的那些段落以及该著中列出的参考文献。

②《知性改进论》第25-27页。比亚卡的译文(第25-27页)为:"人最初利用原始的工具,费力多而且很不完满地做成了一些简单的工具,当这种工具既已做成之后,即可进而制造比较复杂的工具,费力比较少而且比较完满。

这里还有什么可以补充的吗？斯宾诺莎乌托邦的存在论作用在这里把它的力量发挥到了极致吗？不必补充：要看到这种力量，只要看接下来的那些段落就足够了，在那里，所有的知觉局限都无法干扰认知上的唯实论了。“我们具有真观念。”但是“真观念与它的对象不相同”。因而真理只指示它自身，但对真理和客观的世界顺序的再书写却将是永无休止的过程。真方法只能是这样的方法：借助它，事物的真理和客观本质或理念——真理、客观本质、理念，是一物之三名——可以以适当的顺序得

如此循序渐进，由最简单的动作，进而为工具的制造，由工具的制造，进而为比较复杂的工具、比较新颖的工具的制造，一直达到耗费最少的劳动完成大量复杂的工具。同样，知性凭借天赋的力量，自己制造理智的工具，再凭借这种工具以获得新的力量来从事别的新的理智的作品，再由这种理智的作品又获得新的工具或新的力量向前探究，如此一步一步地进展，直至达到智慧的顶峰为止（Ma allo stesso modo come gli uomini in principio cercarono di costruire con strumenti primitivi oggetti assai facili, sebbene con fatica ed imperfettamente, e, poi, fatti questi, altri ne confezionarono più difficili, con minor fatica e maggior perfezione, e così gradatamente progredendo dalle opere più semplici agli strumenti e dagli strumenti ad altre opere ed ad altri strumenti, riuscirono a costruire con poca fatica opere difficili, così anche l'intelletto con la sua forza nativa si costruisce degli strumenti intellettuali con i quali accresce le sue forze per altre opere intellettuali e da queste opere altri strumenti, cioè la capacità di investigare ulteriormente, e così gradatamente procede fino a raggiungere il culmine del sapere. Che così avvenga deH'intelletto si potrà agevolmente vedere non appena si intenda che cosa sia il metodo di investigare il vero, e quali siano gli strumenti naturali dei quali soltanto ha bisogno per costruire altri strumenti e per procedere ulteriormente）。”［汉译参看贺麟先生译本，前书已引，第三十一段，第28－29页。——译注］

到探究。① 所以,真理的这种客观联系能够摆脱知觉局限的干
65
扰,并且只服从于上述建构方案:我们于是便站在了客观存在的绝对极端主义(radicalismo assoluto)的面前。这里还有更多的东西:实际上,这种唯实论活跃于这样一种情境之中,即它除自身之外无须任何其他支撑,它自身就是对真理的直接表现。如果说在《知性改进论》中——果鲁特就曾这么认为——认知综合并未全部完成从而达到存在整全性的层面,如果说这种认知综合不必完成对神的自然的界定,那么之所以如此,是因为认识本身就纠缠在现实之中,纠缠在被直接把捉的本质之中,须臾不可能使自身摆脱这种纠葛:这里的认识,根本不知道什么可以让它达到至高存在的内在逻辑,最高层面的存在就是当前的存在、直接的存在——这在思想史上还是头一次。② 在后面,我们将可以看到对泛神论的这种颠倒——从深度哲学向平面思想的颠倒——有多么重要:现在,只要认识到这种颠倒代表了客观存在的绝对极端主义借以形成的一种方式就足够了。所以,方法随着对真理的探究而推进,开掘着理念和存在的世界,不断接近真理,构造准确的观念,让存在自己言说。真理的析出是存在之言说的作用。方法上的探究在澄清充分观念的同时,也会创造出这个过程借以表现

---

①《知性改进论》第三十三段到第三十六段,第 26 -29 页。

② 果鲁特在对斯宾诺莎的知识理论的不同形式之间的差异进行比较时表明了他自己的立场,参看果鲁特:《斯宾诺莎:论心灵》(前书已引)第 593 -608 页。当然,德勒兹在《斯宾诺莎和表现难题》第八章中借充分性(adeguatezza)观念的发展集中细致地探讨了方法的现在现前性(presenzialità)、充足性(superficialità)的主题。

自身——也即存在借以表现自身——的形式和规范。从这个观点来看,方法在两个意义上构成了被反思的知识:一方面,它是作为观念的观念、作为言说着的存在的某种规范而得以构造;另一方面,由于这一原因,它能够使认识遵从于存在的顺序,使知识进入真实存在经验积累的层积过程,直到达到理解总体的最高点。[①]当然,这种对真理的客观肯定,以及方法与存在顺序的这种一致,或许看上去是悖论的[②],或者说,它易于招致怀疑论的反驳,会受到怀疑论者对真理之客观确证的驳斥[③]:但我们为什么要接受这是个悖论的指责呢,或者,我们为什么要理会存在非真实这一怀疑论论调呢,既然"与生活需要及社会交际有关的东西"已经确证了我们对真理的理解?从怀疑论方面对我们横加阻挠的那些人应该被视为"全无心灵的自动机器",应被视为以空论空的解经家。[④] 这样一来,乌托邦就被赋予了身体,达到了它最高的透明性。

至此,"改进论"必须通过一种规划、一种策略阐明自身。"Resumamus jam nostrum propositum(我可以确定我们的目标)"[⑤]——斯宾诺莎说,我们首先已经确定了推进我们的研究所应该集中于其上的一个目标。其次,我们认识了最好的知识方式,借此种知识的帮助,可以达到我们的完善。第三,我们又发现

---

①《知性改进论》第三十七段到第四十二段,第 28 -33 页。

②《知性改进论》第四十三段到第四十六段,第 32 -37 页。

③《知性改进论》第四十七段到第四十八段,第 36 -37 页。

④ 参看 P. 马舍雷:《黑格尔或斯宾诺莎》,前书已引,第 43 -94 页。

⑤《知性改进论》第 37 页。(格布哈特编《斯宾诺莎著作集》卷二,第 18 页。)

了心灵所应当遵循的基本途径,以便有良好的出发点并在探索真理的过程中不断向前推进;这个路径就是以真观念、充分观念作为规范。但是为了使这一切有序展开,必须服从以下规则:Ⅰ.把真观念同其他所有感知区分开来;Ⅱ.进一步细化规则,以便在严格遵循已建立的规则之下去认识未知的事物;Ⅲ.确定适当的顺序,以免枉耗精神于无用的东西;Ⅳ.坚持这种方法,直至把它运用到至高和至善,直至达到最完满的存在。[①] 这就是全部规划。不过,《知性改进论》是一篇未完成的文本:斯宾诺莎仅仅对Ⅰ展开了论述,对Ⅱ的阐释也才刚刚开了一个头。对Ⅲ和Ⅳ没有论述。规划毕竟是清楚的:为明确起见,我们可以把这个规划称为充足化策略,其视点将在存在的全部本质性质中活动,以便将此本质性质的诸差异重新联结起来,最终构成神的实体。这种理论的苦修主义,在充分实现自身之后,将发现它自己的实践完满性。正是由于这一原因,理论与实践是不分的,而思想或现实的充分性的这种观念也揭示了建构的张力,这个张力也是此观念的活力之源。《知性改进论》的全部第一部分(一到四九)所规划的这种策略乃是对现实的构成策略,又深深地植根于存在完满性的乌托邦之中。

泛神论乌托邦支起了构成的策略:怎么支起的呢?换个提法:仅是这种乌托邦的巨大张力以改头换面的种种形式就能支起这种方法的建构性扩展吗?我们难道没有碰到极限吗?在这里我们碰到的不再是只需克服的障碍,而是乌托邦思想的真正危机之点,难道不是这样吗?斯宾诺莎还没有清晰地意识到这个难题。他沿着这个规划继续推进。但是,显而易见的是,随着规划

① 《知性改进论》第四十九段,第36-39页。

的进展，策略与现实之间的落差逐渐清晰起来。这种方法的建构能力的基础——正如我们所看到的——在于充分化过程的力量。但是，这种充分性观念有能力表现作为其基础的存在结构的力量吗？或者，换个提法：充分性观念本身被向前延展得太过充分（甚至达到了极限）同时也就以某种深广的、无所不知的、几乎窒息性的维度封存遮蔽了存在本身——难道不是这样吗？总之，有关充分性和构成的这样一种观念必须先讨论一下使此观念本身成为可能的存在论前提——难道不是吗？构成策略与泛神论乌托邦之间不正存在着不可解决的矛盾吗？

《知性改进论》的第二部分①就是对这个矛盾的演进过程。这种演进的着眼点只能说最终满足了 17 世纪认识论学者的博学精神，但却不能说是最终使这个矛盾得到了解决。在该对构成性详加探究的地方，斯宾诺莎却详尽地展示了对观念的细致分析，仿佛已经是对观念纯粹性——本原真理——早已掌握了似的。把真观念同其他知觉区分开来：这是第一个目标。好了，支撑着调查的存在论底层便由此生成了某种观念现象学。在这里，我们应该承认斯宾诺莎理论经验中的原创性和非还原论特质。其中有不少迷人的闪光点，都蕴含着哲学和想象力的财富和价值。事实上，斯宾诺莎澄清了两个基本情况：第一个情况就是从复杂中区分出简单性，从混乱中开掘出作为直观明晰性的基本事实（此即“idea ficta［虚构观念］”：五二到六五；“idea falsa［错误观念］”：六六到六八；以及“idea vera［真观念］”：六九到七三）；第二种情况就是辩明真观念或在任何情况下都是真理的标记的观念，因为在这里有许多不同的知觉形

67

① 《知性改进论》第五十段及以下，第 38 页及以下。

式层层叠加(观念和想象:七四到七六;“那种笛卡尔所说的感性”……“可疑观念”:七七到七八;观念、记忆和遗忘:八一到八七;最后是观念、文字与想象:八八到八九),因而必须要做的与其说是仅仅细加区分不同程度的明晰性,不如说,同时还必须去发掘、重建、重塑这些不同或/和共存着的认知力量(potenze conoscitive)。在这个版本的斯宾诺莎这里形成了对意识的先验分析,这在现代哲学史上还是头一次,这种分析后来将在康德那里被推到极致:而且,认知性事实往往亟须被思考得推进到存在论的透明性之中,为了给出这种存在论透明性,斯宾诺莎还为那种先验功能确立了现象学关系。请注意:这是一个开端。但是正如我们已经指出的并很快还会看到的那样,这不是他研究的主线。斯宾诺莎对现象学分析的这种探究因而是可疑的、神经质的:但在我看来,对它所具有的那种乌托邦的质性特征和野蛮品格在这里予以强调,是非常重要的。从直觉到理性,从感觉到想象到观念,所有这一切构成的属人的总体,发挥着作用,——一旦处在现象学分析过程中,它就会呈现出它的内在复杂性,把心灵、把理性的全部野蛮力量暴露出来。斯宾诺莎在这里使用的例子,并不像巴洛克隐喻那样优美灵动,反而像是希罗宁姆斯·博希(Hieronymus Bosch)的绘画中的幻想那样具有杂质纷呈的高密度。就此而言,当德勒兹谈到司各特主义路线又出现在了古典哲学之中的时候,他击中了要害![①] 我们也不必惊讶于斯宾诺莎的建议,他认为分析的材料应该是谵妄的世界,或意见中最具幻想性的或疯狂的维度:显然,这种方法勾勒出的并不是理智领域规划的抽象启蒙,而是对认识和知性的意志,这种意志贯穿于世界总

---

① 见德勒兹《斯宾诺莎和表现难题》,前书已引,各处。

体之中,向外要达至绝大的冒险和发现,向内要把意识推进到崇高。

撇开这一切不谈,这里的基本框架和结构性机制还没得到丰富:相反,指导着分析的在其基本理路上还是一种还原论的机械论。我们已经看到了这一点:最初,歧路开始分叉:一条是分析的,另一条是现象学的。然而分析的这条路,却又处在存在论至上论的位置之上。这种存在论至上论越来越明显地呈现出来,我们随之就进入了一片认知抽象化的视域之中。在如此丰富的世界面前,知识却倾向于抽身而出,倾向于使自身隔绝,仅在自身内发展。

68

"至于说到什么是构成真理的形式,无疑的,真思想与错误思想的区别不仅在于外表的标志,而主要的乃在于内在的标志。因为,如果一个建筑师形成一个正确的建筑的观念,即使这个建筑物从来没有存在过,甚至将来绝不会存在,他的思想仍然是真的,而且不论这建筑物存在与否,他关于建筑物的思想仍是同一的思想。"①

知识探究的是真理在头脑这一人的官能之中的内涵:但这就

---

①《知性改进论》第 57 页。比亚卡的译文(第 59 页)为:"实际上,至于说构成了真理形式的东西,确定的是,使思想区别于谬误的,不是外在的特性,而是内在的特性。所以,如果说一个建筑师设想了一个结构很好的建筑的话,就算这建筑不存有,或永远都不会存有,但毕竟该建筑的概念却总是同等并永远保持同一地是真的,而无论该建筑是否存有(Infatti per ciò che riguarda ciò che costituisce la forma della verità, è certo che il pensiero si distingue dal falso non per un estrinseco, bensì per un intrinseco carattere. Così se un architetto concepisce un edificio ben ordinato, sebbene tale edificio non sia mai esistito, né sia mai per esistere, nondimeno la sua concezione sarà egualmente vera ed essa rimarrà la medesima, sia che l'edificio esista o no)。"(格布哈特编《斯宾诺莎著作集》卷二,第 26 页。)

破坏了对“fabrica(结构物)”的真实经验。这也就是说,知识的生产性在尝试将自身表现为涵纳整个世界的规划并推进了这个策略之后,却最终仍然重又被阻隔,而《知性改进论》如此有力地使之得到了澄清的思想中的因果性又得到了恢复:知识的生产性又得服从于思想力量的排他性和特殊性。这就是《知性改进论》的危机。此一危机乃是由知识的生产性同无法对此生产性作用进行证明的这一能力缺失之间的落差造成的。这一情况大致取决于如下事实:真理的观念——这里涉及的真理是在集中而广泛的泛神论存在论总体性中被界定的真理——有能力确定地澄清自身的现象学功能,但却不具备将自身表现为一种身体物质力量(potenza fisica)的能力。《知性改进论》已经预演了很多论题的论证,这些论题既有批判的,也有建构的,后面我们论及斯宾诺莎成熟阶段的思想时将会展开说明,但是,在此阶段,这个规划陷入僵局,遭遇了这个落差。请注意,这个僵局首先发生的时刻,正是实在(Reale)的复杂性如此深刻地渗入心灵的那一刻,此时的心灵因而不得不成为一种狂暴的身体综合,巨细靡遗而又无从解断,在它内部区分出更高级的官能的所有尝试都告失败。区分的方法必须被放置一边:不会再考虑心灵所占比重的问题了。跳过去吧。思想越过了它觉得自己无法控制的复杂性。于是心灵又一次注定进入消极状态:这项改进的探究,可以这么说,反倒让心灵着了魔、被施了魔法,但也只有这样,它才能在它的总体之中展示那表现性的和生产性的力量(八一到九七)。他做得太过了吗?①

① 《知性改进论》第六十八段到第七十五段。(格布哈特编《斯宾诺莎著作集》卷二,第 30 -33 页。)

那么,这种方法的建构性难道不能和泛神论共存吗?就此改进性探究的这个层面而言,这是不可能的。一度打开的现象学空间现在闭锁了。知识向世界提出要求的领域又再次被(并且是以传统的方式)替换为知识自足的领域。也正是因此,在应该出现关于联结的思想的地方,却出现了关于充分化的观念:当然,实在只能在观念中得到反映,因而观念的联结就对应于现实的联结了。

69

"如果不知道一物的本质,便无法知道一物的特性,假若我们忽略这些特性,我们必然就会使得那应符合自然联结的理智联结发生颠倒,我们也就完全错失了我们的目标。"①

双重联结:但这是清楚的,观念论不是无宇宙论(acosmismo)。但由于观念的一极现在大权在握,所以实在也处在观念的支配之下。实在并未被否定:但却被化约进了观念的维度之中。逻辑推理,越是完美地得到建构,则越是表明它对处置实在的无能:它成了草案式的逻辑经验,通过把实在化简为草案而耗尽实在。② 在泛神论联结构成的绝对性之中,观念占有相当大的分量,

---

①《知性改进论》第79页。比亚卡的译文(第83页)为:"种种事物的本质若被忽视,则它们的特性就不会被理解;如果我们这样地忽略了它们的特性,我们必然会改变理智的顺序,但唯有理智顺序才能再生产出自然的顺序,这样一来,我们也就远离了我们的目标(E le proprietà delle cose non sono comprese se le loro essenze sono ignorate; se perciò noi le trascureremo, altereremo necessariamente l'ordine dell'intellezione che deve riprodurre l'ordine della natura, e ci allontaneremo assai dal nostro scopo)。"(格布哈特编《斯宾诺莎著作集》卷二,第34页。)

②《知性改进论》第九十八段,第80-81页。(格布哈特编《斯宾诺莎著作集》卷二,第36页。)

这妨害了具体作为物质力量展现它自身。存在的生产性完全取决于观念的生产性。这种对存在的重构方式看上去像是形而上学推演所遵从的逻辑规则的建构方案。存在不朽和永恒,但却并非作为生产的一种视域和积极的规范而不朽和永恒,而是作为联结的一种形式规范而不朽和永恒的。

"(九九)就推演的顺序而论,为了使我们的感知可以按次序排列并连贯起来起见,我们必须尽先依理性要求去探讨是否有确定的存在——如果有,它作为万物的原因又是何类存在,于是我们的心灵——正如我们已经所说——才能尽量完整地反映自然。进而心灵可以客观地包含自然的本质、顺序和统一性。由此足见,最为必要的是:把我们的一切观念都从自然事物或实在存在推出,尽量按照由此一实在到另一实在的因果系列,这样就可以不致过渡到抽象的和一般的概念:既不由抽象概念推论出真实事物,也不由真实事物推论出抽象概念。因为两者都足以扰乱理智正确的进展。(一〇〇)但是必须注意,我这里所谓因果系列和真实事物的系列,并不指变灭无常的个别事物而言,而是指不朽和永恒的事物而言。因为要想追溯变灭无常的个别事物的系列,实为人类的薄弱的理智所不能,一则,事物的数目非人力所能指数,再则,每一事物的环境变化无穷,而其环境的每一变化都可以作该物存在或不存在的原因。因为它们的存在与它们的本质之间没有必然联系,或如前面所说,它们的存在不是永恒的真理。"①

---

①《知性改进论》第81-83页。比亚卡的译文(第87页)为:"那么就我们知识的序列化和联结的样式和顺序而言,我们必须尽可能优先地按照理性本身向知识所要求的那样,探究存在是否是被给予出来的,它又是何种存在,

既然它是万事万物的原因,因而它的客观本质也是我们观念的原因,因为我们的心灵,正如我们已经说过的那样,将能够尽量完满地再生产出自然:实际上,心灵将占有自由的本质、顺序和统一性。由此我们便能够看到,对我们来说首先最为必要的是:尽可能地把我们的全部观念按照与一个现实存在到另一现实存在的原因链条相一致的方式从物理自然的事物或从现实存在中推出,这样才能免于牵涉到抽象的东西和普遍的东西,也就是说,才能既不由抽象或普遍推论出真实,也不由真实推论出抽象或普遍。这两者都会打断理智的真实进展。还必须注意,我这里所说的原因的序列和真实存在的序列,指的并不是特殊的、变化的事物的序列,而专门指的是给定的和永恒的事物的序列。实际上,追溯特殊的和变化的事物的序列,对人的能力而言是不可能的,一则,这类事物的数量是无限的,再则,此类事物的每一个的环境变化无穷,而其环境的每一变化都可能是该物存有或不存有的原因。因为这类事物的存有无关于它们的本质;也就是说(我们已经说过),它们的存有不是一种永恒的真理(Per quanto poi si riferisce all'ordine ed al modo di ordinare e di collegare le nostre conoscenze, è necessario indagare, quanto prima è possibile, e la ragione stessa lo richiede, se si dia un ente, ed al tempo stesso quale ente, il quale sia causa di tutte le cose, in modo che la sua essenza oggettiva sia la causa di tutte le nostre idee, poiché allora la nostra mente, come abbiamo detto, riprodurrà al massimo la natura: infatti essa possederà e l'essenza e l'ordine e il legame della natura. Da ciò possiamo vedere, come sia per noi necessario anzitutto dedurre tutte le nostre idee da cose fisiche ossia da enti reali, procedendo, per quanto è possibile, secondo le cause da un ente reale ad un altro ente reale, in modo da non passare a cose astratte o agli universali, ossia in modo da non concludere da questi ad un reale o da questi agli universali. Tanto l'uno quanto l'altro passaggio spezza il vero progresso dell'intelletto. È però da osservare che qui per serie delle cause e degli enti reali io non intendo la serie delle cose particolari e mutevoli, bensì esclusivamente la serie delle cose fisse ed eterne. Infatti è impossibile alla limitata capacità umana seguire la serie delle cose particolari e mutevoli, sia per l'infinita quantità di

对方法之点Ⅰ①的分析就此结束。过渡到方法之点Ⅱ②之后,无非就是对思维处置方式同迄今该处置方式所经验到的实在维度之间的落差的确证:确言之,是强调。区分转变成了对顺序的界定:但这条路还是通往永恒的,因为,顺序要以永恒为基础,知识就是向着极限推进。接下来便有了对真理标志之直接性的分析,以及随即而来必须要做的规则的推演(实际上这些规则无非是在理解真理过程中,知性自身的特性)——而这种分析和推演也是知性在其方法论规划行动为自己所设定的。③"Reliqua desiderantur"④:《知性改进论》就此戛然而止。告终于完满的观念论。理性在自身之上充分施展了形式化的权力。斯宾诺莎对笛卡尔的颠倒就这样半途而废。

70

现在斯宾诺莎充分地意识到了矛盾,《知性改进论》所阐述的方法程序恰是拘束于这个矛盾中的囚徒。这种方法程序最终只能

---

tali cose, sia per le innumerevoli circostanze che ricorrono nella medesima cosa, ciascuna delle quali può essere causa che la cosa esista comenon esista, in quanto resistenza di queste cose non ha connessione alcuna con la loro essenza, ossia (come abbiamo detto) non è una verità eterna)。"(格布哈特编《斯宾诺莎著作集》卷二,第36页。)

① 指"对观念的区分"的方法。这种区分的方法中包括"分析的"和"现象学的"。正如奈格里所说,"现象学"在陷入僵局之后,纯观念层面叠覆在存在论层面之上,走向了一种观念论的泛神论。——译注

② 指"联结的顺序"的规定的方法,这种方法,已经是观念论中的泛神论"草案"了。——译注

③《知性改进论》第一〇二段到第一〇八段,第84-91页。(格布哈特编《斯宾诺莎著作集》卷二,第37-39页。)

④ 拉丁语,"其余无须多说"。——译注

是让一切都锁闭于知性之中：而知性又如何保持全部的乌托邦张力呢？“但直至现在为止，我们还未曾具有发现界定的规则，而且如果没有对于知性和其力量的本性或界定的认识，我们就不能制订出这些规则来。由此可见，或者知性的界定是自明的，或者我们对它们什么也不能认识。但是知性的界定并不是绝对地自明的。”①在这里我们获知了《知性改进论》写作中辍的理由。在那种被确定了的存在论基础之上，观念论必然会克服界定的困难。但观念论与乌托邦是相悖的，后者是人文主义的和革命的，是想要与现实事物发生碰撞的。该策略存在落差，必须反思。但这种反思暂时还未能形成。很多人坚持要求发表《知性改进论》，并坚称荷兰的自由是该作得以出版的保证，但斯宾诺莎好心地进行了答复：事实上，这同一些通信也说明，在这种情况下，《知性改进论》未能发表与斯宾诺莎的谨慎顾虑并无关系。② 直到 1666 年，在给鲍麦斯特的信中，斯宾诺莎还匆匆地结束了他们有关方法的讨论，重提了他自己尚固守的这一根本论断：“因此可以推知：我们所形成的清楚而且明晰的概念只依赖于我们自己的本性和我们本性固定不变的规律，也就是说，绝对地依赖于我们自身的力量（potenza）。”③这意味着有关存在的观念的改变：存在是作为力

① 《知性改进论》第 86 －87 页。（格布哈特编《斯宾诺莎著作集》卷二，第 38 页。）

② 尤其参看标号为第六封、第七封、第十一封、第十三封和第十四封的通信。

③ 参看《书信集》，第 185 页。（格布哈特编《斯宾诺莎著作集》卷四，第 137 －139 页。）[中文译本书信集，前书已引，第 162 页。——译注]

量(potenza)而被给予的。存在论基础的某种变化目前只能让我们说"知性的界定是绝对自明的"。

3. 存在论厚度

《笛卡尔哲学原理》按照几何学方法来论述,附有一个含有一些形而上学思考—— Cogitata Metaphysica ——的附录。此书1663年付梓,刊行时有路德维希·梅耶尔撰写的序言。① 初一看上去,此著是一个偶然工作:它虽然是斯宾诺莎生前唯一公开发表并署名的著作,但却是给卡则阿留斯(Caesarius)授课的产物。② 71 不像梅耶尔在序言中所言③,《笛卡尔哲学原理》一书还是比较忠实于笛卡尔原理的,也是遵循着笛卡尔原理的基本推论线索进行

---

① 我们在这里使用的是B.维德马尔(B. Widmar)编《笛卡尔哲学原理和附录》(*I princìpi di filosofia di Cartesio e l'appendice*, Lecce, 1970)这个版本。该著作标题的全称是:《阿姆斯特丹的别涅狄克特·斯宾诺莎依几何学顺序分作第一和第二部分证明的勒内·笛卡尔哲学原理,并附同一作者所撰形而上学思想,以就由形而上学之普遍部分和特殊部分而来的殊为难解之难题作简要解释》(*Renati Des Cartes Principle Philosophiae more geometrico demonstrata per Benedictum de Spinoza Amstelodamensem Accesserunt eiusdem Cogitata Metaphysica In quibus difficiliores quae tam in parte Metaphysices generali quam special occurrunt quaestiones breviter explicantur*)。[《笛卡尔哲学原理和附录》已有汉译本,可参看王荫庭、洪汉鼎译《笛卡尔哲学原理 附录:形而上学思想》,北京:商务印书馆1980年版。——译注]

② 有关这篇文本的缘起和出版的信息,参看标号为第九封、第十三封和第十五封的书信。

③《笛卡尔哲学原理和附录》,第30页。

的。就几何学方法而言,这里虽被用于阐述,但显然未免于人工矫饰之嫌,这一点的理由在我看来是清楚的:斯宾诺莎的阐述越是忠实于笛卡尔思想的理论内容,几何学方法就越不适用于解读、就越是别扭。这一点我们后面会详论。那么这部著作是偶然工作吗?我认为不是这样。即便从其生平传记的角度来看这部作品仅仅是出于偶然,或许也并非专门探究之作,就算是这样,它在斯宾诺莎思想起源中以及在斯宾诺莎圈子中的位置也是非常重要的。它实际上代表了克服《知性改进论》方法论尝试的固有危机所必需的批判性反思的迟滞。在《知性改进论》中——首先是在注释和补充中——实际上已经多次提到了 *Philosophia*(《哲学》):每次被提及的时候,都是为了协助对创新认知方式所必需的潜在的存在论而被界定的。[1] 同样真实的是,写作《知性改进论》的同时[2],《伦理学》的初稿工作也已经开始(《伦理学》第一卷中第一批命题已经在存在论上是夯实了的)[3]。然而,《笛卡尔哲学原理》——首先是其附录《形而上学思想》——也还是一个关键的过渡,要强调的是:斯宾诺莎思想发展所亟需的那种反思仍旧是停滞的,这一点可以明确地被辨认出来,——泛神论的两种选择方案中的存在论一极又占据了批判的重要性,在理论上被赋予

---

① 尤其参看格布哈特编《斯宾诺莎著作集》版《知性改进论》第 24、26、28、64 页的注释。

②《知性改进论》大约是斯宾诺莎 1661 年冬天到 1662 年春天所写。——译注

③ 斯宾诺莎有关《伦理学》工作进展情况在其通信中的记录最早始于 1663 年。

了基础性的第一性,以压制作为另一极的观念论倾向。当然,我们也看不到某种打乱了斯宾诺莎理论走向成熟的连续过程的自我批评层面。因为,在这里,自我批评仅仅针对的是知识理论的后果,或更确切地讲,针对的是认识论的不完整性,并一直将这种不完整性归因于有关存在的理论:这个自我批评是一个思想过程,它即将跨过向通向展开了的存在之力(potenza)的门槛。这还不是第一个斯宾诺莎向第二个斯宾诺莎——如果可以在隐喻和假设的意义上说第二个斯宾诺莎的话——转变的实现,而只是过渡(相反,正如我们很快将要看到的那样,即便是《伦理学》,在其早期阶段,也还处在这些局限性之中)。但重要的是指出这种反思是怎么间接地施加于方法与观念论解决办法间的纠葛之上的。《笛卡尔哲学原理》——首先是《形而上学思想》——重建了一个基础,并且提出了哲学的存在论厚度的主张。

路德维希·梅耶尔以斯宾诺莎圈子内的人的视角对这个过渡作出了解释。在序言①中,他对乌托邦的和革命的反笛卡尔主义的三个基本点进行了强调:不存在思想与广延之间的二元论、人类心灵不具独立性②、理智与意志之间具有同一性。梅耶尔的激进主义是对斯宾诺莎圈子的基本动机的反映,也回响着这个圈子的那种彻底的以人文主义为基础的激进主义③:他把这种内容

---

①《笛卡尔哲学原理和附录》,第25-32页。

②《笛卡尔哲学原理和附录》,第31页。

③ 有关梅耶尔的思想、工作和他同荷兰文化的关系,可参看克拉科夫斯基《没有教会的基督徒》,前书已引,第749-750页以及第729页的相关参考书目。

与方法联系了起来，与构成性紧张——方法之安排方式所造成的构成性紧张——联系了起来，强调最基本的重要性就在于“发现和传授真理最好和最可靠的方法”乃是“从定义、公设、公理推出结论”。① 可怜的梅耶尔，我们对充分而具胜算的方法论综合的偏离如此一来怎能以道里计！规划偏离了构成性视域，观念论消弭了乌托邦张力，发生的这一切将构成错误，形式化解决不了问题，更遑论是文字书面的形式：《笛卡尔哲学原理》无非是采用了一种文字形式手法而已。这不是说乌托邦及其张力必须存留：而是说，要让乌托邦及其张力存留，就必须使其再次刺入存在论质地之中。面临着方法危机、面临着遁入观念论的做法，对存在论的强调本该构成这篇序言内容背后主要的东西。这就是斯宾诺莎圈子的哲学和希望所处的状况。而斯宾诺莎本人恰恰也是在这个局限的领地之中运思的：《笛卡尔哲学原理》和《形而上学思想》是这样，《伦理学》的第一批命题也是这样。但这种情况持续时间不长：1664 年至 1665 年间，斯宾诺莎将永远离开莱茵斯堡，并因而离开这个圈子，去到接近海牙的伏尔堡（Voorburg），那里有一个更大的共同体，一个政治社会，——在那里，乌托邦将会清算它自身的现实，它将做得非常好。 72

但目前我们还看不到。能从《笛卡尔哲学原理》中得出什么呢？该作第一部分亦步亦趋地呈现了《笛卡尔哲学原理》的形而上学方面的内容，在这一部分我们所看到的无非还是已经在《简论神、人及其心灵幸福》中看到的东西，即对错误和意志的相关理

---

①《笛卡尔哲学原理和附录》，第 25 页。

论的强调,对自由的界定等①:我们已经知道那意味着什么。在第二部分,斯宾诺莎进而表明了他在多大程度上采纳了笛卡尔物理学的思想:所有这一切——包括对它的批判——也很重要,这至少是因为这部分内容预演了《伦理学》第二卷"物理学"的相关核心论述。② 但倘若我们眼睛紧盯着这些,就不会在《笛卡尔哲学原理》的阅读中获得什么东西:这只是以对笛卡尔作明显的参照的方式,对《简论神、人及其心灵幸福》的根本的和奠基性的主题的重新表述,——这只不过是斯宾诺莎理论之轴的一次转动。而正是在《形而上学思想》中,这种转动幅度如此之大,以至于要将斯

---

①《笛卡尔哲学原理和附录》中《笛卡尔哲学原理》第一部分,命题十五到命题十六,第 65 -70 页。有关此问题,也可参看果鲁特《斯宾诺莎:论心灵》,前书已引,第 619 -625 页。(格布哈特编《斯宾诺莎著作集》卷一,第 162 -167 页。)

②《笛卡尔哲学原理和附录》中的《笛卡尔哲学原理》,第 73 页。参看果鲁特:《斯宾诺莎:论神》,前书已引,第 529 -556 页。另见 A. 莱克里维安(A. Lécrivain)非常卓越的文章《斯宾诺莎和笛卡尔物理学:〈原理〉第二部分》,载于《斯宾诺莎手册》1977 年卷一第 235 -265 页和 1978 年卷二第 93 -206 页。此外,吉安蒂勒(G. Gentile)在《伦理学》意大利语译本中给出的注释,也非常恰当地处理了物理学的主题,这些注释往往是非常有价值的,也是不应被遗忘的。从更一般的角度来看,在斯宾诺莎阐述他对笛卡尔批判时所处的文化和科学氛围里,必须要记住的是惠更斯(Huygens)的工作,在这些年里以及紧接着的许多年里,在包括斯宾诺莎本人在内的熟人圈子里,惠更斯详细阐明了他的物理学原理。有关所有这一切,除了参看莱克里维安极为出色的注释(《斯宾诺莎手册》卷一,第 237 -241 页,第 244 -246 页)之外,也可参看伯恩哈特《无限、实体和属性》(第 82 页)和果鲁特《斯宾诺莎:论心灵》(第 557 -558 页)。

宾诺莎的理论体系化为齑粉。突然之间，在一种极端的决断之下，思想直接转向了存在，战争机器开动了起来，向观念论的一切可能形式发起攻击。与此同时，斯宾诺莎的自我批评也昭然于众。

它[1]要做什么？要做的无非就是：《形而上学思想》自一开篇，就直切核心——对存在进行定义。[2] 但要做的尤其更是：一方面，对存在本身作出定义（在这种定义之中，存在被清晰而明确地构想为存在——必然而可能的存在），另一方面，我们还要有一个否定性的定义，也就是说把实在存在（essere reale）与非实在的、虚构的、幻觉的定义区别开来，形成理性中的存在之定义。非实在的存在是关键范畴，如今有了这个范畴，我们所说的阐释、想象、记忆等所有思维形式都可以溯至这个范畴。凡是不能达到对在其直接性之内的存在的把握，都绝对不是对真实存在（vero essere）的把握。在柏拉图主义的和亚里士多德主义的两大主线之中形成的认识论传统，凭借正确的理性，产出的只是纯粹的名称。这并不是说这些名称是无用的：只是说倘若还在传统认识论的前提下，它们就是无用的；而一旦让它们回归到作为对实在存在的实质性指称的被认可的功能——回归到"共同名称（nomi comuni）"的功能——，它们就是有用的。共同名称并非共相名称（nomi universali）。存在的统一性与直接物质性没有给别的理解方式留出余地。正是在这个地方，对共相的拆解过程被推进得如此深

73

① 指《笛卡尔哲学原理》所附《形而上学思想》。——译注

② 《笛卡尔哲学原理和附录》中的附录《形而上学思想》第一部分，第135页。（格布哈特编《斯宾诺莎著作集》卷一，第233页。）

远,在形而上学的历史中这还是头一次:这是对共相的拆解过程,也是对哲学本身的拆解过程。拆解所使用的工具在很大程度上仍然是怀疑论的那些工具,不过这次却被用作了对存在完满性及其直接性的确证。一种神秘机制吗——以否定方式对最高本质作出界定的神秘机制吗?我不会这么说。① 这里的思维机制基本上就是我们在《知性改进论》中已经见到的那种机制,就是我们所界定的与资产阶级苦修主义及其实践动机相关的那种机制:我们可以更进一步地讲,这个机制调集起了否定和批判的方式,从对"我思"的怀疑走向了对"我思"的笛卡尔式的肯定——也只有在这里,那个拆解过程才能被总体且完整的存在这一本源性前提所激活,那个拆解过程才能明确地被导向对一切观念论结果的否定。从这个视角来看,《形而上学思想》深化了对一切超验知识的

① 正如我们已经看到的那样,在斯宾诺莎的阐释中,对其思想第一阶段中那种神秘的决定有一种强烈的坚持。我们还看到——就《简论神、人及其心灵幸福》而言——这种坚持是以何种方式获得其理据性的动机的,也能看到,这在很大程度上应被视为对世界进行占有和再组织的资产阶级乌托邦的姿态之一。但话说回来,准确地看到斯宾诺莎哲学在其早期阶段存在有某些神秘的因素,却不能形成一种偏见,一种因对其时代的宗教条件的无知而造成的偏见。首先,实际上,宗教的元素如此广泛地存在于文化层面,以至于所有人都不可能不沾染这种宗教元素,并为这种宗教元素所促动。其次,就算这些神秘的态度确乎出现在斯宾诺莎这里,它们也是由这个时代所特有、巴洛克本身所特有的论证的辩证法所中和过了的,这种论证的辩证法的关键在于对怀疑论、对把疑难凸显为本质性东西的过程进行了积极的颠倒。实际上,正是这一点,使我们可以在斯宾诺莎的论述中辨识出苏格拉底的论辩方式:其目标就是对普遍的东西的否定。我们稍后还要详论这一点。

批判，否认一切超验知识具有任何形式的存在论实质性。名称不是本质，但它们可以指称本质和实存、现实与可能，也可以指称真理和错误：并非本质的名称，无论它们怎样宣称自身属于独立的存在论维度，都不能证明自己是总体存在的纯粹样式。① 这又是斯

---

①《笛卡尔哲学原理和附录》中的《笛卡尔哲学原理》，第一部分第二章和第三章。这是一个核心之点。就此，让我们从莱克里维安的文章(《斯宾诺莎和笛卡尔物理学》，前文已引)中引述几个评注。斯宾诺莎著作的科学地位是什么？莱克里维安这样给自己提出问题。他进而清理出来了一个难题，即为伽利略—笛卡尔数学传统的物理观给予一种存在论的和总体化的基础的难题。斯宾诺莎的基本难题因而首先就是把新物理学的原理运用于对种种事物的个别本质(essenze singolari)的理解的难题。其次，还有使无限的东西的观念消融在生产的积极性的观念之中的难题。就无限的东西提出芝诺悖论已经再也不可能了(《斯宾诺莎手册》卷一，第255页)。基本难题就是有关无限生产性运动的实际个体性——这种个体性因而在其自身之中就包含着规律的理性——的难题。由于这种无限生产性运动的实际个体化本身就包含着规律的理性，所以，这个运动也是理论的运动，其中，从惯性原理到conatus(努力)原理，都是这个运动原理的个体化的表现。“使事物的个别本质得以示现的这个过程，必定总是保持为根本客观性的，任何抽象的过程——无论这抽象过程在领会作为一整体的自然的这个或那个方面是多么地有效——都不可能遮蔽或超出这个根本客观性的过程。无疑，笛卡尔机械论在斯宾诺莎看来是自然知识的一种必然运动，但必定会越来越复杂，乃至于若不接受一个由该必然运动所对应的客观基础所强加的范围，就无法被整合到这个整体自然过程之中。”(《斯宾诺莎手册》卷一，第264页)故此，个体性原则就以运动论的(cinetici)和动力学的(dinamici)形式进入了物理学之中，且具有的决定方式与笛卡尔对相互依存各部分的协调性的解释是完全相反的(《斯宾诺莎手册》卷二，第200页)。“但是更为关键的是，在1661年到1663年这段时间里，斯宾诺莎对物理学的反思似乎受动力学设想规划的支配，这种

宾诺莎思想的一个野蛮的方面:对超验的解构正是以这种方式向前推进的。[①]这里也还有斯宾诺莎圈子的那种乌托邦张力,但它最终摆脱了全部新柏拉图主义的诱惑,摆脱了一切有关流溢与下降的存在的理论。不,存在本身就是在其自身的内在的、必然的张力中被给予出来的:在总体性与样式性(modalità)之间不存在中介,只存在着张力;不存在抽象、超验的归纳,有的只是张力:"事物和它力求保存自己存在的努力……绝不可能真地区别开来。"[②]这里引入了"惯性(inerzia)"的概念(此一概念,在《形而

动力学设想规划的地位——相对复杂的地位——是由某种双重决定所要求的。一方面……拒绝有着局限性的机械学的机械论……另一方面,真正动力学的决定又使机械论更为复杂化和动态化……总之,所有这些都意味着需要对广延这一属性、对无限直接样式(运动和静止)以及无限间接样式作出一种严格和确切的推导……只有——似乎应该是这样的——在这一条件下,对惯性原理的陈述和对机械论的接受才能与 conatus(努力)理论的内在表现动力学相协调。"(《斯宾诺莎手册》卷二,第 203 页。)(格布哈特编《斯宾诺莎著作集》卷一,第 237 -244 页。)

①《形而上学思想》第一部分第四、五、六章,见《笛卡尔哲学原理和附录》第 151 - 158 页。(格布哈特编《斯宾诺莎著作集》卷一,第 244 - 249 页。)

②《形而上学思想》第一部分,见《笛卡尔哲学原理和附录》第 157 页。(格布哈特编《斯宾诺莎著作集》卷一,第 248 页。此处的引文在维德马尔的译本中没有完全翻译,拉丁文原文为:"Res, conatus, quo res in statu suo perseverare conantur, quomodo distinguantur",但维德马尔的译本没有译出"quomodo distinguantur/区别开来"。)[汉译参看《笛卡尔哲学原理 附录:形而上学思想》,前书已引,第 150 页。——译注]

上学思想》的第二部分，扩展为生命概念）。① 这个段落极其重要，因为它表达了**力量**（potentia）观的第一次精确界定，也表达了首次将 causa sui（自因）功能运用于样式多样性之上，因而这个段落也为打消有关被认识的存在之具体总体性的一切超验幻觉提供了基础。 74

如果我们试着——像已经被正确地做过了的那样——对《形而上学思想》所处的文化气候作出界定的话②，我们就不能不承认那是一种经过了改革的新经院哲学的文化气候。我们不是要寻找思想的承继和含混不清的决定因素，相反，我们要直接把握斯宾诺莎所反对的东西。在新经院哲学中，具有革命性的思想主要体现在改革主义的术语方面：在这种改革的新经院哲学当中，类比的存在观中介了存在的连续性，此类比性的存在的基础性超验存在因而被确定为可能，——这样一来，存在的秩序和第一性就

---

① 《形而上学思想》第二部分第二章，见《笛卡尔哲学原理和附录》第174－175页。斯宾诺莎思想对伽利略物理学的这一吸收，可参看德勒兹和果鲁特等人的著作。有关这一问题的深入阐述，参看果鲁特《斯宾诺莎：论神》，前书已引，第557－561页。有关斯宾诺莎那里的生物学模型，参看H. 约纳斯（H. Jonas）《斯宾诺莎和生物有机体理论》（"Spinoza and the theory of Organism"），载《哲学史学报》（*Journal of the History of Philosophy*）1965年第3期，第43－57页；以及杜谢努（F. Duchesneu）《笛卡尔生物模型和斯宾诺莎生物模型》（"Modele cartesien et modele spinoziste de l'être vivant"），载《斯宾诺莎手册》（*Cahiers Spinoza*）1978年卷二，第241－285页。

② 迪·弗纳：《B. 斯宾诺莎》，载达尔·普拉编《哲学史》卷七，第569－570页。但显然也还可另见弗洛伊登塔尔和杜宁－博尔科夫斯基在经院哲学思想影响下写成的著作。

获得了一种形式,这种形式让存在的秩序和第一性全部移置为对此存在域的想象的等级秩序。[①] 在斯宾诺莎那里,对此的回应非常明确:存在的所有类比观念都被否定,所以这种可能性的概念也是被否定的。存在就是单义性(univocità)。这种单义存在不可能被转译为知识领地内的任何类比存在:而在知识领地之内,存在之单义性又是不可能合理的。换言之,只有真正的分析才能向我们证明单义的存在,它以单义形态存在于存在论领地之内、存在于与其自身总体性的严格一致性之中——这样理解才是合理的。存在在知识领地内将自身呈现为歧义的(equivoco):这里不担保任何类比对应的可能性。张力也就是在这里被释放了出来,这种张力只能在实践的基础上得到解决:实践的基础,也即力量(potenza)的基础,它就存在于存在论范围本身之中。[②] 仅用一招,斯宾诺莎就击溃了经院哲学的类比存在表述和有关单义存在的观念论表述:新经院哲学改革派通过前者想象权力(potere),而笛卡尔主义和观念论则通过后者逃避了改造的责任。

也就是在这里,我们面临着斯宾诺莎圈子乌托邦的最高级形态的展现。[③] 如果说这种展现在《简论神、人及其心灵幸福》中还

---

① 迪·弗纳:《后特兰托宗教会议时代和 17 世纪的经院哲学》("Scolastica dell'età post-tridentina e nel Seicento"),载达尔·普拉编《哲学史》卷七,第 755 -777 页。也可参看卡尔洛·吉亚康(Carlo Giacon)的著作。

② 《形而上学思想》第二部分,见《笛卡尔哲学原理和附录》第 159 页。

③ 莱克里维安在《斯宾诺莎和笛卡尔物理学》中已经对斯宾诺莎面对物理难题时所具有的政治动机作出过强调:"必须首先意识到,斯宾诺莎的计划不是——从根本上说——认识论的规划,而是具有伦理学—政治学性质的规划"(《斯宾诺莎手册》卷一,第 247 页)。此外,他还补充说(《斯宾诺莎手册》

是不确定的，在《知性改进论》中则表现为向观念论的逃遁的话，那么在《形而上学思想》中，它确乎在最清晰和成熟的形式中得到了重写。在《形而上学思想》中，那种乌托邦以存在与样式之间、单义性和歧义性之间的存在论悖论的形式得到了再界定。在《伦理学》的早期阶段里，我们也到处可见这同一种张力。当然，在这里，我们这里的理解还很粗糙，但对于存在论悖论及其后来的细化表述而言极其重要。根本性的起源契机似乎包括唯名论、经验主义，有时还包括对共相的怀疑论批判，这种怀疑论所批判的共相就是指总想在知识理论与现实之间重建认识论关联的所有认知方式。所以，对共相的批判在这里代表了斯宾诺莎的分析在其发生的运动之中最核心的部分。而对笛卡尔的重新发现在这里也很重要，当然，这是一种在反笛卡尔主义意义上的对笛卡尔的重新发现。因为，这里动用怀疑的机制不是为了对知识进行观念论奠基，而是为了过渡到对存在的把握。理性主义方法被纳入了

75

卷二，第 204－206 页），斯宾诺莎物理学的这个批判性规划在成熟的政治理论发展中逐渐成为了根本性的东西。斯宾诺莎政治学实际上力图给出一系列定量类型的要素的决定（广延、数量、绵延，等等），并使之与有机论——或生物有机论——的政治观相结合，也即是说，力图就协同社会特征形成直观。民主在斯宾诺莎那里呈现为一种完满的平衡，因而呈现为斯宾诺莎物理学的一种实现。在这里，莱克里维安的论点是非常值得怀疑的：不是因为这种物理学方法无关于斯宾诺莎政治学的界定，而是因为它不可能包含着秩序和静态平衡的神话（我们在后面将会详述）。他的评论对斯宾诺莎圈子的神话的现状做特征总结还是有价值的。就此而言，他是对的，他的文章使我们能够对认识论模型和政治模型（或更确切地讲，伦理学—政治学模型）之间的连续性线索有所把握。

唯物主义方法之中。尤其要指出的是,这种方法是靠着总体性视域而得以为继的。“*potential*(**力量**)”这个真实概念构成了唯一的中介,它是内在于存在的中介,因而与其说是一种中介不如说是那个张力的一种形式,是存在的生命本身。当然这里还未展开对“*potential*(**力量**)”的分析,它只是得到了奠基,还只是涉及它的概念扩展。这个形而上学悖论还只是初划出了一个位置,还只是一个未决的位置。我们必须继续下去。必须把这个悖论投射到现实中去,必须确认它的形象和它的构成性力量。而且必须意识到这条道路上的危机。危机也伴随着未来哲学的可能。①

① J. 埃斯勒的《莱布尼茨和资本主义精神的形成》(前书已引)对斯宾诺莎有所涉及,并排除了从资本主义意识形态方面研究其哲学的可能性(该著第 7 页)。实际上,埃斯勒之所以能做出这种肯定,是由于他秉持完全客观主义的资本主义精神发展观。在埃斯勒看来,较之其他作者,莱布尼茨是预示资本主义精神(埃斯勒基本上将资本主义精神等同为投资精神)的最佳作者;埃斯勒描述了莱布尼茨体系的多元动力学和其中包含的乘积原理。埃斯勒之说或许是真的,但却不是绝对定论。我要提出的反对意见是:事实上,市场多元性和资本主义(投资)增值之间的动力学不能仅从客观性角度来描述;这种客观性中还充斥着一系列对抗,充斥着连续的危机的可能性,就此而言,斯宾诺莎哲学比莱布尼茨形而上学更能把握资本主义现象的复杂整体。

第三章

初次奠基

Prima fondazione

1. 作为第一原则的无限性

82

存有(l'esistenza)并不是难题。存在的直接性以非难题性的方式向纯粹知性呈现自身。若单只是存有,则无须界定。存有即存在的自发性。哲学即对此自发性的肯定,就它对存有的相关联的网络进行直接而无中介的表现而言——因此,哲学的肯定必是一套肯定的体系。但存有从来都是实存的,所以也从来是本质的:也就是说,每个存有都作为本质的实存而存在。实存与本质之间的关系乃是存在论的第一形式。此关系也即诸名称或诸预先判定之名之间的关系与紧张,对诸名称之联结的确定即名为实体。事物、实体是基础。存在所给予的这种复杂体正是我们生活于其中的基本要素,是所有事物得以被构织起来的织体。即便存有每个方面都是明确的,也不可能无须界定地构想每个事物:存有作为总体所具有的那种明确性就是无限性——它显然是明确的无限性、积极的总体性。在一个更高的——但也完全与上述前提相一致的——存在论层面,存有是作为总体的存在的自发性:存有的各种联结被包含在此总体之中,被包含在无限关系的确定序列之中,被包含在绝对物即实体之中。存有在无限性中构成的这个封闭圈并非是一个过程:它乃是无限性自身作为积极本质的一种生产。实在(il reale)总倾向于保持与那种无限确定性相一致的秩序:但反之亦然,这种顺应无限性的倾向也必会发生颠倒,一转而变为对已被生产的事物的多种确定的可能,非此则有限将被视为永恒。存在论层面的总体性乃是实在之自发表现的全部:实在是无限总体的自发性的产物。存有的自发性与生产的自发性对应一致。个别存有与整体实存之间自发而完全的对应——它们之间的对应既处在生产的联结之中,也处在表现的紧张之中——就是哲学的开端与终点。

83

存在并非喑哑,是故哲学言说。唯在存在无言之处,哲学亦将沉默。"自因,我理解为这样的东西,它的本质即包含存有,或者它的本性只能设想为存在着";"实体,我理解为在自身内并通过自身而被设想的东西。换言之,形成实体的概念,必不需要借助于他物的概念";"神,我理解为绝对无限的存在,亦即具有无限'多'属性的实体,其中每一属性各表现永恒无限的本质";"永恒,我理解为存在自身,就存在被理解为只能从永恒事物的定义中必然推出而言"。① 存在言说着它自身的必然的符合一致。存

① 我使用的是杜朗特从斯宾诺莎《伦理学》拉丁文本转译为意大利文的版本,该版本由吉安蒂勒撰写注释,并由拉德梯(G. Radetti)笺注(Benedicti de Spinoza, *Ethica*, testo latino trad. da G. Durante, note di G. Gentile, rivedute e ampliate da G. Radetti, Sansoni, Firenze, 1963)。参看见该版本《伦理学》,第 4 -7 页。第一部分,定义一、定义三、定义六、定义八。[译者参考斯宾诺莎《伦理学》(贺麟译,北京:商务印书馆 1958 年版)以及拉丁文本 *The Vatican Manuscript of Spinoza's Ethica*, ed. Leen Spruit and Pina Totaro, LEIDEN · BOSTON: Brill,2011。如有必要,后文译注需要标注出《伦理学》汉译和拉丁文版本参照页码的地方,均简作"贺麟译本某页"和"*Ethica Vatican Manuscript* p."。——译注]

在的圆洽是一个整体，在事物之中同样在神当中存在着，永恒以最合适的方式表现着这种圆洽。

与所有同时代的哲学不同，[斯宾诺莎的]哲学始于定义：这定义是真定义——存在言说着，哲学进而对真实的联结予以阐释；这定义是原生性定义——存在是生产性的，哲学追随着存在之生产性的链条；这定义是综合的定义——存在是逻各斯联结，哲学去发现它并通过不断综合去阐明它。① 定义的清单由一系列存在论论点构成。公理是存在论证明的汇编："（一）一切事物不在自身内，就必定是在他物内；（二）一切事物，如果不能通过他物而被设想，就必定通过自身而被设想；（三）如果有确定原因，则必定有结果相随，反之，如果无确定的原因，则绝无结果相随；（四）认识结果有赖于认识原因，并且也包含了认识原因；（五）凡两物间无相互共同之点，则这物不能借那物而被理解，换言之，这物的概念不包含那物的概念；（六）真观念必定符合它的对象；（七）凡是可以设想为不存有的东西，则它的本质不包含存有。"②如果说定义谈论的是事物、实体的话，那么公理包括的则是一种形式性的理论，此理论全部涉及构成实体——在实在层面、普遍地、综合地构成实体——的存在论关系。公理不是功能性的条例，不是形式联结的视域，而是一种推力，是一种实体性的动能机制。它对

① 就此问题，可参看果鲁特《斯宾诺莎：论神》，前书已引，第 25 －26、33、35 页，那里指明了斯宾诺莎方法的这些特征，尤其是这些方法与霍布斯和笛卡尔方法论立场的对立。

② 杜朗特译《伦理学》第一部分，公理一到公理七，第 6 －9 页。（格布哈特编《斯宾诺莎著作集》卷二，第 46 －47 页。）

生动的现实进行挖掘,并时时地调整改变着挖掘活动的规则:"一种定义是对存在于思想之外的某事物的说明,因而此一定义必然是真的,因而它与一个命题或一个公理的不同仅在于:定义只涉及事物的本质或这些事物的诸分殊(affezioni),而公理或命题则远远超出了这一范围,进入了永恒真理;另一种定义是对我们所设想或我们所能设想的事物的说明,因此此种定义与公理或命题的区别在于:它只是设想,无须任何更进一步的条件,并不像公理那样必须被设想为真。"①公理有别于定义,因为它是在动态关系中将定义朝着真理推进的扩展。存在的圆洽性因而包含着永恒动态机制的——既是在实在层面的,也是在逻辑层面的永恒动态机制——的循环永动。②

84

《伦理学》就是这样开始的:in medias res。③《伦理学》一书的那种调子——绝对抽象——因而只是表面现象。《伦理学》绝不是一种开端哲学(una filosofia del cominciamento)。但是,现代思想就是以黑格尔对《伦理学》开门见山的定义所怀的愤怒之情④

---

① 标号为第九封的通信,见《书信集》第 70 页。也可参看标号为第四封的通信,见《书信集》第 46 -47 页。(格布哈特编《斯宾诺莎著作集》卷四,第 43 页。)[洪汉鼎译《书信集》第 39 -40 页。——译注]

② 果鲁特在《斯宾诺莎:论神》(第 90 页及以下)正确地强调了一个事实:不同类型、不同来源以及不同逻辑值的命题被叠加、积累在这组公理之中。显然,我们注意到了这些公理的系统性特征,而且是唯一的这种特征。

③ 拉丁语,"直入本题"。但结合奈格里这里所论斯宾诺莎的存在论的上下文,应该理解为"直接进入事物本身"。——译注

④ 黑格尔:《逻辑学》,拉森(G. Lasson)编,卷四(G. W. F. Hegel, *Wissenschaft der Logik*, ed. G. Lasson, Leipzig, 1973),第 165 页。

开始的，现代思想却需要否定开端哲学，否定的结果便可得出中介哲学及其形形色色的辩证法哲学或危机哲学之类的变体。① 换言之，联结被置于总体之先，构成对总体的奠基：自发性是不能进入思维的。可是，在斯宾诺莎这里，根本就不存在开端；这里一点都没有神话思想的残余，而凡是希望涵纳宇宙的所有哲学都是由神话思想构成的，——而且这里也没有任何中介的迹象：它是一种纯粹肯定的哲学，以随存在不断增加的实体层面而增加的密度不断再生产着它自身。并且，它在这一阶段就是对自发性进行总体化的哲学。这种哲学形成于这个阶段和文本的许多层面——这些层叠的层面在哲学上几乎是不可被明晰分离开来的，但在最初的 *Philosophia*（《哲学》）的构想和编定的工作中是可以辨认出来的②，这个草稿于 1661 年到 1663 年之间被汇总起来，并含有一篇

---

①“**斯宾诺莎的**实体概念与以上所说明的绝对物概念相符合，也与反思对绝对物的对比相符合……实体缺少**人格**的原则，——引起对斯宾诺莎体系反感的，主要就是这个缺点……斯宾诺莎所给予的实体的概念，是**自因**的概念，——实体是这样的东西，它的本质自身即包含存在，——即：绝对物的概念，**不需要一个他物的概念**来形成，——这些概念，尽管多么深刻、正确，却是在科学一开始就直接假定了的定义。数学和其他低级科学必须有一个作为前提的东西，这前提构成它们的要素和基础。但绝对物不能是最初的、直接的东西，反之，绝对物在本质上却是这样的东西的结果。”见黑格尔《逻辑学》下卷，杨一之译，北京：商务印书馆 1976 年版，第 187 – 188 页。——译注

② 乔万尼 · 吉安蒂勒在意大利文版《伦理学》的前言中表达了这种观点。另可参看阿勒基在《斯宾诺莎哲学中的自然与真理》（前书已引）中的观点。

至少可溯至 1665 年的前言。[①] 在这个最初的草稿中,可以辨认出全部的表述,其中既有最早的斯宾诺莎圈子的泛神论综合,也有第一个斯宾诺莎版本的工作。但是,那里的泛神论已经带有了某种根本性的置换的痕迹了:在经验上受荷兰哲学争论中的历史决定论支配的所有残余都消失不见,存在论奠基的密度已经实现了某种关键性的质的飞跃。这种质的飞跃给人更强烈的印象,因为它使用了几何学的方法,第一次完整而彻底地用了这种方法,也因为在方法论上精心结构地把总体尽可能地安排到各个命题之中同时又没有打散总体的内在完整性。几何学方法——因果的和生产性的几何学方法——并非是片面的,亦非是单线索的:这种方法与存在之单义性生产出的多样性相符合一致。所以我们可以从全部方面、通过诸关系之圆洽性去把捉存在——存在本身就是由这些关系所构成的,这些关系也因存在之永恒性和不朽性而是可相互逆推的。*Philosophia*(《哲学》)的第一个层面——如果可以从哲学批判的视角来这么区分的话——也可由某种理论视角辨识出来:它对应着一种体系化的展示,泛神论通过这种展示以绝对存在论激进性和方法论彻底性来展现自身。*Philosophia*(《哲学》)的第一个层面形成了对存在、实体、无限、绝对的辩护,

---

① 果鲁特在《斯宾诺莎:论神》(第 14 -15 页及注释)中通过汇总哲学材料的方式,指出他发现了《伦理学》的初稿(编号为第二十八封、写于 1665 年的致鲍麦斯特的信中也表明初稿的存在)是这样构成的:一篇导论,涵盖成稿的第一部分"论神"和第二部分"心灵的起源"的材料,这是形而上学;初稿第一部分,对应于成稿的第三部分和第四部分,也就是说涵盖了心灵的奴役的部分,这是心理学;初稿第二部分专论心灵的自由,这是伦理学,对应于成稿的第五部分。

将之当作一种单义关系,当作自发性。这个体系是关系的总体,或确言之是存在论关系本身。

85

但我们还可以补充一点:《伦理学》作为文本,在表述上却并不统一。我的意思是,《伦理学》虽是单一文本,但像所有复杂的哲学文本一样,有着不平均的各种层面,有着各种不同的结构和联结方式。[①]《伦理学》不仅只具有一个空间维度:也就是说它不仅是一个建筑体,尽管这个建筑体的确把不同的层次架构起来,每个层次中又有以各种不同方式被组织起来的不同的关系。《伦理学》还具有一个维度,也就是说,一个时间维度:它是一部贯穿了生命时间的著作,尽管它的写作集中在两个重要时期——1661年到1665年和1670年到1675年。这里所说生命不仅是哲学家的生命,而且是存在及其自身配置在具有难题性的连续过程中的成熟——这个成熟过程在自身生产力发展中自有其节奏。《伦理学》是一部哲学的 Bildungsroman[②]——斯宾诺莎的理论实践经验中的"成长小说"——而且理论 Darstellung[③] 的变化也叠覆于其上。[④] 斯宾诺莎的《伦理学》是一部现代圣经,其中每一个理论层

---

① 不乏对《伦理学》作结构分析的尝试。马泰隆(A. Matheron)的《斯宾诺莎那里的个体和共同体》(*Individu et communaute chez Spinoza*, Paris, 1969)是最具开拓性的尝试之一(正如我们将看到的那样,它包含了一些很有意思的元素)。

② 德语,"成长小说"。——译注

③ 德语,"表现""表演"或"展现"。——译注

④ 德勒兹在《斯宾诺莎和表现难题》所附的附录中给出了一个图表,勾勒了"伦理学计划的形式研究和该计划实现过程中附释的作用:两种伦理学(Etude formelle du plan de l'ethique et du role des scolies dans la réalisation de ce

次都是对同一个解放事业的勾勒。这个事业的起点就是主体必须得到解放的不可避免的和绝对的生存，通过经历存在论方面的实践，继而在实践所移置的每个因果相连的节点上重新形成每个点的相关理论。*Philosophia*（《哲学》）中第一性的层面因而是对存有的肯定、对作为本质的存有的肯定、对力量（potenza）的肯定和对总体的肯定。因果相连的这些移置，或简言之，对17世纪70年代的这种移置，所遵循的是存在的内在历史，它本身已经构成了它自己的新的难题。

因而，概言之，在一开始总体就存在着，无限就存在着。但总体、无限不是严格意义上的开端，而仅仅是一个出发点。实际上，《伦理学》第一部分的前八个命题直接揭示了实体的总体，这并非是一个奠基原理，一个奠基的开端，而是一个有着圆洽复杂性的存在论系统的图式。斯宾诺莎曾把这八条命题寄给奥尔登堡，并在信中对它们作出这样的说明："现在，我开始简略地谈一下神。神，我定义为由无限多的属性所构成的本质，其中每一种属

---

plan: Les deux ethiques）"（前书已引，第313－322页）。对附释的哲学特质的结构研究得出了这一结论："有两种共存的伦理学，一种伦理学由连贯的或连续的命题、证明和绎理系统构成，另一种伦理学则是不连贯的、由草蛇灰线或间或喷薄的附释线索所构成的。前者有着无情的严格性，代表了某种智力恐怖主义，丝毫不操心实践后果地从一个命题进展到下一个命题，详述着这一伦理学的规则而丝毫不顾及对个案情况的辨别。另一种伦理学则汇集起了心灵的愤怒与快乐，展现了实际的快乐和对悲伤的实际斗争，并直言'情况就是这样'，以此来表现它自身。在这个意义上说，《伦理学》是一部双重著作。从一个附释跳到下一个附释，阅读第一部伦理学之下的第二部伦理学，将是一件很有意思的事情。"（第318页）

性都是无限的,或者在其自类中是至高完满的。这里应当注意,我把属性理解为凡是通过自身被设想并存在于自身内的一切东西,所以它的概念不包含任何其他事物的概念。譬如,广延就是通过自身被设想并存在于自身内的;反之,运动就不是这样,因为运动是要在其他事物内被设想的,它的概念包含了广延。上述神的定义的真实性可以从这里看出:我们把神理解为至高完满的和绝对无限的本质。这样一种本质的存在是很容易从这个定义得以证明的;但因为这里不是说明它的地方,我暂且搁下。但是,尊敬的阁下,为了答复您的第一个问题,这里我们应该证明以下几点:首先,在自然中不能存在着两个实体,除非它们的整个本质是有区别的;其次,实体是不能被产生的,而应当说,存在属于它的本质;第三,每个实体一定是无限的,或者在其自类中是至高完满的。尊敬的阁下,如果我证明了这些论点,那么只要您考虑一下我关于神的定义,您就会很容易地了解我的意图……"①这样看来,总体是通过其实体组成部分之间的完满圆洽性形式而被给予出来的:作为总体之组成部分的这些实体还会在存在的每个层面——从简单的事物直到神——上反复出现。所以,这个完整的定义从属于一个对诸本质进行展望的视域,属于一个纯一的、实在的和无限的整体。总体是通过纯一性的形式被给予出来的;又怎能构想非纯一的总体呢?"定义三;实体,我理解为在自身内并通过自身而被设想的东西。换言之,形成实体的概念,可以无须借助于他物的概念。""命题六:一个实体不能为另一个实

86

---

①《书信集》标号为第二封的信。第 39 -40 页。(格布哈特编《斯宾诺莎著作集》卷四,第 7 -8 页。)[洪汉鼎译《书信集》第 4 -6 页。——译注]

体所生产。”①总体是作为直接存有被给予出来的;又怎能构想不存在于直接形式之中的总体呢?“假如有人一面说他对实体有一个清楚明晰的观念,亦即真观念,而一面又怀疑这个实体是否存在,则他的错误与那自称他有了一个真观念而又怀疑这观念是假的正相同。”②总体作为无限被给予;而又如何能是有限?“说任何一物是有限的,其实就是部分地否定它的某种性质的存在,而说它是无限的,也就是绝对地肯定其某种性质的存在,所以(据命题七)每个实体必定是无限的。”③(命题七:“存在属于实体的本性。”④)总体是实体:而如果说实体是本质与存有的关联的话,那么总体就是对作为自因的这一本质的肯定、对定义一已经给出界定的这种生产性本质的无限在场的肯定。“实体不能为任何别的东西所产生;所以它必定是自因,换言之它的本质必然蕴含着(implica)存有,或者存有即属于它的本性。”⑤因而存有不容置疑,本质是其原因。第一个阶段——也就是作为本质的存有的定义与作为生产性的本质的定义的论述阶段——就是这样完成的,这

---

①《伦理学》第一部分定义三,第4-5页:命题六,第12-13页。(格布哈特编《斯宾诺莎著作集》卷二,第45-48页。)

②《伦理学》第一部分命题八附释二,第16-17页(格布哈特编《斯宾诺莎著作集》卷二,第50页。)

③《伦理学》第一部分命题八附释一,第14-15页。(格布哈特编《斯宾诺莎著作集》卷二,第49页。)

④《伦理学》第一部分命题七,第14-15页。(格布哈特编《斯宾诺莎著作集》卷二,第49页。)

⑤《伦理学》第一部分命题七证明,第14-15页。(格布哈特编《斯宾诺莎著作集》卷二,第49页。)

个阶段正是向着总体推进的张力之所在。

但尚不能对此作出定论。当然,这个开端的力量(potenza)往往看上去已经让探索完结了、封闭了。在斯宾诺莎这里,标准地表现出了在每个论证点上的狂热,这是一种在每个论证点上都要抵达绝对的狂热,是不禁让我们把这些个单一点视作完满经验——在逻辑上充洽并在存在论上完满的经验——的一种狂热。发现带来的惊讶好像有封印魔咒的作用。但封闭也是一种敞开。从这个视角来看,这种方法是一种辩证方法;但我们不要混淆:此方法之为辩证方法,只是因为它是从存在之多变性、存在之扩展性中,从存在概念的扩散的和力量的本性(natura diffusiva e potente)中而来,所以这种方法恰恰在其真实属性上又是辩证法方法的对立面。存在的密实性(compattezza)被封闭在每个点中,也因而在每个点上被打开:就此而言,现在,在这里,必须加把劲:亟须一种运动的规则,一种联结各点的界定,或至少是对联结之可能性的界定。封印魔咒般的方法并不能让探索完结。开端的崇高之维在任何情况下都不可能是对总体性的开掘的障碍。从另一方面来讲,在开始就有关存在之自发性提出的这些定义在每个契机——正是通过这些契机,它们把实体呈现为一个总体——之上都表现着一种强大的张力:斯宾诺莎在对积极的一方进行肯定之后,却没有提出自因/它因、自由/冲动、无限/界域、永恒/期限等一系列两极选择,消极的一极被排除了,甚至在方法论层面也没有提出这类两极选择。每一次肯定即是一次否定——这种做法之为一种功能,并非来自纯一性原则,而是来自力量原则(un principio di potenza)。或更确切地讲,它来自纯一性原则,只要此原则乃是存在论的力量动力机制的一种征象(figura)。积极与消

87

极之间的关系乃是动态的张力,这种张力不过是力量在存在自发性中使自身得以组织的反映。命题九说:“一物所具有的实在性或存在愈多,它所具有的属性就愈多。”[1]这是对命题八“每一个实体必然是无限的”[2]的具体阐明,在这个命题中,第一个存在论通路达到了它自身最大的强度。

我们不久之后再专门返回到有关自发性和组织的这个论题上,因为此论题包含着许多难题。我们先来看看《伦理学》第一部分:通过前八个命题形成了有关实体的概念,直至这个概念达到其最本质的密度之后,在命题九到命题十中斯宾诺莎引入了有关实体之联结的难题,但随即又转入了对本质、无限和神——在命题十一到命题十五中——的思考。在这第一个命题丛中,联结的难题已经突显了出来,这不是偶然的,这个难题一定是作为组成部分而存在的。换言之,这些命题必然被系于联结可能性之上,此联结可能性乃是内在于存在总体的原初结构的。但是总体之动力机制及其动态发展的难题——此即联结的难题性所在——只有在论证兜过一个简短的圈子之后才能被彻底说清楚,这无论如何还需要一点时间。总体动力机制难题实际上牵涉着的问题在于:力量(potenza)概念要得到思考,不仅要通过其内在相关项来进行,即将之构想为作为本质原则的存在之自我奠基(在前十五个命题中这方面的思考得到了展开),而且也要通过它的外部

---

① 《伦理学》第一部分命题九,第 20 -21 页。(格布哈特编《斯宾诺莎著作集》卷二,第 51 页。)

② 《伦理学》第一部分命题八,第 14 -15 页。(格布哈特编《斯宾诺莎著作集》卷二,第 49 页。)

相关项来进行，即将之构想为实在各个层面之联结的原则：这就是命题十六到命题二十九要做的。[①] 因而，在前十五个命题构成的第一个命题丛中，属性——也即联结——的主题，仅仅是从总体之构成性方面的考虑而被提出的：属性主题作为神的诸名称的难题仅仅在存在之强度中得到了消解，至于其余方面则被搁置不谈。联结实际上被取消了：但毕竟它作为可能性还顽强地在那儿。

88

这种可能性让我们很感兴趣。实际上，在这一点上，它表明了总体存在的整体必定是存在的多样性。作为原则之无限也是一种活动原则。其纯一性也即一切存在形式之可能性。在这一点上，那些公理正是被用来对总体的这些多样性——其生产性的这些征象——进行强调的。通向神的存在之链现在把作为一切

---

① 我们将在本章的第二节详述这几个命题。但记住果鲁特《斯宾诺莎：论神》为《伦理学》第一部分勾勒的结构关系是有益的。第一组命题为命题一至命题十五，这组命题致力于建构神的本质，此组命题又分为两个部分：(a) 对神的本质的要素——也就是单一属性的诸实体——进行推导（命题一至命题八）；(b) 通过在由无限属性构成的单一实体——此单一实体是不可分的和独一的——中整合单一属性的诸实体的方式建构神的本质（命题九至命题十五）。《伦理学》第一部分的第二组命题主旨在于对神的力量（potenza）进行推导（命题十六至命题二十九），该组命题也可分为两部分：(a) 对作为原因——或 natura naturans（生产自然的自然）——的神进行推导（命题十六至命题二十）；(b) 对作为效果——或 natura naturata（被自然生产的自然）——的神进行推导（命题二十一至命题二十九）。第三组命题将神推导为它的本质和它的力量（potenza）的同一性，推导出神设定了自身效果及这些效果的生产样式的必然后果（命题三十至命题三十六）。

可能性之整体的存在之确定性展现了出来："神，或实体，具有无限多的属性，而它的每一个属性各表示其永恒无限的本质，必然存在。"[①]在斯宾诺莎那里，对神之存有的证明，无非是这些公理的实体化运用，因而，也是对存在之无限丰富性和多元延展性的证明，对存在递增之丰富性——随其完美程度的增加而不断增加的丰富性——的证明。"因为，既然存有就是力量（esistere è potenza），那么一物具有实在性愈多，它能够存在的力量也必定愈多；所以绝对无限之物或神自身也必定具有绝对无限的能够存有的力量。"[②]在这里，我们又遇到了有关不可分性的悖论："命题十三：绝对无限的实体是不可分的。证明：因为假如实体可分，则它分成的部分或者保留绝对无限的实体本性，或者失掉此绝对无限的实体本性。如果是前一种情形，则将有多数具有相同本性的实体，这是不通的。如果是后一种情形，则绝对无限的实体将不会存在，这也是不通的。绎理：由此可以推出，实体是不可分的，即使是有形体的实体，只要它是实体，也是不可分的。"[③]而这个悖论实际上又一次地明确指向了对存在之周流、存在的全部而总体的生产性联结的界定。

"命题十四：除了神以外，不能有任何实体，也不能设想任何

---

①《伦理学》第一部分命题十一，第22－23页。（格布哈特编《斯宾诺莎著作集》卷二，第52页。）

②《伦理学》第一部分命题十一附释，第26－29页。（格布哈特编《斯宾诺莎著作集》卷二，第54页。）

③《伦理学》第一部分命题十三证明、绎理，第34－35页。（格布哈特编《斯宾诺莎著作集》卷二，第56页。）

实体。命题十五:一切存在的东西,都存在于神之内,没有神就不能有任何东西存在,也不能有任何东西被设想。”①第一个阶段就这样告一段落。对我们的论述作一大意概括,我们可以这样说,存在的单一原则和多样性都是无限;存在的冲力既中心化又开放——中心化与开放二者一而二、二而一;过剩而连贯的自发性的样式既多元又不可分。在难题性之外的存有是作为力量(potenza)而展开的。存在是单义的。② 但也就是在这里,全部讨论必须围绕单一性被重新启动。这是不可能的。因为,正是这个范畴的概念本身,在其理论的苍白性中,拒绝了讨论。要理解对实在加以追溯的这种方法的性质已是困难的;要形成对同样欲将实在予以涵纳的观念的理解,在形而上学传统中看上去确乎断无可能。斯宾诺莎的这个单义性(univoco)存在范畴蕴含的这一悖论,就在于对存在的此种勾勒草案又恰恰是由实在的总体构成的。抽象的一切迹象都消失了:存在的范畴是实体,实体是单一的(unica),它就是实在。它既不在实在之上,也不在实在之下:它就是全部实在。它具有世界的气味与张力,它如神一般既有同一性又有多样性。绝对存在就是世界的平面。“所以我说,一切事物都在神内,一切事物都依神的无限本性的法则而运行,并且都循着神的本质的必然性而出(如我即将指出的那样)。因此我们实在无法说神受他物的支配,并且即使有广延的实体被设想为可

89

① 《伦理学》第一部分命题十四,第 32 -33 页;命题十五,第 34 -35 页。(格布哈特编《斯宾诺莎著作集》卷二,第 56 页。)

② 斯宾诺莎那里的存在的单义性的相关讨论,请参看德勒兹《斯宾诺莎和表现难题》。

分的,但是只要我们承认它具有永恒性与无限性,我们也无法说它不配有神性。”①

2. 无限之组织

斯宾诺莎在《伦理学》中对神的存有之证明极为重要②,不仅是因为——正如我们已经看到的那样——它们把存在多样性摆在了前台,同时也意味着上帝存有定义的先验或后验论证的相对次要性,而且因为这些证明把存在论论证——每个证明在实在层面的拱心石——置于最大的张力之下。这也就是说,在单义存在的顺序之中,如果所有事物都呈现着神的话,那么所有事物也就是神:但这必将造成的后果是,一方面,取消存在论顺序的联结的必要;另一方面,如果我们承认存在论顺序差别性的话,则势必会削弱顺序的单一性,并取消存在论论证。在《伦理学》的这个第一阶段,存在论视域的联结并没有被否定,存在的自发性力图得到组织,因而,整体系统承受着非常强烈的张力。存在渴望组织,并且在斯宾诺莎圈子的乌托邦的那种革命氛围之中,存在获得了组织。存在的单一性和存在论整体性的种种定义因而经过种种变形,它们通过这些变形探索——但毕竟是武断地要求着——充分的表现形式,——这些表现形式都涉及在存在单义性中的组织

① 《伦理学》第一部分命题十五附释,第 42 -43 页。(格布哈特编《斯宾诺莎著作集》卷二,第 60 页。)

② 《伦理学》第一部分命题十一证明和附释,第 22 -29 页。(格布哈特编《斯宾诺莎著作集》卷二,第 52 -54 页。)

方式。

斯宾诺莎并不认为联结的多样性与存在的集中性(centralità)及单义性相兼容有任何矛盾。实际上,组织的动态性和规范被证明是与本质的顺序相应的:但本质是生产性的,它是原因,它是力量(potenza)。无限之组织与因果机制的样式相符合。"命题十六:从神的本性的必然性,无限多的事物在无限多的样式下(这就是说,一切能作为无限理智的对象的事物)都必定推得出来。"①"绎理一:由此推出,第一:神即是凡能为无限理智的对象之一切事物的致动因(causa efficiente)。绎理二:由此又推出,第二:神是凭借自身的原因而不是凭借偶然性的原因。绎理三:由此又推出,第三:神即是绝对的第一原因(assolutamente causa prima)。"②但这还不够。致动因本身是动能的,但是并非规则化的。它启动了市场,但却不能凭其自身决定价值的出现。要让规则化成立,因果机制就必须——首先必须——淡化自身的集中性同实在的一致性及同一性:"神是所有事物的内因,而不是所有事物的外因。"③其次,沿着同一个方向继续下去,因果机制对它自己的内部通量(immanente flusso)进行逐一具体分割和限定:"神不唯是所

90

---

①《伦理学》第一部分命题十六,第42-43页。(格布哈特编《斯宾诺莎著作集》卷二,第60页。)

②《伦理学》第一部分命题十六绎理一、绎理二、绎理三,第42-45页。(格布哈特编《斯宾诺莎著作集》卷二,第60-61页。)

③《伦理学》第一部分命题十八,第50-51页。(格布哈特编《斯宾诺莎著作集》卷二,第63页。)

有事物的存在的致动因,而且是所有事物的本质的致动因。”①这样一来,我们或许就触及了最具斯宾诺莎特色的悖论之一的核心了:事实(动态过程性)与价值(规则顺序性)二者完全吻合的乌托邦,以分析的方式被提了出来,这种分析把预想的同一性分成双股、拆成一对儿(神、存在的单义性),并在组织的名下再复制这一同一性。这就是对单纯性、实体性的实在进行肯定的自发方法,此方法的手段就是在理论上进行分股拆对(分成方法论的和实体的双股)。

在这种方法论的连续性中——在这个阶段,此种方法论乃是一种规划,或毋宁说是一种过于完美的规划——,《伦理学》第一部分的论证过程没有遭遇任何障碍,其论证进程中甚至没有遇到一点困难。为这种方法论打开方便之门的——或毋宁说绝对地标示出了这种方法论的——一个形而上学措辞就是属性:“属性,我理解为由理智看来是构成实体的本质的东西。”②神将自身表现为原因,也就是说,无限自行蔓延。神的这种无限又经过了诸属性之通量(flusso)的过滤:“命题二十一:凡是从神的任何属性的绝对本性而出的东西必定永远存在,且是无限的,或者凭借这个属性而成为永恒的和无限的。”③“命题二十二:凡是出于神的任

---

①《伦理学》第一部分命题二十五,第60-61页。(格布哈特编《斯宾诺莎著作集》卷二,第67页。)

②《伦理学》第一部分定义四,第4-5页。(格布哈特编《斯宾诺莎著作集》卷二,第45页。)

③《伦理学》第一部分命题二十一,第54-55页。(格布哈特编《斯宾诺莎著作集》卷二,第65页。)

何一个属性的东西，只要它是被一个由于这个属性而必然地无限地存在着的样式程序（modificazione）样式化（modificato）的，则这个东西也一定必然地无限地存在着。”①“命题二十三：一切必然地无限地存在着的样式，要么必然出于神的某种属性的绝对本性，要么是出于被某个存在且必然无限存在的样式程序（modificazione）所样式化了（modificato）的属性。”②所以属性正是绝对赖以被组织为世界的通路（tramite）。属性是关键，奠定着存在之下降的——或更确切地说流溢的——确定范围。专门用来表达属性的动词是“sequi”：“从（凭/由）它而出”。已被承认为本质的存有，也被承认为一种联结，只要属性对这两个根本项之间存在的张力进行了解释和确定。而即便情况如此，存在也不会丧失其多样性：属性的运行过程所代表的这种动态的、给出性质的立法过程会一直扩展开来，乃至在多种多样事物的本质特殊性中都能辨认出自身。若从这个过程来看，事物从来都是“ad aliquid operandum determinata”③，“被神所决定而有某种动作的东西，不能使其自身不被决定（indeteminatam）”④：但是，存在的立法之活力达到

91

① 《伦理学》第一部分命题二十二，第 56 －57 页。（格布哈特编《斯宾诺莎著作集》卷二，第 66 页。）

② 《伦理学》第一部分命题二十三，第 57 －58 页。（格布哈特编《斯宾诺莎著作集》卷二，第 66 页。）

③ 拉丁语，“被决定而做出某动作之物”。见《伦理学》“命题二十六：一物被决定而有某种动作，必然是被神所决定；那没有被神所决定的东西，不能自己决定自己有什么动作”。——译注

④ 《伦理学》第一部分命题二十七，第 62 －63 页。（格布哈特编《斯宾诺莎著作集》卷二，第 68 页。）

了这样一种程度，即它将自己的基础确立在每个事物之上、确立在涵纳了所有事物的视域之上，并确立在事物的力量(potenza)之上。“单是由神的本质的必然性就可以推出：神就是自因(据命题十一)，又(据命题十六及其绎理)是万物的原因。所以神的力量(potentia)——即神自身与万物借以存在和动作的力量——就是神的本质本身。”①

而正是在这一点上，存在的流溢顺序和力量的构成性顺序，不断争相对同一性进行重写(“命题三十五：凡我们设想为在神的权能[potere]中是其所是的任何东西，都是必然地存在的东西”②与“命题三十六：无任何效果跟随着其自然/性质而出的东西是不存有的”③之间相互争执)，形成了强烈的张力。斯宾诺莎的方法势必要把对整体的差异化过程开动起来，以便为系统的总体赋予联结，只有这样才能让无限在其范围内变动起来。这种方法已经让我们从至高实体的构成性元素间那种平静的张力转而面对实在动力机制的喧嚣张力。至高存在的下降流溢过程势必走向对事物构成的世界的力量(potenza)的承认：决定性就在于存在的下降和实在的出现的完美吻合。但是，我们被推向至高点来寻求其解决办法的这个难题，仍旧没有办法探到它的基础。新柏拉图主

---

①《伦理学》第一部分命题三十四证明，第 82 -83 页。(格布哈特编《斯宾诺莎著作集》卷二，第 76 -77 页。)

②《伦理学》第一部分命题三十五，第 82 -83 页。(格布哈特编《斯宾诺莎著作集》卷二，第 77 页。)

③《伦理学》第一部分命题三十六，第 84 -85 页。(格布哈特编《斯宾诺莎著作集》卷二，第 77 页。)

义的机制的运用甚至使这种机制成了直接的关系性秩序的代表。但这种机制解决不了任何问题:只不过是让体系聚集起了将使自身发生内爆的挤压力。无疑,革命的乌托邦需要这样做,但它同样需要的是组织的规则被明确化,自发性也要掌握组织的规范。在这个时期的斯宾诺莎那里,此难题的种种维度可以这样来得到指认:它们的确是难题,——但也可以说,乌托邦必须有与之相配套的理性组织标准;此外还可以说,那种(对同一性)重写过程在这里并不是旨趣所在,——确乎如此。毋宁说,这种重写过程的法则才更是旨趣所系之处,因为只有它的表现才能为乌托邦的价值给出规则。现在让我们返回对属性的思考,因为我们已经看到了属性论题在这里有着非凡的批判的重要性:属性一定是组织的规范,一定是自发性在组织中实现改造过程的表现规则,一定是无限的多样变体的逻辑。是吗?

无疑,属性努力这样地"是着"。在《伦理学》这整个第一部分当中,属性都在竭力穿透存在的整体。它必定在存在整体之内又不能在整体之内;它能在存在整体之内又必须不在存在整体之内。对事实与价值间关系的中介,使属性必然带出那些二元对立和矛盾。这种情形发生在古典泛神论的领地之中——这个领地汇集存有,并让全部存有都处在对存在这一中心的向心力之中;这种情形也发生在平面哲学的领地之中——这个领地仍然承载着形而上学的东西,这个领地也把那种张力压平为存在的生产样式和它的完满性。所以,为自发性的组织提供标准意味着对某种中介的操作,意味着引入某种先验性,或至少是引入某种差异。哪一种呢?源远流长的那场激烈论战奠定了属性在斯宾诺莎体系中所处的位置,并给已经再明显不过的哲学困难加上了一层语

92

言学难度。① 正如人们常常指出的那样,斯宾诺莎思想中的属性概念的历史绝不是沿着某个确定的内在连贯性发展而来的。在《简论神、人及其心灵幸福》中,属性即神之诸名,有关属性的理论基本上就是对神进行演证的苦修主义实践:在与这种做法相应的那个阶段中,存在的自发性同其组织之间的关系,通过苦修主义行为的直接经验得到了解决,——克拉科夫斯基向我们证明了这一点。②

---

① 有许多参考指南引用了书目文献,除此之外,最近有三部最为完备的书目文献出版,有助于我们对围绕斯宾诺莎哲学——尤其是围绕其哲学中的属性概念——展开的世俗论战进行重构,它们是 A. S. 奥科(A. S. Oko)编:《斯宾诺莎文献提要》(*The Spinoza Bibliography*, Boston, 1964);J. 维特勒森(J. Wetlesen)编:《一部斯宾诺莎文献》(*A Spinoza Bibliography*, Oslo, 1967);J. 佩特普西埃(J. Pétposiet)的《斯宾诺莎主义文献》(*Bibliographie spinoziste*, Besançon-Paris, 1973)。若要了解有关属性的问题,德鲁吉罗(De Ruggiero)旧一版《哲学史》(*Storia della filosofia*, Bari, 1921)非常有用,因为它完全是从观念论难题性内部出发的。

② 参看 L. 克拉科夫斯基《没有教会的基督徒》。我们必须不断参考这些论点,尤其是要不断参考他借以证明——正如我们将看到的那样——“斯宾诺莎圈子”盛行千禧至福主义影响,以及荷兰二次改革的禁欲氛围中更为普遍地存在着类似立场的那些论点。有关《简论神、人及心灵幸福》中属性的定义(以及神的神之诸名的问题)参看本书第二章第一节,以注释中给出的参考书目(尤其是注释中提到的果鲁特的分析)。即便荷兰人的禁欲主义与所有神秘主义传统——无论是天主教的、改革派的,还是犹太教的——都是很不同的,但它们的相似之处还是可以被识别出来的,那就是都专注于神之诸名的主题。比如,神之诸名的主题在胡安·德拉克鲁兹(Juan de la Cruz)那里就有典型的体现(此外,尤其可参看阿甘本[G. Agamben]为其《诗篇》[*Poesie*, Turin, 1974]所作导言)。

在标号为第四封的给奥尔登堡的信中,属性仍然被定义为"通过自身并且在自身内被设想的事物(id quod concipitur per se et in se)"①——一种存在论层面的要素——,而在《伦理学》这里,"在自身内(id quod in se est)的事物"②的句子却被删去了。自发性与组织、神与世界之间的关系也就由意识所中介了。但在《简论神、人及其心灵幸福》之中,名称显然也有使它们自身客观化、使自身看上去像是实体的倾向。这个倾向到了《伦理学》中则变为现实:"神,或神的一切属性都是永恒的。"③存在论视域愈是成熟,名称就愈加不构成存在之无限建筑的标记,反而是愈加构成其要素。理智越来越渗入到实在存在之中。哲学的言语也就越来越成为绝对存在之内在相关项的直接表现。如果说,在斯宾诺

---

① 标号为第四封的书信,《书信集》,第 45 页。这个评论是 L. 罗宾逊在《对斯宾诺莎〈伦理学〉的评注》中作出的,前书已引,第 63 -64、136 -137、150 -153 页。(格布哈特编《斯宾诺莎著作集》卷四,第 12 页。)[洪汉鼎译《书信集》第 13 页。——译注]

② "命题十:实体的每一个属性必然是通过自身而被设想的。"——译注

③《伦理学》第一部分命题十九,第 50 -51 页。有关属性的争论,近期详尽的分析是由果鲁特(《斯宾诺莎:论神》第 426 -461 页)给出的。他还提供了直至该著出版时最为完整的书目文献,并附有充分的注释。实际上,果鲁特对沃尔夫森的《斯宾诺莎的哲学》的解读尤为重要,沃尔夫森的这部著作堪称近期斯宾诺莎阐释的最为基础的著作。就从主体论角度对斯宾诺莎属性的阐释而言,所有这类阐释都直接源自黑格尔的线索,虽然这类阐释侧重点各不相同,参看厄尔德曼(J. E. Erdmann)、罗森克朗茨(Rosenkranz)、施温格勒尔(Schwengler)、E. 哈尔特曼(E. Hartmann)、乌尔里西(Ulrici)、波洛克(Pollock)、康斯坦丁·布伦纳(Constantin Brunner)和沃尔夫森的著述。(格布哈特编《斯宾诺莎著作集》卷二,第 64 页。)

莎的早期经验中存在着来自中世纪犹太哲学和人文主义的、来自迈蒙尼德和克雷斯卡斯(Crescas)的多元传统的现象主义和唯名论(沃尔夫森的梳理对此有非常清晰的呈现)①的话,那么在《伦理学》中,绝对同一性的所有这些障碍都被克服了。“就斯宾诺莎而言,如果说他在《形而上学思想》中仍旧坚持神之科学与人之科学之间的不可公度性(l'incommensurabilité)这一迈蒙尼德主义教义的话,那么,他在(《伦理学》第一部分的)命题三十和三十二中则否认了这种看法,就像命题十七的附释否认了把神之理智同人理智的关联比作星座‘犬座’同能吠的动物‘犬’的关联一样。”②

然而仅是这些考量也还是不够的。实际上,即便属性已经以如此程度被压平到了存在之上,使存在得以联结的一个本质契机还是付诸阙如。黑格尔③以及追随他的哲学史家们④,在斯宾诺莎主义的绝对之中辨认出了某种不可克服的不确定性——他们

---

① 沃尔夫森(H. A. Wolfson)在《斯宾诺莎的哲学》(The Philosophy of Spinoza, Cambridge, Mass.,1934)中坚持强调了这一点。人们常说,沃尔夫森在中世纪犹太哲学及其对现代哲学的影响方面的研究工作是极其重要的,可与E. 吉尔森对中世纪基督教思想及其对现代哲学的影响的研究相媲美。

② 果鲁特:《斯宾诺莎:论神》第459页。有关这同一问题,也可见该著第562-563页对A. 柯瓦雷就该问题相关论述的参考,柯瓦雷的相关论述载于《形而上学与道德评论》(*Revue de Metaphysique et de Morale*),1951,第50页及以下。

③ 有关黑格尔对斯宾诺莎的阐释,最详尽的分析,请参看本书多次提及的P. 马舍雷的《黑格尔或斯宾诺莎》(前书已引)。黑格尔批判性的介入的最重要的那些要点在该著作中得到了细致的考察和分析。

④ 围绕斯宾诺莎思想形成的黑格尔主义历史书写传统,参看果鲁特《斯宾诺莎:论神》第462-468页。

的说法是对的吗？当然不对。并不令人吃惊的是，在这种阐释的展开过程中，它根本没有把握住解读斯宾诺莎那里实体—属性关系的要领，这些阐释者总是习惯于使用辩证法的“撬锁工具”来消弭难题，而这种工具把此一关系过度决定成了某种绝对唯心论（暗中把斯宾诺莎谢林化了）。这种做法是不能被接受的。阅读的方法论不能无视阅读的对象。而在这里，即便这个对象再怎么难以捉摸，但毕竟必须承认，这个对象是属性，而且是作为对存在的穿透的属性。这是一个有待于从斯宾诺莎的角度予以理解的难题，即便它内含有某种矛盾，也必须从斯宾诺莎的角度去揭示和把握。

所以可以说，属性那里存在着与实体同一化（identificazione nella sostanza）的倾向。但是，在难题已有的这些要素之外，我们还必须补充一点，属性不可能趋向于等同于实体，除非此一“等同”是穿透性动力动态过程的实体化（即根源于存在之内的同一化）——这种穿透性动力动态过程是由属性本身所代表的。让我们再来看看斯宾诺莎在给德·福里的信中所言：“但是，如果您说，我没有证明实体（或存在）能够有多于一个以上的属性，那是因为您也许没有充分注意到我的证明。事实上，我已给予了两个证明。第一个证明是：对于我们来说，最明显不过的事情，即每个本质是被我们按照某种属性加以理解的，一个本质包含的实在性或存在愈多，则归给这个本质的属性也就必定愈多，所以一个绝对无限的本质就被定义如此等等。第二个证明（我认为是很好的证明）是：我归给一个本质的属性愈多，则我必然归给这个本质的存在就愈多，也就是说，我设想这个本质具有的真实性就愈多，而假如我想象一种怪物或某种诸如此类的东西，那么情形却正好与此相反。至于您说，您不能离开观念去理解思想，因为一旦您抛开了观念,您也就消灭了思想。我相信您之所以有这种想法,是因为(作为能思想的东西)这样去做时,您就抛掉了您的一切思想和概念,因此,这并不奇怪,当您抛掉了您的一切思想之后,您也就没有什么东西可以思想了。关键的问题我想我已经充分明白而且清楚地证明过:理智虽然是无限的,然而是属于被自然生产的自然(natura naturata),而不属于生产自然的自然(natura naturans)。关于理解的第三个定义,我看不到还有什么东西需要说,我也不明白您为什么对它感到难以理解。因为我告诉您这个定义,如果我没记错的话,它是这样陈述的:'所谓实体,我理解为存在于自身中的,并通过自身而被设想的东西,也就是说,它的概念并不包含任何其他事物的概念。所谓属性我理解为同样的东西,而它之所以称为属性,是因为与理智有关,理智将这样一种性质归属于实体。'我认为这个定义是足够清楚地把我所理解的实体或属性表达出来了。"[①]这样一来,在我看来清晰呈现出来的东西就是:就算属性根源于存在,也无法取消它穿透同一性的功能。属性与实体是同一事物,但它的不同之处又在于它涉及理智。这个难以察觉却又根本性的差异——这是一个处在自发性与组织间关系之中的差异——被同时代的哲学家称为意识:这就是属性。它是一个契机,是存在单义性内部逻各斯流溢中的一个契机,是足以将物质视域一变而为价值视域的契机。这个作用是谜一样的且难以捉摸的吗? 我不否认这一点。但它在理论上的晦暗性不能否定它在体系功能上的有效性,事实说明,这种功能对那种乌托邦

94

---

① 标号为第九封的书信,《书信集》第71-72页。(格布哈特编《斯宾诺莎著作集》卷四,第43-44页。)

及其伦理—政治的种种确定性特征而言是十分关键的。

还不仅是这样。显而易见的是，如果属性难题的主观主义解决方案是不可接受的，——或确言之，如果（在排除所有纯现象层面的确定性的情况下，正如我们已经尝试说明过的那样）属性的主观方面之所以被引入，只是为了说明意识是如何出现的，只是充当着乌托邦复制性质的明确复合体（ipostasi），此外则绝不可以被当作绝对之联结难题的绽露征象——，那么也就再无其他对此难题的解决方案可被接受了。有些人说属性是实体的生产力，因而只有客观和动态的阐释才能解释自然。① 我们也必须承认，这种理解确乎把握住了斯宾诺莎体系某些方面的某些根本性的东西。力量（potenza）即存在之力量，是生产性因果性的无限延展，因而力量也应该在这里居于理解的中心位置。我们也已经看到斯宾诺莎借助对属性表现的分析以及对这种表现是如何随着实体实在化进程而逐渐增加——此即力量在不同层次上的呈现——的分析对存在之链进行了追溯，而且这一追溯具有连续性。但难题也是从这里开始的：也就是说，这个流溢过程——或确言之，这个无疑带有流溢哲学传统烙印的过程——完全彻底地投满了存有世界之屏：生产性因果性弥散地流进了所有存有之物，而力量的总体也因而叠覆了自发性，于是那个难题也开始出现。正是在这里，重启了存在的悖论，属性的客观形式理论对解释这个悖论又无能为力：毋宁说，这种理论只可能回避这个悖论。至此我们清楚看到：这种解释，在这种情况下，不过是预演了我们

---

① 有关这个立场的根本性的提出，参看 K. 费舍尔（K. Fischer）《新哲学史》（*Geschichte der neueren Philosophie*, Heidelberg, 1880）卷一，第 356 页。

将在稍后得出的结果。① 但正是在这种过早的预演之中，存在着一种不可容忍的否认——对斯宾诺莎这个阶段思想中绝对特殊的另一个方面的否认：力量这种连续不断的再呈现让系统封闭了——被生产的事物的力量也被框定了，也就是说，力量这种连续不断的再呈现让这所有事物都只具有在这个系统内的内聚力、指向该系统生产中心的向心力。属性是一种功能，它为实体赋予性质并使之在确定性中展开——这种客观主义的解释是没办法解释确定性的那种向心化反作用的。自发性——在这种解释之中的自发性——被剔除了乌托邦的色彩，而乌托邦恰恰本该是包含在自发性之内的，乌托邦无非应该是这样的乌托邦：自发性渴望组织，并通过属性运动而获得组织。在客观主义的阐释当中，属性是作为由绝对支配的承担者（tramite）活动着的，而且也只能在向心力方向上活动着：但系统向自身的返回、乌托邦的乐趣——所有这一切都被排除了。这样一来，存在的构成性顺序最终只能从流溢的角度去理解：首先，这与论证本身的趋势是相矛盾的，在整个论证过程中，事物——事物是证明过程的最终结果——并不是下降了的本质（在形而上学表现的消极边界之下、又在虚无之上摇摆不定的本质），而毋宁说就是力量（potenza）视域范围、全部存在视域范围的参与者（partecipe）。而更为严重的是，这种倾向与系统之如下本义是相矛盾的：存在的种种表现及它们之性质从来都是由系统决定的，决定方式是交互和多样的系统性决定，系统以此将存在的种种表现关联于第一实体，也以此将第一实体界定为仅在它之为实在总体的意义上说的第一因。

95

---

① 参看第五章到第九章（尤其是第七章）。

是时候结束关于属性的讨论了。现在我们回头看看命题十九："神，或神的一切属性都是永恒的。证明：因为神就是实体，而实体必然存在，这就是说，它的本性即包含存在，或（这是一个意思）根据它的定义便可以推出它的存在；所以神是永恒的。其次，神的属性应当理解为表示神的实体的本质的东西，亦即属于实体的东西：这个东西，我说，也是属性本身所必定包含着的。现在永恒性既然属于实体的本性；所以每一个属性都必包含着永恒性，因此一切属性都是永恒的。此证。附释：用我证明神的存在的方式来证明这个命题，更可以十分明白。在那个证明里，我说，显然神的存在和神的本性一样，乃是一个永恒的真理。此外我也曾用别的方法证明了神的永恒性，这里用不着重复了。"①这里干系最为重要的是如下要点——这些要点也可以用来对我们的讨论作一总结：(1)属性包含于实体，并同实体有着某种存在论同一性。(2)然而，诸属性的实体同一性并不意味着在属性与实体之间存在着形式上的相互关联（reciprocità）；实体是属性之无限性。(3)属性因而是对实体之一瞥；在其确定性中，不存在流溢或下降，而只有属性本身对整体存在之多样性的参与——正如命题十九的附释完美地表明的那样，对神存有的演证进度即构成实体之轨迹。② 但是即

① 《伦理学》第一部分命题十九证明、附释，第50－53页。（格布哈特编《斯宾诺莎著作集》卷二，第64页。）

② 这也是马舍雷的结论（见《黑格尔或斯宾诺莎》第97－137页），还是德勒兹的结论（见《斯宾诺莎和表现难题》第一部分）。除去对他们的结论有些保留之外，没有什么可再补充的了，这不是因为他们做得有多好，而是因为他们对斯宾诺莎的解读是完全缺少历史理解的。

便这就是属性的确定性,即便这种结构性的定义是正确的,我们还是要必须立即承认属性在系统中所处位置的含混性。属性本来应该是对存在的延展性的组织,但实际上它还只是对这种延展性的呈示。属性应该为力量丛赋予顺序:但实际上它给予出来的还只是力量与力量的关系。这一要求让它指向应然,一种存在论层面规范性的应然:这个要求又未被证明,还只是一种要求,假设的要求。从这种视角来看,在出离《伦理学》第一阶段之后,属性一词将会逐渐消失。只要《伦理学》一直向着这个构成性难题保持开放,属性的功能就将会越来越成为残余。[1] 实际上,斯宾诺莎的哲学的发展,将导向一种存在论构成观(una concezione della costituzione ontologica),将不断地走向事物组成的世界的物质性,也终将把仍属流溢说——遗留到新文化之中的流溢说——残余的这个形而上学层清理掉。属性是一个含混的层面,但是从另一方面来说,它又是必要的——要在存在自发性视域中形成组织规范,就还必须有这个层面。它是错误,是作为实体之重影的复合体(ipostasi),抑或还是一个谜?它既是谜,同样也是资产阶级世界物质作用从后面的壁龛上——无论是幽暗的,还是光明的,这都不重要——,从其原初阶段映射出来的一个形象:它是加之于生产关系编织体之上的定价系统的一种替代。斯宾诺莎的乌托邦理解并解释着这个世界,但更重要的是也试图把理性加于这个世界之上。哲学应该获得存在论视域,否则组织起视域的还只能是属性。所以,在这种情况下,矛盾和悖论是必然的。应该揭开

---

① 参看本章下一节,属性的消失这一难题性的显露,在这一节里得到了探讨。

属性的真实功能,进而用理性去逼问实体之重影的复合体(ipostasi),否则批判是不会得到重启的。但这也正是那种存在论视域本身所具有的危机的一种表现。

3. 世界的悖论

“样式(modus),我理解为实体的分殊(affectiones),亦即在他物内通过他物而被设想的东西。”①这个“在他物内通过他物而被设想的东西”是如何在无限的生产性周流之中得到组织的呢? 世界也必将遭遇组织的规范标准难题:显然,我们已经有证据证明组织的规范标准不可能涵盖世界之体量。自发性之中介这一形而上学形式,总是与样式的不可化简性、与诸样式构成的这个世界相扞格的。在这里我们必须仔细留意:《伦理学》第二部分只是预告了这个危机的种种条件。然而,这些条件还会重现,那个时候它们将成为某种向前飞跃的条件,成为在更高层面对此难题的某种新表述的条件:此一危机使规划得以重新布局,并因而产生着积极的价值。但毕竟在这一阶段,这些条件还只是在第二部分的前提和基本命题的语境中被给出并——尤其应该强调的是——显现的,在这一语境中,核心问题还是世界的形而上学难题。这就是斯宾诺莎形而上学的终结之处和他的物理学——这才是伦理学的根本核心——的展开之处。

---

①《伦理学》第一部分定义五,第4-5页。(格布哈特编《斯宾诺莎著作集》卷二,第45页。)

那么何为世界?“实在性和完满性我理解为同一的。”①从原则上说,世界存有无须就其存在论实在性作任何证明。此存有之存在论实在性如此广大而变动不居,以至于它本身就是个别物构成的复杂整体。它在其自身之内、在它物体/身体性的个别性(singolarità)之中存在:“物体/身体(corpus),我理解为在某种一定的方式下表示神的本质的样式,但就神被认作一个有广延之物而言。”②它本质地存在着,而且其之为存在,使事物获得关系性的界定:“所谓事物之本质,即有了它,此事物必然被确认其存在,取消了它则此事物必然亦被取消;换言之,无本质则一事物既不能存在也不能被理解,反之,没有此事物,则本质也既不能存在又不能被设想。”③最后,它还以集体方式存在着,存在于向着某个目的而调谐进行的诸动作所构成的共时整体之中:“个别事物我理解为有限的且有一种确定的存有的事物。如果许多个体共同做出一个动作,以致它们同时都是某一结果的原因,那么在这个范围内我将认它们的总体为一个个别事物。”④所以,世界乃是包含着众多个别事物的一个多样式复杂集合。第二部分的公理对这一前提作出了极其清晰的强调:第一部分的公理(为存在论证所设

97

① 《伦理学》第二部分定义六,第 104 -105 页。(格布哈特编《斯宾诺莎著作集》卷二,第 85 页。)

② 《伦理学》第二部分定义一,第 102 -103 页。(格布哈特编《斯宾诺莎著作集》卷二,第 84 页。)

③ 《伦理学》第二部分定义二,第 102 -103 页。(格布哈特编《斯宾诺莎著作集》卷二,第 84 页。)

④ 《伦理学》第二部分定义七,第 104 -105 页。(格布哈特编《斯宾诺莎著作集》卷二,第 85 页。)

的一套公式）所具有的那种高度形而上学的形式性特征在这里消失不见。第二部分的公理并非是对存在之形式的表现，而是对单一性的分析描述和深化："人的本质不包含必然的存有，这就是说，依自然的顺序（ex naturae ordine），这人或那人的存有或不存有，都同样可以发生"；"我们感觉到身体是在多样的方式下受到感触的"；"除了身体和思想的样式以外，我们并不感觉或知觉到任何个别事物"。[①] 这些公理并不表现形式化的程序规范，而表现着诸个别事物之独一性的实质定义，甚至可以说它们应该被称为"公设（postulati）"，它们与第三部分的公设一样，在论证的结构配置上有着相同的作用，——而之所以会这样，就是因为存在论关联的形式化观念已经在物质性上被打散了，被置入了系统的生产性机制之中，也就是说，被置入了系统生产性的视域之中了，而这个视域是最先的还是最终的视域，则是一个难题。但毕竟，其场地乃是个别事物的事件性（emergenza singolare）。

这么说来，独一性世界真的无须中介吗？样式之存有在场仅凭自身存在吗？也就是说，这么一来，我们必须把一度曾似乎是这个世界借以发生的逻各斯—形而上学的工具视为纯粹的人为谋划吗？这个难题立即映入眼中：《伦理学》第一部分强烈表现出的某种不稳定性一下子变得非常显豁了。重点转向了样式，分析也对准了个别事物，而且这种转向充满了革命苦修主义给它、给这种运动及其所造成的斗争的热爱——当此之时，自发性的中介之谜本身必将难题化（problematizzato）。我们突然发现——在已

---

①《伦理学》第二部分公理一、公理四、公理五，第 106 －107 页。（格布哈特编《斯宾诺莎著作集》卷二，第 85 －86 页。）

98 有第二部分的定义与公理的条件下——面前展开了一个重影的存有视域:一面是如我们曾见的那个个别物的世界,一面则是心灵的、理智的、思想的世界;对位重叠的重影。"公理二:人有思想。"①"公理三:思想的各个样式,如爱、欲望,以及其他被以爱之名命名的其他受感致动的情状(感情),除非具有这种受感致动的情状(感情)的个体有了所爱、所欲望的对象的观念,便不能被给予出来。但即使没有思想的其他样式,却仍然可以有观念。"②我们应该对这句话予以强调:"即使没有思想的其他样式,却仍然可以有观念。"无限之组织在思想、中介、必要性方面的独立性,在这句话里得到了说明。"定义三:观念,我理解为心灵所形成的概念,因为心灵是思想的事物。定义四:充分观念,我理解为单就其自身而不涉及对象来说,就具有真观念的一切特性或内在标志的一种观念。"③但存在于第一部分的那种含混性与此是相矛盾的。sub specie aeternitatis(永恒形式中的)世界,与 sub specie libertatis(自由表象中的)世界注定进入了不能共存的斗争之中。《伦理学》第二部分的奠基方式,使在第一部分那里被我们体验为含混性的东西成了一种替代方案。为什么呢?因为,乌托邦的活的现实要求这两极必须以最强烈的方式被给予出来:如果说此前被当

---

① 《伦理学》第二部分公理二,第 106 -107 页。(格布哈特编《斯宾诺莎著作集》卷二,第 85 页。)

② 《伦理学》第二部分公理三,第 106 -107 页。(格布哈特编《斯宾诺莎著作集》卷二,第 85 -86 页。)

③ 《伦理学》第二部分定义三和定义四,第 104 -105 页。(格布哈特编《斯宾诺莎著作集》卷二,第 84 -85 页。)

作设定的综合如今呈现为危机的话,这只不过是因为这种综合事实上从来都处于危机之中,而且更重要的是,这种两极性的现实已经变得可被察觉了。在这里开始展现为一种危机的东西正是此两极张力的自发汇合:但是这一切还很粗泛,没有在表现性上被清晰把握,几乎完全与这个体系的意志相违拗。然而这个乌托邦——在它的展开过程中——必将达到这个目的。但即便在目前的情况下,这个乌托邦之所以没有陷入危机,并非是因为它形成了自身内部活力,而是因为它探入了另一类事实之中,或确切地说,是因为它探入了早已作为实体影子在它之中得到投射(ipostatizzati)的那些事实之中。[1] 毕竟,难题已经提出。这个过程的自发性再不能有效地把那种向心力和样式向心力展现为叠覆在一起且严格吻合的东西了。它们的关系成了一个难题。世界是既二者择一又二者符合的一种悖论:实体与样式竞相打破另一方。[2]

---

① 显然在这里无法专门讨论乌托邦思想特征。我们只须记住由 A. 杜伦(A. Doren)在载于《瓦尔堡图书馆讲演录》(*Vortrage der Bibliothek Warburg*, Berlin, 1927)的《期望空间与期望时间》(“Wunschräume und Wunschzeite”)一文中、恩斯特·布洛赫在《闵采尔》(前书已引)中、霍克海默和阿多诺在《启蒙的辩证法》(*Dialettica dell'Iluminismo*, trad. it., Torino, 1964)中所阐发的批判乌托邦哲学精神,对了解我的目的就已足够了。有关乌托邦的一般探讨,参看 A. 纽苏斯(A. Neusüss)编:《乌托邦:乌托邦的概念和现象》(*Utopie. Begriff und Phanomen des Utopischen*, Neuwied-Berlin, 1968)。

② E·布洛赫《希望原理》(*Das Prinzip Hoffnung*, Berlin, 1955)卷二,第433页。布洛赫已经注意到了斯宾诺莎体系中的这种重要的难题性契机,但他选择了忽略这一迹象,他的《希望原理》本该就这一方面作成熟的表述。相反,他选择将斯宾诺莎思想中矛盾综合的这一契机同黑格尔解释传统联系起来。

《伦理学》第二部分实际论证的展开过程——自命题开始——就是从其定义和公理所蕴含的我们刚才指明的上面那个难题出发的。我们将在这里讨论的命题(第二部分的命题一到命题十三)涉及对人的本质的推演。[1] 在这个确定的范围之内,实体与样式的形而上学戏剧将告落幕。换言之,斯宾诺莎开始明显倾向于对他的乌托邦的有机结构进行积极重构,并倾向于对其真正自发性进行重新肯定:但这个选择将会为之造成多少难题啊——而那又是怎样的难题啊!第一部分的形而上学论证让我们遭遇了属性——作为针对实体之样式的中介的属性。而如今突显的悖论则是:属性的不一致,即两个属性("思想是神的一个属性,或者神是思想的事物"和"广延是神的一个属性,换言之,神是有广延的事物"[2])的不一致,创生了一个世界维度,这个世界维度不是等级化的,而是平面的、均平的、多样的和平等的。绝对本质曾被断言为单义的,而如今既指神之本质——即上帝之存有——又指由此本质而来的一切事物。我们处在了一个关键点上,正是在这个点上,力量(potenza)观念——作为单义秩序、作为对一切中介和抽象(它们恰恰来自权力[potere]观念)的消解的力量观念——以巨大伟力跃出到前

99

① 显然,我想到了果鲁特在《斯宾诺莎:论心灵》(前书已引)中所作的评述,我对《伦理学》第二部分命题一到命题十三的界定受惠于果鲁特。虽然罗宾逊的《对斯宾诺莎〈伦理学〉的评注》(前书已引)也是很重要的,但我更经常地念及果鲁特这部评注著作的第二卷,在这里是这样,在第四章最后一节分析《伦理学》第二部分最后部分时也是这样。

②《伦理学》第二部分命题一和命题二,第 106 -109 页。(格布哈特编《斯宾诺莎著作集》卷二,第 84 -85 页。)

台。"一般人以为神的力即是神的自由意志及其管辖一切事物的权力(potere),而他们通常又认为这些事物是偶然的。因为他们说神有权力(potere)毁坏一切使其变为乌有。他们又常以神的力量(potenza)与国王的力量相比拟。对于这种比拟,我……已经加以驳斥,而且……我又曾指出,神根据必然性而认识自己,也根据同样的必然性而动作。这就是说:神认识自己是出于神性之必然(这是人人都承认的),所以按照同样的必然性,神在无限多的样式下产生无限多的事物。再则……我们曾经指出,神的力量(potenza)不是别的,只是神的实际本质(attuosa essenza),所以认神不动作与认神不存在,在我们是同样不可能设想的。如果我愿意深究,我还可以在这里指出,普通人所归结于神的力量(potenza)不仅只是一种人的力量(potenza)(这表明普通人把神设想成人,或与人相似),而且包含着无力(impotenza)。……一个人要想对于我所要证明的东西有正确的了解,他必须十分小心,不要把神的力量(potenza)与国王的人力(potenza umana)相混淆。"①还需对此点说些什么呢?属性,介于实体与样式之间的对自发性起中介作用的那些属性,如今已经完全被一种平面的横向场地所吸收了。属性也不再代表组织过程的手段,而是隶属于(几乎可以说是被取消了)一种线性视域、一种只由个别事物之出现所构成的空间。这些个别事物不由任何他物中介,直接在实体生产过程的无中介关系中呈现自身。力量(potenza)冲决权力(potere):我们应该谨记这一段落,与定义

---

①《伦理学》第二部分命题三附释,第 110 -111 页。(格布哈特编《斯宾诺莎著作集》卷二,第 87 -88 页。)

七(此定义关于单个个别事物的构成中集体动作的力量)用间接方式说话一样,这个段落也是一种提示,把斯宾诺莎哲学中最重要和最具意义的一个要点提示了出来。但目前我们还是回到我们的主题。“观念的形式的存在只以神为其原因,但只就神被认作思想的事物而言,而不是就神为别的属性所说明而言。这就是说:神的各种属性的观念以及个别事物的观念都不承认观念的对象或被知的事物为其致动因(causa efficiente),而只承认作为思想的事物的神本身为其致动因。”①世界就是样式:致动因,在其表现之中,无须任何中介。“观念的顺序和联系与事物的顺序和联系是相同的。”②在这里,样式意义上的个别事物直接形成联系,并造成了一种平行关系,此一平行关系唯一让人联想起两种属性间那种形而上学关系的地方在于,它也竭力地与系统保持和谐一致。事实上,平行的不是属性,而是样式在自身统一而个别化的建构中的张力。

100

在对这一斯宾诺莎实体—样式悖论的最敏锐、在哲学上不敢越雷池半步的那些最晚近的阐释中,总是反复出现这样一类尝试,即在这一点上引入更细致的体系划分,为的就是保留属性的重要性。我们假定“思想的实体与广延的实体就是那唯一的同一的实体,不过时而通过这个属性,时而通过那个属性去了解

① 《伦理学》第二部分命题五,第112-113页。(格布哈特编《斯宾诺莎著作集》卷二,第88页。)

② 《伦理学》第二部分命题七,第114-115页。(格布哈特编《斯宾诺莎著作集》卷二,第89页。)

罢了”。[1] 有了这个假定，我们发现自己面临着一种平行关系，这种平行关系大体就是思想和广延的平行，一种在超认知的 ratio essendi（存在原因）上有其基础的平行关系；另一方面，在样式和样式的观念之间也存在着一种平行关系，此一平行遵从的是 ratio cognoscendi（认知原因），作为一种认知内部的平行，它在认识的平面上“复制”了在存在论上被奠定了的东西。[2] 但我们必须问一问自己：在这个时期的斯宾诺莎那里，可能把认识的顺序同存在论的顺序区分开吗？继而，可能以这种方式取消实体与样式间直接关系所揭示出的这个悖论吗？否认这里浮现出的力量——能彻底推翻形而上学关系的，尤其在这里是能推翻流溢说联系的力量——是可以的吗？实际上，我们在这里面对的不是一种“复制”，而是存在之源向存在之在场、向其巨大而有潜能的个别给予的“还原”。[3] 试图对此悖论的这种激烈性加以抵抗并进而试图勾销它的后果，所有这些尝试无一例外地没能考虑到的，与其说是《伦理学》第一阶段、斯宾诺莎最初对体系的表述的那种连贯性，不如说是这一阶段的表述对体系的架构体现的那种力强而致的特征和运气（felicità）的特征。随着存

---

① 《伦理学》第二部分命题七附释，第 116 −117 页。（格布哈特编《斯宾诺莎著作集》卷二，第 90 页。）

② 就这一句的解释——即对“复制”的解释——，我主要采用的是果鲁特在《斯宾诺莎：论心灵》中的观点。本文的这一节将开始对“复制”进行讨论，但在我们处理《伦理学》第二部分结尾的内容时，我们还将回过头来谈“复制”问题。

③ 德勒兹《斯宾诺莎和表现难题》与马舍雷《黑格尔或斯宾诺莎》都认同这一点。

在论的推理的推进并逐渐接近现实,这种推理也愈加摧毁道路、桥梁,最终把来时的道路的全部有关记忆抹除净尽。那些属性、那些本体论层面的平行,都将悉数消失。但这还不是整个过程的终结。目前,这个过程在这里稍作暂停,停留在泛神论如下最初和根本的边界之上:如果说神是一切,那么一切也都是神。重要的分叉之处:一边是观念论视域,另一边是唯物主义潜能。

101 斯宾诺莎乌托邦的发展因而包含了一种对形而上学生产机制作横向还原的倾向。他以从这个方向上进行推进的方式,给他的"prolixum methodum(横向扩展方法)"加上了一种难以置信的加速度。在第二部分那一组数量不多的命题中,这种发展以极端的方式被给了出来。实体在存在论层面的复杂性被迅速打开。"一个实际存在的个别事物的观念,以神为因,非就神之为无限而言,但就神之被认作作为其分殊(affectus consideratur)的另一个实际存在的个别事物的观念而言;而此另一观念,也以神为因,但就神之被认作第三观念的分殊而言,如此类推,以至无穷。"①在这个个别事物的场地之中,广延的无限性(l'infinito estensivo)、过程的无限性、不可限定性并不与集约的无限性(l'infinito intensivo)相矛盾:所以,人的实体性可以被分解为诸多个别的联结,这种分解与人这种个别存有并不矛盾。"构成人的心灵的现实存在的最初成分无非是一个现实存在着的个别

① 《伦理学》第二部分命题九,第120-121页。(格布哈特编《斯宾诺莎著作集》卷二,第91-92页。)

事物的观念。”[1]个别性与神的实体性——有着作为一种原则的无限性的神的实体性——并不矛盾：实际上，它之所以是神的，正是由于它是个别的、弥散的、散布各处的，——实际上就是由于这一点，它才能被思考为纯一地存在于神性之中。这一乌托邦唯当接近对自身否定的肯定之时才以这种强度真正重构了它自身！“人的心灵是神的无限理智之一部分，所以当我们说，人的心灵感知这物或那物时，我们只不过是说，神具有这个或那个观念，但非就神是无限的而言，而只是就神为人的心灵的本性所说明而言，或就神构成人的心灵的本质而言”[2]：这就是说，个别现实的构成紧密依赖于并受决定于神的生产。神推翻了先验，即便是简单的逻辑先验。神就是自行构成的世界本身。没有中介：个别性是唯一现实的视域。神活在个别事物中。样式既是世界也是神。

第二部分命题十三可以说是斯宾诺莎早期阶段体系中有关世界的悖论式演绎推导的最极限情况。在命题十三这里，从形而上学向物理学的过渡通道被标记为哲学视域的一种颠倒。“构成人的心灵的观念的对象只是身体（corpo），即某种现实存在着的广延的样式，而不是别的。”[3]这里请注意：颠倒已经完

---

①《伦理学》第二部分命题十一，第126－127页。（格布哈特编《斯宾诺莎著作集》卷二，第94页。）

②《伦理学》第二部分命题十一绎理，第128－129页。（格布哈特编《斯宾诺莎著作集》卷二，第94－95页。）

③《伦理学》第二部分命题十三，第130－131页。（格布哈特编《斯宾诺莎著作集》卷二，第96页。）

成——我们已经从心灵的活动性转入了物体/身体的活动性。“由此推知,人由心灵和身体组成,而人的身体的存在,正如我们感觉着那样。”①观念论的唯理论——典型的反改革派思想形式——的全部论题因而都被否定掉了。样式的唯物主义是根本性的,即使——至少如此——样式的观念是构成性的,它们的功能也是在本源的和不可分的(身心)整体中被给予出来的、被世界的实体顺序所担保的。所以,物体/身体性(corporeità)是根本性的:“因此我们不仅认识到人的心灵与身体联合,而且知道如何理解身体和心灵的统一。但是在对于人们身体的本性没有充分的了解以前,绝不能充分地或明晰地了解什么是身体和心灵的统一。”②现在,对物体的认识就是全然而绝对的物理知识了:伽利略物理学的惯性运动成为个别事物的世界之奠基与展开的网络。③“命题十三之公理一:一切物体都是运动着或是静止着。命题十三之公理

102

① 《伦理学》第二部分命题十三绎理,第 96 页。(格布哈特编《斯宾诺莎著作集》卷二,第 84 -85 页。)

② 《伦理学》第二部分命题十三附释,第 132 -133 页。(格布哈特编《斯宾诺莎著作集》卷二,第 96 -97 页。)

③ 总体来说,有关此命题十三,可参见:果鲁特《斯宾诺莎:论心灵》(第 103 -190 页)所作评述;A. 里沃(A. Rivaud)《斯宾诺莎物理学》(“Physique de Spinoza”),载《斯宾诺莎学纪事》(*Chronicon Spinozanum*)(1926)第四期,第 24 -57 页;S. 冯·杜宁 -博尔科夫斯基的《斯宾诺莎物理学》(“Dien Physik Spinozas”),载《斯宾诺莎纪念周》(*Septimana Spinozana* ,The Hague, 1933);莱克里维安《斯宾诺莎和笛卡尔物理学:〈原理〉第二部分》,载《斯宾诺莎手册》(前书已引)1977 年卷一第 235 -265 页和 1978 年卷二第 93 -206 页。

二:每一物体的运动,有时很慢,有时很快。"[1]由此可知,各个物体相互差异取决于运动的规律与确定条件,有静止、快和慢等状态。在有效的决定性条件的无限视域内,分布着一系列因果关系。"由此推知,一个物体在运动时将继续运动直至为他物所决定使其静止,反之一个物体在静止时将继续静止直至为他物所决定使其运动。"[2]现在,在纯机械论的这个视域内,难题显然是形式难题,即以何种形式构造运动与静止的关系、构造运动之简单性与复杂性的关系,从而能建构起我们称之为单个的个别事物的那些相对稳定的整体。我们能问一问自己,**格式塔**(*Gestalt*)是如何形成的呢?斯宾诺莎的答案绝对地与机械论态度相一致,也与他拒绝将单个个体视为一实体是相一致的:"当许多相同或不同体积的物体为别的物体所压迫而紧结在一起时,或当许多物体以相同或不同速度在运动,因而依一定的比率彼此传达其运动时,则这些物体便可以说是互相联合(unita),而且总结起来便可以说是组成一个物体或一个个体,它和别的个体的区别,即在于它由多数物体联合而成。"[3]个体性的形式完全是由数量、由数量和运动之比率以及由数量与运动的方向所构成的,而且在其运动——这种运动是彻底实存性的——中受到这些构成参量的影响制约;换言

---

①《伦理学》第二部分命题十三后的公理一和公理二,第 134 -135 页。(格布哈特编《斯宾诺莎著作集》卷二,第 97 页。)

②《伦理学》第二部分命题十三后的引理三的绎理,第 138 -139 页。(格布哈特编《斯宾诺莎著作集》卷二,第 98 -99 页。)

③《伦理学》第二部分命题十三后的定义,第 140 -141 页。(格布哈特编《斯宾诺莎著作集》卷二,第 99 -100 页。)

之,它不仅涉及对 quid sit(何所是)的问题的回答,还涉及对 en sit(是本身)问题的回答。个别性的这种形式的普遍性是绝对的。“由此可见,一个复合个体(individuum compositum)如何能够在许多样式下应变致动(in multis modis affici),但仍然能够保持其性质。这样我们便已经知道了那彼此间仅按照动静迟速而有所区别的若干物体所组成的个体。换言之,即为许多最简单的物体所组成的个体的概念。假如我们试着考察另一种为许多不同性质的个体所组成的个体,则我们将发现这种个体可以在许多样式下应变致动,但仍然能够保持其性质。因为它的每一部分既然由多数物体组成,则每一部分便可以作较速或较迟的运动而不致改变其性质,因此每一部分能够较迟或较速地传达其运动于其余部分。假如我们试着想象一个由第二种个体组成的第三种个体,则我们可以发现,它可以在更多的情形下被激动,但是它的形式不致有什么变化。如此无穷地推演下去,我们不难理解整个自然界是一个个体,它的各个部分,换言之,即一切物体,虽有极其多样的转化,但整个个体可以不致有什么改变。”①

103

就这样,乌托邦的构造也就在它内部一系列极端的两极对立中完全展开了。分析借以开始的流溢之流②,发展成了共时性的和结构的构成性力量:属性的连续及组织作用在样式悖论的深化

---

①《伦理学》第二部分命题十三后的补则七附释,第 146 -147 页。(格布哈特《斯宾诺莎著作集》卷二,第 101 -102 页。)

② 达尔·普拉编《哲学史》第七卷(前书已引)所载弗纳的《B. 斯宾诺莎》一文最早强调了样式定义中的新柏拉图主义残余。他的评论是相当中肯的。

过程中被彻底消除，——样式的悖论就存在于样式为世界奠基的能力（和张力）之中，就存在于从微观个体向宏观个体的运动之中。极端的两极对立（神的自发总体性和因果运动的无限多样性）并存，唯有它们对立的决定性才担保了它们的互补性。这种两极性只有在两极的冲突的决定性这一基础上才产生后果。如果把斯宾诺莎的这种深化开掘定位于他所处时代的科学论战的背景之中，由此视角出发，则可清晰地看到机械论在这里是被理解为世界真理的形式的。然而，斯宾诺莎这种开掘方式的不可替代的原创性在于他是以悖论形式提出机械论难题的。实际上，与纯粹机械论者或笛卡尔①不同，这里的机械论既不是纯粹因果论

---

① 机械论问题和笛卡尔对机械论的阐释，参看F. 伯克瑙（F. Borkenau）《封建世界观向资产阶级世界观的过渡》（*Der Übergang vom Feudalen zum bürgerlichen Weltbild*, Paris, 1934）以及拙著《政治的笛卡尔》（前书已引）。最重要的是要记住，与埃斯勒的《莱布尼茨和资本主义精神的形成》的解释，尤其是与该著第33页、第71－72页的解释相反，机械论的两大张力（原子论和活力论）正是在斯宾诺莎这里首次实现了综合。在埃斯勒看来，笛卡尔和莱布尼茨分别代表了这两个对立的方向。他补充说，在这个冲突中是没有斯宾诺莎的位置的。当然，斯宾诺莎不可能被整合进这场明确的文化冲突的任何特定位置之中，因为，斯宾诺莎的思想超越了这场争论，斯宾诺莎的思想是对一种不断进步的现实性的追踪——首先是对资本主义发展、继而是对资本主义所决定的对抗的追踪。在第一阶段，斯宾诺莎思想忠实而又以神秘化的方式呈现了机械论与活力论力量观之间的关系的充洽性；在其思想的第二阶段，斯宾诺莎以这种统一性为前提，将这种统一性推进为一种构成过程。围绕科学在资本主义——埃斯勒显然指的是17世纪的资本主义——的运用问题展开的争论的特殊性，既是斯宾诺莎“机械论”的前提，也被斯宾诺莎的“机械论”所超越。

者所认为的世界之线性构造的契机,亦非像笛卡尔所理解的那样,是来自神的无限力量(potenza)之命令借以——以独立于无限的因果流的方式——组织起其中介的配置结构。在斯宾诺莎这里,机械论是作为生产之样式的基础和范围而被给出的:作为生产样式基础的这种机械论的唯一作用正是对生产样式的界域作出清晰划定。这个界域主要就是这样一种必然性,即虽然截至目前,共时的、结构化的顺序之构成一直都是按因果性展开的,但这种共时、结构的因果方式,必然要被改造得具有真正意义——即历时性意义——上的构成性力量的作用,从而能对世界和绝对本身进行组织。这一必然性从目前似是而非的综合推断中也能明显体现出来。斯宾诺莎乌托邦的革命性强力已经达到了某个绝对位置的极限、达到了最大限度的分析深入性,也达成了对所有历史构成组成元素之通适性的某种一揽子确定。截至目前,这种绝对性已经具备了超常张力的特征。一场可怕的风暴似乎已经呼之欲出,这里正是爆发的临界点。异乎寻常的复杂综合工作——它包括了那个世纪的全部革命坐标系——已经被压缩成为对绝对及其种种二元对立极的想象。多重存在平面被集合起来,压缩成一个单一的存在平面,因而这个平面也被置于张力之中。机械论视域已经成为实现存在论层面的敞视的绝对条件。是自由的条件吗?“我现在进而说明从神或永恒无限的存在的本质必然而出的那些东西。我并不是要说明所有一切从神的本质而出的东西……我仅限于讨论那种足以引导我们犹如牵着手一样达到对于人的心灵及其最高幸福(summa beatitudinis)的知识的

104

东西”[1]:第二部分就是以这样的序言开始的。实际上,世界的悖论必然水到渠成地成为自由的悖论。

---

① 《伦理学》第二部分前言的注释,第 102 −103 页。关于这则注释所提出的规划的含义和范围,请参看果鲁特《斯宾诺莎:论心灵》(前书已引)第 9 页。

第四章

意识形态及其危机

L’ideologia e la sua crisi

1. 作为意识形态的斯宾诺莎主义

108

在现当代政治思想史中,斯宾诺莎与其说是作为自由主义或社会主义奠基人之一(尽管有时候如此),不如说是作为资产阶级意识形态的奠基人之一而出现的;或者,更确切地说他总是时时不断地以此面目出现。我这里说资产阶级意识形态,是在我如此理解它的范围内而言的:它不仅具有在各个关键点上组织有素的政治形式,而且还是市场观的基础和结构,也是生产的社会组织方式的有效神秘化。从这一视角出发,我们会确信地、毫不犹豫地把斯宾诺莎主义传统确定为资产阶级意识形态的构成性组成要素:但最好还是再慎重一些,因为即便斯宾诺莎思想的意识形态面相中包含着**真正的**资本主义因素,这也不意味着具有意识形态面相的这种思想的意识形态功能是细致和清晰的。

我们已经看到,《伦理学》的早期阶段和斯宾诺莎圈子的规划都是资产阶级的革命乌托邦的典型反映。荷兰在发展过程中的成熟与反常使这种乌托邦获得了一种极端的形式,在复杂性和力量等方面表现出一种极大的过度性,在这些方面远远超过了此前的所有规划;但同时这种乌托邦又处于人文主义和文艺复兴思想的覆辙之中,重复着人文主义和文艺复兴思想的强度。这个乌托邦的逻辑框架的基础是总体性与多样性之间的一致性。对此一乌托邦起构成作用的决断——或 Kunstwollen①——将这种逻辑一致性固定成了理念性的和谐,固定成了一种原质。但难题并没有因而得到解决,实际上,相一致的诸项(正如我们已经尝试着说明了的那样)蕴含着绝对对立的潜能,因而也充满了这样一种总体化的倾向,即一方面通向彻底的总体性,另一方面则是通向激进的多元性。乌托邦被侵扰着,即便它的力量恰来自这种侵扰。所以,一方面,所有组织化的中介都被忽略了,以等级方式对过程加以界定的所有新柏拉图主义论题都被取消了;另一方面,这个乌托邦才对自身效果进行着不断的实验——内部的和外部的实验,并进而在它自身内部、在它的构成性绝对张力的内部,包蕴着这一乌托邦(非辩证法的!)自我否定和自我克服的力量。

109

所有这一切都未因意识形态而被抹除。斯宾诺莎的这种乌托邦正是为了它所否定的东西而成形的:它被表述为一种组织样式。② 植

---

① 德语,"艺术意志"。——译注

② 这是对斯宾诺莎体系的认识在大革命前——尤其是在法国——日渐成熟的结果。有关这一点,参看维涅雷著两卷本《斯宾诺莎与大革命前的法国思想》(前书已引)。也可参看 C. 西尼奥列洛的《政治与理性:斯宾诺莎与政治第一性》(前书已引),西尼奥列洛延续了维涅雷的讨论,用历史分析充分地丰富了这一讨论。西尼奥列洛或许重复了梅里在其《斯宾诺莎与两位意大利斯宾诺莎主义先驱》(前书已引)中的一些想法,强调了英国自然神论——尤其是托兰德(Toland)——的影响。但不管怎么说,斯宾诺莎主义的意识形态形象被确认为一种革命的思想模式,不过却是静态的、静止的和锁闭的思想模式。它是一种纯粹的意识形态替代方案,是纯粹的思想的而非构成性运作的方案。但是,梅里的著作强调了就斯宾诺莎主义打开开放式话语的可能性:在我看来,这在很大程度上是由于梅里发现斯宾诺莎的立场和意大利宗教改革者——尤其是索西奴派人士——之间存在着连续性。

根于实在的那种对抗性一致——它在斯宾诺莎那里逐步增长，直至成了一个总体和谐之谜——必定会再次向对实在的肯定敞开，必定会达致使此谜消解于实践之中的肯定。这种一致性既是和谐的，也是谜一样的，它被赋予了一种价值：验证标准、组织形式。这就是市场观念。一个真实的视域：在其中呈现的是生产力演变成生产关系、组织过程的种种要求演变成命令关系、个别事物和自由转变成必然性、事实转变为价值的神迹。这个视域是交换：不是被**斯宾诺莎机械论中的存在**所图景化的那种多变而自由的交换，而是作为价值、等级和命令的交换——这是被**斯宾诺莎主义中的存在**所图景化了的交换。决定论带上了中介的标记：此中介即多样性劳动被调节为总体性价值的中介。正是在这种市场观念之上，正是在该观念所理解的现实关系的这种神秘化过程中，斯宾诺莎主义传统的泛神论意识形态得以被组织起来：与生产活动相联系的人类希望被划定了，被圈进了价值领域。由此观念出发，形成了使自由——作为市场上的个体决定因素的自由——神秘化的种种意识形态，它们以必然性概括的方式统统导向了对政治权力（potere）的奠基。[1] 力量（potenza）还是权力（potere）的悖论，人类的力量还是绝对的权力——进而还有政治的绝

---

① 这里主要列出一些有关斯宾诺莎政治思想的自由主义解释，我们会在后面详细地探讨这个问题。这些阐释主要可参看 L. 阿德尔菲（L. Adelphe）《由斯宾诺莎政治学的主权观来看》（*De la notion de la souverainete dans la politique de Spinoza*, Nancy, 1910）；L. S. 弗埃尔（L. S. Feuer）《斯宾诺莎和自由主义的兴起》（*Spinoza and the Rise of Liberalism*, Boston, 1958）和 B. 巴雷－克里格尔（B. Barret-Kriegel）最近出版的《国家与奴隶》（*L'état et les esclaves*, Paris, 1979）。

对权力——的悖论,以线性方式、依照和谐关联而得到阐明。资产阶级革命,作为资本主义发展必然造成的社会革命的充分政治形式,采用了作为意识形态的斯宾诺莎主义来对它自身的基础进行神秘化,在这种意识形态中,个体性与一般性之间、自由与必然之间、劳动与价值之间获得了和谐统一的关系。

当然,在这里我们还必须回想起资产阶级意识形态的另一个重要且构成性的要素:霍布斯的思想。在这位英国哲学家那里,资本主义私人占有转化为了直接政治表达形式,这一形式又被非常完美地移置进了契约传统之中。联合的契约与服从的契约——也就是说组织的契约与剥削的契约、价值契约与剩余价值契约——间的关系,以及它们的等级隶属关联,若仅就理论方面来看,与斯宾诺莎那里市场观念的幸运的扩张一样,也是一个谜。历史学家们在这一点上聚讼纷纭,莫衷一是:霍布斯所说的契约是什么?联合的契约,还是服从的契约,抑或是利于第三方的契约?它强制要求的责任之性质是什么?它的准则基础是什么?是基于神性的义务(那么霍布斯究竟是不是无神论者也成了一个问题)?还是仅是一种实证论标准?等等。[①] 不过,霍布斯同时代的人们很快就理解了,他们既不把霍布斯简单地视为 doctor subtilis[②],也没有把他置入中世纪契约论的传统之中。实际上,不难

---

① 显然我仍旧参考的是 C. B. 麦克弗森的《占有式个人主义政治理论:从霍布斯到洛克》(前书已引),该著追溯了有关霍布斯的理论文献的长期历史。也可参看,我的《政治的笛卡尔和理性的意识形态》(前书已引),第 149 页以下。

② 拉丁语,"精微博士"。——译注

在他的体系中看到科学的奠基作用——尽管意在护教式辩论,但在功能上和技术上充分地发挥了科学的奠基作用,为权力(potere)和国家的资本主义形象提供了基础。而在斯宾诺莎那里,情形则全然不同:现实的斯宾诺莎——而非那个意识形态的斯宾诺莎——显然批驳并超越了同霍布斯式权力定义的种种关联;在对此定义本身的起源进行追溯的基础上,证明了它的无效性,一方面认识到最终封闭起来的体系所体现的矛盾(而在霍布斯那里这种封闭才是起作用的),另一方面也抓住了开启通向未来哲学的构成性节奏的可能。这种斯宾诺莎方法在后来却被斯宾诺莎主义抛诸脑后和破坏了:斯宾诺莎主义把霍布斯从科学角度作出的这种神秘化但却有效的[权力]定义同意识形态结合了起来,这种意识形态即个体与总体的自发、自动的综合的意识形态——这种意识形态可以说是《伦理学》形而上学部分的扩展形式。

在这种操作手法中,卢梭占有中心性的位置。斯宾诺莎思想产生的许多有力影响在卢梭那里是非常关键的,许多文献对此多有涉及。① 事实上,卢梭的意志悖论和斯宾诺莎的存在悖论若不

---

① 主要参看:R. 迪拉特(R. Derathé)《卢梭和他的时代的政治科学》(*Rousseau et la sciencepolitique de son temps*, Paris, 1950);R. 拉卡里埃(R. Lacarrière)《民主理论研究:斯宾诺莎、卢梭、黑格尔、马克思》(*Etudes sur la théorie democratique*: *Spinoza*, *Rousseau*, *Hegel*, *Marx*, Paris, 1963);瓦尔特·埃克斯坦(Walter Eckstein)《卢梭和斯宾诺莎》("Rousseau and Spinoza"),载《思想史学刊》(*Journal of the History of Ideas*),1944 年 6 月,第 5 期,第 259 -229 页;以及 M. 弗朗塞(M. Francés)《卢梭〈社会契约论〉的斯宾诺莎主义记忆》("Les reminiscences spinozistes dans *le Contrat Social* de Rousseau"),载《哲学评论》(*Revue philosophique*)141 卷,1951 年第 1 期,第 61 -84 页。

曾结合,普遍意志——即作为现代主权观念基础、法律有效性基础、国家的民主自由基础的普遍意志——的思想将是不可思议的。斯宾诺莎的实体正是卢梭普遍意志概念的形而上学模型。只停留在这种简单而幸运的历史编纂学的时序关系上还是不够的。有些人已经指出,实际上,普遍意志也许在形而上学史上要比在现当代国家理论中更为重要。① 实际上,普遍意志代表了绝对这一辩证法概念的谱系学构成范式。从康德的人类共同体观②,到雅各比和门德尔松之间的论争③,再到谢林对绝对的抽象,直至黑格尔对抽象的辩证还原,这个谱系学范式总是幸运的线性的,并且从来都是把个别性铭写于总体性之中的,总体性支配着这种哲学的框架并在功能上使之神秘化,此外,还为哲学担保了属人的表象。④ 资产阶级总是把自己与国家的关系感受为某种艰难的调和关系,原始积累的历史就是一部政治中介史,资产阶级意识中的不幸以及资产阶级意识的危机性的不确定感也源于此。⑤ 现在,

111

---

① 参看费斯特(Fester)、里特尔(Ritter)等人的著作,以及研究法国大革命对德国观念论发展的影响的一般文献。

② L. 戈德曼(L. Goldmann):《康德那里的人类社会和世界》(*La communautéhumainé et l'univers chez Kant*, Paris, 1948)。

③ F. H. 雅各比(F. H. Jacobi):《斯宾诺莎学说,给摩西·门德尔松先生的信》(*La dottrina di Spinoza. Lettere al signor Moses Mendelsohn*, Bari, 1969)

④ 有关这个主题,主要参看 A. 奈格里编黑格尔《法哲学著作集》(*Scritti di filosofia del diritto*, a cura di A. Negri, Bari, 1962)收录的 1802 年至 1803 年的伦理学著作以及所谓的"耶拿哲学"。

⑤ 有关资产阶级意识的形成,P. 哈扎尔德(P. Hazard)的旧著《欧洲意识的危机》第二版(*La crisi della coscienza europea*, 2ed. , Milano, 1968)仍有参考价值。

我们可以看到,在普遍意志与黑格尔主义的绝对之间,劳动是怎么转变为总体性的,政治中介是怎么促成了这一转变的:这一中介就是政治的——也即国家的——存在论论证。这种中介是直接的。这里的"直接"不是说它具有即时性和同时性(就像黑格尔会说的"突如其来的形式"[1]那样):不,不是这个意思。这里所说的"直接",是指即便中介系统再怎样复杂,它是在存在论上统一、连续和同质的场地上发生的。否定机制建构着存在:"omnis determinatio est negatio"[2],反之亦然。资产阶级统治规则再不会遭遇任何抵抗:斯宾诺莎主义的绝对将这种统治规则解释为领导权。市场之谜被表现为光源般的法和伦理范畴的作用规律,并因而不断强加着这种表现。国家,在其法的和政治的这种改造之中,能够被资产阶级理解为市场的直接流溢。现实世界被废黜了,世界只是在这种政治和法的形象中被复制出来——这种手法就是要达到这种效果,这就是斯宾诺莎主义之为意识形态所具有

---

① 见黑格尔《逻辑学》:"关于开端问题,近代的仓皇失措,更由于另外一种需要而来,有些人还不认识这种需要,他们独断地以为这是有关本原的证明,或者怀疑地以为这是要找出一种主观的准则,来反对独断的哲学思考;另一些人则又完全否认这种需要,他们以突如其来的形式,从他们的内在天启,从信仰、理智直观等等开始,想要抛掉方法和逻辑。"参见《逻辑学》上卷,杨一之译,北京:商务印书馆 1966 年版,51 -52 页。译文有调整。——译注

② 拉丁语,"所有决定都是否定"。参看斯宾诺莎标号为第五十封的信:"因此,这种对事物的决定,指示的不是事物的存在,正相反,它指示着事物的非存在。既然形态不是别的,就是被决定,而决定就是否定,所以,正如我们所说的,形态除了是否定外,不能是别的。"《书信集》,第 206 页。译文有调整。——译注

的基本而重大的内容。倘若没有这种斯宾诺莎，倘若没有对他思想的这种意识形态化简、没有由此而来的极端主义的集权主义，则很难构想那种政治与法律的雅各宾主义专政。这种专政对资产阶级来说是多么美好、可爱的革命遗产啊！①

但还不止于此。作为意识形态的斯宾诺莎主义走得很远，乃至于不可能——或至少是很难——想象其他政治视域，除非将之构想为一种中介的视域。不仅是市场的观念，而且还有危机的观念，它们都从属于某种内在于存在、内在于这种泛神论的预兆。我们试想市场的构成要素之间的那种吻合与和谐一致若是受到了挑战，那么此种关系的自发性也就会消失。但是，遭遇了市场

---

① 除了 B. 格鲁塔森（B. Groethuysen）的《法国革命的哲学》（*Philosophie de la Revolution française*, Paris, 1947）这部旧著之外，还可参看弗雷（Furet）的《大革命思想》（*Penser la Revolution*, Paris, 1978）。但这里需要强调的是，卢梭对斯宾诺莎政治思想中某些基本要点的接受并不片面地受斯宾诺莎主义意识形态的制约。M. 弗朗塞的《卢梭〈社会契约论〉的斯宾诺莎主义记忆》（前书已引）特别审慎：我们将广泛地依赖于他的贡献，但现在应该指出的是，契约形式的类同（第 65 页）、契约本身作为“普遍意志”的内容的类同（第 66 - 70 页）、叛乱的权利的概念的类同（第 78 页）、公民宗教的概念的类同（第 78 页）等等——在契约问题上两位哲学家的这些一致性并不能否定或掩盖二者在契约问题上的差异。弗朗塞尤其坚持斯宾诺莎宪法激进主义与卢梭法律主义的对立（主要见第 75 -76 页），指出了在斯宾诺莎那里，不同于卢梭的是，立法权力和执行权力是不能区别开来的，并证明了这一事实造成的种种后果。从弗朗塞所界定的第一批区别元素来看，尤其从斯宾诺莎政治思想发展的深化来看，我们可以明白地发现，斯宾诺莎和卢梭之间的类同虽然明显，但相比政治思想思路的理论差异性而言完全是次要的，两位哲学家是完全不同的。我们后面将会再论及这个问题。

观念的危机的时候,政治和哲学想象仅知道做的却还只是对种种新方案——即便它们在内容上已经有了变化——加以拟态,使它们仍旧保持权力组织形式、隶属与权力的形式,仍旧让它们同权力(potere)保持同一与和谐!这是一种与综合自发性截然不同的自愿性,这是一种与不可见的规则所支配的无政府状态相反的可见的规划秩序。[①] 这里存在着更深层的二元对立:这个规划秩序可以同更丰富、更具对抗性的现实断裂开来。从斯宾诺莎主义的视角来看,接下来必须去重构一个统一体:作为某种规划、作为纯形式的这种统一体再现和谐一致这一公理!种种 Krisis[②] 哲学也可以具有这种斯宾诺莎主义的逻辑。解放只能通过总体性而实现,这里再次出现了一种思想,这种思想不仅模仿了古典座右铭,而且甚至是以颠倒的危机形式进行着这种模仿:个别与普遍必须一致、必须要普遍。对社会生活的想象,以及对科学发展的想象,若不被分别放到权力理念(idea del potere)和总体理念(idea della totalità)中去考量,则是不可思议的。在斯宾诺莎主义中、在这种市场的意识形态中、在科学的总体主义中,不可能保持力量(potenza)的自由,不可能不将之化简为中介的辩证法过程。所以,斯宾诺莎——这个斯宾诺莎是被割裂和转译为斯宾诺莎主义的斯宾诺莎——也就变成了卢梭;甚至马克思(及其作为市场危机基础的阶级斗争这一发现)也被曲解并拉回到卢梭那里;甚至卢梭

112

① G. L. 克兰(G. L. Kline)《苏维埃哲学中的斯宾诺莎》(*Spinoza in Soviet Philosophy*, London, 1952),其中包含了社会主义者对斯宾诺莎接受的极为重要的文献。

② 德语,“危机”。——译注

本人也被穿凿附会于这样一种粗疏的理解——**潜力**(*potentia*)神秘地蕴含于**权力**(potestas)之中,这是资本主义的必然性。①

可以说,斯宾诺莎的思想,尤其是他的思想为乌托邦赋予基本要素的那种对抗性力量,恰恰就在这种乌托邦胜利的一刻被废除了。构成要素之间的那种对抗性力量:在斯宾诺莎那里,实在现实不能为人力所操控,也是不可分解的,不能为所有理论手段所塑形,——实在现实的多样性不是辩证法的,决定在其本来意义上、在当下即刻就是否定;不存在任何逻辑颠倒的可能性和现实性。斯宾诺莎的思想作为一种哲学,它所处理的存在是在存在论思想之中被决定的存在,该思想在存在论方面、在唯物论方面是有着坚实的奠基的。斯宾诺莎的视域丝毫容不得空无、抽象可能性和形式主义的假说;它是完满哲学,是各种应然情势(assun-

---

① 在这里对卢梭—马克思理论关系的众多文献进行重构——所有这些文献都价值不大。尤其在意大利,我们长时间接受着德拉·沃尔佩及其学派在卢梭与马克思之间建立的自由—激进的正统学说。但就此来看,对马克思与斯宾诺莎的关系进行研究是更为实质性的探讨。M. 鲁贝尔(M. Rubel)最近对马克思有关斯宾诺莎的笔记进行了研究,表现出了鲁贝尔通常的那种哲学准确性和值得注意的批判意识,这项研究即文章《与斯宾诺莎相遇的马克思》(“Marx à la rencontre de Spinoza”),载于《马克思学研究》(*Etudes de marxologie*),1978 年 1—2 月卷,第 239 -265 页。鲁贝尔的基本论点是,马克思在其写于 1836—1837 年的经院哲学笔记中已经在“斯宾诺莎主义”的假象——这种虚构形象是黑格尔左派所构造的——中察觉到了启蒙哲学史中的一种“假”替代方案(错误的唯物主义)。在斯宾诺莎主义的斯宾诺莎背后必定还有别的东西,还有一个不同的斯宾诺莎有待发现!也可参看 A. 马泰隆(A. Matheron)在其《马克思眼中的〈神学政治论〉》(“Le TTP vu par le jeune Marx”),载《斯宾诺莎手册》(*Cahiers Spinoza*),1977 年第 1 期,第 159 -212 页。

to）、各种决定以及激情的坚实物质性哲学。从这种斯宾诺莎乌托邦中创造出一种意识形态、把这种斯宾诺莎乌托邦按照资产阶级思想进行改造，这种做法本不可能，除非斯宾诺莎关于物、关于样式和实体的思想中的完满性被极大地限制、冲淡，直至被化简成现实——并非是真实而直接的现实的那种现实——的阴影和重影。正是在我们刚已研究过的《伦理学》第二部分命题十三当中，事物的这种物质性得到了激进的表达，激进得只有通过悖论性的证明形式才能让它获得意义。完满性：也就是每一种生存紧急状态的坚实性、确定性和不可磨灭性。相反，斯宾诺莎主义意识形态则想要肯定一种观念和绝对的视域，肯定一种主权的政治综合（作为国家同一性的主权）和中介。倘若真是这样，又怎能思议这样一个事实呢：我们此前所认识的、已经处身于乌托邦关键之中的斯宾诺莎，在 1663 年给奥尔登堡的几封信中已然表明他自己对个别事物的存在论确定性的肯定、对总体性的动态性的肯定极大地支配着他，以至于他不得不对一切物理真空之类的假说——波义耳就曾试图在实验上证明这类假说——予以否定，也就是说，毫不退让地否定所有形而上学维度的确定性？①

2. 巴洛克的斯宾诺莎？

113

的确有那么一个节点，通过它，斯宾诺莎与斯宾诺莎主义保持了一致，进而宣传了他的体系的意识形态版本。我们可以把这

① 见斯宾诺莎 1663 年写给奥尔登堡的信，标号为第十一封、第十三封、第十四封和第十六封信。

个时刻确定在他在莱茵斯堡的最后时期,即1663年到1664年那段时间。实际上,日期透露出的信息并不多:荷兰的危机无疑已经开始,与英格兰的第二次海战即将爆发,这也使得这场危机雪上加霜,具有了非常严重的对外影响。① 但是,斯宾诺莎对政治生活的参与在此时还不像他移居伏尔堡(1664年)后那么直接。他离开莱茵斯堡的原因是很重要的。被犹太人社区革出之后,是一段反思和斯宾诺莎乌托邦系统化的时期,离开莱茵斯堡移居伏尔堡表明了他需要把自己置于某种情境之中,这一情境可以使其乌托邦获得现实的印证成为可能;也表明了他想要找到一种环境,在其中可以获得时代客观精神的直接知识并使自身与这种精神保持一致。这就是他作出移居伏尔堡决定的深层内容。② 但在这里,我们只讨论使移居决定得以成熟的情境以及最终决断的理论条件:也就是说,我们必须搞清楚这个偶然事件的必然性。

《伦理学》早期阶段的至高点无疑就是第二卷的命题十三。实体与样式在那种如此绝对和紧张的水平上被给出,以至于实体视域可颠倒为样式的平面,反之亦然,而且这种颠倒在文本中的每个段落里都是可能的。在这一刻,存在原初的多变性被改造成了存在多样性在变异方向上的易变性。这种单义性之流,根本容不得流溢的

---

① 除了在本书第一章提到的E. H. 科斯曼的著作之外,就此历史时期,尤其有关第二次海战,参看P. J. 布洛克(P. J. Blok)《尼德兰民族史》(*Geschiedenis van bet Nederlandsche Volk*, Leiden, 1915)卷三,第131页以下。

② 有关斯宾诺莎移居伏尔堡,有关这一时期的政治条件,以及有关斯宾诺莎保持的联系,参看德洛伊多为《政治论》(*Trattato politico*, Torino, 1958)意大利文译本所撰写的导言,尤其是第8-33页。德洛伊多还给出了很有益的相关史料的文献书目。

选择：流向两极的确定性一直存在，但也存在着倒流、颠覆的可能性。这个体系被一种不稳定的平衡支撑着，该体系的终极可能性就是与乌托邦达到内在同一，体系构成要素已经在乌托邦中获得了唯实论的定价。这个体系迫切地需要面对实在、迫切地想要表达其构成要素的存在论界定、迫切地需要超越要素间完全可逆的抽象可能性而在实践的关键上阐明自身——正是在这种迫切性之中，这种理论探寻着解决的办法。当然，该体系也可以坐落在这种脆弱性之上，也可以维持它自身横向水平上的定价（trasvalutazione），把一种绝对的压制性张力强加到这种脆弱性上——这种绝对张力只能被构想为对这个悖论本身进行调节的理念性中介，只能被构想为对体系连续性、对这一切进行调节的理念性中介。这就是巴洛克为现实提供的想象，这就是这个时代的强烈倾向。[①] “Ayer deidad humana, hoy poca tierra;/aras ayer, hoy túmulo, oh mortales! / Plumas, aunque de águilas reales,/plumas son; quien lo ignora, mucho yerra.（昨日神圣的人，今日这小块坟茔；/ 昨日耕此土，今日眠墓中，哦，终有一死的人！/ 翠羽雕翎，即使是来自真实的雄鹰；/坠地羽翎：但凡是不留意的人，都会错失而不加辨认。）”[②]就

---

① 在这里不可能给出关于巴洛克的一般特征的书目。请允许我提请读者参看拙著《政治的笛卡尔》，其中至少对相关文献有所探讨。

② 贡戈拉：《在拉尔马公爵夫人的葬礼上》，《贡戈拉十四行诗全集》（Gongora, *Sonetos completos* ,Madrid, 1969）。见贡戈拉：《葬礼十四行诗》意大利译本（Gongora, *Sonetti funebri*, testo e trad. it., Torino, 1970），第16－17页："Ieri deità umana oggi poca terra; / ieri ara, oggi tumulo, oh mortali! / Le penne, benché d'aquile reali, / son penne; chi lo ignora molto erra." 贡戈拉的作品在斯宾诺莎的书房中有收藏。

算西班牙文化在斯宾诺莎那里确乎有一席之地①,荷兰文化——尤其偏爱柏油与钢铁的荷兰文化——也早已远远超越了这样的诗。斯宾诺莎亦复如是:更为合理的是,若要考察可能真的对他产生过影响的西班牙诗的话,我们或许可以在他的作品中听到对洛佩·德·维加与弗朗西斯科·德·戈维多有关生产自然的自然(natura naturans)的文艺复兴时期诗歌的回应。② 如果说这一般而言是确实的,那么当我们顺着斯宾诺莎体系的展开而继续的时候,这一点会越来越明晰,同样确实的是(在《伦理学》早期阶段结束的时候)我们将见证一个时刻,即他的规划陷入巨大的不稳定性之中的时刻。在这个时期,斯宾诺莎的思想即便不是带着巴洛克风格的解决办法的烙印,也是为这种风格的解决办法所吸引、所支配,全然涉入其中。这种巴洛克风格的解决办法有着极其重要的意识形态意涵。

114

我们今天可以看到一个文本,从莱茵斯堡发出、所署日期为1663 年 4 月 20 日的致路德维希·梅耶尔的一封信③,该信在斯宾诺莎通信中标号为第十二封。这个文本与我们这里所谈的重点

① 请参阅本书第一章前引斯宾诺莎书房藏书目录。有关斯宾诺莎家族在西班牙和葡萄牙的历史,参看缪尼耶 - 布莱《斯宾诺莎的政治哲学》(前书已引)第一章,那里记录了相关的文献。

② 斯宾诺莎书房藏有戈维多的作品。我们只要阅读这些作者,阅读他们的抒情诗,就能理解这些共鸣的深刻性。我出于我自己的目的,对洛佩·德·维加(Lope de Vega)与弗朗西斯科·德·戈维多(Francisco de Quevedo)进行了这种阅读实验。

③ 标号为第十二封的书信,《书信集》第 78 -85 页。(格布哈特编《斯宾诺莎著作集》卷四,第 52 -62 页。)

关系密切。这是一份巴洛克式的文献吗?我们来看看。“您请求我告诉您,关于无限的思想所达到的结论,我将极其高兴地这样做。”①对无限概念的分析以一种复杂的定义开始,这种定义确定了三个对子:(1.1)“根据其本性或由于其定义而必然是无限的东西”和(1.2)“并非由于其本性只是由于其原因而没有任何限制的东西”;(2.1)“没有任何限制而称作无限的东西”和(2.2)“虽然我们知道其最大量和最小量,然而我们却无法用任何数字来比较和说明其部分的东西”;(3.1)“我们只能理解却不能想象的东西”和(3.2)“我们既能理解也能想象的东西”。② 审视这一定义,我们立即会发现,(1.2)也就是无规定性在(2.1)和(2.2)那里得到了具体说明,这两条实际上把无规定性界定为广延无规定性(它没有限制)和集约无规定性(无规定地不可分)。(3.1)和(3.2)这一对定义暂时另属一类。实际上,在前两对定义中,我们可以看到研究的初步展开:无限和无规定之间的区别被带回到了实体和样式之间、永恒与绵延之间的区别中。直到这时,我们还处在《伦理学》的场地、第二部分命题十三的场地之中:世界的两极性呈现为无限和无规定,正如它呈现为实体与样式一样。存在论差异被固定了下来,但差异的诸项仍然继续保持在绝对单义的视域之中。在这一点上,不稳定性被消除了:本质的(essenziale)无限性被从存有的(esistenziale)无规定性方

---

① 标号为第十二封的书信,《书信集》第 78 页。(格布哈特编《斯宾诺莎著作集》卷四,第 52 页。)

② 标号为第十二封的书信,《书信集》第 79 页。(格布哈特编《斯宾诺莎著作集》卷四,第 53 页。)

面设想为存在(essere)的基本形式。"所以这是很明显的,我们把实体的存有设想为跟样式的存有完全不同的东西。进而的问题是永恒和绵延的区别,我们用绵延概念仅能说明样式的存有,而实体的存有只能用概念来说明,也就是说,用对存有的无限享有或(用麻烦的拉丁文来说)对本质(essendi)的无限享有来说明。上述一切可清楚推知:通常当我们只考虑样式的本质而不考虑自然的顺序时,我们就能任意地规定样式的存有和样式的绵延,我们能够任意设想它们大一些或小一些,能够任意把它们分成部分,我们这样做,丝毫也不会有害于我们关于样式所具有的概念;但对于永恒和实体,因为它们只能被设想为无限的,所以我们就不能这样做了,否则我们就会同时破坏了我们关于它们所具有的概念。"[①]这里出现了什么?出现了认识论上的差异,也就是(3.1)和(3.2)中所出现的理智的理解与想象的差异、前者相对于后者的突出地位的定义差异,这一差异的出现,对真正的区别产生了过度决定的作用(sovradeterminare)。确立了实体存在与样式存在之间关系的那种不稳定的关联被打破了:理智相对于想象的更高的尊严意味着对存在的重新分类,也意味着把无限置于相对于无规定的优先地位,并因而中止了存在单义之流的连续性——在一种总体周流的关系中重新引入了一种认识论中介,直至此刻这种中介已然通过对一切中介(只要此类中介是属性所施加的那类存在论层面的中介)的否定的

115

---

① 标号为第十二封的书信,《书信集》第 80 页。(格布哈特编《斯宾诺莎著作集》卷四,第 54 页。)

方式被建构了起来。[①] 无限与理智一起试图过度决定乌托邦:它们是对全部多变性进行锚定的两条标准,在乌托邦领地中的所有多变性都将围绕着倾向于相互转化的这两极来发生运动。然而这也产生了意识形态功能,之所以这样,有一个根本的理由:理智面对整个世界的这种复制,将会确定一种想象图景,想象出实体的高扬和世界的下降,这种想象图景所起的作用恰恰就是使权力(potere)关系稳定化,从而确定了有别于实在自我组织的自由而开放的流动的一种律令体系。所有能够用以描述样式现实的概念,比如量度、时间和数,都被化简到存在更下级的层面,甚至已经再无可降,它们的下面就是空无了。相反,"有许多事物我们是不能用想象去理解它们的,而只能用理智加以把握,譬如实体、永恒等等,如果我们用这类只是想象辅助工具的概念去理解它们,那么,我们除了用想象力徒劳地说一些毫无意义的梦话外,别无其他成效"。[②]

由于这封论无限的信,我们被粗暴地拉回到最传统的泛神论领地之中、被拉回到新柏拉图主义以充洽的形式组织起来的最初

---

① 果鲁特《斯宾诺莎:论神》(前书已引)用好几页(第 500 –528 页)的示范来探讨了这封论"无限"的信,这一探讨显然是按照果鲁特本人的泛神论和传统阐释来解释斯宾诺莎思想的。这些页值得一读,因为它们显然表明了果鲁特面对存在论视域(orizzonte enologico)在认识论中的这种复制时是相当尴尬的。迪·弗纳为达尔·普拉编《哲学史》第七卷(前书已引)撰写的《B. 斯宾诺莎》(第 570 页)认为"无限"是"他的全部形而上学的真正的和有力的综合",这与我的观点显然是相反的。

② 标号为第十二封的书信,《书信集》第 81 页。(格布哈特编《斯宾诺莎著作集》卷四,第 57 页。)

的资本主义积累意识形态的领地之中。在这里,斯宾诺莎的乌托邦被锁闭了,我们也从中看到了一种预兆,预示了一个历史时期的到来:17 世纪最后的 25 年里荷兰资本主义将持续衰退,金融市场的阶段,以及围绕这个市场运行起来的资本主义和货币,以其平庸的光笼罩了生产和劳动方式,就像太阳照耀着它的众多行星。存在的范畴方式是对特殊商品——货币——的笨拙的模仿。[①] 我认为我们可以从斯宾诺莎思想发展的这种中断中必然地得出这些推论,即便这种解释有确切的分析论点支撑。相反,我相信,存在的这种意识形态版本是深层危机时刻所造成的一种暂时偏向,斯宾诺莎思想是竭力去克服它的。斯宾诺莎是巴洛克式的吗? 不。危机的这种难以捉摸的性质——危机本身就是一个恼人的词——确乎是巴洛克的,但却并不对斯宾诺莎思想产生构成性的作用,而仅仅构成了造成壅滞的因素,仅仅是过渡的标志。

116

但我们必须切记,这个危机影响了最初版本的乌托邦的全部框架,这个最初版本的乌托邦是一个幸运的乌托邦,充斥着被市场的自发性和发展的开放性所推动的普遍的和谐一致:可是现在

---

① T. 德桑蒂(T. Desanti)《哲学史导论》(*Introduction à l'histoirede laphilosophie*, Paris, 1956)分析过 1660—1670 年这段时期斯宾诺莎哲学和德·维特集团及阿姆斯特丹银行之间的关系。A. 索恩 - 雷特尔(A. Sohn-Rethel)在其《智力和体力劳动:通向社会综合的理论》(*Lavoro intellettuale e lavoro manuale. Per una teoria della sintesi sociale*, trad. it., Milano, 1977)一书中尽管赞赏德桑蒂的努力,但坚持认为"这种联系的相关证明是不充分的,因为这种联系虽然达到了形成概念的门槛,但毕竟未能跨过这道门槛"(第 73 页)。索恩 - 雷特尔是对的:对哲学的唯物主义分析不能建立在简单的物质性对应上,而必须将对范畴发展的分析同可能的意识形式联系起来。

随着社会危机的深化，视域中那种乐观的调子消退了，乌托邦不得不向现实敞开。然而可能性和尝试在此刻实际上并不明朗：在积极的意义上谈可能性和尝试就更别提了。但毕竟存在着一种二元选择的可能性，一种就是巴洛克式的，即对危机项加以巴洛克式的变容，这样总好过任这些危机项刺入观念之中进行自我定价。另一种就是这封论无限的信的收信人和《形而上学思想》序言撰写人路德维希·梅耶尔的办法。无疑，梅耶尔是斯宾诺莎圈子里最活跃的成员之一。梅耶尔的办法就是把乌托邦理念高扬到极致，在基督教社团里独立地推进这种乌托邦理念，以千禧年主义使之得到高扬。在《圣经的解释哲学》（*Philosophia S. Scripturae Interpres*）中，最极端的理性主义重构了圣经的解放观念：自然为了实现自身必须要求圣经的出现。① 在这两种办法中，也就是在巴洛克的解决办法和古典解经学的解决办法中，真正胜出的是乌托邦之怒（l'esasperazione dell'utopia）。存在的完满及存在组成部分间完美的和谐一致，所有这一切都体现了理性的世界图景的不可思议性。这种理性世界图景的不可思议性经历危机之后狂暴地展开了，既展开为形式化重组规划—戏剧的

---

① 梅耶尔的书出版于1666年。有关这个问题的全部，有关比照理性和泛神论世界观而对神圣文本所作阐释普遍引发的难题，有关对这些难题的众多古典解释解决办法，请参看克拉科夫斯基《没有教会的基督徒》，尤其是该著第180、651、705－706页（论及P. 塞拉留斯[P. Sellarius]，他是一位基督徒，并且是斯宾诺莎和奥尔登堡的中间人）；第200－206页（论及布鲁尼乌斯[Brunius]的千禧年说）；第325－335页（论及F. 凡·里恩霍夫[F. van Leenhof]以及索西奴主义的千禧主义色彩——我们后面还会对此有所涉及）；以及第749－750页（有关梅耶尔）。

幻想性表演,也展开为对这个规划的恐怖主义式的展演(这是一种理性的恐怖主义,即便采取的是——我很清楚地知道——教友会教派的形式)。

斯宾诺莎度过了乌托邦所经历的这种危机,而且没有屈服于以这两种极端主义去寻找解决方案。或者更确切地说,他并未试图摆脱这种具体危机,并不竭力保持自己的理论框架的整个坐标系不受这一危机的干扰:他把整个框架都置于疑难之中。一会儿我们就会看到他是怎么做的。就关于无限的这封信而言,它只在规划的形成史中代表了一种暂停,是规划形成史的重构中的一个出神时刻(un estatico momento)。或许也就是巴洛克式横向定价的那种经验吧!但我们切不能因此就认为斯宾诺莎是巴洛克的。并非偶然的是,就是在快要收笔结束这封论无限的信的时候,斯宾诺莎重拾了他自己对证明神存有的原因性论证的批判,从而回归了他自己思想中的那些常量:"但是在这里,我想顺便指出,至

117

少我认为,新近的逍遥学派的人们已经误解了古人关于神存有的证明。因为正如我在某位叫作卡斯达拉比的犹太人的著作中所发现的那样,关于神存有的证明他所说的完全不同。他是这样来证明的:'如果有一个无限的原因系列,那么凡存有的事物都将是有原因的。凡是有原因的事物都不可能必然地按其自己的本性存有。故其存有必然地内含于其本质之中的事物在自然中不存在。而这后一结论荒谬;前一结论亦荒谬。'所以论证神存有的证明要着力解决的,不在于某个实际无限或某个无限原因序列之不可能性,而在于这样一种假设,即不可能必然地按它们自己本性存有的诸事物,其存有不是由那个必然按其自己本性存有的事物

决定的。”[1]这段话是什么意思呢？它的意思是说，因果关系不能从假设的自由而只能从确定的必然性去构想。但是，构想存在的顺序之中的任何一种流溢，其意义何在呢？莫非对无限概念的分析最终适得其反，或者说，对存在绝对单义性的形式化构造最终走向了反面，造成了对原因性证明的攻击——难道不是吗？不。实体和样式并不是像现实性与非现实性、理智与想象那样对立的。它们并不处于一种流溢论的派生关系中。毋宁说，它们的对立犹如两极之对立。由于发现了这两极之间不可能存在某种线性而自发的中介，于是就产生了危机。实际上，此危机即乌托邦本身的构成性作用力（forza costitutiva）、内在张力之危机。

3. 危机的极限/批判的临界点[2]

1664年前后，斯宾诺莎的规划陷入了危机。某种特别强烈的张力似乎已经实际地充斥于体系之中了，而且是以一种野蛮的方式，因为这种张力是无法从体系内部平衡的视角之下被平复下去的，相反它发生在外部。巴洛克可以提供解决方案吗？不可能。因为巴洛克不过是对关系本身实体之幻影的固恋，只是对关系本身所进行的病态的观念性复制。这与人文主义要求相矛盾，与早期斯宾诺莎派乌托邦视角之下的唯实论相矛盾。当然，体系的内

---

① 标号为第十二封的书信，《书信集》第84页。（格布哈特编《斯宾诺莎著作集》卷四，第62页。）

② 原标题为“La soglia critic”，既有“危机的极限”之意，又指斯宾诺莎“体系”内部“危机”转化为批判的“临界点”，故保留两种译法。——译注

部调停再也不可能了,或者说,这种内部调停至少需要牺牲掉两极中某一极的力量和确定性:所以,哲学研究,这么说吧,只得向自己的体系外求得发展。但是必须先为新规划画出它的地盘,以内在于体系的逻辑斗争的方式先打开它通向外部的出口。对斗争的这种坚持让斯宾诺莎远离了一切构造幻觉整体的诱惑,远离了观念论和巴洛克,即便在他直到那时为止所开垦的难题性土地上已经出现了一条可以走下去的道路。

“斯宾诺莎泛神论的典型特征在于,它同时还是一种逻辑斗争的表现。”①让我们再返回去看看危机中的这些因素。存在的多变性被某种二元性、两极性锁死。这种两极性在存在之周流循环中有极大的潜能再次颠覆自身——正如我们看到的那样,这里存在着一种十分强大的势能,通向一种平面哲学、通向在样式层面对实体观的颠倒、通向唯实论视域的构成。但潜能还未成为既成事实。相反,对立的其他势能也在起着作用——一种势能倾向于流溢论的重新构造,另一种势能则倾向于对几何学视域本身进行否定。有些人已经肯定地指出这种僵局源于斯宾诺莎思想的“经院哲学”局限:“这种论述之中真正经院哲学的东西并不是数学证明过程的那种局限,而是斯宾诺莎采用的根本概念的内容。他采用了中世纪的实体概念,把它置于核心位置,同时对之未加丝毫批判。”②卡西尔接下来说,这个实体概念是不确定的,当你试图领

118

① 卡西尔:《新时代的科学和哲学中的知识难题》新版卷二(前书已引),第111页。

② 卡西尔:《新时代的科学和哲学中的知识难题》新版卷二(前书已引),第106页。

会它的内容的时候，它有时候好像是“存有”的意思，有时候则好像是种种具体确定的“总和”，意味着“个别存在物的秩序化”：最终，实体概念的实证性只能取决于数学，数学是事物在它们自身之间构成的一劳永逸的可依赖的关系。① 存有也好，总和或内在性也好，所有这些因而似乎都是实体的种种基本特征，即便如此，难题仍未解决，就算在存在论视角下相当重要的那种顺序中去理解它们，难题也仍未解决，因为无论怎样，这些要素都不能确凿地被确定是属于实体的。而就算是从这个实体概念本身出发去探究事物是如何被生产的，仍然是矛盾丛生。实际上，在斯宾诺莎那里，你根本不可能在两种视角之间作出决断：一个是动态视角，对它而言，实体是一种作用力(forza)；一个是静态视角，对它而言，实体是纯粹的线性调谐体(coordinamento lineare)。“operari(运作)转变成了纯粹数学的 sequi(序列)”：斯宾诺莎哲学的这两个方面，即文艺复兴自然主义的方面和数学方法的方面，是不断地分离开来的。② 撇开这一切不谈，即便困难艰巨，斯宾诺莎仍然以某种非凡的方式丰富了实体概念，事实上，如果说他没能彻底终结形式的和数学的存在观的话——不过，他确乎已经预见到了这种存在观的终结了，之所以会这样，是因为“前一种观念③的动机还产生着回响，也正是这些动机为数学理性主义本身赋予了一

---

① 卡西尔：《新时代的科学和哲学中的知识难题》新版卷二(前书已引)，第 107 -112 页。

② 卡西尔：《新时代的科学和哲学中的知识难题》新版卷二(前书已引)，第 114 页。

③ 指斯宾诺莎哲学中“文艺复兴自然主义的观念”。——译注

种新的品质”。在斯宾诺莎那里,实体和原因的概念在经过了几何学方式的否定之后,被填入了新的现实:“新物理学为新的形而上学打开了可能性。”①卡西尔总结说:“属性无限性的学说是该体系的结构性组成部分中的一个,但这个体系的这些组成部分却是抗拒着这一形式化程序的。这一点极其清晰地体现为一种内部对抗,这种对抗终将也必将让斯宾诺莎主义难以为继,只要斯宾诺莎主义这一体系总是试图把它自身对全部实在物之相关严格演绎所作的真正根本的思考纳入实体这个概念形式之中去表达。这样的观念里的二元论是显而易见的:一方面,我们发现了一种普遍的、无所不包的规则,杜绝了实在那里的一切特殊性,另一方面我们还发现了一种‘事物中的事物’,它在其自身内就带着并保存着所有性质的无限完满性;一方面是所有实在物必然联结的纯粹思想,而另一方面则还是经院主义哲学那里的 *Ens Realissimum*(**最真实存在**)。”②

119

长期以来,我们一直停留于卡西尔的这种解读之上,因为无疑他触及了斯宾诺莎思想危机中的那个根本难题:逻辑斗争的难题,在一开始单一的趋势中出现了逻辑斗争,从而在它们之间打开了裂隙的空间。对人文主义乌托邦目的的调整即意味着在哲学上接受它的危机。然而在卡西尔那里,斯宾诺莎体系的严格性以及主导着此体系的解释的那些预先构想出来的概念,还

① 卡西尔:《新时代的科学和哲学中的知识难题》新版卷二(前书已引),第 114 页。

② 卡西尔:《新时代的科学和哲学中的知识难题》新版卷二(前书已引),第 120 -121 页。

有过分形而上学化的概括和论述上的传统意涵——所有这些都妨害了批判感的重要性。但确实难以置信的是，比方说吧，卡西尔竟然未曾发现在这一阶段斯宾诺莎本人的研究中属性论题已经消失了，这一点足以表明学院派的阐释传统有着多么神奇的权威，即便是最具聪明才智的读者也莫能摆脱！话说回来，卡西尔抓住了要点。实际上，斯宾诺莎以极其明确的术语达到了批判的临界点，开始面对一个极为确定的难题：心灵难题，换言之，即人及其有关最高幸福的知识的难题、实践的难题。我们又一次被抛回了《伦理学》的第一阶段，抛入《伦理学》（第二部分）命题十三的命题丛之中——这个命题丛正是由那个关键时刻而来的，在那个关键时刻里，个别事物的物质性的最充分且不可化约的评价、样式性的存有被给予了出来，也正是在那个关键时刻，借样式之作用力（forza）而实现的存在的构成过程的可能性也首次被提出。设若这是真的，那么在此刻，有关心灵、思想和人的某种古老而又常新的唯灵论观念便不可避免地延留下来，这种观念有着某种狂暴之力，犹如川流。但恰恰因为物质性的个别样式的出现、此样式的存有之作用力（forza）及其构成性视角的出现，已然是再明显不过的了，所以这种出现并没有显得混乱不堪、具有不稳定性的作用。这种说法是不成立的，相反，《简论神、人及其心灵幸福》和《知性改进论》的主题又一次出现了。整个《伦理学》第二部分都是对乌托邦式人文主义的最终的伟大确证，但我们也将会看到，这种乌托邦式人文主义在这个体系的空间之内又是被超越了的。

我们对这一趋势作一仔细考察。首先，我们看到了一组命题

(命题十四到二十三),它们构成了对想象所展开的演绎。[①] 可以说,获得了描述的物质个别性,把物质自行建构的机械论及其机制必将导致的身心综合转变为了第一种知识。这里带来了一种令人兴奋的经验:思想与存有及其个体的应变致动是同步的,而且思想把存有的这些应变致动之情状直接转化为观念。混乱但真实的观念:这相对于简单的真理知识而言是知识空间的爆炸;它对受动激情世界中的认知和运作过程构成了基础和规划;它为所有"下降之途"(从绝对到诸样式的"下降")划出了确定范围,也是对"上升之途"、构成之途的一种范导。接下来的命题(命题二十四到三十一)[②]就详细地对这种类型的知识作出了说明。想象的知识同步经历着身体、外部、绵延的应变致动之情状,也带上了这些应变致动之情状在现象学层面随之而造成的强度。不可分性自在地被决定了,以至于它本身就遍及全部现实世界。

此前的所有展开必然把我们带到这个经验之中,这种宏大到令人生畏的经验复又变为一种犹如幕布的背景,映衬这纯然理智知识中那些基本要素的此明彼灭的显现。不可分性、个别性就是以这种此明彼灭的方式显现的要素:混淆——但也真实——的知识是它们在存在论上的连续性的标记。这丛生的想象、混淆的知识,并非摧毁而是建构了个别性的存在论支撑点:"我明白地说,人心对于它自身、它的身体,以及外界物体都没有充分知识,而仅

① 关于这个主题,请参看前面引述的评论,尤其是果鲁特的《斯宾诺莎:论心灵》(前书已引)第 190 -256 页,以及罗宾逊《对斯宾诺莎〈伦理学〉的评注》(前书已引)卷二。

② 评论见果鲁特《斯宾诺莎:论心灵》第 260 -323 页。

有混淆的片断的知识，只要人心常依自然的共同顺序以观认事物，换言之，只要人心常为外界所决定或为偶然的机缘所决定以观认此物或彼物，而非为内在本质所决定以同时观认多数事物而察见其相同、相异和相反之处。因为只要心灵在此种或别种方式下被内在地决定，则心灵便能清楚明晰地观认事物，有如下面所指出那样。"①充分知识被猛地推向非现实的边缘。决定着真的意义的并非是存在的存在论联系的强度，而是存在的某种有节奏的连续下降。存在的这种顺序的缺乏就是假。这样一来，世界不仅在认知上被复制在现实视域和表述的视域之中，而且也是根据真之价值的递降顺序被组织的。这确乎是泛神论之谜的全部，事实上构成了（用斯宾诺莎式的一个词来说）对真的假概念化——也就是说，在这种对真的概念化过程中，真被复制了两次：在与实在顺序相对应的观念顺序中被复制一次，继而在观念性的真的流动的等级秩序中又被复制了一次。② 在被置于单义存在的平面上之后，想象和理智又经历了观念论的等级分类。第十二封信对这个过程讲得很明确。而在这里，也就是在《伦理学》中，这个牌已然

121

① 《伦理学》第二部分命题二十九附释，第 176 －177 页。（格布哈特编《斯宾诺莎著作集》卷二，第 114 页。）

② 果鲁特《斯宾诺莎：论心灵》（前书已引，第 352 －390、587 －592 页）在作出了典范式的语文学分析的同时，也排除了这类矛盾的可能性；但是他在这么做的时候，必须时时对共同概念的概念（concetto di nozione comune）作出阐明，并将它的内容置于一个巨大的、变动的条件丛之中。在果鲁特对"复制"所作的分析中，"复制（réplication）"概念成为拯救《伦理学》第二部分的体系结构的基础。但是，这种观点是绝对矛盾的，尤其是当果鲁特在梳理斯宾诺莎的认识论论述——这个论述的焦点就是共同概念——的时候。

采用了另外的打法:这种翻转——其实它并不是抵抗这种紧致的压迫过程的最后一招——显得是理智的一种狡计。结果是,整个体系终究未能保持自身的平衡;或毋宁说,由此进入了一系列矛盾。其中最明显的一些矛盾就被记录在这个阶段的论述的更具明显认识论性质的那部分内容之中。在那里,斯宾诺莎虽不承认矛盾,但他却既主张唯名论知识(被世界经验所决定的知识),又同时主张论证性的知识;既主张对先验性的彻底批判,又主张某种实质上复又诉诸先验论的认知的、"真正的"知识方式。[①] "凡一切事物所共同具有的,且同等存在于部分和全体内的,并不构成个别事物的本质"[②],而我们借以进行认识的共同概念丝毫无关于存在的先验性[③]——如果是这样的话,知识形式等级论的托词就自相矛盾且纯属虚言。

所以,被卡西尔抓住了的这个伟大的历史的—理论的矛盾,在我们这里能被看得更具体,能被以确定的方式得到规定。确定地把握它使我们较之于卡西尔更有优势,——我们可以知道,这个矛盾并非决定性的最终矛盾。这里被确定的谜团实际上没有我们认为的那样错综难解。的确,它触及了有关世界概念和方法层面的许多极其重要的决定,但实际上,它的根本难题则在于实体与样式的歧

---

① 《伦理学》第二部分命题四十附释一和附释二,第 190 –197 页。(格布哈特编《斯宾诺莎著作集》卷二,第 120 –122 页。)

② 《伦理学》第二部分命题二十七,第 186 –187 页。(格布哈特编《斯宾诺莎著作集》卷二,第 112 页。)

③ 《伦理学》第二部分命题四十附释二,第 194 –197 页。(格布哈特编《斯宾诺莎著作集》卷二,第 122 页。)

义两可性，实质就在于此。正如杜宁－博尔科夫斯基[1]所强调的那样，这是一个二律背反的复合体，提出了构成着极端的反题："要么只是样式或只是实体，要么只是作为官能的理智或只是诸观念构成的体系。"[2]但毕竟这个二律背反的复合体归根到底要在运作过程性的难题性场地上得到处理，因为就在它被撕扯于这两极、张力的同时，这么说吧，它也就要消亡并为规划的结构性要素腾出空间了。

逻辑斗争——谜团——临界点。我们已经抵达了这个点。第二部分的最后一组命题已经摆明了这个难题，以隐含的方式消解了那个二律背反复合体并提出了解决办法。作为直观的知识，这就是要点所在：知识不再是对总体与部分的形式整合和综合，不再是乌托邦的草图。"在某种永恒形式之下考察所有事物，此乃是理性的本性。"[3]"sub quadam aeternitatis specie（在永恒

---

① 见 S. 冯·杜宁－博尔科夫斯基，《斯宾诺莎在 300 年后》（"Spinoza nach 300 Jahren"），载阿尔特维克尔编：《斯宾诺莎主义发展史资料汇编》（前书已引），第 59－74 页。

② S. 冯·杜宁－博尔科夫斯基倾向于补充第三个二律背反："要么是运动/静止的系统，要么是质量的系统"；但是在这里，他发现几乎没有肯定这一二律背反的可能性，因为斯宾诺莎物理学并没有提出这个对子，即便是作为假说，也没有提出这个对子。众所周知，杜宁－博尔科夫斯基的解释图式非常忠实于斯宾诺莎的思想，以至于这种阐释从外部攻击斯宾诺莎思想，使之同古典形而上学形成了彻底的对立。在这种情况下，就像卡西尔的情况一样，对属性概念的执着强调，并持续地将形而上学当作同斯宾诺莎主义对峙/对抗的唯一场地，构成了这种批评的基础。

③《伦理学》第二部分命题四十四绎理二，第 206－207 页。（格布哈特编《斯宾诺莎著作集》卷二，第 126 页。）

形式之下)"[1]:这是此句的开端。所有事物。继而则说:"每个物体或实际存有的个别事物的观念必然包含神的永恒且无限的本质。"[2]如果说这一论断还嫌不足够充分,那么其附释则作了进一步的澄清:"这里所谓的存有并不是指绵延而言,换言之,并不是指从抽象眼光看来或当作某种量看来的存有而言,而乃指个别事物所固有的存有性质本身而言,因为神的本性之永恒必然性为无限多事物在无限多的样式下所自出。我说我是指个别事物的存有本身只在神以内而言,因为虽然每一个别事物在某种方式下为另一个别事物所决定而存有,但是每一事物借以保持其存有的力量是从神的本性之永恒必然性而出。"[3]这也就是说,神的绝对性及其多元个别性,经过最高的知识形式——这种知识形式是事物的存在论同一性所决定的——而被给予出的认识,是从世界所出的,是被世界所揭示的。个别性即自由:这无疑就是对难题的解决办法,斯宾诺莎通过随后的论证[4]对此进行了演证。自由是个别存在的形式。个别存在与其实践本性是同一的。必然性与自由并不矛盾,而仅仅是自由之存在论绝对性的一种标记。必然性从来不会从世界上取消个别性,从未使个别抽离于绝对,相反,是

122

---

① 果鲁特《斯宾诺莎:论心灵》(前书已引,第 609 -615 页)对这种斯宾诺莎式的肯定给出了很有价值的解释。

② 《伦理学》第二部分命题四十五,第 208 -209 页。(格布哈特编《斯宾诺莎著作集》卷二,第 127 页。)

③ 《伦理学》第二部分命题四十五附释,第 208 -209 页。(格布哈特编《斯宾诺莎著作集》卷二,第 127 页。)

④ 《伦理学》第二部分命题四十八到命题四十九,第 212 -231 页。(格布哈特编《斯宾诺莎著作集》卷二,第 129 -136 页。)

在为世界创生着个别性，为个别性奠基并为之赋予绝对主权（sovradetermina assolutamente）。通过命题四十九的绎理[①]——《伦理学》第二部分就是以这段绎理收束的——，斯宾诺莎有力地回击了一切自由意志学说，并以极其有效的非凡方式阐明了他本人的自由学说。自由是人的个别性的形式，只要它是心灵的本质，只要它是建构存在的能力。心灵和意志、直观与自由是针对绝对的所有二律背反的解决，因为它们把绝对存在的起源归于样式的“operari（运作）”，使之归于“sub quadam aeternitatis specie（某种永恒形式之下）”，从而也就将二律背反的条件全部扫除掉了。这样一来，二律背反不是被替换掉了，而是在一种运作的现象学（una fenomenologia operativa）的视域之下被彻底推翻了、颠覆了。

于是，斯宾诺莎对其哲学初创期产生的乌托邦所作的批判得出了第一个结果。在这个临界点上，为体系进行新的形而上学奠基被直截了当地提了出来。要实现此一重新奠基，就必须进入存在论的道路，这一道路首先破坏掉的是由实体开始的（本质的）谱系化过程——这个谱系化过程是由属性的动态机制所担保的，其次要使之发生危机的则是由本质开始的事物的生产过程——这个生产过程亦复是由属性所推动的。两个过程不能并立，前一种以此类谱系化方式构成的“下降之途”禁受不住经由构成之途而来的结果，两者终究异质。“下降的道路”的结果并不是使无限得到组织，而只能得到世界的悖论，只能是实体与样式的二元论。在这一点上，确乎有可能决定一种类似于当时其他哲学的哲学走向——那时大多数哲学

---

① 《伦理学》第二部分命题四十九附释，第 218 –231 页。（格布哈特编《斯宾诺莎著作集》卷二，第 127 页。）

都处在笛卡尔唯理论的笼罩之下,但相反也可能决定一种具有无比
123 重要性的逻辑飞跃。面对着二元论,斯宾诺莎既不调用实体的投射(ipostatizza),也不诉诸中介,而是发明了叠合于样式世界之上的神的绝对性。① 即便综合是被给了出来的,给出的也是样式的单一且多样之实在性的综合。这条“下降之途”使自身构成了对所有流溢说形而上学、所有文艺复兴乌托邦的 pars destruens②。若从意识形态的角度来看,由资本主义神话造成的那种混乱,及其在笛卡尔唯理论哲学推动下所形成的改良主义传统,在这里也被攻破了。市场与价值的二律背反跃入了舞台的中心。借着这个二律背反,人类无限的生产性寻求着一种新的组织方式。③

---

① 德勒兹《斯宾诺莎和表现难题》(前书已引)对此类型给出了解释性的假说,即使他并不假定在斯宾诺莎体系中存在内在中断,相反,德勒兹坚持属性由流溢论视域下的属性生产动力学向表现性的属性生产动力学是体系成熟的标志。但在我看来,这个发展路径的描述并未触及存在论的颠倒,而这种颠倒才是斯宾诺莎那里极其重要的东西。

② 拉丁语,“毁灭性打击”。本为修辞学术语,论争中批评观点里最具否定性的部分即被称为 pars destruens。——译注

③ 有关对 17 世纪思想中意识形态的阐释,请参看拙著《政治的笛卡尔》。在该著中,我尝试清晰勾勒出在文艺复兴市场乌托邦与市场/国家间的自发连续性失败之后,资产阶级哲学所生产的诸多非此即彼的二元对立。从一个方面我们看到了自由主义与机械论,从另一方面,我们看到复兴革命的希望与落回危机的绝望——包裹在詹森主义形式之中的绝望。处在这个舞台中央的就是笛卡尔主义,即这样一种形而上学、伦理学和科学理论,它响应着绝对国家的紧迫性,同时也打开了权力(potestas)运作的视域并因而保持了资产阶级的自治性。在斯宾诺莎这里,这些非此即彼的二元对立基本都被摒弃了。斯宾诺莎的思想并非是循着那一危机的,相反所循的是对文艺复兴乌

所以在这里,个人生活史、从莱茵斯堡到伏尔堡的迁居具有某种综合性意义就并非偶然了。实际上,批判的临界点和危机的极限所代表的体系中的断裂和新形而上学基础必然反映着哲学发展中的实际断裂和真正的停顿。重构一般视域以使之保持并推进样式在存在论层面的多产性以及世界的力量(protenza),就得需要一系列现象学的和批判的全新工具。要生产出一种新形而上学,要生产出世界哲学和样式物理学,就必须让它们进入世界,就必须把重点放在个别而多样的样式的伦理属性上并使之得到强化。强调样式的伦理属性意味着进入样式的现象学之中。在实施了那种彻底的 pars destruens(毁灭性打击)之后,在确立了使形而上学视角得以重新开放的牢固的支撑点之后,则需要去阐明 pars construens[①],而要做到这一点必须以实践为契机。对样式和现实的规划及其形而上学构成不了伦理学,除非这种规划和形而上学植根于历史,来自政治,介入单一而集体性的生活的现象学:除非这种规划和形而上学从这种介入中获得营养。伦理学必须是贯穿在想象与受动激情的世界之中从而使自身获得重构世界的物质性和构成性力量的。《伦理学》第一阶段的批判性地发展形成的存在论视域现在必须找到一种动态的物质性才能使自身作用力(forza)得到扩展。有了这个观点,我们何必要去惊异于

托邦的展开和阐明。那一危机并非是危机初生期增长的阵痛,而恰恰是必予超越的其增长的极限。正是在这个意义上来讲,市场危机在斯宾诺莎这里并未被上升为一种支配性的权威形式,而是得到了阐述,其矛盾——市场与价值的矛盾,生产关系与生产力的矛盾——在斯宾诺莎这里得到了说明。

① 拉丁语,“建设性论点的积极论证部分。”——译注

这一事实呢:在《伦理学》阐述的中途,斯宾诺莎中断了一切,转而开始了他的政治学工作(对圣经和神学进行批判就是这个意义上的政治学工作)?某些阐释者也注意到了斯宾诺莎政治学工作的中心性①:但首先必须要看到的是这个政治中心性的中心又是存在论的,我必须再强调,是存在论的。迄今为止发生的一切导致了这样的结果:形而上学分析的展开、意识形态的内部批判,以及对系统的危机极限和临界点的确认,源自世界的不可化简的伦理性。存在论要成为构成性的存在论,就必须经过历史的重新奠基,或我们还可以这样说,必须使存在论本身融入伦理性和历史性之中。历史与政治:“这个学说对于政治的公共生活也不无小补,因为它足以教导我们依什么方式来治理并指导公民,庶可使人民不为奴隶,而能自由自愿地做最善之事。”②

124

最后还要说一点。形而上学旋律的这种中止也是具有野蛮特质的。存在论层面的颠覆力、世界突出的决定性、对伦理之为构成性力量的坚持——所有这一切实际上为这个体系赋予了某种根本性的内在粗暴之力(violenza),从而使之具有了一种总体

---

① 至少就基本只研究斯宾诺莎政治思想的全部研究者而言是这样的。但正如我们将要看到的那样,他们中并不是所有人都相信斯宾诺莎形而上学是有政治学性质的——情况恰恰相反!毋宁说,有一些研究斯宾诺莎的人认为斯宾诺莎政治思想是中心性的,而并不把斯宾诺莎的形而上学纳入考虑。相反我则试图证明,斯宾诺莎这里的形而上学是具有中心性的政治性的,我们将很快看到,《神学政治论》在斯宾诺莎存在论展开的过程中所具有的历史性中心地位。

②《伦理学》第二部分命题四十九附释,第 230 -231 页。(格布哈特编《斯宾诺莎著作集》卷二,第 136 页。)

的形式，它是如此总体化，以至于让斯宾诺莎思想的完整形象与那个时代的冷静沉思格格不入。这是某种不成比例的、超人的东西。一种野蛮的蔓延。我无须再对这种情况的物质性和历史性特征进行强调了。但是请千万千万牢记这些特征，否则，斯宾诺莎给西方思想史带来的这种撕裂、伤痕和创伤就是不可理解的。他为之带来的希望也是这样。

第五章

体系的中断

Cesura sistematica

1. 想象与构成

128

“一天清晨，苍穹已朝霞初放，当我从熟睡中苏醒过来时，一些在我睡梦中出现的形象浮现在我的眼前，它们是如此之生动，仿佛是真实的事物一样，特别是一个黧黑的和长满疥癣的巴西人的形象，这种巴西人在以前我是从未看到过的。当我为了转移视线，把我的眼睛引向一本书或某种其他的事物时，这个形象的大部分就消失了。但是，当我再从这些事物转移视线，对任何事物漫不注视时，这个黑人的形象又再度同样生动地显现出来，直到他逐渐从我的眼前消失为止。”①斯宾诺莎和凯列班②：这可能是

---

①《书信集》标号为第十七封的信，第 101 页。（格布哈特编《斯宾诺莎著作集》卷四，第 76 页。）[洪汉鼎译本第 74 -75 页。——译注]

② 凯列班为莎士比亚剧《暴风雨》中的半兽人，在剧中凯列班像信中的斯宾诺莎那样，在半梦半醒之间，产生了丰富的想象。在第三幕第二场中，凯列班和流落在荒岛的那不勒斯王的膳夫斯丹法诺有段对话，当时他们都喝得醉醺醺的，在对话中，凯列班叙述了自己的这个梦：“凯列班：您害怕吗？斯丹法诺：不，怪物，我怕什么？凯列班：不要怕。这岛上充满各种声音和悦耳的乐曲，听了使人愉快，不会伤害人。有时成千的叮叮咚咚的乐器在我耳边鸣响。有时在我酣睡醒来的时候，听见了那种歌声，又使我沉沉睡去；那时在梦中便好像云端里开了门，无数珍宝要向我倾倒下来；当我醒来之后，我简直

我们初读这封所署日期为1664年7月20日“给博学而睿智的彼得·巴林阁下”的信的印象。但是,在这则反讽得很不合时宜的对巴林的指导背后,我们可以看到凯列班这个形象到底有多么复杂。这个形象事实上如此复杂,可以称为凯列班难题,此即自然想象的解放力难题,它可以被确定为哲学中介的最高抽象。“我认为,所有由身体原因引起的想象结果永远不能成为未来事情的预兆,因为它们的原因并不包含有未来的事情。”① 但这并不否定“我们想象的结果或者源自身体的构成,或者源自心灵的构成”。② 想象与构成:这样一来,想象是伴随着实在的全过程的。“想象……也是为心灵的构成所决定的,因为经验告诉我们,在一切事情上面,想象是跟随理智的踪迹的,用一定的顺序把它的形象和语言联结起来,并使它们彼此相互结合,且没有任何不连贯之处,其样式与理智进行推理的样式完全一样,所以我们可以对其形成理解而想象却不可直接对之形成形象的东西几乎是不存在的。”③ 但是想象遍及实在的这种如影随形的特征引发了无穷的难题。首先,我必须强调我浸没于这片想象的海洋之中;这就是

129

哭了起来,希望重新做一遍这样的梦。斯丹法诺:这倒是一个出色的国土,可以不费钱白听音乐。”——译注

①《书信集》标号为第十七封的信,第101页。(格布哈特编《斯宾诺莎著作集》卷四,第77页。)[洪汉鼎译本第74-75页。——译注]

②《书信集》标号为第十七封的信,第101页。(格布哈特编《斯宾诺莎著作集》卷四,第77页。)[洪汉鼎译本第74-75页。——译注]

③《书信集》标号为第十七封的信,第101页。(格布哈特编《斯宾诺莎著作集》卷四,第77页。)[洪汉鼎译本第75页。汉译与奈格里所引出入较大。——译注]

存有本身的海洋。主体所沉入的这海洋的深邃与笛卡尔沉思中“Tamquam in profundum gurgitem ex improviso delapsus（犹如猛地掉入意想不到的水潭）”[①]造成的疑惧有着巨大区别。在笛卡尔那里，探索在无所依凭的挣扎中有了一个支撑点、一个固定点，知识有了起点和担保，——但在这里，在斯宾诺莎这里，对存有情境、对其晦暗不明的复杂性的这种承认并不包含任何诉诸别的、优越的、先验之物的参照。由诸样式组成的世界，这就是这片海洋波涛汹涌的水平面，如果我们在这里可以用隐喻的方式来说的话，斯宾诺莎本人也会这么说，这个世界毕竟是一个真实的世界。这一思想所引发的第二个难题如下：如果说想象的结果源自心灵，那么想象是以何种方式参与着心灵的构成的？如果想象力确乎参与了心灵的构成，那么想象又在何种程度上配合心灵参与了世界的构成并参与了对世界的解放？这还是凯列班难题。

这封信、这些假说就处在《伦理学》第一阶段的边缘。有些学者建议应将它们视为规划有缺陷的未完成体系的某种残余。[②] 但这种建议是不可接受的，如果我们看看同时期（1664—1665）的另一些信的话，它们在时间上紧随着致巴林的信：收信人是“博学而

---

① C. 亚当和 P. 丹纳里编《笛卡尔著作集》（*R. Descartes*, *Oeuvres*, ed. C. Adam and P. Tannery, Paris, 1897—1913）卷七，第 23 -24 页。［参看《第一哲学沉思录》，庞景仁译，北京：商务印书馆 1986 年版，第 17 页。——译注］

② 比如，果鲁特在其《斯宾诺莎：论心灵》（前书已引，第 572 -577 页）中就持这种立场，在《斯宾诺莎学纪事》（*Chronicon Spinozanum*）（1924—1925）第四期（第 259 页及以下）上撰文与阿普恩（C. Appuhn）进行论辩时也持这种立场。

睿智的威廉·凡·布林堡阁下”。[1] 作为一名“诚实的商人”,但首先是作为一名好的基督徒,布林堡把凯列班称为亚当。此外,布林堡正确地指出,以斯宾诺莎《笛卡尔哲学原理》为基础来看,亚当有作恶的能力是不可思议的,凯列班的想象也同样不可思议:意志和想象是构成性的,还是非构成性的呢?“我认为,这种困难并不是您或笛卡尔阁下凭借断言‘恶不是真实的东西,神并不参与恶’所能解决的。”[2]斯宾诺莎接下来的回信反应激烈,而且这封信证明了拒不将想象的力量确认为《伦理学》第二也即最终阶段的拱心石的人全都没抓住他思想的根本。“对于我来说,我不能承认罪和恶是某种肯定的东西,同样也不能承认任何事能违背神的意志而存在或发生。正相反,我不仅认为,罪不是某种肯定的东西,而且我甚至认为我们只有不恰当地和用人的语言才能说,我们对神犯罪,正如我们说人使神愤怒一样。”[3]“我也以亚当要吃禁果的决意或被决定的意志为例,这种决意或被决定的意志就其自身考察而言,包含了它表现本质那同样多的完满性。这一点,我们可以这样来理解,我们不能在事物中设想不完满性,除非我们考察了具有更多本质的其他事物。因此,当我们只就亚当

130

① 《书信集》标号为第十八封、第十九封、第二十封、第二十一封、第二十三封、第二十四封的信(第 103 -154 页)以及标号为第二十七封的信(第 157 -158 页)。(格布哈特编《斯宾诺莎著作集》卷四,第 79 -157、160 -162 页。)

② 《书信集》标号为第十八封的信,第 106 页。(格布哈特编《斯宾诺莎著作集》卷四,第 83 页。)[洪汉鼎译本第 79 页。——译注]

③ 《书信集》标号为第十九封的信,第 108 -109 页。(格布哈特编《斯宾诺莎著作集》卷四,第 88 页。)[洪汉鼎译本第 82 -83 页。——译注]

决意本身考察,而不将它同其他有更多完满性的或显示了更多完满状态的事物加以比较时,我们就不能在亚当的决意中发现任何不完满性。的确,我们也可以将它同无数其他事物加以比较,而这些事物和它比较起来是更多的不完满,如石头、树木等等。事实上每个人都能承认这一点,因为每个人都可以看到,有些事物如果我们立足于动物立场上去看是赞美和喜爱的,但如果我们用人的眼光去看,则对它感到憎恨和厌恶,如蜜蜂之争斗,鸽子之忌妒等等,这些事物我们用人的眼光看来是憎恶的,然而当我们立足于动物立场去考察,它们就显得较多的完满。因此,**我们就能由此清楚推出:既然罪孽无非是指不完满性,所以罪孽就不能存在于任何表现其本性的事物之中**,正如不存在于亚当的决意或此决意的实行中一样。"①整个存在的平面,就是真理运行其上的地方。所以不可能将存在绝对地贬低为缺乏和否定,因为"我说缺乏并不是一种真正的丧失行为,而只是一种本身什么也不是的单纯的缺少:因为它只是一种我们在把事物彼此加以比较时所形成的思想存在物,或一种思维的方式。例如,我们说,盲人丧失了视觉,这是因为我们容易想象他能看,这种想象或者是因为我们将他同其他看得见的人加以比较,或者是因为我们将他的现状同他过去未瞎的时候加以比较所产生的"。②"缺乏无非只是否认事物具有那种我们认为是属于它的本性的东西,而否定无非只是否

---

①《书信集》标号为第十九封的信,第 109 页。(格布哈特编《斯宾诺莎著作集》卷四,第 89 -90 页。)[洪汉鼎译本第 83 页。——译注]

②《书信集》标号为第二十一封的信,第 133 页。(格布哈特编《斯宾诺莎著作集》卷四,第 128 页。)[洪汉鼎译本第 106 页。——译注]

认事物具有那种我们认为不属于它的本性的东西。因此,很清楚,亚当欲求尘世东西的欲望仅就我们的理智而言才是恶的,而不是就神的理智而言。"①所以,全部的难题不是确信自由的关键在于某种偶然性或无差别性(indifferenza),相反,自由的关键在于"肯定或否定的样式;在我们的肯定或否定中,越少无差别性,我们就越是自由的"②。

我们作一总结。对由诸样式构成的世界的断言,直接地在认识平面和意志平面上同时提出了想象与自由的现实的难题。这

---

①《书信集》标号为第二十一封的信,第 134 页。(格布哈特编《斯宾诺莎著作集》卷四,第 129 页。)[洪汉鼎译本第 107 页。——译注]

②《书信集》标号为第二十一封的信,第 135 页。在斯宾诺莎和布林堡之间后续的这些通信中,不可能再读出什么新东西:他们的通信以各自立场的重申结束。F. 阿勒基在《斯宾诺莎的"论奴役"与"论解放"》(前书已引)中已经对斯宾诺莎同布林堡的这些通信进行过细致的分析,尤其是该著第 20 -25 页。在这一部分中,阿勒基将这组通信视为斯宾诺莎伦理态度的表征。阿勒基的论点是明白的:正如向布林堡作出的答复所证明的那样,伦理与道德相对,与作为偶然性和自由的人的概念相对。伦理学的自然主义基础不可能产生人通过自身完满性自我解放的道德结果。当然,正如我们已经看到的那样,阿勒基的这种解读也重申了对与斯宾诺莎立场相反的笛卡尔开放的道德性的同情(他也是以此为着眼点去解读布林堡的信的,这些基本上以笛卡尔为参考的信是极为重要的)。阿勒基的出发点如何妨害了对斯宾诺莎难题的正确解读,在这里对此无须再作多言。但是,在其著作的最后几章里,阿勒基至少意识到了斯宾诺莎伦理立场的悖论性和难题性的性质;在他的思想前提下,他既不愿意也不能将这些悖论品格理解为构成性的前景乐观的开放性。不过,在我们后面对《伦理学》第五部分作出说明时,我们还必须返回阿勒基的解读。[洪汉鼎译本第 107 -108 页。——译注]

是一种构成性现实,它不再是来自神的馈赠,也不再是神的流溢过程的残余——,凯列班,或名亚当,提出了关于现实的难题,此现实不再是总体,而是一种动态的偏向(parzialità),不再是绝对的完满,而是相对的偏离,不再是乌托邦而是一种规划。样式现实的认识论地位和伦理学地位同时被推向了前台。这意味着与此前的论述逻辑的彻底断裂,明乎此,我们就不会对《知性改进论》的未完成感到吃惊了。"没有时间",是斯宾诺莎所解释的这一原因吗?[①] 事实是,移居伏尔堡之后,难题已经是探究现实的构成性过程所由来的逻辑这一难题了。计划尚不明朗吗?当然是的。但已经是没法回头了。现在,我们只能看到这种倾向,但还无法描述它;我们可以感到它的范围,但还无法描述它的各个阶段。但毕竟可以确定的是,某种极其深刻的中断已经干预了这个体系,自此以后,样式现实及其绝对命运的构成这一地平线就是斯宾诺莎的视野。

但还有另一个事情,我们也该看一看。在这里我们也还看到了这样一种持留下来的观念,它否定了存在的构成性作用力(forza),因而还将样式对世界的确定神秘化了,使之沉入观念的无差别性之中——然而,"虽然老鼠和天使、悲伤和快乐都同样依赖于

① 柯瓦雷在为其编辑的《知性改进论》所撰写的前言(前书已引,第XVII页)中表示出对这种斯宾诺莎主义的说法的吃惊,这种说法可见于斯宾诺莎给鲍麦斯特和谢恩豪斯的信,也见于《遗著集》编者按语。如果斯宾诺莎实际还未改变他的最初(观念论)逻辑图式——就如柯瓦雷倾向于相信的那样——,那么《知性改进论》的手稿一直未完成对我们来说就是一件不可理解的事情了。(格布哈特编《斯宾诺莎著作集》卷四,第130页。)

神,我们却不能说,老鼠具有天使的形式,也不能说悲伤有着快乐的特征"①:这句话[的后半句]足以取消[前半句的]实际有效性。所以说,这种持留下来的观念毕竟仍旧断言了想象的现实性,尽管采用的是神学的形式。斯宾诺莎在与布林堡就自由的本质进行探讨的过程中,被迫提出了这个难题。神就像是一个国王和立法者,健康(salute)的手段必定是在法则的名下被给予出来的,健康和毁败又被比附为道德世界中的奖励和惩罚,因为道德世界总是把人类的认识和行动的必然性与受决定性消融在拟人形象之中,因而也遮蔽了此必然性与受决定性的实在根源。② 但正是这种败坏的想象(immaginazione corrotta)在实际上构造了世界!这种想象与传统一样强大,与权威(potere)一样影响巨大,与战争一样具有毁灭性——它是所有这一切的帮凶,所以人类的不幸与无知、迷信与奴役、悲惨与死亡都是在这种想象功能之上滋生出来的。从另一方面来说,这种想象功能建构了人类社会的独特地平线,也为存在构成了一种肯定的、历史的决定。这样说来,支撑着整个世界的新形而上学基础不可避免地要与神学政治对现实的这种构造相冲突。辨明真理,辨明人类既有着可以建构生活的真理又有着可以建构生活的自由的能力,摆脱世界中由想象所决定的所有氛围——这是实现逻辑革新要走的第一步,而逻辑的革新又是伦理革新的基础。也是政治革新吗?是的,一定是的。神学

---

①《书信集》标号为第二十三封的信,第 149 页。(格布哈特编《斯宾诺莎著作集》卷四,第 149 页。)

②《书信集》标号为第十九封的信,第 111 页。(格布哈特编《斯宾诺莎著作集》卷四,第 92 -93 页。)

与政治是纠缠在一起的东西。① 当然，人文主义革命已经重创了这种中世纪的权威立法，但还没有根除它：它还在自我生产着，当然不再是作为权威立法，而更多的是作为迷信和保守、非理性和阻碍，作为蒙昧主义。

一场愚蠢的战争正在进行之中②，它几乎就是这种形成中的祛魅诊断的象征。一场奇怪的对话在交战双方之间展开。奥尔登堡从伦敦写信给斯宾诺莎："在这里我天天等待有关第二次海战的消息，除非你们的舰队已退回到港口。您用来暗示你们的人打仗的勇敢是野蛮无人道的。因为如果人们遵照理性而行动，那么他们绝不会使另一国的人们遭受如此的苦难，这是任何人都清楚的。但我为什么要抱怨呢？只要有人类，就会有邪恶。但这并不是不可救治的，可以通过更美好的事物的调停而得到平衡。"③斯宾诺莎从伏尔堡回信给奥尔登堡说："我很高兴，你们的哲学家们还活着，还惦念着他们自己和他们的共和国。当武士

132

① 至少从直接存在于斯宾诺莎那里的两种视角来看是这样的：一个视角是荷兰宗教改革和清教及宗派主义气氛——这是他生活于其中的大氛围（这里我们须牢记克拉科夫斯基的著作）——，另一个视角则是"政治家的"和不信教者的思想视角，该视角来自马基雅维利（马基雅维利反复不断且一直地出现在斯宾诺莎思想之中）。后面我们会论及马基雅维利—斯宾诺莎的关系。

② 第二次英荷海战从1666年一直延续到1667年。这场战争非常不受欢迎，尤其是在英格兰。有关这场战争更多的信息可参看前面引述的历史文献。

③《书信集》标号为第二十九封的信，第162页。（格布哈特编《斯宾诺莎著作集》卷四，第165页。）［洪汉鼎译本第135页。——译注］

们饱尝了血液,准备休整一下以便重整旗鼓的时候,我将期待有关这些哲学家最近活动的消息。如果那位有名的嘲笑家今天还在世,那么他保险会笑死。面临这场骚乱,我既不笑,也不哭,而是进行哲学思考,更切近地观察一下人类的本性。我不认为嘲笑自然是正确的,更不要说悲叹自然了,因为我认为人类如同其他东西一样,只是自然的一部分,我不知道自然的每一部分是怎样同整个自然以及同自然的其他部分进行联系的。我觉得正由于缺乏这样一种知识,所以自然中的某些事物早先在我看来常常是虚浮的、纷乱的和悖理的,因为我只是部分地支离地感知它们,它们同我们的哲学精神不符合。但现在,我要让每一个人都按照他们自己的想法生活。只要允许我为真理而生,那么如果谁愿意的话,就让他们为了他们的幸福而死。"①这话看上去像是一种释然的感叹,但实际上它也是他进行中的工作的开场白:"我现正撰写一本解释圣经的论著。我这样做有下列几个理由:(1)神学家的偏见,因为我认为这些偏见是阻碍人们的思想通往哲学的主要障碍,因此我全力揭露他们,在比较谨慎的人们的思想中肃清他们的影响。(2)普通群众对于我的意见,他们不断地错误地谴责我在搞无神论。有可能的话,我也不得不反驳这种责难。(3)哲学思考的自由,以及我们想什么就说什么的自由。我要全力为这种自由辩护,因为在我们这里由于传教士的淫威和无耻,这种

① 《书信集》标号为第三十封的信,第 163 - 164 页。(格布哈特编《斯宾诺莎著作集》卷四,第 166 页。)[洪汉鼎译本第 137 - 138 页。——译注]

自由常常是被禁止的。"①

《神学政治论》②的起源在斯宾诺莎整个思想的发展中发挥了极其重要的中心作用。几乎所有解释者都承认这一点,但他们的承认方式却是陈腐的。实际上他们所有人都不得不承认《伦理学》在1665年到1670年之间有一个写作的中断,斯宾诺莎在这段时期投入了《神学政治论》的写作之中。这种时序上的中断不会像过去那样造成工作的中辍,《伦理学》的工作还将继续:那时,视野将更为广阔,政治方面的素材——及其所代表的受动激情的和伦理的生活的全部丰富性——将被纳入形而上学论述之中。仅仅承认这一点还是不够的。但并非偶然的是,固然作出了这种承认,继而《伦理学》仍旧被理解为一个连续的工作。由《神学政治论》所造成的中断仿佛只是行文中插入的括号似的。相反,我们发现在这里我们面对着一个作为重新奠基的中断。此外,向我们展现了这一新的奠基的,既非我们已经进行的对《伦理学》第一阶段的危机分析,亦非我们将对第二阶段的伦

133

① 《书信集》标号为第三十封的信,第163－164页。(格布哈特编《斯宾诺莎著作集》卷四,第166页。)[洪汉鼎译本第138页。——译注]

② 《神学政治论》(*Tractatus theologico-politicus*)于1670年由斯宾诺莎在阿姆斯特丹匿名出版。正如前面引述的信所指出的那样,该著作的写作始于1665年。[《神学政治论》已有温锡增译本(北京:商务印书馆1996年版),但该译本与奈格里所引的版本在文字上差别较大。译者据奈格里引文译出,如有必要列出温锡增先生译本的页码,标示为"温锡增译本第某页"。——译注]

理学思想新进程的分析,而是《神学政治论》的材料本身。① 在

---

①《神学政治论》写作方案的新颖性尤其敏锐地被专门研究该著作的研究者感受到了。这些研究者最重要的研究著作包括:L. 斯特劳斯(L. Strauss):《斯宾诺莎的宗教批判》(*Spinoza's critique of religion*, New York, 1965),该书是德文版《斯宾诺莎的作为其圣经科学之奠基的宗教批判》(*Die Religionskritik Spinozas als Grundlageseiner Bibelwissenschaft*, Berlin, 1930)的英译;L. 斯特劳斯:《如何研究斯宾诺莎的〈神学政治论〉》("How to Study Spinoza's *Theological-Political Treatise*"),载《美国犹太研究学会会议论文集》(*Proceedings ofthe American Academy for Jewish Research*)1948 年第 12 期,第 69 - 131 页;G. 伯尔曼(G. Bohrmann):《斯宾诺莎的宗教立场》(*Spinozas Stellung zur Religion*, Giessen, 1914);J. M. 布拉德肖(M. J. Bradshaw):《信仰的哲学基础》(*Philosophical Foundations of Faith*, New York, 1941);P. 斯维克(P. Siwek):《斯宾诺莎之后的革命》,载《大学评论》(*Revue universitaire*)1949 年 19 期,第 5 -46 页;S. 扎克(S. Zac):《斯宾诺莎与圣经解释》(*Spinoza et interpretation de l'Ecriture*, Paris, 1965);最后还有,作为对 E. 吉安柯蒂·波歇里尼(E. Giancotti Boscherini)为意大利文译本(Turin, 1972)撰写的导言的补充,可参看 A. 德洛埃托(A. Droetto):《〈神学政治论〉的缘起与结构》("Genesi e struttura del *Trattato politico teologico*"),载《乌尔比诺研究》(*Studi urbinati*),1969 年第 1 期,第 42 卷。这篇文本的新颖性在于识别出了斯宾诺莎思想中的形而上学转折点,但很少有人对这一新颖性作出充分探讨。就此问题,下面这些文本在我看来是有充分讨论的:S. 罗森(S. Rosen):《巴鲁赫·斯宾诺莎》("Baruch Spinoza"),载《政治哲学史》(*History of Political Philosophy* ,Chicago, 1963),第 413 -432 页;尤其还有虽然早已发表但至今仍非常重要的 W. 埃克斯坦因(W. Eckstein)的文章《论斯宾诺莎的国家契约学说》("Zur Lehre vom Staatsvertrag bei Spinoza"),载阿尔特维克编《斯宾诺莎主义发展史资料汇编》(前书已引)第 372 页及以下(埃克斯坦因此文写于 1933 年)。

这里,《伦理学》第一部分和第二部分的神学与物理基础都已经被放弃了。而且从这种哲学迄今发展的情况来看,仿佛从此打开了一个新世界,它是旧有的工具所无法与之相匹配的,甚至是旧工具无法把握和估量的。截至现在,尤其是在这时的信件当中,我们感受到了一种气氛。到了《神学政治论》那里,这一点在逻辑上就已经非常清晰了:要想击破想象与历史的世界,或者确切地讲,要想击破宗教和政治的世界,从理性神学和物理学的视角出发是不行的。一旦我们首次穿行过这个实在综合体的复杂网络,宗教和政治的世界终将被击破。而这样一来,从实在所提出的新东西开始,那笔原有的形而上学**财产**还能以何种方式提供有意义的方向呢?难道它本身不该受到这种现实的改造力量的影响吗?在这里,中断本身直接就是重新奠基。我们已经梳理的历史和理论线索将以新的方式被重新编织。总之,在想象的世界中、在 tout court① 世界中,那将是一种新的逻辑:这也意味着把世界中的种种差异方面区分开来,‖观察这个世界的现实性的展开,并对妨害真理进程的一切东西予以清除。这种对差别的判别也会对体系的过程和展开产生作用。我们将会看到这作用是多么巨大!但在一开始,我们暂且把这一点放在一边,——不妄断新奠基,而是要实际地推演一下重新奠基的这个过程。

站在《伦理学》第二部分的高度来看,《神学政治论》的第一章无疑是令人吃惊的。那里聚积有大量的技术性知识:技术神学的、文献学的、语言学的和政治的知识。斯宾诺莎的藏书让我们

---

① 法语,“仅此而已的”。——译注

对他的知识广度有所了解。① 知识迅速地集中到一个论战规划之中:“《神学政治论》,本书由一些论文组成,表明从事哲学之自由无害于共和国之宗教与和平,因而可被允许,而且也不容否认,只要它不使它们毁败。”②一个论战性的且明确的计划。实际上——现在我们就来看看前六章,它们都是严格意义上的论战性的——论争本身就是对现实的挖掘,它直接并主动地提出了关于想象的逻辑难题。它们所处理的问题(第一章“论预言”,第二章“论先知”,第三章“论希伯来人的天职,是否预言的才能为希伯来人所专有”,第四章“论神律”,第五章“论仪式的法则”,第六章“论奇迹”)③本身就构成了一种逻辑梳理,或者说构成了在现象学方向上得到导向的一种研究大纲,目的就是要对想象所构成的这个现实层面进行澄清。

134

有两个论证的层面必须得到强调。其一(a)我们可以称为“从启示到制度”的论证层面,这个层面在其展开过程中是历时性的、谱系学的。它从论战的论点(反对宗教迷信和狂热)出发确定了(a1)这些论点的认识论定位。在第一章、第二章和第三章中,

---

① 有关这一主题,请参看前面勾勒斯宾诺莎藏书及研究的相关部分。也可参考收入斯宾诺莎《遗著》的《希伯来简明语法》(*Compendium grammatices linguae hebrae*),这是一部未完成但极为有趣的文本。

②《神学政治论》,第XIII页。[此段文字是《神学政治论》的扉页文字。——译注]

③ 第一章,第19-34页;第二章,第47-63页;第三章,第79-93页;第四章,第103-115页;第五章,第124-137页;第六章,第150-168页。(格布哈特编《斯宾诺莎著作集》卷三,第15-29页;第29-44页;第44-57页;第57-68页;第69-80页;第80-96页。)

论战焦点集中于我们所熟知的框架，即谴责宗教异化和神学神秘化的框架。但由此(a2)分析提出了自己的目标，即从启示知识的场地转入历史现实的场地。理论的澄清不再与任何意识形态阴影领域的东西相关，而只涉及历史的、效果上的神秘化的现实本身。这个过渡在第四章得到了确定。最后(a3)在第五章和第六章那里，分析的轴心再次移动：想象的制度起源和历史构成性功能开始被重点思考。不过，与这个历时性节奏相伴随的还有一个共时性的研究层面，我们可以将之称为(b)“从幻觉到构成”的层面。它横贯于讨论的各个阶段，只不过时而主动性强时而主动性弱，而且这个层面在理论上与三个要点联结在一起：(b1)将想象分析和确定为错误和幻觉的构成性作用，进而(b2)对作为一种先验力量的想象所具有的含混、摇摆、漂浮的意义予以强调，最后第三点(b3)让对想象活动的(有区别的、真实的)存在论基础的分析发挥作用。这样一来，我们就进入了现实存在的顺序之中。这六章组成了一个相当具有有机性的整体①，也就是《神学政治论》的第一部分，而第四章则构成了这一部分的内在的中心点，既是历时层的也是共时层的中心点，既是(a)的中心，也是(b)的综合。

记住这一大纲之后，我们就来作一番深层的考察。在《神学政治论》的前三章(a1)中，难题关乎对预言的分析与批判，也就是

---

① E. 吉安柯蒂·波歇里尼和扎克都建议将《神学政治论》划分为四部分：论战部分，第一章到第六章；新的批判性解释方法的阐明，第七章到第十章；对哲学和信仰的本质的建设部分，第十一章到第十五章；政治部分，第十六章到第二十章。每一部分都有一定的内在统一性和连贯方式。

说,关乎预言家为犹太人民表达的启示。这里直接否定了预言的真理具有存在论价值(b1)。如果说所有真理归根到底都是由神的力量(potenza divina)奠基的话,我也可以说预言“发生是由于神的力量,但这实在是不足取的,这和用一个先验术语解释一个个别事物的形式相差无几。任何事物的发生都是由于神的力量。自然本身就是神的力量,不过是另一名词而已。我们不明神的力量和我们不明自然,这两件事是相等的。所以我们若不明一事的自然原因,而说这是由于神的力量,这是极其愚蠢的”。① 所以说,预言之视域无非就是纯粹想象的视域。所以,在纯抽象的平面上,“想象,就其本有的性质而论,并不像每一种清晰而明确的观念反映着真理确定性那样包含真理的任何确定性,相反需要外在的理由,使我们确信其客观真实性:所以预言并不提供确定性”。② 但毕竟结果是预言的想象被确信为“directio Dei”③,被犹太人与他们作为选民的天职联系了起来,斯宾诺莎补充说道:“但是在我开始之前,我要用几句话说明神的指导、神的帮助(外界的与内部的)作何解释。并且最后我要说明我所理解的幸运是什么。神的帮助我以为是指固定不变的自然秩序或自然事物的联锁。因为,我已说过,并且在别的地方证明过,万物依自然的一般法则而存在,并且为之所决定。此自然的一般法则不过是称呼神的永存天

135

① 《神学政治论》第一章,第 33 页。(格布哈特编《斯宾诺莎著作集》卷三,第 42 页。)[温锡增译本第 32 -33 页,译文有调整。——译注]

② 《神学政治论》第二章,第 48 页。(格布哈特编《斯宾诺莎著作集》卷三,第 44 页。)[温锡增译本第 32 -33 页,译文有调整。——译注]

③ 拉丁语,“神的指导”。——译注

命的另一个名称而已。神的永存的天命永远包含永久的真理与必然。所以，说万物遵从自然律而发生，和说万物被神的天命所规定是一件事情。那么，因为自然的力量与神的力量是一回事，万物之发生与决定只有靠神的力量，所以，人是自然的一部分，无论人自备什么以为生存之助与保存，或无论自然不借人力供人以什么东西，是完全借神力以给人的。神力是借人性或借外界的情况以施展的。所以，无论人性由其自身之力能自备什么，以保存其生存，可以称之为神的内部的帮助，而凡由外界的原因对于人的利益有所增加，可以称之为神的外界的帮助。我们现在就容易懂得神选是什么意思了。因为既是人的所作所为全是由 于自然的预定的理法，那就是说由于神的永久的天命，所以，人都不能为自己选择一个生活的规划或完成任何工作，只能由神所天召，才能够为他选择这项工作或生活的规划，而不选择别的。最后，我所谓神的范导是指由不能预知的外部原因，以指导人生的神的天命而言。"①在此基础上，蕴含在人类本性之中的实际原因造成的种种效果都可以在历史要素中得到解释，而把这些历史要素融合起来，也就构成了想象的具体运作。助成被神拣选的一切手段从本质上来说都取决于人类自身的力量(potenza)。"我们可以断言，这些天赋的才能并不为任一民族所专有，而是为全人类所共有，自然，若是我们耽于梦想，以为自然创造了不同性质的人，那就又当别论。"②想象是幻觉：伦

136

①《神学政治论》第三章，第 80 -81 页。(格布哈特编《斯宾诺莎著作集》卷三，第 45 -46 页。)[温锡增译本第 52 -53 页，译文有调整。——译注]

②《神学政治论》第三章，第 82 页。(格布哈特编《斯宾诺莎著作集》卷三，第 46 -47 页。)[温锡增译本第 53 页。——译注]

理即力量(potenza),神的力量和自然的力量。这一论点就是早期泛神论原理的直接运用,许多阐释者已经对它作出了这样的解读。①

但在我看来,这里直接切入了分析的第二个阶段,即深化了批判功能,并大规模地调整了框架(转入 b2)。预言是想象,想象是幻觉。但预言状态是清醒的还是梦中的;它是一种聆听状态、沉思状态,抑或是一种疯狂状态?②"我们必须研究,预言家如何能对于他不由准确的心理定律而由想象所知道的事,觉得确实可靠。"③这也就是说,难题是预言想象的效果的特殊性质,即一种在本质上虚无的事却能制造历史存在和确定性这个悖论的特殊性质。自这一刻起,批判功能转换成了现象学的功能。想象也是在自然**潜能**(*potentia* naturale)中塑造自身的,所以虽然混乱而不确定,但也证明在人类 operari④ 的展开过程中有其存在的合理性。所以,可以澄清两个层面,一个层面是静止层面,在这里,想象具有对自己内容的局部而明确的规定;另一个则是

---

① 这些评注者都从《简论神、人和心灵幸福》《知性改进论》和《伦理学》的第一批命题中得到了参考的线索。实际上,建立一个参照表是再容易不过的事情。但这么做的目的又是什么呢?《神学政治论》并不简单地是斯宾诺莎伦理学的运用,更不要说是最早期著作的一种运用了。

②《神学政治论》第一章,第 21 -22 页。(格布哈特编《斯宾诺莎著作集》卷三,第 17 页。)

③《神学政治论》第一章,第 34 页。(格布哈特编《斯宾诺莎著作集》卷三,第 29 页。)

④ 拉丁语 operari 一词在这里可理解为"受决定而进行运作或工作"。——译注

动态层面，在这里，想象的运动和效果作为对世界的伦理建构的功能而真实有效。[1] 政治将神学提升到了真理层面。也就是在这里，“错误意识”的难题以现代方式被提了出来！所以我们现在必须沿着这个通过某种有力的操作把幻觉提升到真理层面的过程走下去；我们必须对幻觉的内在性的真与假进行考察并作出区别。宗教具有至关重要的“放逸性”，这构成了一种工具性的悖论，它们（想象及幻觉）一并被接受下来，不过是以颠倒的形式，正是这种颠倒形式对宗教本身产生着构成性的作用（而且幻觉也构成着现实），但是斯宾诺莎对这种构成性功能的颠倒也杜绝了所有怀疑论的危险和一切怀疑论的诱惑。这种构成性的主动性实际上并不是一种简单的政治功能，它不是现实的影子：毋宁说它就是一种存在论层面的力量。启示的教谕无疑是 ad hominem[2]，是隐藏着的真理的一种幻觉标记，但也正是幻觉所具有的可操作性质使它本身也是实在的，进而是真实

---

① 对培根的四幻相（idola）的批判，在《知性改进论》中就已经展开了，这种批判在这里被重新拾起，对斯宾诺莎来说，想象即便作为混杂的意识而有其暗面，也仍旧是一种现实性。［弗朗西斯·培根提出人的认识的谬误来源基于四种幻相。其一为种族幻相（Idola of tribe），即人从其种族所秉承的先天心理倾向；二为洞穴幻相（Idola of cave），是后天的习惯偏见等；三为社团幻相（Idola of forum），是在某集团中与他人交际而取得的他人的错误见解；四为剧场幻相（Idola of theatre），是众多哲学家的独断学说。“四幻相”也有作“四偶像”的译法。——译注］

② 拉丁语，“从人出发的”。——译注

的。①在这个平面上，我们应该对政治这个概念本身所经历的改造作出直截了当的强调：政治不能再被设想为欺骗和统治，而应该被理解为想象和构成。这个综合论断最初被给出的形式是“神约”这一形式，或更确切地说，是社会契约的幻觉的神性的形式。“人的处理和警惕大可有助于安全的生活和避免我们的同类对我们的损伤，甚至兽类对我们的损伤。形成一个有固定法律的社会，占据一块领土，集中所有的力量于一体，那就是说社会体，若和理智与经验比起来，理智与经验并不能示人以达到这个目的的更准确的方法。形成和保存一个社会，所需的不是普通的才干和劳心。凡是由眼光远大、小心谨慎的人建立和指导的社会是最安全，稳固，最不易遭受灾难的社会。反过来说，一个社会，其成员没有熟练的技巧，这样的社会大部分是靠运气，是比较欠稳定的。假如这样的社会居然延续了很久，这不是由于其自身的力量，而是由于某种别的支配的力量。若是这个社会克服了巨大灾难，事业繁盛，自必惊叹与崇拜由神指导的灵，因为这一社会所发生的事都是突然而来、出乎预料的，甚至可以说是奇迹。”②这也就是说，这种社会之所以成为现实，恰恰是由有关神的正义的幻觉所助成的；预言——甚至还有神迹——成了这个社会政治体系的框架，启示是服从于社会秩序的，并且是通过社会秩序的运作而被

137

① 《神学政治论》第二章，第 63 页。也可见前引意大利语译本中的相关注释，第 68 −69、70 −72 页。（格布哈特编《斯宾诺莎著作集》卷三，第 43 −44 页。）

② 《神学政治论》第三章，第 82 页。（格布哈特编《斯宾诺莎著作集》卷三，第 47 页。）［温锡增译本第 53 −54 页。——译注］

生产出来的。[1] 于是我们就来到了这个研究层面的边上，这个研究层直接并且明确地是政治—构成性研究，我们将之标示为(b3)，此层面之所以可能正是由于我们已经检视过的论战阶段和现象学阶段使然。在《神学政治论》的前三章里，我们看到了许多对政治—构成这一问题的指涉，比如“jus-potentia”[2]关系的出现[3]，或“societas-imperium”[4]关系的出现（这个问题蕴含在秩序观念之中：“因为每一社会组织[societas]和国家[imperium]的目的是……安全与舒适；法律有约束一切的力量，只有如此，一个国家才能存在。若是一个国家的所有分子忽视法律，就足以使国家解体与毁灭。”[5]）等。这一路径虽然还只刚刚开始，但已经揭示了构成性力量(potenza costitutiva)在现实进程中的内在程度已经是成熟的了——关于想象问题的论述采用某种外部迂回的方式，非常艰难地提出了这个问题。

这样一来我们就进入了《神学政治论》的第四章：在这里，构成的难题开始从完全明显的角度被提了出来(a2)。换言之，在截至目前的理解之下，这个构成过程的致密性将要被转移到理论层面了，在那里，它的致密性将要在理论上被展开(b3)。我们曾提

---

① 《神学政治论》第三章，第 83 –84 页。（格布哈特编《斯宾诺莎著作集》卷三，第 48 页。）[温锡增译本第 48 –49 页。——译注]

② 拉丁语，“法—力量”。——译注

③ 《神学政治论》第二章，第 57 –59 页。（格布哈特编《斯宾诺莎著作集》卷三，第 39 –41 页。）[温锡增译本第 39 –41 页。——译注]

④ 拉丁语，“社会—国家”。——译注

⑤ 《神学政治论》第三章，第 83 –84 页。（格布哈特编《斯宾诺莎著作集》卷三，第 48 页。）[温锡增译本第 48 页。——译注]

到过人类力量(potentia)向自然的和神的力量(potentia)的转接,但对它的理解尚晦暗不明。这种转接、这种综合怎样得到解释呢?我们必须要牢记,这个难题实际上并不是多么复杂难解,虽然总有许多批评家想要区别神法和人的法,从而造成困境,使之纷繁复杂。"法律(lex)这个词,若在其绝对的意义上去理解,是138 指个体或一切事物,或属于某类的诸多事物,遵一固定的方式而行。这种方式或是由于自然之必然,或是由于人的命令而成的。由于自然之必然而成的法律,是物的自然或物的定义的必然结果。由人的命令而成的法律,说得更正确一点,应该叫作法令(jus)。这种法律是人们为自己或别人立的,为的是生活更安全,更方便,或与此类似的理由。"①

这样看来,区别就非常清楚了。它是如此清楚,以至于难题就是通过这种区别的强烈反差、通过法的两种意义的矛盾的强烈反差而被提出来的。这个构成性的规划方案必须在《伦理学》第一个阶段留下的遗产那里验证自身,与那笔遗产相对证。实际上也正是在这里,神的绝对与样式的绝对这一共存现象的矛盾和悖论,第一次被提了出来。中介这种双重绝对性是如何可能的呢?或更确切地说,提出中介难题有什么意义呢?在第四章中,对这个难题性的确切回应还没有被给出。从一方面来说,这里已经出现了中介的可能性—必然性。斯宾诺莎实际上已经谈到了一种"自然的神的法律",其特征应该就是人的普遍

① 《神学政治论》第四章,第 103 页。(格布哈特编《斯宾诺莎著作集》卷三,第 57 页。)[温锡增译本第 65 页,译文有调整。——译注]

性、理智和自然禀赋,即伦理学意义上的自然。① 这就是天赋权利/自然法(jus naturale)学说。② 而从另一方面、也是极其有力的一面——有着最重要的理论展开可能性的一个方面——来说,中介难题被取消了。卢梭的假说被取消了。正如我们在形而上学——斯宾诺莎思想的危机就是呈现在形而上学里的——当中已经看到的那样,对肯定性有构成作用的力量(potenza)就是绝对,这种力量是在世界之构成的整个平面上延展开来的。"虽然我坦白承认万事万物都预先为普遍的自然的法律所规定,其存在与运行都有一固定的方式,我仍然要说,这些法律依然取决于人的决断。"③法律:人的决断。如果说法律负荷着神学幻觉,那么从这个角度来看,这仅仅取决于必须对它的效用进行过度决定这一必然性。用一个现代作者的话来说,法律的肯定性性质必定是定位在社会冲突被中性化处理了的一个领域之中的,这个领域是特殊的,17 世纪价值视域也与之相关——这

① 《神学政治论》第四章,第 107 –108 页。(格布哈特编《斯宾诺莎著作集》卷三,第 61 –62 页。)

② 对《神学政治论》的天赋权利/自然法来源进行考索,需要细致而广泛的研究。这项研究基本上可以一方面循着荷兰斯多葛主义的线索,另一方面循着宗教改革派经院哲学的线索来进行。但是,在这里只需记住格老秀斯的《基督补赎之大公信仰之辩护》(*Defensio fidei catholicae de satisfactione Christi*)的影响就可以了。冯·杜宁 –博尔科夫斯基断言斯宾诺莎不了解天主教思想,但《神学政治论》意大利语译本的译者吉安柯蒂·波歇里尼反对此说,见《神学政治论》(前书已引)第 40 –42 页。

③ 《神学政治论》第四章,第 103 页。(格布哈特编《斯宾诺莎著作集》卷三,第 58 页。)

领域在 17 世纪仍旧是神学。① 但在我看来,关键要强调的是,这里第一次出现了人类行动这一构成性力量。作为幻觉之现实性被提出的想象在这里被转化成了意志,自由的肯定性被转化成了构成过程的一个参量。在第五章、第六章(a3)中,这个视角进一步得到了深化,并呈现出了极具生产性和社会性的特征——这些特征也决定了斯宾诺莎的肯定主义:至此我们已经处在了《神学政治论》研究方案的新视域的中心,我们在下一节中要对此作进一步的展开讨论。

139

至此我们的讨论已经足够证明我们初步猜想的正确性了。我们可以确定地说,想象乃是一个领地,从这里开始出现了一种必然性,即斯宾诺莎形而上学全盘颠倒的必然性。《神学政治论》并不是次要的、边缘的插曲;相反,它是斯宾诺莎形而上学借以得到改造的一个关节点。政治是斯宾诺莎体系中的一个根本要素,这个说法是对的,但还必须牢记的是,在他那里,政治的就是形而上学的。政治不是形而上学的附带装饰物,而是形而上学的灵魂。政治是想象的形而上学,是现实、世界之人类构成的形而上

---

① 神学的和神秘的:这是由卡尔·施米特(Carl Schmitt)所提出的一个绝对正确的认识路向,大体可见其论霍布斯的专著,但也一般地可参考他对政治合法化(legittimazione politica)的分析。L·斯特劳斯(L. Strauss)在其《迫害和写作的艺术》(*Persecution and the Art of Writing*, Glencoe, 1952)中同样大胆地强调,在面对以别的框架为基础解释 17 世纪思想的种种连续的努力时,必须牢牢地记住这两条根本性的方法论标准。这并不是说,权力(potestas/potere)合法化难题不是社会场景的中心所在:它只是意味着,在 17 世纪,除了从神秘的和神学的方面考量之外,就不可能理解权力合法化难题。随着时代的变化,合法化难题的参照系也发生了变化。

学。真理就活泼泼地生存于想象的世界之中;获得充洽观念是可能的,不过这种充洽观念不是对实在的彻底把握,而是向着实在保持开放并参与其构成,在这个意义上这些充洽观念是充分真实的;意识是构成性的,存在不仅是某种被发现的东西(不仅是一种占有物),主动性、力量(potenza)也是存在。自然不仅存在,第二自然也存在,它是近似原因者的第二自然,是被构造的存在:这些断言尽管很难在许多阐释者那里被与斯宾诺莎主义的静态形象和宇宙模拟体系的呆板形象对上号①,但它们的确就充分地处于他的哲学这一新的开放场地之中。想象的主动性达到了一个具有存在论地位的层面,当然,这并不意味着对预言的真理的肯定,而是对世界的真理的确证,对人类活动的肯定性、生产性、社会性的确证。② 这就是那个绝对所代表的意思。这就是体系中的那个中断,但首先这表明了斯宾诺莎思想中巨大的现代性。凯列班,

---

① 比如,这类解释可参看果鲁特《斯宾诺莎:论心灵》(前书已引),第572 -577、578 -580、583 -586 页。

② 许多解释者长期讨论过有关预言者的想象的真理程度,但几无定论,这些著作值得列举的有:A. 古左(A. Guzzo):《斯宾诺莎的思想》(*Il pensiero di Spinoza*, Turin, 1964),第 79 页及以下;S. 扎克(S. Zac):《斯宾诺莎哲学中的生命观念》(*L'idée de vie dans la philosophie de Spinoza*, Paris, 1963);M. 考西(M. Corsi)最近出版的《斯宾诺莎的政治学和智慧》(*Politica e saggezza in Spinoza*, Naples, 1978),第 66 -67 页;另一方面,F. 梅里《斯宾诺莎与两位意大利斯宾诺莎主义先驱》(前书已引)有关想象难题的思路尤为重要,对解读斯宾诺莎是十分有益的。该著一开始对斯宾诺莎的自由观及容忍观同 16 世纪异端思潮的历史关系问题进行了深入探讨,进而评价了这些异端理论在宗教上产生影响的内容,梅里没有丝毫困难地以不同于所有理性主义扁平视角

实际上是一位当代英雄。

2. 哲学与战术

有一种新的逻辑贯穿在以世界面目出现的存有之中了,世界是由想象建构的世界,想象也会在这个领域中使真理从谬误中区分出来——现在就是要对这种新逻辑进行开掘:从第七章开始,在对想象的形而上学性质作出了研究之后,我们可以看到《神学政治论》有了明确的规划。第一个分析场地还是预言想象的世界,不过这里是使徒的想象。继而,第二个分析场地——仍旧是受想象规则支配的一个场地——是我们可称之为社会性世界的

的方式提出了有关想象的论点,反倒证明了想象在宗教与理性之间起着一种调节的作用。想象同异端所谈的"爱"的发展是密切联系着的。从这一视角,我们可以看到这样一种解读的可能性——梅里所做的就是对这种可能性的尝试——即离开一切斯宾诺莎主义的路径,而在斯宾诺莎思想和 16 世纪、17 世纪自然神论(尤其是英国自然神论)之间建立联系。拉德梯在为《伦理学》意大利文译本(前书已引)所作笺注中整合了吉安蒂勒所撰注释的讨论,并显然对梅里进行了参考,强调指出(第 724 页,《伦理学》第二部分定义三笺注)由心灵的被动性学说(存在于《简论神、人和心灵幸福》)所引发的悬而未决的讨论,可以通过心灵的主动性学说(该学说由《神学政治论》和《伦理学》第二部分开始得到阐发)而得到可能的解决。想象的完满化、伦理学占有的致密化这一翻转性工作(dal rovesciamento operativo della compattezza del possesso etico)——《简论神、人和心灵幸福》只承认认识才能完成这一工作——乃是认识的构成能力的根源。有关想象问题的评注和参考,见吉安蒂勒和拉德梯撰写的注释,第 746 页。

场地。也就是说，在这里，在市民社会与国家之内衍生出了丛生的种种关系。与前面对犹太人预言者的分析一样，第七章到第十章里有关使徒启示的分析（就像它在历史中展开的过程一样，预言的想象总是会导向社会秩序的构成）也必然导向对社会的原理和条件的分析，此即第十一章到第十五章的主题。现在，我们就按照这个顺序来看看这两个领域的研究。

140

“野心和狂妄已滋长得十分猖狂，以致以为宗教不再尊敬圣灵的著作，而在为人的注释作申辩。所以不再把宗教和仁爱当作是一件事，而使宗教等同于散播倾轧，假借热心于神与赤诚之名来传播忍心的仇恨。除了这些弊端以外，迷信亦须提一提。迷信教人蔑视理智和自然，凡与此二者相悖的，迷信都加以提倡、崇拜和尊仰。无怪为增加崇拜景仰《圣经》的心，大家对《圣经》的解释竭力使之和理智与自然相抵触。所以他们梦想以为在《圣经》中藏有极其深奥的秘密，疲于探讨这些悖理的事，把有用的事搁在一边。他们把他们不健全的想象每一所获都归之于圣灵，竭诚以热情为之辩解。因为有一件事是大家所看到的，就是，用理智得来的结论，大家用理智来为之辩解，但是由热情得来的结论，人则以热情为之辩解。”①因此，我们必须摆脱这些危险的幻想。对真与假的历史学判定（解释学）和对有用与无益作用的逻辑学区分（解经学），这套技术已经由想象提供给我们了，它就存在于整个启示视域之中，现在我们必须要把这套技术中的自然逻辑勾勒出来，阐述明白。“我可以一言以蔽之曰：

---

①《神学政治论》第七章，第186页。（格布哈特编《斯宾诺莎著作集》卷三，第97－98页。）[温锡增译本第107页，译文有调整。——译注]

解释《圣经》的方法与解释自然的方法没有大的差异。事实上差不多是一样的。因为解释自然在于解释自然的来历,且从此根据某些不变的公理以推出自然现象的释义来。所以解释《圣经》第一步要把《圣经》的历史进行重构,然后根据其中根本的原理以推出合法的结论来,作为作者的原意。"①"差不多《圣经》全部内容的知识,只能求之于《圣经》。正如关于自然的知识是求之于自然一样。"②但是,这种历史知识还必须与《圣经》所实践的理性功能——犹如照射在其材料之上的"自然之光/天赋理智(lume naturale)"——结合在一起。所以说,批判的运用在两个平面上进行。第一,我们称之为阐释学平面,这一场地上的批判 juxta sua propria principia③("解释《圣经》的一条普遍法则是,据《圣经》的历史以研究《圣经》的时候,凡我们读不清楚明白的,就不认为是很可信的《圣经》的话"④),我们在这里通过启示自身的表达来重构它的过程。解释学活动需要有特殊的工具:最重要的就是语言学分析;此外还需要对《圣经》各卷作同类合并,归并为几个总主题;最后则是上下文的文化分

---

①《神学政治论》第七章,第 186 -187 页。(格布哈特编《斯宾诺莎著作集》卷三,第 98 页。)[温锡增译本第 107 页,译文有调整。——译注]

②《神学政治论》第七章,第 187 页。(格布哈特编《斯宾诺莎著作集》卷三,第 99 页。)[温锡增译本第 107 -108 页,译文有调整。——译注]

③ 拉丁语,"根据自身的原则"。——译注

④《神学政治论》第七章,第 188 页。(格布哈特编《斯宾诺莎著作集》卷三,第 99 页。)

析。[1]解释学分析完成之后，必须开始第二个分析，即解经学分析："此时我们已经重构了这样的《圣经》的历史，并且最后立意凡与此历史不相合的，或不能由此历史显然可以推论出来的，都不断定其为预言的教义。到那个时候，我说，我们就可以从事于研究预言家与圣灵的心了。但是作这进一步探讨的时候，我们也须用一种方法，与借自然的历史以解释自然所用的方法很近似。正如研究自然现象，我们须先探讨自然中那最普遍共同的，如运动、静止之类，探讨自然永久遵循的规律，借此规律自然得以连续运行，然后我们进而探讨比较不普遍的。研究《圣经》也是这样。我们先寻求最普遍的，拿来用作《圣经》的基础。事实上这种办法是所有预言家所推荐的，以为是可以用于万世，于人最为有益的。"[2]在解经学的活动中，

① 除了上面已经引述过的有关《神学政治论》一般性的讨论著作之外，有关斯宾诺莎的圣经阐释学这一特殊问题的讨论，可参看 H. 邦尼法斯（H. Bonifas）：《斯宾诺莎的圣经观念》（*Les idées bibliques de Spinoza*, Mazamet, 1904）；O. 比德尔曼（O. Biedermann）：《联系其〈伦理学〉来看斯宾诺莎〈神学政治论〉中圣经解释和批判的方法》（*Die Metho-de der Auslegung und Kritik der biblischen Schriften in Spinozas TTP im Zusammenhang mit seiner Ethik*, Erlangen, 1903）；以及 E. 皮庸（E. Pillon）：《斯宾诺莎，现代解经学的起源》（"Les origines de l'éxegèse moderne, Spinoza"），载《哲学批判》（*Critique philosophique*），1876 年第 5 期，卷二十二，第 337 页及以下。一般而言，我们只需了解在从施莱尔马赫（Schleiermacher）到洛塔克尔（Rothacker）的整个 18、19 世纪德国解经学事业的脉络中《神学政治论》有多么重要就足够了，就此，可参看 H. 伽达默尔（H. Gadamer）：《真理与方法》（*Wahrheit und Methode*, Tubingen, 1962）。须知，斯宾诺莎所提出的一些方法直至今天还被运用着。

② 《神学政治论》第七章，第 191 页。（格布哈特编《斯宾诺莎著作集》卷三，第 102 页。）

推理占据着中心位置。解释学发现解经学区别对待的东西的真实组织结构。在什么意义上呢?又是根据什么标准呢?根据唯一的标准:自然之光/天赋理智(lume naturale)的标准。"我敢说,每个人都可以看出,这样的一个方法除了天赋理智(自然之光)的帮助之外无须他求。天赋理智(自然之光)的性质和能力在于从已知推出与证明未知,也可以说,把前提推进到适当的结论。这正是我们的方法所需要的程序。虽然我们不得不承认,把《圣经》中所有的事物都解释明白了也还不够,这种缺陷不是由于《圣经》本有的性质而使然,而是由于《圣经》所教导我们的这条正路,向来不为人所注意,未为人所践履。这样,由于时间的推移,就变得费力了,并且几乎是走不通的了。"①

自然之光(天赋理智)必须得到恢复。斯宾诺莎在解经学计划中对此加以强调,进而概括并制造出革命性批判的至少三个重要层面,它们也为他的著作划出了场地:严格的圣经批判层面②;对自

---

①《神学政治论》第七章,第201－202页。(格布哈特编《斯宾诺莎著作集》卷三,第112页。)

② 有关这一主题,请参看吉安柯蒂·波歇里尼为《神学政治论》意大利语译本所作的注释,第208页:尤其要考虑两种观察顺序,因为一种观察顺序涉及解释的政治维度(波歇里尼参考的是威廉·坦普尔爵士的事迹),另一种观察顺序涉及人文主义和宗教改革的解释传统(宗教维度),它们都可以同索西奴学派的教义联系起来。有关此问题,参看克拉科夫斯基《没有教会的基督徒》(前书已引)。[威廉·坦普尔爵士(Sir William Temple, 1628—1699)曾任英国驻海牙的大使。斯宾诺莎文献学考证,可以肯定,斯宾诺莎的《政治论》中基于荷兰整体提出的政治建议,有许多材料是从威廉·坦普尔爵士的《论尼德兰联省共和国》一书中引用的。——译注]

然之光(天赋理智)予以揭示和再奠基的层面①;对思想与批判这种个人自由进行政治辩护的层面:“须知摩西律也是他的国家的公共法律(jura publica),当然需要官方权威以保证法律的奉行,因为如果人人任意解释国家的法律,国家就无法成立,因此立即解体,公共权利(diritto pubblico)就变为私人的了”。② 这些就是同样有力地对人文主义革命思想作出的三种确定,它们有效地构成了该著作的讨论基础。现在,必须被直接予以强调的东西,就是斯宾诺莎有关自然之光(天赋理智)的主张的特殊性。实际上,在斯宾诺莎重提这一主张的同时,这一主张也超越了它本身原有的确定意涵。自然之光(天赋理智)、理性,不仅仅被构造为分析能力,更是被构造为了一种构成性作用力(forza constitutive);不仅被构造为一种阐释的官能,而且还被构造为一种建构的要求(istanza costruttiva)。在阐释活动中,理性事实上按照真理渐次浮现的顺序遍历存在本身。斯宾诺莎矛头指向迈蒙尼德解经学方法的这种批判③没能掩盖斯宾诺莎解释学技术本身实际上深受中世纪犹

142

① 就这一情况而言,我们可以看到培根的影响,而斯宾诺莎在别处往往是否认培根的影响的。极为重要的是,这里存在着霍布斯的影响。请再次参看吉安柯蒂·波歇里尼的注释。

②《神学政治论》第七章,第206-207页。有关斯宾诺莎捍卫思想自由的立场,参考文献汗牛充栋。从我们的目的出发,参考前面引述的弗埃尔和斯特劳斯的著作就足够了。(格布哈特编《斯宾诺莎著作集》卷三,第116页。)[温锡增译本第127-128页。——译注]

③《神学政治论》第七章,第203-205页。有关这个特殊的讨论,参看J. 胡西克(J. Husic):《迈蒙尼德和斯宾诺莎论圣经解释》,见氏著《哲学论文集》(*Philosophical Essays*, Oxford, 1952)。

太教方法论的影响,深刻地回响着这种方法论这一事实。[①] 换言之,无论是在他的批判中还是在他的解释学技术中,对理性官能的高扬(并且相应地还有对犹太教传统神秘方面的障碍的清除)都是在存在论语境中被给出的。圣经的历史解经学实际上就是历史学—解释学的理性分析。自然之光——在对圣经的分析过程中透露出的自然之光——照亮了圣经本身的历史起源。因此,到了这一刻,我们也就能够清楚地看到这里存在着文艺复兴式的智力与犹太传统深厚的伦理建构主义之间的交织与共生。后者的唯实论确定地与现代理性主义融为了一体。[②] 斯宾诺莎圈子的那个乌托邦的另一个条件于是也实现了,即便乌托邦的总体性遭受了严厉的批判。所有这一切都产生了极其重要的后果:因为,相对于17世纪笛卡尔主义观念和一般的观念论思想而言,方法与存在论的关系彻底颠倒了。方法内含于存在论,方法也绝不是形式化的,对自然之光(天赋理智)的恢复既是一场历史性的和人类的工作,同时也是现实性的开掘,这种开掘在存在论层面展现了这场人类攻艰克难的工作的创造性集体力量。人类这场攻艰克难的工作就是成功地更新存在本身。斯宾诺莎思想的这种存在论也在对启示的阐释过程中深刻地获得了一种内在的动态结

---

① 有关这一方面,参看吉安柯蒂·波歇里尼为《神学政治论》意大利语译本所作的注释,第281–282页。另见F. S. 米里(F. S. Mirri):《理查德·西蒙和B. 斯宾诺莎的历史批判方法》(*Richard Simon e il metodo storico-critico di B. Spinoza*, Florence, 1972)。

② 在这里,如有可能,加上有关当代解释学说的一则注释是不无必要的:实际上,如今已得到如此广泛普及的操作性解释技术所共同体现出来的建构主义热情,都可以追溯到我们在这里所研究的斯宾诺莎的这个方面。

构,构成了理性本身的发展过程的模型。①

到了这个时候,最重要的莫过于必须再次强调相对于第一阶段的形而上学思想的中断就出现在《神学政治论》的这几个印张里。某种真正的颠倒已经在这里发挥作用了。但同时在这里还必须强调的是,这种颠倒尚不稳固,显然它还只是一种视角的颠倒,暂时还只是在相对于有待哲学完成的那个任务而言次要的一些层面上实施的——那个至关重要的任务就是:给伦理学视域进行唯物主义奠基。此外不无益处的是留意一下这一事实,即斯宾诺莎本人也感到了这一存在论创新的不稳固性质。在 1666 年写作《神学政治论》这几个印张的同一时期,他给约翰·胡德写了一组信。② 在这些信件里,该种存在论体系被推进得看上去变成了一种爆炸性的混合物:这种存在论被绝对地导向完满(以补充《伦理学》中对神的后验式验证:“因为,既然能够存有就是有力[potenza],那么一物具有现实性愈多,它能够存有的作用力[forza]也

143

① A. 马泰隆的《斯宾诺莎那里的个体和共同体》(前书已引)是这方面的基本著作,无论从对斯宾诺莎与犹太教传统的关系的分析来看,还是从对斯宾诺莎思想——尤其是《神学政治论》中的思想——的历史构成诸阶段的识别来看,都是如此。我们还会有机会在后面详细涉及马泰隆的这部著作。

②《书信集》标号为第三十四封、第三十五封、第三十六封的信,第176－184 页。(格布哈特编《斯宾诺莎著作集》卷二,第 179－187 页。)《伦理学》第一部分命题十一附释,第 26－27 页。(格布哈特编《斯宾诺莎著作集》卷二,第 54 页。)

必定愈多"①),但从另一方面来看,该存在论的原则又意味着吞没存在并超越存在本身在全部世界中的完满性,不过其方式是肯定性的、有力的(potente)和建构性的:"凡是包含必然存有的事物自身不能有任何不完满性,而必须表现纯粹的完满性。而且,既然只有从这种完满性才能推出这个存在者是靠其自身的充足性和力量而存在的,所以可以推知,如果我们假设一个并不表现一切完满性的存在者能靠其自己的本性而存有,那么我们也就必定可假设另外存有着一个自身包含一切完满性的存在者,因为如果具有较少力量的存在者是通过其自身的充足性而存有的,那么,那个具有较大力量的存在者就会在多么大的程度上更必然地存有着。"②在这里根本性的东西是存在完满化的方向,这种方向像是"向上的通路",从诸特殊存在自下而上地导向完满化:这显然是对新柏拉图主义下降的意向的质疑,只是没有明说罢了。所以,这里出现了多元万物的力量(potenza dell'universo molteplice):因而也出现了将此力量导向绝对的逻辑必然性——这一导向不凭借中介,不凭借任何神秘的辩证法,而只有层面与层面之间的转移、移置,或者换一个意思相同的说法,只有对所有层面的否定。斯宾诺莎对此的表达毕竟还是含混甚至是晦涩不明的:"由此可以推知,只能有一个存在,即通过其自身力量而存有的神。例如,如果我们假定广延包含存有,那么它就是永恒的和不受决定

① 《伦理学》第一部分命题十一附释,第26-27页。(格布哈特编《斯宾诺莎著作集》卷二,第54页。)

② 《书信集》标号为第三十五封的信,第179页。(格布哈特编《斯宾诺莎著作集》卷二,第182页。)[洪汉鼎译本第154页。——译注]

的,它也就绝对地不表现不完满性,而只表现完满性。所以广延属于神,或者说,广延是某种在某种样式里表现神的本性的东西,因为神不仅是在某个方面而且是在它的本质里绝对地不受决定和全能的存在。我们这里关于广延所说的(任意举了这个例子)也适合于一切其他我们认为有这样一种性质的事物。”①这也就是说,绝对已经将自身给了出来,而且其给出形式隐含地要求体系展开框架的颠倒:力量的绝对平面必须被呈现在新的形而上学蓝本之中。所以,方法也就让位于这样的新条件了:“我们所形成的清楚而且明晰的概念只依赖于我们自己的本性和我们本性的固定不变的规律,也就是说,绝对地依赖于我们自身的力量(potenza)”——这种力量得自于“锲而不舍的思想和一个坚毅顽强的心灵和志向”②,得自于作为重新占有存在所必须的条件的伦理生活。

但目前,沉思、意向和坚定的目标,所有这些都还不足以让斯宾诺莎解决其阐释学方法所处理的存在论事实同形而上学的存在定义之间不匹配的难题。正是因此,在《神学政治论》中,我们可以确定地发现该项研究将方法论置于最高的穹顶的位置。自此以后,此项研究在不平衡的两个方面推进发展:一方面 144

①《书信集》标号为第三十六封的信,第 183 页。(格布哈特编《斯宾诺莎著作集》卷二,第 185 -186 页。)[洪汉鼎译本第 158 页。——译注]

②《书信集》标号为第三十七封的信,第 185 -186 页。这封斯宾诺莎致鲍麦斯特的信是 1666 年 6 月 10 日由伏尔堡寄出的。(格布哈特编《斯宾诺莎著作集》卷二,第 188 -189 页。)[洪汉鼎译本第 161 -162 页。——译注]

是丰富着存在概念的现象学研究，另一方面是不怎么牢固地在水平层面排布开来的存在论界说的各个层面——这个水平层面还尚未被处理得能涵容它所蕴含的全部建构性力量。

让我们回到《神学政治论》的文本。介入预言的想象织体之中从而在其中析出历史过程的肯定性——这话的意思是什么呢？它意味着对理性解放的称扬，但同时也意味着要去厘清真正解放的构成性条件。《神学政治论》第五章和第六章是对预言性启示的哲学批判的最高潮，也就是在这里难题被提了出来：理性的历史发展的现实而肯定性的功能、从想象性的存有的汪洋大海中抽身而出所必需的要素，正是对集体性的构成。“社会能使人不仅生活在免于敌人侵害的安全之中，而且能让人以最小的努力而生活舒适。出于这些原因，实际上社会是有益，而且绝对必要的。”①所以，启示的功能就在于建构并组织社会。“若是人生来只听清醒的理智的指挥，社会显然就用不着法律了。教导真正的道德信条就够了。人就毫不迟疑地循他们的真正的利益而行了。但是，人类的天性却不是这样。每人都谋其个人的利益。其所以如此并不是凭清醒的理智。因为大多数人关于欲求和效用的观念是为肉体的本能和情绪所支配（这些本能和情绪不顾未来，只顾眼前）。所以，若无强制性权力（potere coattivo），因而相应地，若无法律，社会是站不住的，只有强制性

---

①《神学政治论》第五章，第128页。（格布哈特编《斯宾诺莎著作集》卷三，第73页。）[温锡增译本作：“社会之形成其目的不专在保卫防御，并且使有分工的可能，也是很有用的，而且的确是绝对必需的。”——译注]

权力和法律才能管控人们的性情并约束人们的冲动。”①启示的功能仍旧是促成一种联合协作，一种合法化的联合协作，或者说是为“适当的权力（potere moderato）”提供合法化：换言之，它是这样一种权力（potere），将能够使联合协作的有效性与命令的必然性以有效的方式联结起来。② 这种关系的平衡与调节是基础性的，是确立权力（potere）的前提条件。实际上，对斯宾诺莎来说，集体性让他最感兴趣的方面在于它的一致同意（consensuale）的特性。这是对契约论的一种预示吗？也许是的。

在解释学分析给出了理性在对存在进行表达中实现的发展规则之后，社会性的条件（作为真正解放的条件）也将在未来成熟。历史发展在驱散想象中的阴影后，将会使想象的肯定性显豁出来。《神学政治论》第十一章到第十五章③代表了对想象的积极性的推测，在前面的章节中它的这种积极性就已经被界定为可能性了。于是，通过解释学分析而被勾勒出来的任务也就被改造整合进构成性的力量、真正的解放之集体条件这一建构性视域之中了。这是一个极具伟力的密度激增的过程。合作。在这里我们必须对这个功能予以强调，因为各种各样的阐释往往忽视了

---

①《神学政治论》第五章，第 129 页。（格布哈特编《斯宾诺莎著作集》卷三，第 73 −74 页。）

②《神学政治论》第五章，第 129 −130 页。（格布哈特编《斯宾诺莎著作集》卷三，第 74 页。）

③《神学政治论》第十一章到第十五章，第 308 −376 页。（格布哈特编《斯宾诺莎著作集》卷三，第 151 −188 页。）

constitutio 这个词本身[①]在存在论层面的意涵,而经常对它进行简化处理,将建构的和结构的活动压缩成某种“配置(disposizione)”或人类态度。[②] 这种化简(显然存在于所有泛神论解读之中,这类解读基本上无视存在对样式视域是有着积极的过度决定作用的)完全是不合适的,根本无法适应我们目前讨论的这一体系的这些要点。完全不同于这些解释,这个过渡部分——基本上由第十一章到第十五章构成——到处都强调着服从的构成性的积极性。对权力的服从乃是这一部分的核心,正是对权力的服从这一环节将宗教与社会勾连了起来。为了确立规范性的权力服从形式,斯宾诺莎借由对一致同意的分析来予以说明。有关“适当的权力(potere moderato)”那初步而粗糙的界定已经指出了这个路径:“人的天性是不受绝对的压制的,正如辛尼加所说,横暴的国家(impero della violenza)是不会长的,适当的权力(potere moderato)则会长久持存。”[③]至此,宗教想象的积极作用基本上就在于在历史发展的各个不同阶段让对权力的服从得到普及。在使徒的教义作用之下,宗教功能的提升远远超出了预言性教导所能做到的:先是民族归属的宗教性,继而则是普世的宗教。从基督教开始的宗教意识的内化使得对权力的服从的政治界定普遍化了。

---

① 拉丁文,“构成(存在论层面)”或“制宪(人的社会性层面)”。——译注

② 这是——比如说——果鲁特在《斯宾诺莎:论心灵》第196、572页反复就“构成(constitutio)”给出的解释。马泰隆非常坚决地反对这种类型的解释。

③《神学政治论》第五章,第129-130页。(格布哈特编《斯宾诺莎著作集》卷三,第74页。)

从此,信仰被呈现为政治服从的一种先天形式,被呈现为一致同意的构成性要素。这样一来,这就不再是什么对具体对象的服从,而是服从一般——此即政治的形式,即一致同意的构成性要素。想象开始能够创造出一种集体的维度,这个维度既是意识形态的,也是结构化的:它把对服从的合法化构造为普世宗教,并且把社会的效果、集体性的效果构造为服从。

集体性的构成难题在这些章节中逐渐地清晰起来,解决这一难题的努力也变得越来越迫切。社会组织之所以能被合法化成为理性的历史结果,有两个基本要素在起着作用,这是我们应该牢记于心的:一个要素是宗教内容的普世化,另一个要素是宗教想象日益显露出其构成性功能。现在首先让我们来看看宗教的内容,以使徒书诸教义为对象的阐释学分析最终得出的结果是把宗教内容归并化简为几个简单的原则,而其中最为重要的就是这一条基本原则:"在这种意义之下神的法律传到我们现在是没有舛误的。这样说是不容争辩的。根据《圣经》本书,我们毫无困难毫无含混地可以知道其主要的教义是:最要紧的是要爱神,并且爱邻人如爱自己。"①但这种归并化简的操作并不造成宗教意识的贫乏:此一操作恰恰析出了想象,并确定了想象的生产性运动。为泛神论信条进行了奠基:一组诫命——"很少"且"很简单"的,从自然之光(天赋理智)直接降下来的诫命。② 在这里被勾勒出

146

---

①《神学政治论》第十二章,第 328 页。(格布哈特编《斯宾诺莎著作集》卷三,第 165 页。)

②《神学政治论》第十三章,第 334 页。(格布哈特编《斯宾诺莎著作集》卷三,第 168、177 -178 页。)

来的宗教想象活动的历史的、制度的结果是什么呢？无非就是把服从确定为社会性的、集体的先天条件——也就是说,将服从确定为生命及人的再生产的先天条件。启示谈论超自然的事物,而神却要适应想象和意见！对此不必大惊小怪,因为预言家和使徒的"说法是适应大众的理解力的,《圣经》的目的是为使人服从,不是为使人博学"。[1] 自然神论信条的主张因而严格地与对宗教政治功能的这样一种确认相联系:想象已经建构起了社会性的基础,进而将服从——在神学中有其动机的服从——设定为合法化原则,以使命令对合法地支配联合协作。所以,人们所谓的"信仰"一词指的正是"对神的了解,无此了解则对神的服从是不可能的。服从神这一件事就是暗指了解神"。[2] "可知信仰并不要求教义应含有真理,而是要求教义应是虔敬的,就是说应引起服从之心。"[3]"每人的信仰之为虔敬的或不虔敬的,全视其产生服从或顽强而定,与其是否含有真理无关。"[4]"此种教义为的是让人们可以和平融洽地共同生活在一起,它对一个社会(società)是多么有益、多么必要,有多少大骚乱和罪恶的起因借之可以被消除,

① 《神学政治论》第十三章,第 338 页。(格布哈特编《斯宾诺莎著作集》卷三,第 172 页。)

② 《神学政治论》第十五章,第 346 页。(格布哈特编《斯宾诺莎著作集》卷三,第 172 页。)

③ 《神学政治论》第十四章,第 348 页。(格布哈特编《斯宾诺莎著作集》卷三,第 176 页。)

④ 《神学政治论》第十四章,第 348 页。(格布哈特编《斯宾诺莎著作集》卷三,第 176 页。)

我请大家自己去判断!"①

我们一路读下来,直至此处,看到的是一系列以如下方式相互关联的原则:首先,是从民族宗教到天主教和普世宗教的关联;继而普世宗教获得深化,打开了它自身的内容:服从;由此而来的是一种自然神论信条,其中展现了服从范畴的逻辑延展性;最终,以至于服从将自身呈现为规范性义务概念的基础,造成了宗教与哲学的分离、信仰与理性的分离,并确定了解放性的理性的尊严。② 通过对这些印张的字里行间的阅读并在纯粹理性基础上对它们加以重构,我们就可以获得一种蓝图,即作为想象的宗教的蓝图。它是这样被组织起来的:首先,积极想象与消极想象相区分,后者是迷信,前者是服从。继而,服从被证明是积极形式的想象,因为它的内容是和平;于是也就出现了在人们之中确立契约——一致同意的可能性;接下来,和平被确立为公民联合协作的基础,并代表了人的生活中的一种优越的善。最后,我们看到了对这些迷信的价值的每一次克服、从它们中的每一次挣脱,都是

147

① 《神学政治论》第十四章,第 351 页。(格布哈特编《斯宾诺莎著作集》卷三,第 179 页。)[温锡增译本第 200 页,译文有调整。——译注]

② 《神学政治论》第十五章专论信仰与哲学的区别。神学与哲学相区别——以及由之而来的神学与理性的自由的区别——的这个方面,构成了 L. 斯特劳斯对《神学政治论》的解读中的一个主题。斯特劳斯的这种理解方式是极为重要和精准的;实际上,它并不止于抽象赞扬理性的自由,而是将理性的这种自由视为构成的一种手段,此构成特殊来说即政治的构成/制宪,而政治则被视为是改良的手段。参看阿尔特维克编《斯宾诺莎主义发展史资料汇编》(前书已引)中对斯特劳斯解读的综述,尤其是第 330、333、359 - 361 页。

通过更优越的奠基和理性化的形式实现的,所有这一切都取决于理性。接下来,我们便看到了一种显然具有启蒙走向的理论发展。理性穿过想象,将其中包含的真理解放出来,同时想象则对存有因而也对理性本身的积极性起着建构作用。但在这里还应作一些更为深入的考量:铺展开了的现象学视域、被描述了的构成性功能和被揭示的真理内容之间的关系仍然是非常成问题的(problematico)。这种关系最终造成消极想象——战乱的起因①——和积极想象——和平与社会性的构成性因素——之间的分离:这种分离是垂直的,重申了理性存在优先性的思想。可是,确乎"我们可以下一个绝对的定论,即《圣经》无须调和于理性,理性也无须调和于《圣经》"②:这就是说,此一分离并未必能抬高理性而使之高踞于信仰之上。即便理性穿过了想象的现象学式的织体也是如此:理性的历史解释学也正是在这里发现了自身遭遇了最强大的局限。什么局限呢?即它还处在与存有之平面无法完美融为一体的存在观之中,它仍然遭遇着二元论残余的抵抗,以至于无法把自身的这种历史解释学方案发展为一个完整的整体。

我们顺着这个过程一路下来,走到了中点。在斯宾诺莎体系

---

①《神学政治论》第十四章,第 344 -345 页。参看吉安柯蒂·波歇里尼为这些段落撰写的注释。这些注释很重要,因为围绕迷信的主题产生了许多论点:荷兰宗教条件之下的论点、自然神论视域下的论点,以及对这二者提供了激励和合法化的消极主义精神视域下的论点。(格布哈特编《斯宾诺莎著作集》卷三,第 173 -174 页。)

②《神学政治论》第十五章,第 365 页。(格布哈特编《斯宾诺莎著作集》卷三,第 185 页。)

的这一中断之中，呈现出一种为新存在论顺序确定根本性的paliers①的强烈倾向。新结构的基础应该是：一种完全单义的存在论视域——在其中，泛神论的神秘二元论可以被压平到一个完全均匀的平面；一种构成性的动态机制，它将能不断地对存在进行改造，将从物质性驱动的方面推动存在；以及存在论实践的集体性、社会性维度。理性的解释学已经让我们在这个场地里有了长足的进展，证明了《伦理学》第一阶段的危机和存在论难题是亟待解决的，这个迫切需要应该被提上研究日程。但是，有关存在的哲学尚不能成功地实现这一目标；也就是说，《神学政治论》的哲学部分最终也无法实现这一战略目标。二元论残余、艰巨的难题性仍旧存在。简单地化信仰为社会性的先天条件还不足以解决难题。现象学方法，虽然非常有效地解释了预言家的启示，但尚不足以支撑其全部研究。在这些章节中，我确信，我们可以发现斯宾诺莎论述过程中有个关键之点，在这个点上，我们可以看到在战略规划面前，论述却采用了倒退的战术：在这里显而易见地出现了普遍主义视角，即典型地与自然法权/天赋权利（giusnaturalista）相关的普遍主义视角——也就是说在这里，对使徒教义的批判并没有成功地在充分具体的历史维度中展现其全部效果（必须指出的是，对犹太预言主义的批判则彻底得多！），相反却是把这些效果放到了某个普遍意指的场地之中。基督教的和使徒的教义是真理之光（天赋理智）的内容，是一组很简单的普遍原则，是自然神论信条的基础。而自然法权/天赋权利（giusnaturalista）确乎是有关构成/制宪（costitutivo）的规划的一个障碍。斯宾诺莎

148

① 法语，“基址”。——译注

在从生产服从的视角、服从生产着社会性的视角来看待信仰的时候,他应该是承认自然法权/天赋权利是一个障碍的:但斯宾诺莎此时的这一做法充其量也还只是把自然法权/天赋权利的逻辑力量化简为一种形式的、先验的力量,并没有取消自然法权/天赋权利原则的优先性。想象的积极作用在自然法权/天赋权利理由的先验主义面前被阻碍了。只要仔细考量《神学政治论》至此给出的那些重大结论,我们就可以很好地说明这种战术上的僵局:但它毕竟仍然是一个僵局,是一个悬而未决的难题——在下一节里,我们将通过界定该体系的中断,清晰地对之作出说明。

本节最后要论述的内容,需要我们稍稍退回一点。在努力去把握建构的动态机制的这一研究过程中由自然法权/天赋权利所标示出的那种战术倒退需要我们回顾一下《伦理学》中关于共相的逻辑观点。正如前文所示①,对共相、对一切形式的先验逻辑的拒斥在《伦理学》中表现得非常强烈。知识被无阻碍地推向对具体的直观、对存在论层面的确定事物的直观:逻辑交往(la comunicazione logica)是建立在"共同概念"基础之上的,而"共同概念"与共相毫无共同之处,而是得自于对物体共有特性的概括界定。在有关共同概念的学说中,斯宾诺莎详细论述的东西正是一种积极的理性主义,与柏拉图主义、与所有普遍的

① 《神学政治论》第十五章,第 365 页。(格布哈特编《斯宾诺莎著作集》卷三,第 185 页。)

唯实论概念是针锋相对的。[1] 许多评论者都强调过这种唯名论观念在斯宾诺莎思想中产生的影响是何等重要，——它是颠倒的真正基础，是把握其思想的物质性动力机制的逻辑可能性![2] 因而，由于《伦理学》中的这个方面（就算确乎只是由于这个方面），斯宾诺莎思想已经具有了发展出构成性主题的前提条件。但还有许多其他因素——尤其并首要地是某种流溢存在观——在此时还阻遏着这一主题。当然，有关共相（universale）的关键概念对这一主题而言却绝不是阻遏。这样一来，至少截至我们所研究的这一部分，我们遭遇了《神学政治论》的悖论：在艰辛的构成性挖掘的中途，研究被锁死了，在战术上必须后撤，即便在研究的这个节点上所有情况都表明研究必须推进下去。《神学政治论》丝毫不知"共同概念（nozioni comuni）"，相反它使用的是共相（universali）。自然法权/天赋权利学说、自然之光/天赋理智理论以及自然神论的理论只是偶一显露，这足以在斯宾诺莎的工作中再次引入一种似乎曾已经显然被克服掉了的（有关共相的）难题性。于是，也就是在这里，我们又一次碰到了此项研究的障碍、它的矛盾！但很快，在《神学政治论》第十六章到二十章——我们在下节里要对之进行探讨——那里，分析显然会深化得突破这些局限，到时我们会看到的。毕竟现在某种古老的自然法权/天赋权利又被重新复活了（悖论的，并且只要

149

---

① 有关"共同概念（nozioni comun）"，果鲁特的《斯宾诺莎：论心灵》（前书已引）给出了出色的评注，见第 324 页及以下。

② G. 德勒兹在《斯宾诺莎和表现难题》（前书已引）第 252－267 页中使用的一些术语，表明了共同概念有神秘化作用。

你愿意,几乎是在字里行间的某种自然法权/天赋权利):自然法权/天赋权利将在未来几个世纪里被政治思想所青睐,尤其会滋生基础,让各种斯宾诺莎主义的探索大行其道。倍尔和17世纪荷兰许多作家就把自然法权/天赋权利的斯宾诺莎主义普及开来并使之构成了一种刻板印象,至少是在这种形式中,信仰的非理性和自然普遍性的理性确定性被结合了起来。① 稍后还会出现卢梭主义对斯宾诺莎主义的综合,但这种综合必须是以这个悖论——据信是存在于斯宾诺莎阐释学中的这个悖论——为前提条件的。然而,斯宾诺莎的确与自然法权/天赋权利之说是没有丝毫关系的,只不过把这个学说当作了一种战术上的后撤,只不过将之作为一种暂时的权宜之计,为的是暂时偏离计划的主线,而且这种学说无论如何既与斯宾诺莎后来的发展相矛盾,也与《伦理学》第一阶段相矛盾。不,斯宾诺莎不属于自然法权/天赋权利的传统——就算是,也纯属偶然。

---

① 有关这一方面,基本可参考克拉科夫斯基在《没有教会的基督徒》中对17世纪宗教思潮的分析。他还用了大量篇幅考察了倍尔(Pierre Bayle)所提出的难题,但从我们的视角来看,他对布莱登伯格(Johnas Bredenburg)思想的分析更为重要(第250-280页)。有关倍尔在这一语境中所处的位置,可参看虽发表时间较早但仍旧有用的E. 皮庸(E. Pillon)的文章《倍尔对斯宾诺莎主义泛神论的批判》("La critique de Bayle du panthéisme spinoziste"),载《哲学年鉴》(*Année philosophique*),1899年第9卷,第85-143页。还可参看E. 拉布鲁斯(E. Labrousse)两卷本著作《皮埃尔·倍尔》(*Pierre Bayle*, Den Haag, 1963, 1964)和W. 雷克斯(W. Rex)《皮埃尔·倍尔和宗教论争》(*Essays on Pierre Bayle and religious Controversy*, Den Haag, 1965)。

3. 战争的地平线全景

我们本该将本节的标题设为"超越自然法权/天赋权利"或是"超越作为'意外情况'的自然法权/天赋权利"的。实际上,一旦我们看到第十六章的开篇("把哲学与神学分开,说明这样分开就保证哲学与神学都有思想的自由。现在应当确定,在一个理想的国家里,上述的思想与讨论的自由可以达到什么限度。为适当地考虑这个问题,我们必须把一个国家的基础加以研究,先注意个人的自然法权/天赋权利,然后再及于宗教和国家的全体"①),我们马上就会注意到,对自然法权/天赋权利的设想——无论是理性主义的还是观念论的——包含有极大的意外性质,虽然前面章节中这种设想偶有显露。"所谓自然的权利与法令(diritto e istituto naturale),我只是指一些自然律,因为有这些自然律,我们认为每个个体都为自然所限,在某种方式中生活与活动"。② 这确乎是一种理性的和自然主义的观念,但却倾向于唯物主义,也就是说倾向于唯物主义的必然性。"例如,鱼是天造地设地在水中游泳,大鱼吞小鱼;因此之故,鱼在水中快乐,大鱼有最大的自然的权利(diritto naturale)去吞食小鱼。因为,在理论上,自然当然有极大之权利为其所能为;换句话说,自然之权利(diritto)是与自然之力

---

①《神学政治论》第十六章,第 377 页。(格布哈特编《斯宾诺莎著作集》卷三,第 189 页。)

②《神学政治论》第十六章,第 377 页。(格布哈特编《斯宾诺莎著作集》卷三,第 189 页。)

(potenza)一样广大的。自然之力(potenza)就是神之力(potenza),神之力有治万物之权利:因为自然之力(potenza)不过是自然中个别成分之力(potenza)的集合,所以每个个体有最高之权利(diritto)为其所能为。换言之,个体之权利达于它所规定的力量的最大限度。那么,每个个体应竭力以保存其自身,不顾一切,只有自己,这是自然的最高的律法与权利。所以每个个体都有这样的最高的律法与权利,那就是,按照自己的自然的条件去生存与活动。我们于此不承认人类与别的个别的自然物有任何差异,也不承认有理智之人与无理智之人,以及愚人、疯人与正常之人有什么分别。无论一个个体随其自然之律做些什么,他有最高之权利这样做,因为他是依天然的规定而为,没有法子不这样做。"[1]贪婪和作用力的力度(forza)构成了个体的自然法权/天赋权利。但仍必须问一下:这就是自然法权/天赋权利(giusnaturalismo)吗?若是处在从格老秀斯到霍布斯[2]一以贯之的思路所衍生的种种类

150

---

① 《神学政治论》第十六章,第377-378页。(格布哈特编《斯宾诺莎著作集》卷三,第188-189页。)

② 正如吉安柯蒂·波歇里尼所作注释表明的那样,他非常正确地指出了这一点,尤其可见《神学政治论》意大利语译本第393-395页。当然还可参看其他一些著作。对斯宾诺莎政治思想感兴趣的学者总是特别强调他的政治—法律思想与自然法权/天赋权利学派之间的关系;可参考最重要的两部文献:A. 拉瓦的《斯宾诺莎和费希特研究》(前书已引)和G. 索拉里的《法权哲学的历史研究》(前书已引)。我们必须指出,这两位作者虽然分析了斯宾诺莎可能受到的影响,但都并未忽视斯宾诺莎理论发展的绝对原创性。然而,他们迫切地探究斯宾诺莎思想起源而汇集起来的元素,确乎在斯宾诺莎思想特殊性的界定方面造成了大量的不确定性。可参看作为对斯宾诺莎这

比和直接影响之下，我们就会遭遇这种悲观主义版本的自然法权/天赋权利学说。而我认为这并不是自然法权/天赋权利。实际上，斯宾诺莎的独特表述杜绝了带有自然法权/天赋权利哲学基本特征的一切东西，也就是说，将有关个体基础的绝对观念和有关契约过渡的绝对观念一并杜绝了。在斯宾诺莎思想中，与这些绝对基础不同的是一种社会物理学，也就是说，一种个体冲力机械学和联合关系动力学，其特征是永不会封闭于绝对之中，而是服从于种种存在论配置（dislocazioni ontologiche）的。难于将斯宾诺莎归入种种类型自然法权/天赋权利（giusnaturalismo）的统绪之中，这在哲学史书写中已经成为了一个众所周知的难题，之所以这样，唯一而彻底的原因就是：斯宾诺莎的社会、法律和政治思想与自然法权/天赋权利学说是不兼容的。自然法权/天赋权利思想在其根本上来说是对受动激情的分析，而斯宾诺莎的思想却是一种有关受动激情的现象学；自然法权/天赋权利思想就其契约和绝对主义的理论形态而言是由辩证法的诉求所支配的，而斯宾诺莎的思想则是向着构成性的难题性（problematica costitutiva）保持开放的。

斯宾诺莎思想与自然法权/天赋权利之间的这种主要差异的明证，并不来自对个体自然法权/天赋权利的初步界定（此一界定

类解读的含混性——这种含混性在这两位大师之后，已经在意大利历史—哲学传统中固定了下来——标志的著作：C. 帕奇亚尼（C. Pacchiani）《在神学与政治之间的斯宾诺莎》（*Spinoza tra teologia e politica*, Padua, 1979），该著堪称该学派的最后产物，包含丰富的参考文献，但其精密的解读却未能成功地就斯宾诺莎革命思想得出准确界定。

我们前面已经看到),而是来自下面的段落,即涉及契约的这个段落:"人不互助或没理智的帮助,必是极其可怜的生活着。想到这里我们就可明白,如果人要大致竭力享受天然属于个人的权利,人就不得不同意尽可能安善相处,生活不应再为个人的力量与欲望所规定,而是要取决于全体的力量与意志。若是欲望是他们的唯一的指导,他们就不能达到这个目的(因为随着欲望的规律,每个人就被牵到一个不同的方向);所以他们必须断然确定凡事受理智的指导(每人不敢公然弃绝理智,怕人家把自己看成是一个疯人),遏制有损于他人的欲望,凡愿人施于己者都施于人,维护他人的权利和自己的一样。现在我们要研究像这样的协定是怎么着手、承认和成立的。"于是,乍一看上去,对协约起支配作用的,也就是说决定着从对抗性自然状态向这种契约所构成的人为的和平状态过渡的,乃是共同的功利性。但这种由契约所构成的状态(国家,Stato)真的是人为的和假定的吗?如果是的话,我们就全盘接受了自然法权/天赋权利学说。相反,它不是,所以我们显然摆脱了自然法权/天赋权利的框架。实际上,从个体性向社会性的过渡既非来自力量(potenza)的转移,亦非来自权利的让渡,而在于构成性的想象过程,这个过程是与任何逻辑推理都毫不相关的。国家(Stato)——尽管在一种契约基础上被界定——不是假定的,而是一种自然决定,是一种第二自然,它是个体受动激情与另一种基本自然力(即理性)之活动向着这个结果的导向同时作用的动力机制的结果、力量配置(dislocazione della potenza)的结果。这个思路框架是在现象学线索中、在想象与理性的交织的线索中形成的,因而既避免了悲观的个体论、契约辩证法,也避免了霍布斯的绝对主义有机论,——论争的直接矛头很快就会直

151

接对准他。①

让我们返回对斯宾诺莎文本的解读，留心不要被他用来描述并非自然法权/天赋权利学说的东西的那套自然法权/天赋权利术语误导了：这套术语同时还突兀地获得了某种显然形而上学性质的意义和与自然法权/天赋权利传统相矛盾的意涵，这种矛盾是如此强烈，以至于构成了一种构成性张力。"我们已经说过，个人的自然法权/天赋权利（diritto naturale）只是为这个人的力量（potenza）所限，可见把这个力量转移于另一个人之手，或是出于自愿，或是出于强迫（forza），这样一来，他必然地也把一部分权利让出来；不但如此，统治一切人的最高权利（supremo diritto）是属于掌握着整个权力（pieno potere）的那个人，借整个权力，他可以用武力（forza）以驱人，或用大家都怕的死的惩罚这种威胁以禁制人；他能维持行使他的意志的力量（potenza）的时候，他才能保持这种权力（potere）；否则，他就要在他的王位上动摇，凡强于他的没有一个会违背自己的意志必须听从于他。一个社会就可以这样形成而不违犯自然权利，契约能永远严格地遵守；就是说，若是每个个人把他的力量（potenza）全部交付给社会，社会就有统御一切事物的自然权利（diritto naturale）；就是说，社会就掌握着最高权力（supremo potere），每个人必须服从，否则就要受最严厉的处罚。社会的这种权利即所谓'民主'，民主因而可以被定义为集体享有该权力（potere）之内的全部权利的全部人们的联合。此一总 152

---

①《神学政治论》第十六章，第384页。但总的来说，有关斯宾诺莎同霍布斯政治思想的对立，参看标号为第五十封的信件。（格布哈特编《斯宾诺莎著作集》卷三，第188－189页。）

权力(somma potestà)不受任何法律的限制,而且每个人还必须在一切事情上服从于它:当人们把全部自卫权力(proprio potere di difendersi),也就是说,他们所有的法权(diritto),暗含着或明白地交付给社会的时候,就会是这种情形。"①第一个术语上的悖论是:绝对权力(potere assoluto) = 民主。这只能意味着一件事:那就是,这个段落所谈的(如果不是以佯装的方式谈论的话)并非是权利的转让,而仅仅是力量的转移;不是对对抗的平息,而是以一种更复杂的方式对对抗加以组织。权力的行使与同意的表现之间的关系,不能被压缩到一个平面,不能完全被权力这个综合项一劳永逸地吸收:二者之间是一种开放的关系——"契约之所以有效,全赖它的功效,无此,契约将是一纸空文"②。于是,民主政体"是最自然、与个人自由最相合的政体。在民主政体中,没人把他的自然法权/天赋权利绝对地转付于人,以至于不被征询他对事务的意见。他只是把自然法权/天赋权利交付给一个社会的大多数。他是那个社会的一分子。这样,所有的人仍然是平等的,与他们在自然状态之中无异"。③ 这一说法(除了让使斯宾诺莎区别于霍布斯主义的机械论和有机论的那种巨大差异得到了过度决定之外)显然也还另有所指:它意味着我们应该返回,重启以个

① 《神学政治论》第十六章,第382页。(格布哈特编《斯宾诺莎著作集》卷三,第193页。)

② 《神学政治论》第十六章,第381页,也可参看第383页。(格布哈特编《斯宾诺莎著作集》卷三,第192页。)

③ 《神学政治论》第十六章,第384-385页。(格布哈特编《斯宾诺莎著作集》卷三,第195页。)

体行动本质为出发点的探究，过程本身就是从那里开始的，我们应该再次对过程所必需的连续性——或至少是此连续性不足的解决办法——作出确证。这一说法意味着第十六章开篇以误导性的自然法权/天赋权利术语所描述的个体性迅速转换成契约的具体含义（而且也颠倒了它的含义？）。所以说，个体间的对抗——此即过程的起点——即便在发展了的社会性层面也还保持着自身的本性。个体性在这里被表述为绝对的法权（diritto assoluto）："没人能完全把他的权力（potere），也即他的权利，交付给另一个人，以致失其所以为人；而且也不可能存在一种权力（potere），绝对地可以随它自己所欲地运行。"[1]另外，"要确切地了解政府的权利与权力行使的范围，就非得指明，国家政权（la potestà dello Stato）之成立，并不因它可以恐惧强迫人，相反，绝对地因它借以让人们服从它的命令的全部手段。因为，让人成为服从者的，不是制造服从的手法（modo），而是服从本身"。[2] 因此，构成政治社会的并不是绝对主义，而是诸个体的力量的自我组织，是理性地转变为反权力（contropotere）的积极的抵抗，这种反权力是在动态的一致同意中集体形成的反权力，而一致同意的实践则是与现实中的构成过程相联系的一致同意的实践。自然的对抗建构着社会的具体历史，顺应着集体想象的构成性力量/制宪力量（potenza costitutiva）及其物质性命运。这个过程的结果不是绝对，甚至也不

153

① 《神学政治论》第十七章，第 412 页。（格布哈特编《斯宾诺莎著作集》卷三，第 201 页。）

② 《神学政治论》第十七章，第 413 页。（格布哈特编《斯宾诺莎著作集》卷三，第 201 －202 页。）

是民主，而是对现实的集体性构成/制宪。

我们现在对至此已经看到的东西作一总结，并提出这个初步阅读所产生的一些更进一步的难题。首先，斯宾诺莎研究的展开——这个展开过程绝不是对自然法权/天赋权利图式的重复，相反，它通过这个初步确立的明确的政治学说系统尝试以某种构成性动态机制为自身的基础。社会化的论点——这一论题以前是通过对想象工作机制的分析来得到证明的——如今延伸到了政治场域，为的是确证社会化的多重背反性质并为之寻求一种解决办法。社会领域是以个体间的对抗为基础的，这个领域的基因性节奏在特别多样的方式中表现着，多种潜能的配置在巨大的力量作用下、在构成性规划的语境中被给予出来。从这个角度来看，毫无疑问，我们至此所读到的是第一位反霍布斯者，他与西方政治思想史教给我们的那位霍布斯是相反的。这位反霍布斯者由霍布斯主义而来，甚至也与对自然社会作出描述的霍布斯主义调情（并且正如我们稍后将会看到的那样，他或许还把霍布斯主义理解为对历史条件的一种充分描述），但也确乎是以摧毁这个体系的逻辑作用为目标的，——尤其是要摧毁为个体法权转化为绝对法权开了方便之门的那种辩证法动力。但是，要抓住这一点并以某种构成性的动态机制提出这一点，不仅仅要成为反霍布斯，还必须同时使自己成为反卢梭。正如我们已经看到的那样①，资产阶级国家意识形态的政治神迹（神秘化）恰恰正是源自个体向普遍、向绝对的辩证转化的。霍布斯的唯实论神秘主义和卢梭的乌托邦审美主义，二者或许都存在于斯宾诺莎主义圈子的意识

① 见本章第一节。

形态之中:如今,正是斯宾诺莎本人的自我批判对二者发起了攻击并将它们从他的思辨视域中一劳永逸地清除出去了。① 这就不必再多谈了。更为重要的是强调一个事实,即斯宾诺莎在对这个早期的意识形态线索展开攻击的过程中,主张一种政治经验,这个政治经验极其强烈,以至于在理论上构成了一种替代方案:这个政治经验是与马基雅维利和阿尔特胡修斯的名字联系在一起的。② 154

---

① 我已经详细地探讨过斯宾诺莎相对于他的圈子的意识形态的自我批判的发展。但这里也释放出了哲学历史编纂学方面的某些极大的难题。我们尤其应该就此——以斯宾诺莎对霍布斯思想批判为参照——对斯宾诺莎思想与霍布斯、卢梭,以及最为重要的黑格尔等人的思想之间的关系进行探讨。我相信,正如我前面证明过的那样,这种关系是存在着的。我更进一步地相信,斯宾诺莎对其圈子的早期乌托邦的批判是有其哲学内含的,这种哲学内含使我们能够以最清晰的方式对这一思想的整个脉络建立起批判的可能性。对我来说,坚持对黑格尔作(时间提前的)批判是极为重要的。我说明一下原因。如果你试图将斯宾诺莎思想解释为蹩脚地阐述的霍布斯政治学进而使斯宾诺莎思想直接神秘化的话,那么,在我看来,就算将斯宾诺莎思想归入黑格尔式的批判,也还是会间接地使斯宾诺莎思想重回霍布斯的怀抱。我们将在后面第六章再谈这个问题。黑格尔对斯宾诺莎的解读,可参看果鲁特《斯宾诺莎:论神》(前书已引)附录四,第 462 页及以下。最后,对黑格尔—斯宾诺莎关系的颠倒,请参看马舍雷《黑格尔或斯宾诺莎》(前书已引),第 3 -13、17 -40 页。

② 要了解处在理性主义和观念论的自然法权/天赋权利学说之外的理论思潮的这个难题,奥托·冯·基尔克(Otto von Gierke)的《阿尔特胡修斯和自然法权政治理论的发展》(*G. Althusius e lo sviluppo storico delle teorie politiche del giusnaturalismo*, trad. it., Torino, 1943)是很有用的。当然,在这里,我们应该指明的是,基尔克的框架的理论条件有时候相当模棱两可,但瑕不掩瑜,该书仍然是一部有益而给人启发的著作。

马基雅维利:"君主只有靠雇佣军才能压制他们的人民;而对于君主们来说,再没有比公民军人的自由权更可怕的了。这些公民士兵们用他们的勇敢、辛苦和热血把国家的自由和光荣建立了起来。"①阿尔特胡修斯:只有抵抗,也就是说只有抵抗的权利的发展和组织化,才能构成主权;因而,显而易见的是,主权的概念蕴含在构成(法律意义上的"构成"即制宪)的概念之中。② 这些资源——

---

①《神学政治论》第十七章,第427-428页。这明显是对马基雅维利思想中的关键主题的参照。关于马基雅维利—斯宾诺莎关系的(大量)文献在这里应作一检视,我们将仅限于参考两篇文章,一篇为A. 拉瓦(A. Ravà)的《斯宾诺莎和马基雅维利》("Spinoza e Machiavelli"),载《斯宾诺莎和费希特研究》(前书已引),该文以文献学的审慎态度考索了两人之间的关系(此文无疑是有关这一问题的最好文章,即便它表现得极为谦逊);另一部著作是C. 西尼奥列洛的《政治与理性:斯宾诺莎与政治第一性》(前书已引),第138页以下,给出了有关这一问题——尤其是有关共和主义者马基雅维利的阐释传统——的丰富参考文献。在最近出版的著作中,应该提及U. 东尼(U. Doni)的《马基雅维利:权力现象学》(*Machiavelli: la fenomenologia del potere*, Milano, 1979),该著可被视为对马基雅维利革命激进性作阐释的当代基本著述。在对斯宾诺莎的解读中产生的许多疑问(质疑斯宾诺莎是否真的对马基雅维利进行了解释;斯宾诺莎对马基雅维利的解释是被迫作出,还是发自真心),都可被东尼的这部著作打消;实际上,不将马基雅维利理解为共和主义者,对马基雅维利的文本解读是很难说得通的。(格布哈特编《斯宾诺莎著作集》卷三,第213页。)

② 请参看L. 缪尼耶-布莱:《斯宾诺莎的政治哲学》(前书已引),第65-67页,在那里,斯宾诺莎在法律意义上对"制宪主义(costituzionalismo)"的探讨被同阿尔特胡修斯(Althusius)和博丹(Bodin)的思想联系了起来。但有关斯宾诺莎思想制宪主义方面的来源,更为一般的文献,可参看L. 阿勒尼亚(L. Arenilla)《加尔文主义和对国家的抵抗权》("Le calvinismi et le droit de

来自从共和主义的人文主义思想到反抗君主制的新教徒这一脉络的这些资源——所承载的是革命和解放的斗争的力量，这些资源在斯宾诺莎所说“一切人的力量和意志”①的这一社会契约定义中产生着回响，这个定义几乎预示了反对“普遍意志”的激烈论争的立场！

但是还必须说明这里也产生了一系列重大的难题。这些难题全部是从这里开始以极大强力浮现出来的构成这一概念所固有的。事实上，构成过程在这里首先显而易见的是一种否定作用：同样的论述形式，在它那令人感到吃力的散乱的展开过程中、在定义方面的不明确的逻辑（以及与之相关的术语的不确定，这在斯宾诺莎这里是相当罕见的）之中也表明了这一点。换言之，如果整体地看，这个过程的作用就是：(a)提出个体性和社会性的关系形成的难题，指向了这一形成的抽象运作机制；(b) 打消综合假说的一切可能性，强调这种关系之形成的历史事件偶然性，强调

---

résistance à l'Etat”），载《E. S. C. 年鉴》（*Annales E. S. C.*），1967 年 22 卷，第 350 -369 页。本文非常清晰地把握了从加尔文的宗教前提到制宪主义的政治学前提围绕抵抗权组织起来的思想潮流。最重要的是，参看对“监察会议制（eforato）”（第 360 页及以下）和其他同制宪有关的主题的系列评述——关于这些方面我们在考察《政治论》的时候还会再加以讨论。

①《神学政治论》第十六章，第 380 页。关于斯宾诺莎的社会契约观念来源，参看埃克斯坦（Eckstein）《论国家契约学说》（“Zur Lehre vom Staatsvertrag”），第 373 页。另见迪·弗纳的《B. 斯宾诺莎》，载达尔·普拉编《哲学史》（前书已引）卷七，第 578 页及以下。他强调了经院哲学反宗教改革对抵抗权观念和契约概念的影响。（格布哈特编《斯宾诺莎著作集》卷三，第 191 页。）

一致同意的多样性特征;以及(c)指出解决该难题的根本困难:尽管力量——从个人到社会层面的力量——在存在论层面上的配置机制已经被指了出来,但这种指明暂时还仅仅处于空洞性之中,而这一空洞性本可以被形而上学的想象——这种想象是可以范导全部构成过程的——来填充的。这里我们碰到了论述基础的真正的缺欠(我们还将看到,这一缺欠贯穿了整个《神学政治论》),于是也就产生了种种新的难题。为了澄清这些难题,最好的办法是从内部对构成性过程的局限进行考索。我们必须时刻紧盯着契约主题:困难基本上源自产生有效义务的契约的缺乏。[①]今天,有许多论者都已经指出了斯宾诺莎思想中的这个内在"局限"[②]:但那是一种局限吗?如果说——就如常见的那样——概念建构并没有让政治思想完整地得出有关现代国家的法律定义(霍

---

① C. E. 沃恩(C. E. Vaughan)在《卢梭之前和之后的政治哲学史》(*History of Political Philosophy before and after Rousseau*, London, 1925)中说:"斯宾诺莎将法权(right)和权力(powers)视为同一,换言之,他拒绝承认国家生活中的法权(Right)——斯宾诺莎的理论成也因此,败也因此。"(第192页)已有太多人强调指出过,沃恩观点的局限在于他认为斯宾诺莎的政治思想是独立于形而上学的。倘若把斯宾诺莎的形而上学考虑进来也就能修正沃恩的(与义务概念有关的)结论了,这一点我是不能同意的。总之,斯宾诺莎那里的义务概念不是由国家权威"迫使"形成的,对此进行强调是非常正确的。

② 除了前面提到的埃克斯坦的文章之外,我们还应该注意索拉里的文章——前面也提到过这篇文章——和G. 孟泽尔(G. Menzel)的《斯宾诺莎那里的社会契约》("Sozialvertrag bei Spinoza"),载《当代公私法权学刊》(*Zeitschrift für das Privat und Öffentliche Recht der Gegenwart*)1907年34卷,第451–460页。

布斯和卢梭是给出这种定义的典型）因而显得存在“局限”的话，这个标准却并不适用于斯宾诺莎：他别有所求。从任何一种意义上讲，斯宾诺莎思想都不是一种“自由主义”思想，它也绝不是在给法律的统治寻找基础，它与霍布斯—卢梭—康德—黑格尔的这条“崇高”线索毫无关系！这里的局限——这次无须给局限一词加上引号——的唯一原因在于，这个阶段斯宾诺莎还尚不能让那个充分的系统性动力机制全部包含住契约的本质：局限源自体系的停顿或中断，这种停顿或中断还未被克服，因而难于将契约引回想象这一构成性力量之中。[①] 在他生命的最后几年里，也是在他的体系进入最成熟的时刻，通过《政治论》（1675—1677），斯宾诺莎从构成/制宪之达成（argomentazione costitutiva）中清除了体现在《神学政治论》中的这种契约论，他也为这种体系框架赋予了连贯性，——但这反倒是新表述的局限。但现有的这种系统结构是我们必须要远远地超越的！目前，摆在我们眼前的有两个需要

① 如果我没搞错，想象在构成中的中心性推动作用是由狄尔泰在其《思想的自主性，建构性理性主义与泛神论一元论于17世纪实现二者的结合之后》（*Die Autonomie des Denkens, de konstruktive Rationalismus und der pantheistische Monismus nach ihrem Zusammenheng im 17. Jahrhundert*）中澄清的，该著今天可在《狄尔泰著作集》（*Gesammelte Schriften*）第三卷中找到。这个观念被E. 胡塞尔（E. Husserl）所采用，他认为斯宾诺莎的《伦理学》是“die erste universale Ontologie（第一个普遍的存在论）”；见《危机》（*Die Krisis*, Den Haag, 1954）第66页。这个观念再次出现在R. 霍宁斯瓦尔德（R. Honingswald）的文章《斯宾诺莎：试论他的难题史的形成问题》（“Spinoza: Ein Beitrag zur Frage seiner problemgeschichtlichen Stellung”），载阿尔特维克尔编《斯宾诺莎主义发展史资料汇编》（前书已引）。

思考的要素:一方面是力量(potenze)之间的关系,这些力量是在基础层面相互对抗的,在构成/制宪过程中(或者在这一过程的规划中)受到限制但还未完全消弭它们的对抗性;另一方面则是对任何有关此关系的实体化观念的严格排除。请注意:我并没有说,随着体系进一步的成熟,社会现实的对抗观念消失了——实际上,事实恰恰相反。被消除了的是契约意象和由之而来的乐观幻觉:被消除了的是斯宾诺莎那里的自然法权/天赋权利。要让这种情况发生,斯宾诺莎政治学的论述就需要丧失相对的自治性并转而诉诸这个体系的普遍展开中的一个方面、一个后果:真正的斯宾诺莎政治学就是他的形而上学。

但目前,我们给出这个结论还为时尚早。《神学政治论》在奠基这一我们至此已论述了的主题之后提出的难题,显然是与其规划目前状态的含混性和不确切性有关的。但毕竟,我们还是可以将构成性规划——这种规划已经牢固地被确立了——之维度与执行上的具体困难区别开来的。《神学政治论》后面接下来的章节具有某种不连续性的模式,这些具体困难也由之而来;换言之,它们源于一个单独的难题。但它们是不可能在政治学层面得到解决的,它们从这个层面发散开来,保持着论述上的政治学自治性,但在论述上却一个一个地无法前后衔接、保持连续的节奏,只能在每一次论述中,局限在各自尝试的完全的个别性之中。最终,所有这些尝试对分析的进程都毫无助益。但是,它们都来自唯一的难题,即存在论层面的实在之构成的难题,它们因而有助于丰富这一难题的逻辑本质,有助于描述它的系统复杂性。它们是些什么尝试呢?它们是:(1)一种实证性方案(法学意义上的);(2)对契约论的历史现象学进行的某种深化;(3)力图贴近现实但最终退缩的一个方案，无疑也是政治方案——有保守色彩的和寡头论调子的方案；(4) 对作为“jus circa sacra”[1]题中之义的世俗主义的一种确证；(5)从伦理—政治角度提出的“libertas philosophandi”[2]的美好要求。我们应该分别地观照这些主题，同时要清楚它们之间没有任何逻辑上的连续性，仅仅在它们共同指向的那个唯一难题的基础之上才具有意义。它们的意义来源并非是它们各自得出的结论，而是使它们流溢而出的那个点，虽然它们各自分离，具有体系上的不连贯性。[3]

156

斯宾诺莎的法权实证主义(positivismo giuridico)是一个诱惑，至少这种法权实证主义在《神学政治论》的最后一部分所呈现的形式当中是这样的。“正义在于惯常使每人都有其法律上所应

① 拉丁语，“控制宗教”。——译注

② 拉丁语，“从事哲学探讨的自由”。——译注

③ 对这个段落存在着来自两种对立方向的解读，但这两种解读在我看来都是错误的。一方面是 M. 考西的《斯宾诺莎的政治学和智慧》(前书已引)，他认为政治哲学是一种自然地形成的人为技术(artificio)，这种技巧随着不同程度的解放而连贯地作为意识的“emendatio(改进)”基础而发展着。另一方面是马泰隆在《个体与共同体》——尤其是第三部分——中提出的观点，他认为政治社会纯粹直接就是一种异化，在这里，也是与“emendatio(改进)”有联系的。对考西来说，基础是个体主义的基础，而对马泰隆来说，基础应是集体性的基础；但我们应该清楚地知道，这并不是问题的关键所在，至少目前不是。在这里，难题不是识别出斯宾诺莎政治哲学的这些段落的刻意为之的人为(artificioso)性质，而是要承认这些段落的相对失败：刻意为之的人为性源于失败，源于没有构成性的、存在论的目标这一事实。马泰隆为这种情况赋予了它自身的辩证逻辑，并认为此种情况是短暂的，但我们面对的不过是斯宾诺莎思想的直线发展过程，为什么要在这里翻辩证法筋斗呢？

得。不义是借合法之名剥夺一个人在法律上之所应得。”[①]法权的有效性被确立为正义的基础。[②] 这个时候，这种实证主义惯例显然是被用来解决展开了的构成性视域所发现的那个存在论极限的。我在何种意义上认为这种解决办法既是偏狭的又是具有诱惑性的呢？我说它偏狭，是因为在这里得到强调的权利实证主义纯粹是司法主义的——它植根于一种徒劳无效的现象学视域之中，仅仅表述了一种要求上的实证论，这种要求的效力仅局限于绝对形式化的平面。[③] 存在论的极限涉入了历史性平面之中，从而让理论、法学讨论的内容归于贫乏。另一方面，我说这种实证主义是诱惑，是因为它是对某种法权实证主义的暗示，而法权之所以有效全赖构成性过程的联结及其存在论运动。斯宾诺莎对法律难题的解法，除了他的分析，还需要补足。

在紧接下来的几页里，斯宾诺莎就尝试着对分析进行补足。[④] 他说，如果说自然状态——这种状态只能被设想为“既无宗教也无法律”的状态——转变为了“宗教状态”（我们已经看到，正是想象促生了这个过渡）的话，那么我们也还必须通过“明确的契约”来领会和辨识这个历史过渡的规范，“宗教状态”也是这种

---

① 《神学政治论》第十六章，第 385 -386 页。（格布哈特编《斯宾诺莎著作集》卷三，第 196 页。）

② 《神学政治论》第十六章，第 385 -388 页。吉安柯蒂·波歇里尼在这个问题上的评注非常出色。（格布哈特编《斯宾诺莎著作集》卷三，第 195 页。）

③ 马泰隆的《个体与共同体》（前书已引）非常清楚地描述了斯宾诺莎实证主义的形式特性。

④ 《神学政治论》第十六章，第 388 -391 页。（格布哈特编《斯宾诺莎著作集》卷三，第 197 -198 页。）

"明确的契约"的产物。"这个诺言或把权利转让于神,其实现正与在普通的社会中我们所知者相同,在共同的社会中人们同意放弃他们的自然法权/天赋权利(naturale diritto)。借助于一个一定的契约与一个誓约。"①契约因而是作为向社会的过渡的规范发挥作用的吗?历史就是不同阶段的契约的演替过程吗?其特征就是理性支配性的增长吗?这个方案的巨大抽象性是明摆着的。同样明显的是这样一种情况:这些提法并不那么斯宾诺莎,既然斯宾诺莎思想应被理解为现象学诉求和构成性意志。而契约论的历史现象学的这种进路还坚持着不成功的尝试,保持着偏航的轨迹。然而它还是让图景更为丰富了。因为,实际上我们不得不再次看到想象世界中不容否认的财富,它得自于有关现象学存在之多样性和多变性的臆测的、渴求的观念——得自于对单义存在观的强有力的重新开启,这就是财富,就是顽强的生命王国。 157

在这个顽强存在的场地上,也是在充足的、可以引导探索进程的存在论替代框架缺乏的情况下,斯宾诺莎的探索散漫地展开。它又转向了,它现在改变了论域,在涉及存在论力量的轨迹之后,它又开始论及存有的显象性(fenomenicità),开始涉及政治学的具体判断。第十八章"自希伯来人的联邦和他们的历史引出一些政治学说"②。本章处理的是一个与前章不连续的主题,其中类比取代了观念的推演,不连贯的推理也毫无节制。该章号称要

---

①《神学政治论》第十七章,第 417 –418 页。但有关这一问题,应更总体地看第十七章通篇。(格布哈特编《斯宾诺莎著作集》卷三,第 205 页。)

②《神学政治论》第十八章,第 448 页,此为第十八章的标题。(格布哈特编《斯宾诺莎著作集》卷三,第 221 页。)

重构犹太人国家的历史经验,但却给出的是一系列格言,让人不禁想起同时代的学院派的箴言录,完全与斯宾诺莎思想的逻辑风格不搭界。① 如果说这就构成了从政治理论到政治分析的过渡的话,那么我们面对的就只是一种彻头彻尾失败的尝试。这里对荷兰的政治权的称扬彻底充满了保守主义色彩。总的来说,"所以这些例子证实了我们的信念,那就是每种政治权应保持原有的形式,而且确是不能把它改变而没有毁灭全国的危险。"②比如说吧,对共和国经验的称扬——这不无修辞性——和政治方案方面明确的退化运动趋势之间的不匹配,很可能源于斯宾诺莎强烈的焦虑感,他人虽在伏尔堡,却对荷兰的寡头政体心怀期待,但期待越大,焦虑就越大!无疑,正是在这些年里,德·维特的政治权日益耗竭了它的共和主义幻相,所以,斯宾诺莎文本行文与政治发展之间的类比关系是紧密的,而且文本的行文受到了实际政治发展的影响。③ 但同样真实的是,(在理论层面)本章的讨论不仅没有

---

① 见斯宾诺莎书房中收录的箴言录。也可参看标号为第四十四封的信,见《书信集》第 216 -217 页。(格布哈特编《斯宾诺莎著作集》卷四,第 227 -229 页。)

②《神学政治论》第十八章,第 456 页。(格布哈特编《斯宾诺莎著作集》卷三,第 228 页。)

③ 德·维特领导的寡头武装同奥伦治家族复辟势力之间的制宪争论的最后和决定性阶段从 1665 年一直延续到 1670 年。恰是在贵族政体最终砥定的这个时期,实际上,是君主制在支撑着国家权力的运行。国外战争——尤其是与英格兰的海战——彻底削弱了贵族政体。正如我们将很快看到的那样,斯宾诺莎以某种戏剧性的方式经验着这一切。更多信息请参看本书第一章注释中列举的历史学文本。

推进还反而倒退了。从积极的角度来说,我们可以注意到,这一章以松散的方式返回了对现实历史的关注,返回了对现实历史的描述和分析。[①] 这不正是具体历史性的那种顽强性的作用吗？也许是吧,但这里的历史性已经变得不透明了。

接下来,在《神学政治论》的最后两章——即第十九章“说明内属精神事务(affari ecclesiastici appartiene interamente)之权利全部受至高主权者(sovrane potestà)节制,宗教的外部运作(esercizio esterno)则应合乎公众的安宁,俾使人正确地服从神”[②]和第二十章“说明一个自由的国家里法律保证每个人(lecito a chiunque)自由思想,自由发表意见”[③]——中,我们终于差不多可以松口气了。这并不是因为这些章节更加切入构成难题了,不是因为体系的线索被寻找回来并得到了接续,而是因为在这里,斯宾诺莎思想的进步论的那些倾向自由而积极地扩展了开来。有利于自由主义国家和思想自由的激进政治选择占了上风。这两章是启蒙式的

158

① 这也对如下事实作出了补充,即我们在斯宾诺莎这里可以看到对历史类型的某种阐述,其阐述方式体现了荷兰清教文化的典型特征(把《圣经》当作政治材料来参考,而不是参考李维的《罗马史》[*Deche di Tito Livio vulgare historiate*]之类的文艺复兴政治学经典著作;从这方面看,尤其值得注意的是,斯宾诺莎对塔西佗的参考是完全理论性的使用,而非将其著作当作历史材料来使用)。此外,注意一下斯宾诺莎在《神学政治论》第十八章这部分里是如何采纳霍布斯对英国革命的分析的也很有意思。

②《神学政治论》第十九章,第 461 页。(格布哈特编《斯宾诺莎著作集》卷三,第 228 页。)

③《神学政治论》第二十章,第 480 页。(格布哈特编《斯宾诺莎著作集》卷三,第 239 页。)

章节，斯宾诺莎在这里很具战斗性，而且是挺身直言。“无论我们考量的是事情的真理，无论是国家的安全，还是虔敬心的增长，我们都不得不主张神的法权（diritto divino），也就是控制宗教事务之法权，绝对有赖于至高主权者（suprema potestà），至高主权者是神的法权的合法的解释人与保护者。所以神的教义的真正的教士是那些教人民服从最高主权者以敬神的人，宗教是借至高主权者的法令以合于公众的幸福的。”①而就思想自由而言，“这样我已证明：Ⅰ.剥夺人说心里的话的自由是不可能的。Ⅱ.每人可以许以这种自由而不致损及最高治权（sommo potere）的法权与权威，并且只要人不专擅此种自由到一种程度，在国中倡导新的法权或一反现行的法律而行，每人都可以保留此自由而不致损及统治者的法权。Ⅲ.每人可享受此种自由而无害于公众的安宁，并且不会由此发生不易遏制的烦扰。Ⅳ.每人可以享受此自由而无害于其效忠。Ⅴ.对付思辨问题的法律是完全没有用处的。Ⅵ.最后，给人以这种自由不但可以无害于公众的安宁、忠诚以及至高主权者的法权，而且为维护以上诸项，给予这种自由甚至是必须的。”②

至此，我们便对这些斯宾诺莎主义的章节有了一个全面的认识。从体系的角度来看我们正处于形而上学的停顿、理论的悖论之中。在《神学政治论》中，构成的规划试图突破危机，但并未成

---

①《神学政治论》第十九章，第461页。有关jura circa sacra（神圣法）的主题，参看吉安柯蒂·波歇里尼为《神学政治论》意大利文版撰写的相关注释，见第473－477页。（格布哈特编《斯宾诺莎著作集》卷三，第228页。）

②《神学政治论》第二十章，第480页。（格布哈特编《斯宾诺莎著作集》卷三，第239页。）

功。想象尝试构造出一片新领地，但是——由于尚缺少存在论的再奠基——它没法胜任这个任务。然而也正是在这个停顿之中，克服困境的可能性和条件也越来越密集地呈现。在第一个阶段的《伦理学》和《神学政治论》之间，我们可以辨识出一种理论上的进步，不过这种进步绝非是方法论积累和对已经分别成形的分析要素所作的匀质综合意义上的进步：但我们也不能对这积累的重要性一笔勾销！几何学建构方法与斯宾诺莎物理学在存在论层面的多产性有效地联系了起来，这联系不仅是第一次，而且还是大规模的，并且通过某种构成性模式得到了证明，旧有的泛神论演绎方法的全部影响也在这种构成性模式中被消除了。① 在这里，倒向文艺复兴危机中那种临时的权宜道德的可能性、让双重真理滑向启发式研究战术的可能性、让再度复兴的教义倒向资产阶级中介意识形态的可能性——全部此类可能性都被杜绝了。这里开始展现出一种壮硕的方法（una metodologia corpulenta），其基础是严格的生产的因果性——极富有闯劲而且顽强的因果性。但是，更为重要的是，在《神学政治论》所标志的这个中断之中，有关存在的意义以及对存在的界定被物质化了，而且也深化了。这个中断不仅是也不可能仅是方法论的中断。单义存在的多变特性——方法要适应这种更多变的特性——如今在所有层面和方向上突显了出来。《神学政治论》留下了一个充满争议的存在，这里展开的是一个战争的地平线全景。有时候，当构成性规划没能成功地吻合于现实的时候，它似乎发现自己处在一种只能通过

159

① 正如我们多次指出的那样，这正是马舍雷《黑格尔或斯宾诺莎》（前书已引）的主旋律之一。

"博弈理论"来概括其特征的情境之中:"孤独地生活在乡村的时候",斯宾诺莎难怪会从这种思维中获得乐趣。① 这就是一场博弈:几个不同的对手、对抗、转换策略。"善于博弈的人在以运气取胜的博弈中,使他的输赢机会等于他的对手的机会。"但是,《神学政治论》的构成性努力以及这种努力的那么多次的失败展现的或留下的,却是要严肃得多的一种博弈。我们称之为一种战争的地平线全景,换言之,是一种存在论意义的地平线全景,它所展现的是力量持续向着构成的突入,是历史物理学所描述的侵越、紧张和对抗。它们在单义存在的平面上被描述出来,但并不满足于它达到的水平状态,仅有漂亮而生气灌注的平坦性还是不够的:从这里,从这个新的基础出发,必须重建解放的视域。从乌托邦导向危机的道路已经彻底被斯宾诺莎摧毁了,同时也抹掉了最初

---

① 这段引文来自标号为第三十八封的信。斯宾诺莎这封谈及博弈的信是寄给凡·德尔·迈尔(Van Der Meer)的,所署日期为 1666 年 10 月 23 日。有关博弈的更多东西,请参看惠更斯(Huygens)《论博弈》(*De ratiociniis in Judo aleae*, 1656)。当然,有关博弈和市场的问题,我们有太多的东西可以谈论。但在这里我只想指出,笛卡尔在对博弈和力场(campi di forze)进行反思的时候,想的仍然是击剑。但是,显然时代已经变了![笛卡尔在 1628 年至 1629 年写过一篇短文《击剑的艺术》(*Art d'escrimeis*),本文虽早已亡佚,但笛卡尔同时代为他作传的传记作者安德里安·贝耶(Adrien Baillet)在《笛卡尔先生的一生》(*La vie de Monsieur Des-Cartes*, Paris, 1691)中转述过这篇文章的基本思想。笛卡尔认为击剑中的双人搏击,"若两人体量相等,所持武器也一样",那么他们的搏击活动就可以通过数学方法来进行考察。见《笛卡尔先生的一生》卷二,第 407 页。转引自奈格里《政治的笛卡尔》(*The political Descartes*, trans. Matteo Mandarini, Alberto Toscano, London, Verso, 2007),第 92 - 93 页。——译注]

的存在图景、存在的那种向心化形象，但却还没能得出这一观念所滋养的革命首创性。"从上边所给的关于国家的基础的解释看来，可见政府最终的目的不是用恐怖来统治或约束，也不是强制使人服从，恰恰相反，而是使人免于恐惧，这样他的生活才能极有保障；换句话说，加强他生存与工作的天赋之权，而于他个人或别人无损。政治的目的绝不是把人从有理性的动物变成畜生或傀儡，而是使人有保障地发展他们的心身，没有拘束地运用他们的理智；既不表示憎恨、愤怒或欺骗，也不用嫉妒、不公正的眼加以监视。实在说来，政治的真正目的是自由。"①现在，必须得到重建、必须被构成的，正是这种自由。对这种自由的重建和构成只能从一种视域出发并在这视域之中完成：这一视域给我们担保的无非就是样式多样性这一绝对性，这一视域将想象这一不屈不挠的想象王国设置为有待现实化的唯一存在。形而上学危机已经迫使[斯宾诺莎的]研究走到了转捩点上，转向了在政治领域里寻求证明。政治学研究已经标出的那些难题以及整个研究在那里戛然而止的战争视域，都将我们重新引回了存在论。没有难题——更不用说解放难题了——可以在存在论之外找到其解决方案的空间。如今，在《神学政治论》所体现的体系的这个根本性的发展节点上，所有条件都就绪了——尽管是以中断的形式。政治学是这场危机的灵魂，也是斯宾诺莎哲学发展的灵魂。但它的解决方案、构成性压力的新一轮的介入和实现，必然关乎存在论，再一次地。

160

---

①《神学政治论》第二十章，第 482 页。（格布哈特编《斯宾诺莎著作集》卷三，第 240－241 页。）

第六章

野蛮的反常

L'anomalia selvaggia

1.适度与不平衡

167

1670年斯宾诺莎为《神学政治论》撰写了“序言”①并将该著匿名发表,与此同时移居海牙。我们可以看到,这个时期是一个走出《伦理学》第一阶段危机的间隔期,在斯宾诺莎思想发展中,既是间隔的也是中心的时期。《神学政治论》已经明确地宣告了它的主张,即为了反对君主制的绝对主义、捍卫并扩展共和国的自由而斗争。“假如君主制统治的秘诀主要是欺瞒人民,用宗教的美丽的外衣来套在用以压倒民众的畏惧的外面,这样人民既可英勇地为安全而战,也可英勇地为他们自己受奴役而战。为一个暴君的虚荣不惜牺牲性命,不但不以为耻,反倒引为无上的光荣。可是在一个自由的国家尝试这种统治秘诀,其危害可算无以复加了。凡是用成见以迷惑人心,用威力加之于人民的意见,或用类似宗教叛乱的武器,都是与公众的自由背道而

---

①《神学政治论》前言,第1-10页。有些人认为,鉴于这篇文本具有强烈的论战特征,梅耶尔有可能是它的作者;反对这种假说的论证所表现的论点今天被广泛接受了下来。有关对这种假说的反对,请参看吉安柯蒂·波歇里尼为意大利文译本《神学政治论》撰写的注释,第10-12页。(格布哈特编《斯宾诺莎著作集》卷三,第5-12页。)

驰的。”[①]但我们知道——而且这篇“序言”也向我们证明了——前代构成了的统一体的瓦解是以社会重新构成之规范的出现为前提的,而这个社会构成之规范必然是在存在论上有其基础的。我们知道,旧世界——奥伦治派的反动就是要复辟这个旧世界的——在特定教会和特定神学(即加尔文主义的严格的经院教义)中是有其合法性的群众基础的,君主利益是能调动起群众狂热及其神学方面的影子即宗教目的论(finalismo)的:按斯宾诺莎的说法来讲,合法性的这种基础在于败坏的想象,无疑在于“su-persitio”[②]。“人如果在所有事情上都按理性行事或总是遭逢幸运,那么他就不会屈服于迷信了。”[③]迷信,直接就是政治的条件。而“迷信是由恐惧而生,由恐惧维系和助长的”。[④] 在“对不确定的好运的无尽欲望”牵引之下,人陷入疯狂和狂热之中,进而使他们自己委身于君主的绝对权力(potere assoluto)。要想击败反动派,就得挖出 metus-supersitio[⑤] 这一关系背后的虚空来,而首先必须摆出自由与理性的方案,从而为社会安全提供构成原则。“我既已注意到神的法则(la legge divina)赋予每个人以自由,我进而要证明这个问题的另一方面:这同一种自由实际上能得到保障而

168

① 《神学政治论》前言,第 3 -4 页。(格布哈特编《斯宾诺莎著作集》卷三,第 7 页。)

② 拉丁语,“迷信”。——译注

③ 《神学政治论》前言,第 1 页。(格布哈特编《斯宾诺莎著作集》卷三,第 5 页。)[温锡增译本第 1 页。此处译文有调整。——译注]

④ 《神学政治论》前言,第 2 页。(格布哈特编《斯宾诺莎著作集》卷三,第 5 -6 页。)[温锡增译本第 2 页。——译注]

⑤ 拉丁语,“恐惧—迷信”。——译注

无害于国家的和平和至高统治者的权利，而这种自由被剥夺却会对和平造成严重的危险，使整个国家蒙受严重损害：为证明我的论点，我从个人的自然法权/天赋权利（diritto naturale individuale）出发，个人的欲望和力量（potenza）扩展到何范围，个人的这种自然法权/天赋权利也就扩展到何范围，在此自然法权/天赋权利的规定之下，没有人可被迫按他人意志去生活，每个人都是他自己自由的主人。接着我还证明了，此法权可以转让的唯一情况是我们指定某个他人来保护我们的时候，在这种情况中，每个人按自己的方式生活的这种法权，若要与保卫个人的权力（potere）共存，则必须以绝对的样式（in modo assoluto）经由受转让者安排；我进而证明，掌握最高权力（sommo potere）的那些人对处于其权力之下的所有人都有权利，他们是其他所有人的法权和自由的唯一保护人，而其他所有人不能不在所有事务中按他们的法令行动。然而，既然没有人能真的在否则将不复为人的情境下放弃自己的自卫权利，我于是推断，没有人能以绝对的样式（in modo assoluto）剥夺自己的自然法权/天赋权利；相反，臣民几乎是通过自然法权/天赋权利而保留了一些特许权利，这些特许权利若被剥夺必将严重危及国家，也为最高权力掌握者所默许或明文约定。”①

两套方案恰成对照：一方面，metus－supersitio（恐惧—迷信）关系被展现为权力的野蛮状态和权力的奴役，仿佛就是说，这种关系是神学—败坏的想象——君主制的关系；另一方面，“欲望（cupiditas）”在“自由”之中发生、在“安全”之中展开，这也就是

---

①《神学政治论》前言，第8－9页。（格布哈特编《斯宾诺莎著作集》卷三，第5－6页。）

说，这种关系也可以是哲学—生产性想象——共和国的关系。不容否认的是，斯宾诺莎已经作出了他自己阵营的选择。在这里，他的全部哲学表现出了一种立场，一种显然对现实有所选择的党派立场。政治抉择确立、规划并推动了一种形而上学方案。彻底地实现共和制的国家乃是神的城——精神的共和国——的基础，为此进行合法化论证，这就是他的政治选择。对那些熟悉人文主义革命传统的人——从佛罗伦萨的大臣到清教共和党人——来说，这并非是一个惊人的结果。这是一个连续体——斯宾诺莎所复兴的连续体——的组成部分。这个斯宾诺莎方案的反常、超尺度在于别的地方，在于这一事实：斯宾诺莎提出以"spes（希望）"反对"metus（恐惧）"，以"libertas（自由）"反对"superstitio（迷信）"，以共和国反对绝对君主制，他所建议和复兴的这些概念恰恰是当时全国上下日趋反对的。这样一来，构成了斯宾诺莎论述的革命内容的理性尺度却被呈现为与历史现实的不平衡。斯宾诺莎的诉求中的尺度与不平衡：政治理论已经吸收了这种反常，并将它投射到了形而上学思想之中。形而上学，被推到了政治斗争前线的形而上学，在自身内包含着这种不平衡的平衡、超尺度的尺度，这才是斯宾诺莎所特有的东西。但我们以何种视角来界定尺度与超尺度、平衡与不平衡呢？在理性造成了衡量世界的文艺复兴尺度的毁灭之后，谁有理性的概念呢？那不平衡地行事的人——他无视无限和不可限之间的关系，任自己沉溺于巴洛克的无节制的烦冗之中，或者肯定并高扬这种综合的力量（potenza）——是谁？斯宾诺莎哲学在它的世纪里显然是反常的，在主流文化的眼中是野蛮的。这是每一种与时代相左的哲学——真理的野蛮证词——的悲剧：它与当前的时代、当前的现实背道而

169

驰。但是,悲剧可能有力地敞开自身,投向未来。

《神学政治论》的发表引发了轩然大波。[1] 人们只知道他是居住在伏尔堡或海牙的匿名犹太人,他就是论争的中心。[2] 当然,这些论争并非未被预见到,斯宾诺莎之所以千小心万小心地设计这部著作的结构、匿名发表并制止荷兰文译本的出版,都说明了这一点。[3] 但公众反应的激烈程度却是令他震惊甚至不快的:那些攻击他的教授们,"他们的货物摆出来销售,就像旧货摊老板一样,总是先兜售他们手里最没有价值的东西。人们说魔鬼是狡黠的,但我认为这些人精神上的狡黠还远胜于魔鬼"。[4] 实际上,这种情况恰恰说明了事有反常,令人吃惊的反常——即便对斯宾诺莎本人来说:恰恰说明了这件事的深度和厚度。这种情况也是对斯宾诺莎理论意识的一次启示。接下来的是:最有力的莫过于清白者的反抗,最不可限量的莫过于伦理学的宁静和理性的尺度。在理论上

---

① 除了前面提到过的凡·德林德、维涅雷、克拉科夫斯基等人的著作之外,还可参看 E. 阿尔特克里希(E. Altkirch)《诅咒和祝福,人民的和除 C. 布伦纳之外的知识人的判断中的斯宾诺莎》(*Maledictus und Benedictus, Spinoza im Urteil des Volkes und der Geistigen bis auf C. Brunner*, Leipzig, 1924)。有关斯宾诺莎的总的反应,参看各类传记。

② "伏尔堡的犹太人":惠更斯在与其家族成员的通信中如此称呼斯宾诺莎。

③ 尤其参看标号为第三十封和第四十四封的信件,见《书信集》第163-164 页和第 216-217 页。(格布哈特编《斯宾诺莎著作集》卷四,第 166、227-229 页。)

④《书信集》,第 226 页(给耶勒斯的信)。(格布哈特编《斯宾诺莎著作集》卷四,第 238-241 页。)

已经万事俱备,毕竟,"la réfonte de l'Ethique"①——正如柯瓦雷分析斯宾诺莎在这些年里的状况时所说的②——全然由这场冲突中、方案超尺度性的这次启示中的感情用事所引发也是难以想象的。

"旧历1671年1月24日朗贝特·德·凡尔底桑致博学而高贵的雅各布·奥斯顿阁下"③——此信作者是乌特勒支的一位对170《神学政治论》发表评论的教授。这里需要注意的是,凡尔底桑是一个共和派,是德·维特的支持者,所以他的评论极其重要,因为这里不涉及党派政见之争,当然,出于礼貌,斯宾诺莎总是倾向于隐藏自己的政见立场。这是一封极为重要的信,因为它的攻击性很猛烈,因而揭示了《神学政治论》与它的时代之间的不平衡,也表明了斯宾诺莎所反对的那个时代标准(这标准还不仅仅是理论的或政治的)。凡尔底桑说:"我不知道他属于哪个民族,或者遵循什么样的生活方式,甚至我也没有兴趣去知道这些。他的这部著作的论证充分表明他不是愚蠢的,他不只是懒散或敷衍地研究和考察欧洲基督教徒之间存在的宗教争论。这部书的作者确信,如果他摒弃和丢掉成见,那么他就会更公正地考察那些使人们分裂成派别斗争的意见。因此,他曾经一再力求使他的思想摆脱任何迷信。在试图表明自己不为迷信所染方面,他走到了极端。为了避免迷信的过失,在我看来,他似乎把一切宗教全部抛弃了。至少,他没有超出在各国——特别在法国——拥有众多信仰者的

① 法语,"重塑伦理学"。——译注

② 参看柯瓦雷为其编订的《知性改进论》(前书已引)所撰写的前言。

③《书信集》标号为第四十二封的信,第197-210页。(格布哈特编《斯宾诺莎著作集》卷四,第207-218页。)

自然神者的宗教(这是本世纪的邪恶风尚)一步。麦尔生曾发表过一篇反对自然神论者的论文,这篇论文我记得我曾读过。但是我认为自然神论者中几乎没有一个人为了那个极坏的事业,用这样恶毒的思想,如此机敏和巧妙地写过任何书,有如这部论著的作者那样。而且,除非我的推测是错误的,这个人一定是不会把自己列于自然神论者的队伍中的,他也不允许人们保存任何些微的宗教信仰。"①这是信的开始部分,但也展示了攻击所持的结论,后面还有种种经过深思熟虑的论证细节支持这个结论。如果这封信还只是停留在纯粹书评的水平,如果没有把在《伦理学》第二次奠基那里已经起作用的那些实质性要素挑明出来——并对它们进行了批判——的话,对这封信细加分析就没什么价值。实际上,凡尔底桑所强调和抨击的,正是《神学政治论》中出现的,而且目前还倾向于进一步推进的那种对形而上学的颠倒:这种观点表面上虽然尊重宗教信仰,但实际上鼓吹的宗教观是"自发的且几乎没有任何定规"②的宗教,是自由的实践,自由到地方长官的任务不过是"保证在国家之内发展起来的正义和诚实"。③ 所以,这种宗教观是形而上学的无神论观点,也就是说,是存在论上的构成论观点。结论:斯宾诺莎"秘密兜售无神论","用隐蔽的伪装的

① 《书信集》标号为第四十二封的信,第 198 页。(格布哈特编《斯宾诺莎著作集》卷四,第 207 页。)

② 《书信集》标号为第四十二封的信,第 205 页。(格布哈特编《斯宾诺莎著作集》卷四,第 213 页。)

③ 《书信集》标号为第四十二封的信,第 207 页。(格布哈特编《斯宾诺莎著作集》卷四,第 215 页。)[洪汉鼎译本第 183 页作:"作者想证明地方长官的唯一事务应当是在国内伸张正义和诚实。"——译注]

论据在教授纯粹的无神论"①:他在对神的恐惧之外、在神的超越性和人的偶然性这一规则——这个规则对宗教经验和宗教思想而言都是至关重要的——之外,另外重构了一个世界。必须补充 171 的是,凡尔底桑仅仅是模糊地意识到了这一点:以此为基础,《神学政治论》也已经造好了构成论的无神论工具——伦理学的 cupiditas(欲望)被同存在论的 potentia(力量)联结在一起(这种联结和构成不是霍布斯式的联结和构成,这些概念在霍布斯那里充满了绝对主义的意涵,以义务的超越性为前提,相反,它们在这里就是它们纯粹而直接的含义),共同构成了占有(appropriazione)这个概念——这个概念将成为人与自然、人与神之间关系革命的基础性环节。② 后来如何呢?

现在我们就来看看斯宾诺莎的答复。③ 斯宾诺莎的反应极其激烈。他一改自己的辩护方式,在答复中没有任何讽刺。凡尔底桑的"歪曲的解释""不是出于恶意,就是出于无知",这是定性。我的整个生活就是我的德性的明证,斯宾诺莎接着说,我不是一个无神论者! 奇怪的论据,但实际上也是那个世纪里最为常见但首先是最慎重的论据。相反,"我想我是知道这个人陷入了什么泥坑之中的。也就是说,他在德行本身和理智中没有找到任何使

---

①《书信集》标号为第四十二封的信,第 210 页。(格布哈特编《斯宾诺莎著作集》卷四,第 218 页。)

② 见本章下一节,该节专门致力于界定斯宾诺莎那里的占有观念。然而必须牢记的是,正是麦克弗森在其前引著作《占有式个人主义政治理论:从霍布斯到洛克》中将占有这一范畴引入有关 17 世纪政治哲学的讨论中的。

③《书信集》标号为第四十三封的信,第 211 -215 页。(格布哈特编《斯宾诺莎著作集》卷四,第 219 -226 页。)

他满意的东西,而是宁可在他的感情冲动下讨生活,假如这不是他怕惩罚的唯一障碍的话。所以他拒绝了罪恶的行为,像奴隶一样被迫地、犹豫不决地服从神的禁令,他期望因他的这种服役而得到神的恩赐,这对于他比神圣的爱本身还有吸引力,此外,他做的善行愈是使他感到厌恶,他就愈是这样想,并且被迫地这样做,因此他相信所有那些不被这种惧怕所制止的人是在放肆地生活,排斥一切宗教。”①凡尔底桑先生“认为我抛弃了神的自由,在宗教问题上陷入无政府主义”,斯宾诺莎接着问道,他的证据何在?我们应该直截了当地问一下自己:这样的回复在什么意义上击中了凡尔底桑的《神学政治论》批判的要害,这样的回复在什么意义上给出并阐明了对整个方案的辩护所必要的东西呢?他的反击基本上针对的是凡尔底桑宗教观中的目的论,针对的是凡尔底桑以终极理性之名推行神学迷信,这绝非偶然!但是,宗教目的论何尝不是斯宾诺莎着手开始开辟“上升之途”的方案、构成性实践的方案所遭遇的最后一个障碍呢?在这激烈的交锋中,为该实践奠基的东西在广延层面被揭示了出来,这些奠基要素即:行动的自发性和仁爱力(generositas)、使人相互靠近的神性决定、对正义与不义作出区分的存在论作用。“同刚才提到的作者的思想比起来,米利都的泰利士的思想要好得多、卓越得多,这可以从下面清楚看出。泰利士说,在朋友之间,一切东西都是共同的,智者是诸神的朋友,万物皆属于诸神,因此万物皆属于智者。这位很有智慧的人就是用这种方式,即用高贵的鄙弃财富,而不是用卑贱的

---

①《书信集》标号为第四十三封的信,第 212 页。(格布哈特编《斯宾诺莎著作集》卷四,第 221 页。)[洪汉鼎译本第 188 -189 页。——译注]

172 乞求财富,使自己发了很大的财。"①自发性、仁爱力、无限存在的财富,这些是我们在斯宾诺莎主义思想最初的乌托邦中就能看得到的:但如今将以直接的方式,呈现为这个世界的存在论的总集合和完满表现。这样一来它们也变得完全不同了。在智者故事的老生常谈背后,存在着主体性的视角,存在着要求全部完整性的存在之建构。文艺复兴世界观中的完满性如今让它自身助成了这种实践的存在论哲学。

但即便如此,我们尚不能把握这一斯宾诺莎思想转向的深度,除非我们将这一转向放回到那些年里荷兰经历过的文化—政治危机这场戏剧的紧张态势之中。1672 年随着奥伦治党人复辟(和 8 月 20 日德·维特的惨死)而来的政治危机绝不能被视为促成斯宾诺莎思想第二阶段转型的唯一的、孤立的和决定性的因素,尽管我们这位作者确乎经历了巨大的创痛:"ultimi barbarorum!(无比野蛮!)"② 我同样不认为,哈勒姆之行以及此次行程

---

①《书信集》标号为第四十四封的信,第 217 页。正如从我的文字中可能看出的那样,"前面提到的作者"指凡尔底桑(Velthuysen),但是这封信的前几行里还提到过一个未知的马基雅维利主义的作者。(格布哈特编《斯宾诺莎著作集》卷四,第 228 –229 页。)

② 据说,听到德·维特的死讯之后,斯宾诺莎写了一封抗议文本,这句话就是这篇文本的开篇:斯宾诺莎本打算在凶案现场贴出这篇文本,但最终被他的朋友劝阻了。许多作者都认为德·维特被谋杀是斯宾诺莎政治理论形成中的关键契机。我们后面阅读《政治论》时会感到这种主张确有其真理性。德·维特及其圈子对斯宾诺莎形而上学产生影响的那些方面,后来会得到重构。L. 缪尼耶 –布莱的《斯宾诺莎的政治哲学》(前书已引)是一部旨在探究 1672 年危机重要性的文献。

可能为斯宾诺莎重构他的 milieux politiques[①] 提供的想象有那么重要。[②] 在我看来,更为重要和深刻的是斯宾诺莎这些年对战争造成的痛苦——这场让寡头政府和荷兰民主制腐化变质的持续战争的反思。[③] 归根到底,至关重要的是他对宗教斗争及其与政治千丝万缕的联系的思考——这个问题贯穿了《神学政治论》始终,该著作将宗教斗争当作与神相对立的恶,反对宗教和宗派的专制,而主张宗教与政治各就其位的民主式共存。[④] 所有这些因素必须放到一起来考虑,它们都与斯宾诺莎思想的内在成熟有着密切的关系,共同促成了对现实的新理解,这种新理解不再是沉思,而是某种重构。换句话说,外部世界的危机恰好平行于他的内部世界。但是,这一平行形成不久便告瓦解:因为政治事件尘

① 法语,“政治背景”。——译注

② 有关斯宾诺莎到访哈勒姆法军总部的信息,参看他的传记,尤其是凡·德林德提供的文献。

③《书信集》,第 155、160、161、162、163 -164、167、171 -172、175 页。在这段时期的通信里,斯宾诺莎经常同他的通信者就战争——尤其是就英荷二次海战——交换信息并交流思想。(格布哈特编《斯宾诺莎著作集》卷四,第 158、164、165、166、168、175 等页。)

④ 举例来说,我们可以在《神学政治论》将近结尾的地方发现对阿姆斯特丹城市的赞扬(第 488 -489 页),以及反对狂信派兴起的论战性的宗教自由主张(具体来说,是与戈马尔派的论战)。(格布哈特编《斯宾诺莎著作集》卷三,第 245 -246 页。)[在荷兰当时的宗教环境中,存在着阿明尼乌派(也称为抗议派)与戈马尔派的争论。阿明尼乌派主张宗教自由,而戈马尔派的主张者作为正统的加尔文教信徒,主张教会应该完全独立于国家,有绝对权利选择它自己的执行者、召集信众并从事传教和指导活动,并强调法律—政治权威只能来自神的权威。——译注]

埃落定,融入了旧制度在欧洲的普遍稳定化进程。然而,斯宾诺莎哲学,这种真正的危机哲学,却对抗并超越了这种压抑的稳定、这种原始积累和重商主义的平衡——这种稳定和平衡扼杀希望,最终让人文主义革命熄灭和制度化。

历史时间与斯宾诺莎哲学的真实时间脱节了。在危机中唤醒的这种不平衡开始重构它自己的战略部署。它通过让自己与他者区别开来、使自身从他者那里分离出来的方式界定自身:这对早年曾宣称"不习惯于揭露别人的错误"①的这位作者来说,是一个全新的方法。新的建筑的地基上已经有了三个支撑点。斯宾诺莎有一封给 J. 耶勒斯的信,此信写作时间虽稍晚(1674 年 6 月 2 日),行文简洁但密度极大,非常重要,是对这个关键的危机过渡期的总结和说明。在这封信中,斯宾诺莎挑明了这几个支撑点。第一个支撑点是政治的,虽说他的思想现在完全瞄准的是对形而上学秩序的重建。"就政治而言,如你所问,我与霍布斯有何差别,我可以回答如下,我一直以来都主张自然法权/天赋权利(diritto naturale),并且强调任何国家里的最高权力(sommo potere),其权威(autorità)刚好足以理其民,此外对其民再无更大的权利,这就好像自然状态中从来发生的那样。"②这是对《神学政

173

---

① 见《斯宾诺莎书信》标号为第二封的信,洪汉鼎译本第 6 页作:"我是不习惯于揭露别人的短处的。"译文有调整。——译注

②《书信集》,第 225 页。(格布哈特编《斯宾诺莎著作集》卷四,第 238 -239 页。)[洪汉鼎译本第 205 页作:"关于您问的,我的政治学说和霍布斯的政治学说有何差别,我可以回答如下,我永远要让自然权利不受侵犯,因而国家的最高权力只有与它超出臣民的力量相适应的权利,此外对臣民没有更多的权利。这就是自然状态里常有的情况。"根据奈格里引文译出。——译注]

治论》结论的再次强调。这句话包含着巨大的潜能：它已经彻底使自身摆脱了臣服的契约，改变自然的就是机械体系；起源思维一变而为生产论思维，后者建基于 potentia① 所不断打开的视域之上。但是这一强调若要获得其全部意义、若要充分展开，就只有被放回到使其条件成为可能的那个形而上学体系规划之中。实际上，随即就出现了第二个支撑点：如果说唯有那个由诸平面组成的形而上学体系使自由成为可能的话，那么，力量（potenza）之奠基，就必然在其自身内部集合了神在世界之内的无处弗及的延展（espansività）可能性。"进而至于我在《几何学方式证明笛卡尔原理》一书附录里所给出的证明——即神只能很不恰当地被叫作单一（uno）的或唯一（unico）的②，我的回答是：一个事物只就其存有而言，而不是就其本质而言，才能叫作单一的或唯一的，因为除非我们把事物归到一个共同的类上去，否则是不能用数目来设想事物的。例如，某人身边有一个便士和一块银圆，他不会认为这是两个数，除非他用了同一个名称如钱或硬币来称呼便士和银圆，那样他可以说，他有两个钱或两个硬币，因为他把便士和银圆同称为钱或硬币。因此，显然可见，一个事物，除非某些别的事物

---

① 拉丁语，"力量"或"潜能"。——译注

② 见《形而上学思想》第六章："什么是**单一性**"　我们先从第一个术语开始，即从单一性（uno）开始。有人说，这个术语表示某种在理智之外的实在，但是他们不能指出这个加在存在物之上的东西究竟是什么。这种说法显然表明，他们在这里混淆了思想存在物和实在存在物，因此完全清晰的概念变成了模糊的概念。另一方面我们也肯定地说，单一性绝不和事物本身有区别，也不会给事物增加任何东西。单一性只能是一种思想样式，我们用它来把一个事物同和这些事物类似或者在某方面和它一致的其他事物区分开来。

首先被认为(像已经说过的)是与它同类的,否则我们就绝不能称它为单一的或唯一的。但是,既然神的存在就是神的本质,我们对于神的本质不能形成任何一般的观念,所以,称神为单一的或唯一的人对于神没有真观念,他不恰当地谈论神,是确定无疑的。"[①]任何对它的单一性的论断都将是多余的同义反复——这就是神。有关神的传统表述的最后一点印记也被消除了。与此相应的是,神所创造的无限潜能的新系统得以突显。这个整体的视域就连逻辑上的超越性(trascendenza)也是不能接受的。神就是力量的作用力(forza potenziale)的总和。就是在这里,斯宾诺莎的思想完全成了一种关于诸平面的学说。于是就有了第三个支撑点:神的概念的巨大扩展性意味着——在这里,政治视角是形成并组织起方法的基础——方法论上的插入点已经配置停当。

什么是**杂多性**(multitudo),在什么意义下神可以说是单一的(unus),在什么意义下神又可以说是唯一的(unicus) 杂多性和单一性是对立的,它不会给事物增加任何东西,它也只是一种思想样式,正如我们清楚而且明晰理解到的那样。我看不出对如此明白的事情还要作什么说明。只要指出:当我们把神同其他存在物分别开来时,神才可以说是单一的:但是当我们认识到神的本性并不是多样存在(plures esse)时,神就可以说是唯一的(unicum)。然而如果我们想更确切地研究问题,那么我们或许要指明,只有在不正确的意义下神才能称为单一的和唯一的。但是这个问题在那些只重事实不重言词的人看来并不怎么重要,甚至根本不重要。因此我们就把它置之不谈。"见《笛卡尔哲学原理 附录:形而上学思想》,王荫庭、洪汉鼎译,北京:商务印书馆 1980 年版,第 146 -147 页。——译注

①《书信集》,第 225 页。(格布哈特编《斯宾诺莎著作集》卷四,第 239 -240 页。)[洪汉鼎译本第 205 页,译文有调整。——译注]

就此而言,神的总体性就是至为关键的具体决定(la determinazione concreta)。这样一来,“关于这,即形态(figura)是否定,而不是某种肯定的东西,这是很显然的,物质整体,就其不受任何决定而言,是不能有形态的,形态仅出现在有限的(finiti)和被决定了(determinati)的物体中。因为凡是说他认识形态的人,他所想表示的,无非只是说他在认识一个被决定了的事物,以及这个事物如何被决定。因此,这种对事物的决定,指示的不是事物的存在,正相反,它指示着事物的非存在。既然形态不是别的,就是被决定,而所有决定都是否定(la determinazione è negazione),所以,正如我们所说的,形态除了是否定外,不能是别的”。① 世界究竟是统一的,还是多样的,这个悖论不再是一个悖论:它的形而上学扩张不断为具体的决定划出地盘。具体,作为现实的唯一领地,是悖论性决定的结果。请注意:在这里,这个段落的重要性还不仅仅在于给出否定具体地体现为决定原则这一事实。否定和决定之间的这种关系,我们在《简论神、人及其心灵幸福》中就已经看到过这种提法。现在被给出的(但早在标号为三十七的那封信中就已经预示过,即便仅仅是以暗示的方式)这个基本原理包涵了这样一个事实:“否定”不再隶属于不足,而决定也不再被视为某种机械论意义上的降格和/或形而上学意义上的对立,而且决定再也不复通过整体各部分间的相对性去理解了。“Non opposita sed diversa.”②只要否定还被理解为关系、理解为相对性、理解为

174

① 《书信集》,第 225 -226 页。(格布哈特编《斯宾诺莎著作集》卷四,第 240 页。)[洪汉鼎译本第 206 页,译文有调整。——译注]

② 拉丁语,“没有对立,只有差异”。——译注

不足,那么恶、错误就总是会在流溢论的节奏中被事先构成并被抛入这个场地。[1] 如今,新方法使我们能够以决定的具体直接性来重新界定决定,这样才能通向总体。否定是绝对的:事实上,否定就是一种决定——决定也不再是形而上学意义的某种传达。

这样一来存在在我们面前变得透明了！但这一次,这不是乌托邦世界里客体总体的透明和多样:相反,它是方法论与存在论之间有序连接、清晰化的和构成性知识的前提条件。“鬼怪或幽灵”——人们通常想象它们确有其实——是可以以斯宾诺莎的方式祛除的:因为,我们只是用“幽灵这个词来称呼我们没有认识的事物”[2],而只要引入理性,对理性和存在的构成性表现不够那么必然和严格的所有世界观都会在我们眼中呈现为迷信和无知的对象。因为认识充分,存在才会透明。有限与无限之间没有中介,也不存在在必然与偶然(fortuito)之间起调节作用的自由意志,真与存有之间没有屏障。这样一来,存在在其决定上也是透明的,因为它从来都是已经决定了的,因为它杜绝所谓造成此决定的一切可能的中介。“柏拉图、亚里士多德和苏格拉底的权威对我来说,并没有多大分量,要是您提到伊壁鸠鲁、德谟克利特、卢克莱修或任何一个原子论者,或者为原子作辩护的人,我倒会

---

① “没有对立,只有差异”,可以说,这个格言指导着德勒兹在《斯宾诺莎和表现难题》(前书已引)一书中的解释,就此来看,德勒兹的这部著作完全地被马舍雷的《黑格尔或斯宾诺莎》(前书已引)所采纳和肯定。

② 《书信集》标号为第五十二封的信,第228页。这是1647年斯宾诺莎与博克赛尔的系列通信(五十一封至五十六封信)中的一封,在这些通信中斯宾诺莎应博克赛尔之邀探讨了自然万物有灵论的问题。斯宾诺莎对自然万物有灵论非常反对,他们的通信以不快收场。

175

感到吃惊。那些想出了‘隐秘的质’‘意识中的影相’‘实体的形式’和无数其他无聊东西的人,又捏造出幽灵和鬼怪,并且听信老巫婆编造的神奇故事,以便削弱德谟克利特的威信。这是不足为怪的,他们对德谟克利特的好声誉是如此妒忌,以致烧毁了他的一切著作,而这些著作正是他在一片颂扬声中发表的。如果您愿意相信这些,那么您有什么理由去否认圣母玛利亚和一切圣徒的奇迹呢? 这些奇迹都已为许多极负盛名的哲学家、神学家和史学家所描述,以至我们能提供成百个这样的奇迹,而几乎没有一个是其他人的。"①一种真正的唯物主义地平线,在与存在及其"浅表性(superficialità)"的结合之中,构成了以实事求是的方式对待存在的可能性。

至此讨论可以告以结束。不平衡的品格——相对于那个世纪里政治思想和哲学思想的一般运动而言的不平衡品格——以相应的方式典型地体现在斯宾诺莎思想之中,这种不平衡开始以绝对的方式出现了。构成的形而上学运动,因其条件得到了深化,而开始划出了一种唯物主义的地平线。实际上,这个唯物主义地平线也是构成性的地平线。我们不必指望一直等到"发现了"辩证法才能对人——历史的人——和提供存在物质条件的自

---

①《书信集》标号为第五十六封的信,第 244 页。图恩·德·弗莱斯(Theun De Vries)《巴鲁赫·德·斯宾诺莎》(*Baruch de Spinoza*, Hamburg, 1970)第 50 页提醒我们注意,在弗朗西斯科·凡·登·艾登的学校里,斯宾诺莎已经熟悉了卢克莱修和伽森狄的思想,并对伊壁鸠鲁主义有了整体的了解。也可参看 M. 鲁贝尔《与斯宾诺莎相遇的马克思》,载《马克思学研究》1978 年 1—2 月卷(前书已引),第 262 页。(格布哈特编《斯宾诺莎著作集》卷四,第 262 页。)

然的生产性进行综合![1] 对想象的运动方式加以界定的第一步分析措施已经揭示出来的东西,也就是理性表述现实和物质事实的复杂性,现在开始经由哲学意识而被感知为第一性的、形而上学所专有的难题。伦理学则是一个场地,唯物论的——或确言之,哪怕是最小的观念论的诱惑都将彻底被杜绝——构成性功能和现实条件必将在这个场地中得到重新组织。[2]《伦理学》的第一阶段在这一情境下不是受到了批判,而是被全盘推翻了。这个情况可以被解读为一种难题性脚手架,这一脚手架被用来对世界进行"平面化的"、唯物主义的重新构图和实践性重构,——这个重构的可能性现在已经实现。如果说《伦理学》的第一阶段那里存在着两种选项的话,那么如今选择已经作出:"向上之途",构成性之途,才是可行的。要对《伦理学》作结构分析,再合适不过或再容易不过的做法就是,勾索出那些多重方案,正是这些方案让最初阶段的工作处在来来回回的取舍之中。[3] 我们不是要否定这种做法。相反,我们要说方案的这种"倍增"(和复制)正是一种理论选择——唯物主义——的结果,它源自实践上的决定:构成性张力。《伦理学》的第二阶段,已经具备了其最终的构型(至少是通过《遗作》留给我们的那种最终构型),在 1670 年到 1675 年之

---

[1] 我已经论述过马舍雷的这个论点,并对它表示肯定,但我将在后面对它作更为严格的考量。

[2] 德勒兹认为,斯宾诺莎那里世界主题的基础的唯物主义性质主要表现在《伦理学》的附释体系中。这是真的,但还有局限。德勒兹主要在《斯宾诺莎和表现难题》的附录中证明了他的这一论点。

[3] 这是果鲁特的一项重要贡献,主要见于其《斯宾诺莎:论心灵》(前书已引),我们在极大程度上利用了这部著作。

间被精心阐述,是整个计划的最终体现。即便是在这个阶段,反常仍然是显而易见的。因为这个计划在它所属的时代的文化规定中确乎是不合时宜的:通过它的无神论、通过它的唯物主义、通过它的建构论,它呈现为一种受诅咒的野蛮哲学,呈现为人文主义应对自身危机而形成的革命梦幻的幸存物,呈现为新的斗争运动的预兆,呈现为巨大希望的投射。我要强调一点:不平衡的品格与其说源于它在危机时代里的(相对地)不合时宜的关系,不如说源于绝对的组织方式,对危机的意识迫使计划不得不采用这种绝对的组织方式,只有这样才能克服危机。对神的最高信仰被颠倒了过来,最高信仰通过对这种历史视域的唯物主义颠倒得到了重新组织。对力量(potenza)——拒绝一切中介的力量、成为纯而又纯的物质形式的力量——的最高理解,不仅开始充溢于生产性的想象的轨迹之中,而且也开始将想象所规定的网络重建起来,把它的诸分支改造为建构性的力量、改造为第二自然。随着《伦理学》的这第二次奠基的完成,natura naturata① 赢得了对 natura naturans② 的完全而彻底的领导权。若非如此,这项魔鬼的工作又还能是什么呢?

176

2. 占有与构成

斯宾诺莎的思想转变有一个转捩点,在这个点上,《伦理学》初次的形而上学定位的展开(由流溢论视域向共时—结构构成的

---

① 拉丁语,“被自然生产的自然”。——译注

② 拉丁语,“生产自然的自然”。——译注

展开)所体现的那种理论连续性破裂了:转变之后,体系转向了历时—伦理的构成(una costituzione diacronico-etica)。最初对无限的那种组织方式,强调的是多元与统一间关系的自发性,侧重于此一紧张关系的泛神论完满化。但是这种组织方式结果以乌托邦和悖论而告终:体系的重建并不否定自发性,相反它否定的是关系难题,因为这种重建方式视无限为多元的基础,认为完满化就是一种开放的、唯物主义的横向展开。就是在这里,斯宾诺莎思想表现出相对于它所在的世纪的那种根本性的反常,也就是说,反常就在于斯宾诺莎思想彻底取消了无限与无规定间的关系难题,而这个难题恰恰是有观念论倾向的各种理性主义哲学的基础。反常就体现在斯宾诺莎哲学的彻底反目的论视角之中,我所说的目的论是指(斯宾诺莎也是这么理解的)给多元的主动活动覆盖上先验综合的一切形而上学方案。纯逻辑上的先验!在这里,这个历史藩篱被打破了:这是一个革命性的举措,巧妙的一击。目的论从来是观念先行的假说方案,从来是某种投射,是统合于历史世界中的诸关系在自然的不可分顺序上的投射,从来都是一种幌子,其背后无非是命令与要求。① 我们已经对此有了认识,现在我们即将进入一个时刻,在那里我们将不得不重现《伦理学》高度复杂的二次奠基过程。但是,在这一章,为了对前面部分作结,我们暂时先来看看已经出现的新融合所需的那些要素——它们在现阶段的过程里已经开始炽热发光——是以何种方式先行自发配置它们自身的。

177 我们面临的难题是:各种要素纷然杂陈、任意排列、各自成

① 有关这些界定,参看费耶阿本德(Feyerabend)近期发表的著作。

形,尚未被组合起来。方法还尚未占有分离的存在论要素的这个集合,尽管这些要素是有利于构成的。这是一个困境,因为,一方面,(应在存在论中有其根据的)方法论统一性是斯宾诺莎思想的根本性迫切所需;另一方面,支撑点还没找到,而只有借助这个支撑点,那种统一性才能在新视点中变得可用。这个构成性规划还仍然停留在观点上。到目前为止,给出的论题也还只是雏形,尚未形成坚实稳固的、可使这项规划被实质性重构的网络结构。想象!当然,想象——无论在斯宾诺莎看来,还是在整个那个世纪看来——都是一个模糊不明和起伏不定的场地,方法必须验证自身在这块场地上的适用性和综合能力,而且想象也是自然和理性掺杂在一起的混合体,它所造成的往往是受动激情:斯多葛主义在16世纪的复兴强加了这一语境,并使之享有某种特权,而17世纪也还仍然处在这个语境的轨道之内。[①] 又一个要素:受动激情。相对关于想象的问题,受动激情难题更接近实践上的决定,因为在自然与理性相掺杂的这个整体中,有意志介入进来,因而又敞开了选择、取舍这个要素,这个要素归根到底就是断裂的要素。这样一来,就有了一个点,在这个点上,构成/制宪(costituzione)的视角便能组织起来了,这一视角不仅界定的是范围和视点,而且也界定了构成/制宪的主体:人,通过想象和受动激情而存在着的人,也是依凭着认识和意志的人——作为主动性的人。就此,方法便占有了存在论。理智和意志在理性之中达成一致,而没有任何观念不是一种肯定或否定的行动。

---

① 斯多葛主义在16世纪的传播及其在17世纪的延续和命运,以及对整个这个文化传统的讨论,可参看拙著《政治的笛卡尔》(前书已引)。

方法就是占有。①

然而,即便如此,立足点的难题也还不能说得到了解决。事实上,如果回看那个世纪,我们就会发现,17 世纪思想,从笛卡尔到霍布斯,都处理过对世界的受动激情式的占有的问题,而他们的观点,直接或间接地,已经把占有概念本身取消了。在笛卡尔看来,占有被限定在机械领域,而无关于人的解放。二元论以假说的方式在受动激情层面起中介作用,并在理性神学的领地上——而非人类学的领地上——使受动激情的挑战作用得到重塑。② “我深知道,那鼎鼎大名的笛卡尔,虽然他也以为人心有绝对的权能(un potere assoluto)来控制自己的行为,但是他却曾经设法从人的感情(affetti/受感致动的情状)的第一原因去解释人的感情(受感致动的情状),并且同时指出人心能够获得绝对的支配力(un dominio assoluto)来控制感情(受感致动的情状)的途径。不过至少据我看来,他这些做法,除了表示他的伟大的机智外,并不足以表示别的。”③而在霍布斯看来,占有的确是至关重要的,他的物理学实际上构成了形而上学的基础。但这种形而上学充分吗?它重新引入了义务的先验性,从而即便不是否定了霍布斯全部的形而上学,也的确是否定了人的可信的形

178

① 正如我们已经看到的那样,这正是斯宾诺莎在《伦理学》第二部分对意志和理智之间关系的讨论的一般结论。

② 有关这一问题,尤其可参考扎克《斯宾诺莎哲学中的生命观念》(前书已引),第 104 页及以下。

③《伦理学》第三部分前言,第 234 -235 页。(格布哈特编《斯宾诺莎著作集》卷二,第 137 -138 页。)[贺麟译本第 96 页。——译注]

象,难道不是这样吗?受动激情与构成/制宪之间的关系被全部压服——霍布斯似乎是被这种关系的可能后果吓坏了——,以便重新组织起对属人的地平线展开过程的剥离,难道不是吗?①因此,在某种意义上讲,问题在于这一情况:17 世纪哲学给受动激情引入了中介的规范,这一做法对它们自身的规定来说是至关重要的。受动激情的模糊性、起伏不定不构成可以遵循的道路,而是应被克服的困难。在再次引入这种唯物主义的受动激情观的同时,新斯多葛主义的种种思潮也采用了掌控受动激情的观念论论点。“大部分写文章谈论人类的感情(受感致动的情状)和生活方式的人,好像不是在讨论遵守自然界的共同规律的自然事物,而是在讨论超出自然以外的事物似的。他们简直似乎把在自然界中的人认作国中之国(un impero in un impero)。因为他们相信:人是破坏自然秩序而不是遵守自然秩序的,是有绝对权能(potere assoluto)来控制自己的行为的,并且是完全自决而不受外物决定的。于是他们便不把人所以软弱无力(impotenza)和变化无常(incostanza)的原因归结于自然的共同力量(comune potenza della natura),而归结于人性中某种无力,对于此种缺陷他们表示悲哀、嘲笑、蔑视,通常甚或加以诅咒。而且谁能够最雄辩地或最犀利地指责人心的这种无力(impoten-

---

① 麦克弗森对该论点作过详细的探讨,他对此的探讨将激情与占有这一主题——该主题在霍布斯思想中获得了隐性的表现形式——与 17 世纪英国阶级斗争中该范畴的新发展联系了起来。(我为麦克弗森这部著作的意大利语译本撰写了导言,在导言中我直接论述了这个主题;请允许我提请读者予以参考。)有关对立的观点,即为资本主义进行辩护的观点,请参考 A. 希尔施曼(A. Hirschman)《激情与旨趣》(*The Passions and the Interests*, Princeton, 1977/ *Le passioni e gli interessi*, trad. it., Milano, 1979)。

za),他便被尊为神圣。"①17世纪哲学是普遍接受这个地形(terreno)的。对自然的受动激情式的占有——资本主义市场和原始积累的这一意识形态隐喻——必定服从于社会与国家对价值流动加以组织的需要。人们说这种观念让哲学世俗化了!谁能否认这一点呢?但是,这种说法也让对自然的受动激情式的占有参与到了对权力(potere)的确定形象的建构之中,——这种参与否定了迄今揭示的唯物主义物质性的创造性,或者说,这种说法让自然及其效果神秘化了。想象、受动激情、占有成为了资产阶级市场意识形态中有着共同实质的要素,——创造力从属于秩序,——价值从属于剩余价值,不是吗?②于是,一种目的论被建立了起来,它虽不同于神学传统中的那种目的论,但差不多同样作用明确:受动激情的含混性被占有这一中介的实践所役使,那是某种秩序化的社会系统中的占有,它过度决定着受动激情的作用。这样一来占有就成了真正的辩证法,它就是一个中介过程,它不建构任何东西,因为它的规范是内含性的,它只是被构成,它是"形式因"而非"动力

---

①《伦理学》第三部分前言,第232-233页。(格布哈特编《斯宾诺莎著作集》卷二,第137页。)[贺麟译本第96页。——译注]

② 因而所有解释者——也就是说,无论是左翼还是右翼的解释者——都在市场这个问题上达成了一致。但一旦从市场问题进入资本主义组织本身,讨论就变得多少有些困难了,而且也引入了更多的具体范畴。就此可参考一些文献材料,如20世纪30年代唯物主义史学成果中的基本典范之作——伯克瑙的《封建世界观向资产阶级世界观的过渡》(前书已引);就同一问题,涉及同样唯物主义史学方法论路径所引发的争论,请参看《有关30年代的争论》(Borkenau, Grossmann, Negri, *Una polemica degli anni Trenta*, Rome, 1978)所收的我的文章。

因”。先验支配着中介，即便是通过逻辑的、先验的形式：占有是“被合法化了的”（从属于共相），它在它本身的定义中就已经被绑架和神秘化了。继而，绝非偶然的是，与中介的这种再发明、目的论的这种重构、先验的这种复兴相同步，17 世纪哲学中的反人文主义的、反向而动的思想脉络也开动了起来：直接兴起于天主教和改革宗护教学的这个哲学脉络在神学上的笛卡尔主义和政治学上的霍布斯主义中，为确证传统——神学传统以及国家理性的传统，等等——找到了充分的基础。①

在斯宾诺莎那里，占有不是方法，同时斯宾诺莎还取消了全部的哲学上的普遍。前提是彻底单义的存在观，论点（意识形态战场上的）是完全的无神论，结论是关于人的一种唯物主义观念。在这里无须回头再谈他的存在观，也不必长篇大论地回顾他的神学批判，我们只需指出一个事实，即：他那个世纪的宗教解放的极端“经验”——无论是犹太教的，还是清教的——在斯宾诺莎那里得到了吸收。它们是经验，而不是意识形态，不是教条，——也就是说，同样拒绝了神学的中介，将这种中介视为可憎的和外在

① 参看马勒伯朗士（Malebranche）的著作和格令克斯（Geulincx）的著作，以及有关“国家理性（raison d'Etat）”的相关文献。这些构成了直接的参考材料。但我们同时还应考察 17 世纪自然法权/天赋权利学说（teoria del diritto naturale）中“中介学派（scuole di mediazione）”的发展；关于这一点，可参看奥托·冯·基尔克的《阿尔特胡修斯和自然法权政治理论的发展》（前书已引），该著作讨论了 17 世纪和 18 世纪自然法权/天赋权利学说代表作家的相关文献（几乎全都是哲学—法律和共和主义的文献）的形而上学方面。我在这些理论中显然看到了一条反人道主义（antiumanistico）的并且有时甚至是反动的线索：基尔克的把握方式非常有益，然而……

的,——与斯宾诺莎思想相近、同一或贯穿了他的思想的宗教经验就是占有,对神的占有。[①] 斯宾诺莎在存在论方面的反柏拉图主义,是同他在神学方面的反基督教密切相关的。这样才形成了关于人的唯物主义观念——人是主动性,是占有的力量(potenza appropriativa)。在人这里,那些元素将会融合在一起,或者说,那些前提——它们逐渐冷却并清晰起来——将熔铸起来,为我们提供构成/制宪规划的工具。人与构成/制宪的地平线的展开过程之间已经由于一系列形而上学条件的作用而形成了关系。现在,就让我们将它们排列开来,看一看它们是如何为人作为占有的主动性(attività di appropriazion)这一定义作好准备的。首先,人在自然中的位置:形而上学视角的颠倒向我们确证了人与自然的不可分割的统一,另外,它也颠倒了二者关系的方向和含义,即人不是自然的表现,而是世界的生产者。我们现在感受到了世界构成性力量(potenza)中的万有和神的力量(potenza)的存在,并将之视为对存有的界定。"从他们这些人看来,像我这样努力用几何方法来研究人们的缺陷和愚昧,并且想要用理性的方式证明他们所指斥为违反理性、虚幻、荒谬、妄诞的事物,无疑是最使他们惊异不过的了。但是我的理由是这样的:在自然界中,没有任何东西可以说是起于自然

---

① 主要参看克拉科夫斯基《没有教会的基督徒》(前书已引)第 227 – 236 页,那里提出了该世纪宗教经验的根本难题。也可参看克拉科夫斯基的导言,在导言汇总中克拉科夫斯基强调了他处理这一难题时所采用方法的现象学的和结构的特征。最后提请读者参看扎克《斯宾诺莎哲学中的生命观念》(前书已引),尤其是第七章,在那里,扎克扩大了讨论范围,将犹太宗教经验纳入了考量,对斯宾诺莎宗教哲学的生命特质进行了强调。

的缺陷，因为自然是永远和到处同一的，它的能力（virtù）和力量（potenza）支配着万物的存在……我将采取我在前面两部分中考察神和心灵的同样的方法来考察感情（受感致动的情状）的性质和力量，以及人心征服感情（受感致动的情状）的力量；并且我将要考察人类的行为和欲望，如同我考察线、面和体积一样。”①其次，人在知识中的位置：我以惯例的样式，通过共同概念来描述世界，但很快——只要我逐渐地获得更接近现实的观念——我便把现实理解为一个单一的过程，自觉地将我的理性运用其上。在想象与直觉之间，我不仅建构了真，还建构了我的自由。真即自由、改造、解放。人类在知识领域中所处位置的形而上学力量无非就在于理性与意志一而二、二而一的行动所产生的改造方法。“能力（virtutem/virtù）与力量（potentiam/potenza），我理解二者是一回事。换言之，就人的能力而言，就是指人的本质或本性，或人所具有的可以产生一些只有根据他的本性法则才可理解的行为的力量。”②这就是说，人类本质的占有力量开始以极其清晰的方式表现出来：诸条件已经聚拢——无论是在形而上学方面，还是在形式上。它们如今必将汇合起来，以一种明确的方式，从而使构成性过程不仅被理解为存在的一般系统，而且能被理解为一种发生、一种不断展开的力量（potenza in sviluppo）。全新的想象、受动激情、占有：但在这里，它们确定未曾陷入 17 世纪哲学的那种恶性循环之中；相反，这

180

① 《伦理学》第三部分前言，第 234 －237 页。（格布哈特编《斯宾诺莎著作集》卷二，第 138 页。）

② 《伦理学》第四部分定义七，第 408 －409 页。（格布哈特编《斯宾诺莎著作集》卷二，第 210 页。）

些条件准备着对非中介性和直接建构世界的现实起支配作用。①

---

① 主要参看扎克《斯宾诺莎哲学中的生命观念》(前书已引)第130-133页。在那里,扎克强调(如同他在该著其他各处所做的那样)了平行论的消失、想象的现实性质,最重要的是,强调了斯宾诺莎的意识概念的单义性。对后一点的强调尤其是对F. 阿勒基及他在《斯宾诺莎的"论奴役"与"论解放"》(前书已引)中所提出的论点的反驳。但真正把握到斯宾诺莎形而上学立场的实质性的是A. 马泰隆,他在《神学政治论》中,尤其是在《神学政治论》所预示的人民宗教的发展中清晰地辨识出了这些立场。请参看A. 马泰隆(A. Matheron)《斯宾诺莎那里的基督和无知者的得救》(*Le Christ et le Salut des Ignorants chez Spinoza* , Paris, 1971)。马泰隆的讨论无疑充满了艰深的段落,我们后面还会对这些段落中的一些有所涉及。与这里的问题最相关的,就是对想象的构成能力的探讨,想象的构成能力是历史在17世纪以特定形式创造出来的,这种特定形式即宗教的形式——人民宗教的形式,对真理和得救的肯定的一种形式。A. 伊古安(A. Igoin):《从斯宾诺莎学说在青年马克思那里的简省来看》("De l'ellipse de la théorie de Spinoza chez le jeune Marx"),载《斯宾诺莎手册》(*Cahiers Spinoza*)卷一,第213-228页。该文极为勤勉且具解释性地采纳了马泰隆的诸多论点,提出了一个问题,即(由穷人和无知者组成的)集体、诸众的想象所通往的永恒幸福之路的构成是否是斯宾诺莎的政治理论的目标。我后面会详谈这些问题(从另一方面说,列奥·斯特劳斯已经对这些问题作了预示):现在,重要的事情不是强调想象的目的性,而是强调想象的过程、想象的力量。这些论点——比如扎克所论的论点——尽管极富成果,但仍须提出如下反对意见:有限样式在杂多过程中、在想象过程中的统一化结果,并不是在抽象的和精神性的意识领域里被给予出来的,而是在物质性的和历史性的意识领域里被给予出来的。斯宾诺莎意义上的想象的这种物质性功能代表了使形而上学危机(这一危机就体现在《伦理学》第二部分的结尾)得以解决的关键之点。《神学政治论》有其难以估量的重要性。要重申的是,正是马泰隆把握了这一形而上学过渡,尤其参看A. 马泰隆《斯宾诺莎那里的基督和无知者的得救》第252页及以下。

人的本质。“这种努力(conatus/sforzo),当其单独与心灵相关联时,便叫作意志。当其与心灵及身体同时相关联时,便称为冲动(appetitus/appetito)。所以冲动不是别的,即是人的本质本身,从人的本质本身必然产生足以保持他自己的东西,因而他就被决定会做那些事情。其次冲动与欲望之间只有一个差别,欲望(cupiditatem/cupidità)一般单是指人对他的冲动有了自觉而言。所以欲望可以被定义为我们意识着的冲动。从以上所说就可明白,即对于任何事物并不是我们追求它、愿望它、寻求它或欲求它,因为我们以为它是好的,而是,正与此相反,我们判定某种东西是好的,因为我们追求它、愿望它、寻求它、欲求它。”①所以说,人的本质是 appetitus②;世界是由 appetitus 规定的,是由 cupiditatem③ 规定的。理性(理智与意志)的统一和理性与身体的统一是一并被提出来的。正是由于这一原因,冲动和欲望才起规定作用(qualificano),但“规定(qualificare)”是一种静力学意义上的构成性力量(potenza),而人在世界中被给予的构成性受决定(determinazione)才是动态的。人的构成性力量不断扩展的地平线展开过程是开放的。世界即其之尚未所是。未来,这是一种前抛的投射。这也是人的本质,是人的定义的一个根本要素。“欲望是人的本质自身,就人的本质被认作为人的任何一个感情(affetti,受感

181

①《伦理学》第三部分命题九附释,第 256 –259 页。(格布哈特编《斯宾诺莎著作集》卷二,第 147 –148 页。)

② 拉丁语,“冲动”。——译注

③ 拉丁语,“欲望”。——译注

致动的情状)受决定而发出某种动作而言。”①在斯宾诺莎那里,欲望指受动激情,但也指占有:“欲望是意识着的冲动,而冲动是人的本质本身,就这本质受决定而发出有利于保存自己的动作而言”②。换言之,欲望通过再生产和构成过程的动态顺序解释着人的本质。这里正在露出端倪的确乎是一种肯定哲学,它毫不退让地严格要求建构。它是一种快乐的哲学吗,就像有些解读者会说的那样?③ 或许吧。可以确定的是,我们已经最终获得了重建形而上学的基础,这种形而上学极大地扩展了我们的视域,既在逻辑方面,也在伦理的方面。④

但这还不是全部。我们还看到,人并非是“国中之国”。自然并非一个联邦国家,它不像荷兰那样是混合性宪制的。相反,自然是集合的单一整体性,是保证着人类个别性按照这种单一整体

---

①《伦理学》第三部分,“感情(affetti,受感致动的情状)”的定义,第362-363页。(格布哈特编《斯宾诺莎著作集》卷二,第190页。)[贺麟译本第151页。——译注]

②《伦理学》第三部分,“受感致动的情状(affetti)”的定义的说明,第362-363页。(格布哈特编《斯宾诺莎著作集》卷二,第190页。)

③ 德勒兹和扎克,虽然二人在解释上有许多差异,但在这一点上看法是一致的。

④ 有关相反的观点,请参看果鲁特《斯宾诺莎:论心灵》(前书已引)第547-551页,果鲁特首先主张,斯宾诺莎那里人的本质的定义不可能为欲望所涵盖,必须被纳入属性的顺序之中,人的本质的具体定义以一种下降的顺序由属性顺序而来。显然,在泛神论的完满顺序之中,欲望不能作为一种还原性和边际性的现象被给予出来。果鲁特预见到了对他的种种反驳,所以,其次主张,每一种不同的欲望观,尤其是将欲望等同于欲望的构成能力的欲望观,都有将斯宾诺莎扁平化为叔本华的危险。

性构成它自身的一个过程。“个别事物我理解为有限的且有一种确定的存有的事物。如果许多个体共同做出一个动作，以致它们同时都是某一结果的原因，那么在这个范围内我将认它们的总体为一个个别事物。”①这段文字从逻辑上说在《伦理学》第二部分中是先构成的，但在这里体现出了非凡的重要性。对构成过程的唯物主义决定实际上典型地体现在这个更细化的样式之中，体现在这个集合体、这个诸众之中。从历史的角度来看，斯宾诺莎同17世纪思想中——尤其是霍布斯思想中——普遍存在的严格的个体主义相断裂，已经是全面而彻底的了。② 从体系的角度来

① 《伦理学》第二部分定义七，第104－105页。（格布哈特编《斯宾诺莎著作集》卷二，第85页。）

② 有关17世纪政治思想个人主义的相关文献，请参看麦克弗森《占有式个人主义政治理论：从霍布斯到洛克》（前书已引）。从斯宾诺莎问题的角度来看，我必须强调指出，在这里我使用“集体的”一词指涉的是斯宾诺莎对17世纪个人主义的克服的特殊性；这一克服的恰当词汇即“诸众”，这是斯宾诺莎充分阐明的一个概念。正如我们经常指出的那样，有关集体的特殊性，以及有关诸众概念的形成，可参考A. 马泰隆的著作《斯宾诺莎那里的个体和共同体》（前书已引）和《斯宾诺莎那里的基督和无知者的得救》（前书已引）。当然，当我们谈论斯宾诺莎思想中的集体的时候，我们不应该忘记，这一方面是同占有的态度相联系的，另一方面是与想象相联系的。集体性、占有和想象，这三个元素是相互交织的，这一交织代表了斯宾诺莎使占有性个人主义发生翻转的方式。正是在占有和激情的维度中，我们发现了17世纪个人主义和集体主义之间的一种同一性：但是，二者从综合——个体综合，还是集体综合——的角度来看是显然有别的，而且是以绝对彻底的方式相互区别的。从这一点来看，斯宾诺莎是霍布斯的颠倒：斯宾诺莎是整个这个传统的断裂（在现代国家起源和资产阶级意识形态起源中的断裂）。这就是说，我们毕竟要坚持——从一种发生学的视角——将斯宾诺莎的哲学的基址放置在想象（激情性的想象）和占有的维度之中，这个维度是所有17世纪思想所特有的东西。

说,斯宾诺莎对这个集合体的决定产生了强有力的效果:实际上,这种决定有助于力量的概念以整合性的样式展开自身。我们假设一下受动激情和社会生活的展开并不直接与集体性的发展相同一:这就会促生伦理和社会的构造,在这种构造中,逻辑的或政治的规范统一化施加于个体性过程之上;这种规范同一化作为唯一被决定了的——然而也是先验的——可能性,将理所当然地被视为与力量(potenza)的构成性效果相对立。但这种假设却违背了斯宾诺莎的前提:离开它在这个集合体的内部规定的前提,这个构成过程就是不可想象的。“一个人要想对于我所要证明的东西有正确的了解,他必须十分小心,不要把神的力量与国王们的人类力量(la potenza umana dei Re)或他们的法权(loro diritto)混淆起来。”①也就是说,通过个体性所表现出的世界的神的力量、占有张力不可能展开,只要我们还像绝对主义的隐喻所暗指的那样认为这种力量是可以受超验或先验的中介管控或被这类中介秩序化的。神圣王权的隐喻贯穿了那个世

182

纪的哲学,尤其是笛卡尔的思想②,标明了统一性和多元性间存在论中介的不可能性。请记住,集合体的概念无非是对多元性—统一性关系的一种存在论决定。斯宾诺莎对王权隐喻的否定因而是将集合体承认为一种存在论层面的解决方案的标志。“命令(decreto)”,统一起最初的统一体的——或者更确切地

---

①《伦理学》第二部分命题三附释,第 110 -111 页。(格布哈特编《斯宾诺莎著作集》卷二,第 88 页。)

② 在拙著《政治的笛卡尔》中,我常强调笛卡尔对王权隐喻的依赖,此种隐喻包含着某种积极的内含。

说,在最初的统一体中获得表现的——“命令”“心灵与冲动的同步性”①——是自然的(共时性的)自我决定;自然的这种自我决定完美地合并了所有的平行,而在历时面上亦复如是,在那里,集合体是人在时间中的构成的一种“同步”形式。从根本上说,动态地与理智相综合的意志,必然开启这一理性的过程:推动单个个体汇聚为集合体,而且不是以外部连续性压力来推动的,而是以该过程在单个个体内部的机制、以规定的物理学的机制来推动的,因为道理仍然是此过程的本质即主动性和扩展性。② 所以,力量的这种唯物主义构成和扩张必然要求对集体的决定。构成性诸条件在这里达到了最高熔点。

结论。对构成的占有:所有条件看上去均已齐备,只待熔为一体,这一熔合对力量在世界中的构型和作用而言不仅是至关重要的而且也是起决定作用的。我们如果暂时回顾一下斯宾诺莎反对目的论的那段可称为最激烈言辞的文字——即《伦理学》第一部分的“附录”③——,可能就会更好地把握我们现在所处的这

---

①《伦理学》第三部分命题二附释,第248－249页。(格布哈特编《斯宾诺莎著作集》卷二,第144页。)[贺麟译本:“心灵的命令(decretum [decision])、身体的冲动和决定,在性质上,是同时发生的,或者也可以说是同一的东西,当我们用思想的属性去观察,并且用思想的属性去说明时,便称为命令;当我们用广延的属性去观察,并且从动静的规律去推究时,便称为决定。”——译注]

② 这个基础主要见于《伦理学》第二部分命题四十四附释,第218－231页。(格布哈特编《斯宾诺莎著作集》卷二,第131－138页。)

③《伦理学》第一部分附录,第84－101页。(格布哈特编《斯宾诺莎著作集》卷二,第76－83页。)

个阶段的重要性了。这个“附录”的论战性的“animus”[①]事实上源自有关占有和构成的观念,源自生产的 animus。对真理观的取舍的关键不再是在反对目的论和坚持唯名论——名中蕴含着数学真理——之间作选择,而在于一个更深层的过渡:由自在之真过渡到构成性的真,由理智和事情的相符过渡到物质性构成的充分运作。“自然的法则(Le leggi della natura)如此广大,足以生产出可被无限理智所设想的一切事物”[②]:在这段预示性的文字中所包涵的条件——它们代表了《伦理学》第一阶段所能达到的最高点——如今作为运作前提被给予了出来。

3. 生产力:一个历史反题

让我们返回占有概念,现在来切近地看看“受动激情—利益(passione-interesse)”这个对子,这个对子源于经济学,它将占据理论中唯一的核心位置。这个对子的重要性来自历史对它的决定:183政治经济、资产阶级、资本主义——所有这些范畴离开受动激情的基础都是不可想象的,在受动激情的基础上,自私自利及其驱

---

① 拉丁语,“心灵”,“精神主旨”。——译注

②《伦理学》第一部分附录,第 100 -101 页。(格布哈特编《斯宾诺莎著作集》卷二,第 83 页。)[贺麟译本第 43 页:“因为神的本性的法则至为广大,凡神的无限智能所鉴照的一切,都可创造出来,像我在(第一部分)命题十六所证明的那样。”——译注]

动下的表现构成了一个根本要素。[1] 越是晚近，我们就越是将不涉利益的思想——至少是不涉受动激情物质性的思想——排除出现代性，因为利益、受动激情的物质性才是在理论上的决定。这是与现实相符的：如果说现代史就是资本生成和发展的历史的话，那么受动激情—利益这个主题便是被编入这个历史的结构之中的，这个主题使每一种思想——尤其是所有的形而上学立场——实际上都成为无关紧要的了，思想总是试图让自身摆脱利益观点、被理解为朝向总体性的工作。[2] 然而，说到头，我们还未解决围绕占有概念出现的一系列难题，而有关这个主题的那么多著作也没有一部完全解决了这些难题。这样说来：将占有化简为逐利是一种不恰当的做法吗？是完全避重就轻的做法吗？是神秘化的而且是倒果为因的做法吗？我们正处在这个关键点上：需要对“占有”范畴、对其范围和强度、对其适用性及其历史决定机制进行分析。

占有就是在现代时代的意识形态秩序和生活秩序中完全实现了的那种革命，它规定了攻克自然并改造世界的人文主义观念，这种观念自中世纪晚期以来便根深蒂固地支配着西方文明史，这种占有获得了巨大的扩展，以至于覆盖了整个纪元——即

---

① 有关这一方面，只需记住希尔施曼在《受动激情与旨趣》中给出的参考文献就够了。另外请允许我提请读者参考 C. 贝内蒂(C. Benetti)《斯密：商业社会的经济理论》(*Smith*：*La teoria economica della societa mercantile*, Milano, 1979)这部优秀的著作。

② 这种解释线索——该阐释路径有马克思主义的起源，并经过了韦伯(同样地具有异端的意义)的再阐发——的力量在法兰克福学派那里获得了领导权：参看霍克海默对现代哲学的研究。

便可以这样来理解占有,这个范畴毕竟是自我限定和自我决定的,因而在它自身所勾勒的历史轨迹中呈现出了别样的含义,并表现出了绝非仅是观念性质的种种差异。在17世纪,我们处在占有开始扩展的起源阶段,但同时,这个起源也是它的多样性和另类的规定的起源之初。事实上,正是资本主义革命的先验性、正是这一特定的联结方案对它作了限定:实践能力、建构力施加在自然条件上,使它们抽象和流通起来,将它们改造成第二自然、改造成了一种新的生产力。占有就是这种新生产力的同义词。但是这一新世界只是在意识形态中才被呈现为一种统一和普遍的力量;事实上,即在现实结构中,它是一个分裂的世界。当第一波危机出现之时,当意识形态和集合体的意识形态的侧重点消失之时,现实将占有展露为自私自利,将资本主义革命揭示为政治上的保守行动,从而让人们看到资本主义革命仅仅是支配性结构(strutture del dominio)的一种功能改造。这种革命把中介奉为圭臬,反过来,中介则造成了对支配作用(dominio)的重构。占有一直是生产力的先验性,而利益问题却实际上塑造着新的生产关系。在资本主义发展的这一循环过程中,生产力和生产关系必定遭遇一个矛盾,这是我们在随后的几个世纪的发展进程中就能看得到的矛盾。

184 但哲学却并不为此备受困扰!这个根本矛盾——现实总是以更具戏剧性的方式勾勒出这个根本矛盾——与哲学史的伟大进程并肩而行。理性、价值和创造力——所有这一切都有赖于资本主义生产中诸关系的提升;生产力和它们所引发的种种矛盾都作为旁注被写进了哲学的进程。我们看到的当然是神秘化了的秘写形式,它们多少是含义丰富和极具力量的:观念论试图神秘化出生产力和生产关系的同一性的整体,毫无断裂地复制自身的同一性,即便危险重重地面对着资本主义生产统一体——这是一个幻觉,起源的和革命的幻觉——中关系的结构性危机,仍旧对此同一性加以实体化。另一方面,经验主义在意识形态上产生了幻灭,但却以犬儒主义的方式对阐释性术语系统的颠覆安之若素,试图借对生产关系发展的效果的考量来对这些关系中的矛盾作合理化说明。相反,对这些有其各自用意的历史综合的否定和反抗也有一个连续的传统。是否有可能勾勒出这个连续传统呢?阶级斗争才是必然不断呈现的生产力运动,而有没有可能审视阶级斗争的真实过程,从而(以同样的形而上学)勾勒出对神秘化予以否拒和偏离、进行解构并作出另类理论—实践选择的路径呢?是否存在这样一种思想线索呢:它源自人文主义革命,对占有概念作人类学中心化的理解,否定了革命的危机并拒绝让占有屈从于资本主义利益的顺序、屈从于这种利益运动之下的意识形态个人主义化?它是重新肯定占有的物质的、集体的、构成性的力量的一条思想线索吗?如果我们还固执于统一的哲学史观,所有这一切都是被排除的,即便作为一个优雅的问题都是不允许被提出的。然而,哲学的历史以及观念体现出了全部那些分殊,而且到处都是连续不断的修补危机的调整,所以哲学的历史并未成功地隐藏那些黑洞,在它的演绎能力方面有着数量众多的空白。就算是有关这些黑洞的哲学修辞也是难以自圆其说,几乎要沉入深渊之中![1]

在斯宾诺莎面前尤其如此。斯宾诺莎的形而上学实际上显

---

① 请参看 F. 夏特莱(F. Chatelet)编文集《哲学》(*La philosophie*, Paris, 1979)中有关对哲学史写作的重新组织方式的评述。

然通篇宣告了生产力的发展不可秩序化的非化约性。尤其不可化约为资产阶级的秩序。生产关系的历史必然在 17 世纪获得特别突出的表现，因为在这一世纪，伴随着资本主义诞生的意识形态选择的纯粹性还是充分完整的。众所周知，那时候，在 17 世纪，大获全胜的阵线是后来被称为“资产阶级”的那个阵线。在阶级斗争初露端倪的情况下，资本主义发展必然使自身与国家调和起来：实际上，它与旧的统治阶级相调和，让这些旧统治阶级必须钻进新形式之中，让它们以新形式——理性的和几何学的形式——发号施令：此即绝对主义。① 而与此同时，新兴资产阶级也练就了一种补充性的和根本性的手段，由该阶级界定同国家的联结方式，因而使调和的中介条件变得更为动态：它创造了资产阶级社会②，这是一个独立、自治的领地，或者说，是保留了资本主义发展和作为一个阶级的资本家群体的相对分离性的一个领地。存在之前，先已有了本质。总体的抽象、社会与国家的分离，所有这些之所以得到了肯定，为的只是一个目的，即决定资产阶级发展的动态系统。资产阶级的本质总是与国家相分离的：即使在它决定着对国家的总体领导权的时候——之所以如此，并不是因为它在力量上可以反对国家（但话说回来，它能以现实主义方式提出一个只具有

185

---

① 有关这一主题，请参看我对现代国家起源历史的论述中包含的参考文献，载《对哲学史的批判性回顾》（*Rivista critica di storia della filosofia*），1967 年 12 月，第 182 –220 页。

② 约翰内斯·阿格诺里（Johannes Agnoli）最近刚刚提醒我注意到“bürgerliche Gesellschaft（资产者社会/资产阶级）”不是“市民社会（società civile）”，而是“作为逃民自由职业者的堡民组成的社会（società borghese）”。

纯粹虚幻基础的难题吗?),而是因为它除了这个对生产力进行调节的强大中介形式之外别无任何手段使它自身保持同一性了。资产阶级一会儿“保卫”国家,一会儿又“反对”国家,总是随着自身的运动而来回摇摆,因为这个阶级是组织起对生产力的统治的非生产性形式(换言之,是生产关系的形式)——它从来都是一个剥削的阶级。资本主义剥削必须具有某种关系,它要承担某种组织功能——这种关系即中介,从来且唯一地是生产力的中介。利益的个别个人性被叠加在生产力促成的自然集体占有过程之上(构成之上又多出来了变形)。这就是价值神秘化的过程。剩余价值凝结的现实被这个过程私有化了。于是有了与生产力相悖的拜物教。

霍布斯—卢梭—黑格尔。正如我们已经指出过的那样①,基本上来说,通过这三座高峰之后,资产阶级的神秘化已臻完美。在霍布斯那里,联合(集体性)占有被改写——这种改写方式既悖论又有效——为集权之下的对主权者的服从,而剩余价值的生产机制则有赖于价值拜物教。在卢梭那里,生产力以集权方式转移给主权者,这一转移神秘地披上了民主的外衣,被说成是被绝对认可的让渡。这样一来,私人法权(diritto privato)和公共法权(diritto pubblico)的绝对形式便有可能结合,构成资本专政的基础。黑格尔消除了悖论,对悖论作了辩证法处理,使悖论分配到相对自治的各个环节之中,重又在每个人之间恢复了劳动的边界,从而把异化的条件推到了绝对,又在剥削的总体性中让每个人产生自由的幻觉。在每一种情况中,资产阶级社会与国家的原初性分离都是理论要花团锦簇地装扮起来的重点——于是就有了理论的历史发展不得不

① 参看本书第四章第一节。

承认而如今又要竭力遮掩以便获得成熟的统治性的这样一个虚构:是国家生产出了市民社会。就算——如经验主义思想流派所认为的那样——资产阶级社会和国家之间的差异是明显的,也不会有什么改变,因为资产阶级的自治性,无论是程度大还是程度小,都不会改变资产阶级规定性的本质:无论怎样,它都是一个为剥削而生的中介阶级——不是对生产力的中介,而是对生产关系的中介。

186

斯宾诺莎思想是最早对这一切进行去神秘化的。不仅是因为它是对新的人的生产力、对人文主义革命的最高的形而上学肯定,而且是因为它还是对资产阶级为了掩盖自己统治的组织方式而传播开来的所有重大虚构的具体否定。就此而言,对斯宾诺莎来说,根本不可能在不考虑生产力的情况下固定生产关系的同一性。对一切中介概念的拒绝是斯宾诺莎思想的基础。在斯宾诺莎的乌托邦发展阶段,这种拒绝就已体现了出来,当然那时还带有现代思想革命起源的普遍特征的印记。但这种拒绝在非乌托邦阶段、在成熟期——也就是我们所说的《伦理学》的第二阶段——更加明显,此时的这种拒绝让斯宾诺莎的哲学在他的时代里成为了独特而反常的存在。阐释者们长期以来坚持认为斯宾诺莎和霍布斯在对自然状态的描述上是一致的①,坚持明显可见

① 有关霍布斯与斯宾诺莎之间的论争及二者关系的概况,有关对斯宾诺莎作霍布斯主义的解读的信息,皆请参看吉安柯蒂·波歇里尼为意大利文译本《神学政治论》撰写的注释,其中包含有关所有这些方面的文献,见第XXVII - XXXIII页。就霍布斯对斯宾诺莎的影响而言,这种不容置疑的影响太经常地被视为斯宾诺莎以延续性的方式继承了霍布斯,不仅是在知识理论上的继承,而且是在政治层面的决定的继承——这后一种继承的说法更成问题。

的那部分内容,也就是说,坚持那个世纪里通行的那部分内容,即:他们两个人都揭示出相对于方兴未艾的统一的乌托邦,资本主义积累的对抗性质。可是,这些阐释者未能抓住在占有哲学这个共同场地上两个哲学家的不同选择,以及由此不同选择而形成的两人的彻底对立:斯宾诺莎是再典型不过的反霍布斯主义者。斯宾诺莎保留了占有这个主题,并将它当作自己哲学中中心性的和唯一的主题,拒绝在自私自利这一视域中曲解这一主题,因而他也否定并拒绝了霍布斯为了将生产力概念偷换为生产关系概念而发明的那个工具:义务概念。斯宾诺莎——然而,他只是在《伦理学》的第一阶段——利用了社会契约,将之利用为构成性过程的方案(而不是推动达成权力[potere]转让的动力)。此外,斯宾诺莎拒绝在公民社会(società civi)和国家(Stato)之间作出区分,这种区分是生产关系意识形态的又一个功能性虚构。在斯宾诺莎看来,社会在其自身内部建构起了种种命令功能,而这些命令功能也是无法与生产力发展相分离的。力量(potenza)反对权力(potere)。① 并非偶然的是,斯宾诺莎

---

① 力量(potentia/potenza)反对权力(potestas/potere):斯宾诺莎反对霍布斯。L. 斯特劳斯在《斯宾诺莎的宗教批判》(前书已引,第 229 -241 页)中,M. 考西在《斯宾诺莎的政治学和智慧》(前书已引,第 9 -14 页)中,都强调了霍布斯和斯宾诺莎政治思想之间的深刻差异,但他们的着眼方式太过于抽象,因而不足以充分把握斯宾诺莎对政治学(力量政治学)的界定的有效性。有关此问题的更好的分析,请参看扎克《斯宾诺莎哲学中的生命观念》(前书已引)第 236 -240 页,也可参看 M. 弗朗塞(M. Francés)的文章《斯宾诺莎所说的政治自由》("La liberté politique selon Spinoza"),载《哲学评论》(*Revu philosophique*),1958 年 148 卷,第 317 -337 页。

的这种思想在黑格尔这位资产阶级的无所不包的功能表现论者看来确乎是"违和"的！黑格尔认为——他看得很准——斯宾诺莎实体的生产力是现代哲学的绝对基础:"斯宾诺莎在现代哲学史上构成了这样一个关键点,你实际上只能作出一个选择,要么追随斯宾诺莎,要么做的就不是哲学。"①但是,另一方面,就斯宾诺莎坚持立足于生产力而言,就他决不向卑鄙的中介游戏作丝毫退让而言,黑格尔只能对斯宾诺莎作了这样一种调侃式的盖棺之论:"斯宾诺莎在 1677 年 2 月 21 日 44 岁上,长期病痛折磨的身体完满告终,——根据他的学说,所有特殊性、每个个别性都消失于实体的总体之中。"②有一度哲学家们知道如何斗争:在压制反动还是进步的难题、压制资产阶级统治和无产阶级的奴役的难题方面,不同的替代方案相互竞争——至少在这里对此加以强调是有益的。曲解是这场斗争中的共有武器。斯宾诺莎哲学是"东方风格的":多么蠢的话啊！特殊性和个别性消失于绝对之中！当然,斯宾诺莎始终坚持生产力的绝对性,一如马基雅维利始终坚持政治的社会同一性的绝对性,一如马克思坚持对抗——对抗为通向共产主义的革命过程提供了基础——的绝对性:但这当然不意味着在他们之间进行区分是徒劳无益的;毋宁是表明,马基雅维利、斯宾诺莎、马克思,在资产阶级中介面前构成了人类解放方案的统一体。从马基雅维利那里,他们提取出了马基雅维利主义,从马

187

① G. W. F. 黑格尔:《哲学史讲演录》(*Lezioni di filosofia della storia*)。

② G. W. F. 黑格尔:《哲学史讲演录》。有关这个问题的整体,请参看马舍雷在《黑格尔或斯宾诺莎》(前书已引)中细致的文献分析。

克思那里，他们提取出了马克思主义：而在斯宾诺莎主义这里，他们也尝试着——不太成功——搞出从属于资产阶级统治总体性的一种科学。然而，恰恰相反的是，在马基雅维利那里，那些从根本方面作用重大的政治范畴都植根于社会和共和国之中！而在马克思那里，共产主义这个主题则不仅预测了资本主义发展蓝图并为之确定了基础，而且明确地将它界定为剥削！马基雅维利、斯宾诺莎、马克思，他们每个人在西方思想史中都代表了这样一种另类方案，该方案是不能被化约为资产阶级关于发展的中介观、生产力全部从属于资本主义生产关系的那种方案的。必须牢记哲学史上这个“反潮流”的思想线索（altro corso del pensiero）乃是一切未来哲学的本质性背景——这种“否定的思想”起着偶像破坏的作用，贯穿于资产阶级中介形而上学胜利的那些世纪之中。

在研究斯宾诺莎所处的位置时，我们发现他既处在17世纪哲学思想发展的内部，但也与之相扞格；而最令人吃惊的是，他的形而上学虽然被视为野蛮的，但却无法被弃之不理。这也就是说，如果说一方面笛卡尔主义与其后的前启蒙时期的伟大经验主义携手共同努力为发展确立了资产阶级中介，那么另一方面斯宾诺莎思想所提出的政治和形而上学难题却从未被勾销，毋宁说，这些难题以这样或那样的方式被不断要求置于控制之下。这里不打算具体谈那些控制手法：只需要看一看斯宾诺莎—莱布尼茨在形而上学方面的关系就足够了，这个关系被建构得很好，这种关系也是这种曲解编织中最为重要的

188 节点。[①] 在这里,我们发现,这个例证向我们表明,要在一个系统中封闭斯宾诺莎及其在形而上学方面所奠定的生产力概念是不可能的,因为这个体系——如果可以将其界定为复制了莱布尼茨的方法的话——除了它愿意给构成性概念留出的空间外,不会再为它留出更大的空间了。[②] 甚或在政治这条线上,人们还重构出了现代国家公共法权(diritto pubblico)的烦琐起源,在这起源中,先是霍布斯式契约论,具有普遍的霸权性质,但后来,幸好遇到了卢梭主义的形而上学扭转之力,但即便如此,这些起源也从未成功地(除了明显在极端神秘化抽象的层面上)将斯宾诺莎思想如此强烈地证明了的社会诉求的构成性力量、构成性要素和制宪契机及反绝对主义抵抗予以摧毁和勾销。[③] 17 世纪哲学仿佛有一个黑暗的边缘,滋养着它所隐藏的原罪:占有范

---

① 有关斯宾诺莎和莱布尼茨的关系,广为人知的参考资料即 G. 弗里德曼(G. Friedman)的《莱布尼茨与斯宾诺莎》新版(*Leibniz et Spinoza*, Paris, nuova ed., 1962)。Y. 贝瓦隆(Y. Bevalon)的多种莱布尼茨研究中许多地方都有二者的比较,也是非常值得参考的。至于在重要性上稍次的分析——但这些分析毕竟触及了我们的某些关注点——,可参看埃斯勒的《莱布尼茨和资本主义精神的形成》(前书已引)。

② 德勒兹《斯宾诺莎和表现难题》在对斯宾诺莎和莱布尼茨的类同作了很多强调之后,才正确地(前书已引,第 310 页)——在我看来是正确地(但在他那里多少有点自相矛盾)——强调说:“在我们看来,此即斯宾诺莎和莱布尼茨之间的真正对立:前者的单义性表现(espressioni univoche)理论是反对后者含混不明的表现理论的”。

③ 参看奥托·冯·基尔克的《阿尔特胡修斯和自然法权政治理论的发展》(前书已引)提供的丰富文献。

畴作为其被背叛的基础是现代哲学所承认的,这种承认却在一曲连续的“小调”中得到了呈现。

斯宾诺莎是现代哲学中那明丽的一面。他是对资产阶级中介和它借以组织其扩张的所有逻辑的、形而上学的和法学的种种虚构的否定。他努力对人文主义的革命规划的连续性作出规定。在斯宾诺莎这里,哲学第一次否定了自身是一门有关中介的科学。在斯宾诺莎这里,有某种对未来几个世纪的巨大期待和对未来哲学激进真理的直觉预感,这不仅使他没有淹没于17世纪的思想之中,而且这种期待和预感还往往表现出对与同时代思想的直接对峙、比较的否拒。实际上,他的同时代人中没有一个人能理解他,遑论否定他。莱布尼茨本人在一封涉及光学的信中表现出了某种对斯宾诺莎的理解,却称他为“医师(medico)”。[①] 咄咄怪事:医师、**矫正师**、魔术师,斯宾诺莎被抛回了前现代的那一代,年轻的笛卡尔和全部反革新文化,无论是天主教的还是新教的,都声称已经对那一代进行了清算,文艺复兴的那代人们、革命者、魔术师,所有这些人都已被废黜。[②] 斯宾诺莎让我想起了莎士比亚:一套戏剧装置(impianto),它的意义并不

---

①《书信集》标号为第四十五封的信,第218－219页,所署日期为1671年10月5日。(格布哈特编《斯宾诺莎著作集》卷四,第230－231页。)[萨缪尔·谢尔利(Samuel Shirley)的译本作“To Mr. Spinosa, celebrated doctor and profound philosopher(著名医师和深邃哲学家)”,见 *Spinoza Complete Works*, Indianapolis/Cambridge, Hackett Publishing Company, 2002, 第884页。洪汉鼎译本第196页作“著名学者和深邃哲学家”。——译注]

② 有关文艺复兴文化在这方面的文献,请参看保罗·罗西(Paolo Rossi)和弗朗西斯·雅茨(Frances Yates)的著作。

来自外部,而是通过它自身的内部生产出戏剧形式或逻辑冲突,以此表现它自身的力量,展示它对大地(terra)的革命的和具有独立性的介入——在斯宾诺莎这里,这力量被憧憬为对解放的一种预构(prefigurazione)。以绝对的方式。斯宾诺莎工作的所合之式及其不平衡、占有概念的完整性(integrità)、方法之为构成之表现,所有这一切都非他的同时代人所能理解,他们心心念念的都是资产阶级对发展的中介的定义的相关争论,只能将这一切视为反常和野蛮。这一切才是对历史进程的真实任务的唯一的、不掺假的卓绝理解,它理解了这段历史进程中对抗和革命的动力的意义。为了未来!这一个世纪的所有思想都已经缴械投降,以至于将这个世纪固定在笛卡尔主义形而上学的大竞技之中、固定在"**不信教者**(*libertinage*)"的清醒的机会主义之中;机械论思想既适用于重建权力(potere)的形象,也适用于将权力的专业化统治术建构起来,因而注定用来进行熄灭所有革命经验这项工作;哲学无非是为资产阶级文明的中介本质赋予其存有,但也就是在这一形势之中,斯宾诺莎思想构成了"否定的思想",它批判并打破了获得了领导权的这种文化——它是失败和中介所造就的文化——的平衡。否定的思想的定义——我们知道——从来都是相对的。斯宾诺莎思想是对生产力的辩护。它是一种充溢着实质的否定的思想吗?

189

第七章

二次奠基

Seconda fondazione

1. 自发性与主体

193

“我将要考察人类的行为和欲望,如同我考察线、面和体积一样。”[①]这是一则具有还原论意图的声明:斯宾诺莎那里的万物与其说是几何的,不如说是物理的;与其说是机械论的,不如说是伽利略式的。[②] 这则声明还暗示了图形元素所具有的物体特质,暗示了作用—反作用的实际复杂关系,以至于它也将这一地平线全景塑造成了一个战争的地平线全景。所有这一切都植根于整全的存在结构之中,这个整全的存在结构不再与范式架构(disegno)有任何关系,只要这范式架构不是从样式层面、从世界的场地中推导出来的——哪怕推导得再为细致入微。“诸样式在它们本质上说都是表现性的:它们各依构成其各自本质的力量程度表现着神的本质。斯宾诺莎所说的有限事物的个别化不是由属或种而过渡为个别个体的过程;而是由无限的性质展开为相应的量的过程,是无限的性质分割为不可化约、各有其

① 《伦理学》第三部分序言,第 236 -237 页。(格布哈特编《斯宾诺莎著作集》卷二,第 138 页。)[贺麟译本第 97 页。——译注]

② 参看 S. 扎克:《斯宾诺莎哲学中的生命观念》(前书已引),第 104 -120 页。

自身内在本质或各有其强度的诸部分的过程。"①斯宾诺莎所说的存有就是广延,即诸部分的多元性,而且首先是因果机制。样式性存有是多元性,它是诸部分的全部,由运动和静止的某种关系所界定。从《简论神、人及其心灵幸福》到《伦理学》第二部分命题十三,并且在《伦理学》第三部分的全部基础上,这一样式性存有学说形成了连续而一贯的系统。"在斯宾诺莎那里,存有理论包含三个要素:**独一本质**,此即力量和强度的程度;**具体的存有**,这从来都是由无限多个存有的部分组成的;**个别形式**,也就是说典型的或表现的关系,这种关系永远对应着某样式的本质,而且,正是经过此关系,其无限的组成部分才暂时地与该样式本质相关联。"②但是,我们必须从内部来看待这一切:就算

---

① G. 德勒兹:《斯宾诺莎和表现难题》(前书已引),第 182 页:"Ainsi les modes dans leur essence sont expressifs ; ils expriment l'essence de Dieu, chacun selon le degré depuissance qui constitue son essence. L'individuation du fini chez Spinoza ne va pas du genre ou de l'espèce à l'individu, du général au particulier; elle va de ,la qualité infinie à la quantité correspondante, qui se divise en parties irréductibles, intrinsèques ou intensives."[德勒兹:《斯宾诺莎和表现难题》,龚重林译,北京:商务印书馆 2013 年版,第 197 页:"诸样态就其本质而言都是表现性的:它们表现了上帝的本质,每个样态都按照其力量的程度建构了它的本质。对斯宾诺莎来说,有限事物的个别性并不是从属到类或到个体的过渡,也不是从普遍到特殊的过渡;它是从无限的性质到其相应之量的过渡,它所代表的是那些被分割成不可化约的、内在的或具有强力的量的不同部分。"——译注]

② G. 德勒兹:《斯宾诺莎和表现难题》(前书已引),第 191 页。[可参看德勒兹:《斯宾诺莎和表现难题》,龚重林译,北京:商务印书馆 2013 年版,第 197 页,本段据法文版译出,原文如下:"La théorie de l'existence chez Spinoza

哲学也无法超越样式。《伦理学》第三部分的目标就是要实现一种动态的综合,这种综合对样式世界的自发性而言应具有构成性,而且可见于样式世界的因果性的无限运动之中,也可见于心灵——作为无限力量的在内部的、同步冲动的心灵——的无限运动之中。"感情(受感致动的情状),即所谓心灵的受动,就是被扰动的观念,通过这种观念,心灵肯定其身体或身体的一部分具有比此前较大或较小的存有之作用力,而且由于有了这种被扰动的观念,心灵便受决定而更多地思想此物,而不思想他物"①:这是第三部分的结尾,它把作为存在构成要素的主体能动性提了出来,解决了——通过某种颠倒和公理化简的方式解决了——物理学在其中已经遭遇僵局的世界的悖论。② 194

自发性与心灵、样式与主体性的完整结合是怎么被决定的呢? 我们已经用了较大篇幅考察了一般的形而上学前提,这些前提以更大的加速度让哲学完全浸入存在之中。《伦理学》第三部

comporte donc a trois éléments: l'essence singulier, qui est un degré de puissance ou d'intensité; la présence particulière, toujours composée d'une infinité de pièces étendues; la forme individuelle, c'est-à-dire la rapport caractéristique ou expressif, qui correspond en éternellement à l'essence de la mode, mais aussi sous lequel un l'infini des parties se rapportent temporairement à cette essence."——译注]

①《伦理学》第三部分"感情(受感致动的情状)总定义",第 392 - 393 页。(格布哈特编《斯宾诺莎著作集》卷二,第 203 页。)[贺麟译本第 164 页,译文有调整。——译注]

②《伦理学》第三部分"感情(受感致动的情状)总定义"之说明,第394 - 397 页。请注意这里对《伦理学》第二部分命题十一和命题十三的参考;参看本书上一章第三节。(格布哈特编《斯宾诺莎著作集》卷二,第 204 页。)

分“感情（受感致动的情状）的起源和性质”如今就为我们给出了一个系统的方案。我们已经知道了那些组成要素，并且处在物理维度之中，一切条件都摆在表面了：动力学是什么呢？无须他求，只需循着意识的谱系，这意识的谱系就是世界构成中的能动部分，就是解放的基础。现在，因果机制必须被改造为一种趋势，这种趋势还必须被改造成一种构成性的前抛；物理学必须过渡到生理学，生理学又必须过渡到心理学（这个过程在《伦理学》第四部分得到了系统而完整的论述）。演证过程是公理性的。换言之，对这个演证过程而言，就像对辩证法而言一样，唯有总体性才能解释一切。但是，与在辩证法那里不同的是，存在不是在观念上决定的，也不是通过方法操控的：存在存在着，强大、坚固、多样而多变。公理将存在证明为原理，将存在本身正名为一种确定的抽象。① 我们因而必须将我们自己也置于形势之中，让自己返回并沉入我们刚又超脱其上的存在的平面之中。

---

① 应该对我们这里的方法和马泰隆在其《斯宾诺莎那里的个体与共同体》（前书已引）的方法间的不同进行强调，他的方法（正如我们将看到的那样）产生了它自身的令人瞩目的结果。马泰隆的工作易致批评的东西显然是他的方法，他倾向于将辩证法图式或类辩证法图式引入对斯宾诺莎思想的分析之中，这是20世纪60年代存在主义马克思主义的典型做法。马泰隆的图式是一套关于异化和重组的决定的动力学（dinamismo determinato）。然而，这恰恰是在斯宾诺莎的视域中所排除的东西，斯宾诺莎的视域是建构的连续性的视域。辩证法方法和公理的方法之间是根本不兼容的，这种不兼容性决不能被最小化，而马泰隆往往是这么做的。马泰隆在他下一部著作《斯宾诺莎那里的基督和无知者的得救》（前书已引）中则不同，要成熟得多。我们后文还要再谈这部著作。

存在的这个平面从一开始就被定义为这样一个平面，它既保持着一个无限定的样式①，又保持着此样式悖论性的方向——这里所说的方向是运动意义上的方向，即，此样式与存在的充分性大小的不同程度会决定运动的方向："定义一：通过原因可以清楚明晰认知其结果，则这个原因便称为充分原因；反之，仅仅通过原因不能理解其结果，则这个原因便称为不充分的或部分的原因。定义二：当我们内部或外部有什么事情发生，而我们就是这事的充分原因，我便说我们此时是主动的。这就是说，所谓主动就是当我们内部或外部有什么事情发生，其发生乃出于我们的本性，单是通过我们的本性，对这事便可得到清楚明晰的理解。反之，假如有什么事情在我们内部发生，或者说，有什么事情出于我们的本性，而我们只是这事的部分原因，我便说此时我们是被动的。"②但在这么说的时候，就必须把这定义在难题性上和现实层面进行整合："定义三：感情（受感致动的情状），我理解为身体的应变致动（affezioni），这些应变致动使身体动作的力量增长或减退、顺畅或受阻，而［心灵］对这些应变致

195

---

①《伦理学》第三部分公设一、公设二，第237页。（格布哈特编《斯宾诺莎著作集》卷二，第139－140页。）［公设一和公设二："（一）人的身体可以多种样式应变致动，人的身体的动作力量在这些样式中或是增长或是减少；同样还有许多样式，人的身体的动作力量在其中既不减少也不增长。（二）人的身体能经历很多变化，但它却仍能保持对于对象的印象或迹象，因此它仍然能够保持对于事物的同样的意象。"——译注］

②《伦理学》第三部分定义一、定义二，第236－237页。（格布哈特编《斯宾诺莎著作集》卷二，第139页。）［贺麟译本第97－98页。——译注］

动的观念同时亦随之增长或减退、顺畅或受阻。”①在这里我们又回到了一个熟悉的点上:此即世界的悖论,这次是被引入意识的层面之中的,这就是战争的地平线全景。在这里,这个悖论更为紧迫:“只要一物能消灭他物,则它们便具有相反的性质;这就是说,它们不能存在于同一主体之中。”②那么充分能是什么意思呢?不同的充分程度能是什么意思呢?我们如何打破无限定的样式,为运动赋予方向,而又如何打破样式存在的对立的可能性呢?张力是极限的——但毕竟是形式的,过于形式的——,处在有造成毁灭危险的绝对对立的边缘。

使我们能重新校准——也是开启——构成性分析的,在这里仍旧不是辩证法意义上的 Aufhebung③,而是论述涉及的基本点在公理意义上的深化推进:“每一个事物,只要它是在其自身之内的存在(per quanto sta in essa),就莫不努力保持其存在。”④“一物竭力保持其自在存在的努力(conatus/sforzo)不是别的,即是那物的实际本质。”⑤“一物竭力保持其自在存在的努力,并不包含任何

---

①《伦理学》第三部分定义三,第 236 -237 页。(格布哈特编《斯宾诺莎著作集》卷二,第 139 页。)[贺麟译本第 98 页,译文有调整。——译注]

②《伦理学》第三部分命题五,第 252 -253 页。(格布哈特编《斯宾诺莎著作集》卷二,第 145 页。)[贺麟译本第 105 页。——译注]

③ 德语,“扬弃”。——译注

④《伦理学》第三部分命题六,第 252 -253 页。(格布哈特编《斯宾诺莎著作集》卷二,第 146 页。)

⑤《伦理学》第三部分命题六,第 252 -253 页。(格布哈特编《斯宾诺莎著作集》卷二,第 146 页。)[贺麟译本 106 页,译文有调整。——译注]

确定的时间，而是包含无期限的时间。”①“心灵具有清楚明晰的观念，或者具有混淆的观念，都努力在无期限的时间中保持其自身的自在存在，并且自己意识着它的这种努力。”②这四个命题是根本性的。“conatus（努力）”是存在的力度，是事物的实际本质，是其在无期限的绵延中的实际本质，而且同时是对这一切的意识。“conatus（努力）”在心灵则为意志，在身体则为冲动（appetitus/appetito）。欲望（cupiditatem/cupidità）即是对自身有意识的冲动（appetitus/appetito）。“conatus（努力）”倾向于充分地实现自身。③ 样式得到了联结，通过 conatus（努力）学说，样式将自己呈现为此消彼长的力量本身，因而也将自己呈现为通过力量汇聚起来的诸种应变致动。有限样式世界这样一来便可纳入受动激情理论之中。这个世界将自身展现为一个消消长长——实体生灭的消消长长——的地平线全景，将自身展现为主动的或被动的应变致动之间连续的关系和分配比例，譬如弹性。所有这一切都受到 conatus（努力）的约束，它是一个高踞于存有之上的一个本质要素、永远积极的动力、纯然内在的因果性。这里没有半点目的论本质的意思：它不过意味着非目的论化了存有的活动本身，意味着这种存有的给予性和意识呈现。④

---

①《伦理学》第三部分命题八，第 254 -255 页。（格布哈特编《斯宾诺莎著作集》卷二，第 146 页。）[贺麟译本 106 页，译文有调整。——译注]

②《伦理学》第三部分命题九，第 256 -257 页。（格布哈特编《斯宾诺莎著作集》卷二，第 147 页。）[贺麟译本 106 页，译文有调整。——译注]

③《伦理学》第三部分命题九附释，第 256 -257 页。（格布哈特编《斯宾诺莎著作集》卷二，第 147 页。）[贺麟译本 107 页，译文有调整。——译注]

④ 主要参看德勒兹《斯宾诺莎和表现难题》，第 197 -213 页。

我们终于来到了存在——人的意识和世界所呈示的全部存在——的构成性动力学的内部。同时性不仅被给予出来,而且也是被证明了的:“如果一物增加或减少,促进或阻碍我们身体的动作力量,则对这物的观念就会增加或减少,促进或阻碍我们心灵的思想力量。”①世界的悖论②——《伦理学》第三部分第一组命题重又在意识层面提出了这个悖论——明确地被克服了,或更确切地讲,被勾销了:因为显而易见,这个悖论过去势必要求其余元素以静态方式在势能中保持对立,而现在,这个悖论则使冲突得以维持,以至开出一条“上升之途”,让建构性的张力运动了起来。完满化运动若非是身心过程则不构成存在的一个属性。通过种种个别的激动,心灵可过渡到较大程度的完满。③“心灵总是尽可能努力去想象足以增加或助长身体的动作力量的东西。”④但我们必须用拉丁文来说这句话:“Mens, quantum potest, ea imaginari conatur, quae Corporis agendi potentiam augent, vel juvant.”⑤实际上,这句拉丁文的表述清楚展示了这里确定的这一联结:“Potentia(力量)-Conatus(努力)-Mens(心灵)”。这个联结是一个整

196

---

①《伦理学》第三部分命题十一,第258-261页。(格布哈特编《斯宾诺莎著作集》卷二,第148页。)[贺麟译本108页。——译注]

② 即“实体—样式”的“悖论”,参看第三章第三节。——译注

③《伦理学》第三部分命题十一附释,第260-261页。(格布哈特编《斯宾诺莎著作集》卷二,第148-149页。)

④《伦理学》第三部分命题十二,第262-263页。(格布哈特编《斯宾诺莎著作集》卷二,第150页。)

⑤“心灵,尽其所能,努力想象着增进或助益身体动作力量的事物。”——译注

体,在想象与受动激情的作用之下持续不断地使自身完满化。一个进展过程被开动起来——始于"potentia(力量)",受"conatus(努力)"推动,而成于并固定于"mens(心灵)"。[①] 而且,正是在这些关系——变动不居但总又植根于现实的关系、变幻不定但每次成型都符合构成性逻辑的关系——之中,完满化不断将自身构成为内在于 conatus(努力)对当下的超越之中的一种张力。"快乐—悲伤""爱—恨"这两个著名的对子在这里是作为标志出现的,它们是理解感情(受感致动的情状)世界的构成性过程的关键:因为现在它们就是这个过程中的要素本身,是存在论投影系统中构成性的形式要素。"本书此后将认快乐(Loetitiam/Letizia)为心灵过渡到较大完满的受动激情(passionem/passione);另一方面,将认悲伤(Tristitiam /Tristezza)为心灵过渡到较小完满的受动激情。"[②]"爱不是别的,乃是为一个外在的原因的观念所伴随着的快乐。恨不是别的,乃是为一个外在的原因的观念所伴随着的悲伤。"[③]

这样一来,自发性与主体性之间的关系在斯宾诺莎思想发展中首次获得了一种真实的综合形式,这才真实地构成了《伦理学》的核心契机,构成了二次奠基的根本要点。当然,在此前的斯宾

---

① 《伦理学》第三部分命题十三,第 264 -265 页。(格布哈特编《斯宾诺莎著作集》卷二,第 150 页。)

② 《伦理学》第三部分命题十一附释,第 260 -261 页。(格布哈特编《斯宾诺莎著作集》卷二,第 149 页。)

③ 《伦理学》第三部分命题十三附释,第 264 -267 页。(格布哈特编《斯宾诺莎著作集》卷二,第 151 页。)

诺莎思想发展过程中,这个过程被设定在存在论维度:进而也是被设定在一个集合性的、普遍的和力量充沛的维度之中的——我们后面再谈这个问题。[①] 我们在这儿倒是要强调另一个重要后果:存在论的无中介性——在这个构成层面变得如此复杂的存在论直接性——具有了一种规范能力(capace di normatività)。[②] 因为,实际上,"conatus(努力)"——它是存有的无中介性——表现

① 在《斯宾诺莎那里的个体与共同体》中,尤其是在该著第二部分第82页及以下,马泰隆以赞成的态度强调了受动激情的学说在斯宾诺莎那里的社会维度。马泰隆系统地考量了斯宾诺莎思想的发展,尤其在该著作的第三部分,他将斯宾诺莎思想的发展视为一种双重发展:一种发展顺序是个体的、受动激情的生活的发展顺序,另一种发展顺序是受动激情的人际发展顺序。他所说的这一切都非常重要。但是马泰隆使他的论证高度机械化,反而不太可信,因为他强调这一事实,即支配着《伦理学》第三部分和第四部分的图式不是别的,而是"喀巴拉主义者的西班牙犹太裔支系主题的一种自由变体"。这真是一个奇妙的结论。["喀巴拉主义",是从12世纪下半叶至13世纪初出现在欧洲的犹太教神秘主义思潮和学派,源自犹太语"kabalah",该词有两层意思:第一,"接受"或者"接受的事物";第二,"传统",即"接受古代传统的智慧和精神财富"。最重要的是,喀巴拉主义主张真正的真理是超越感性和逻辑的存在,故而反映人类经验的语言并不足以把真理完全表达清楚。这显然和斯宾诺莎《伦理学》彻底的理性主义没有什么关系。——译注]

② 在这里我们必须强调一个事实,即,我们在这里面对的规范性是真正意义上的规范性,而非相反的那种建议性的、临时性的规范性。实际上,有太多人谈论斯宾诺莎《伦理学》的"矫治"倾向,从而将它拉回到了——就此来看——文艺复兴晚期的视域之中。显然,无论如何,在我看来,如下主张是不可接受的:这种矫治的方面既指向晚期文艺复兴或斯多葛学派,也指向了对笛卡尔及其受动激情科学传统的参照。具体来说,斯宾诺莎的立场是没有给任何个人主义留出余地的。

着本质在趋势意义上的张力。这个超越过程需要一个规范维度，这种规范是作为趋势活动的效果而被给予出来的，因而以系统的方式在该规范自身之内包涵了作为其动力的物质性冲动的集合。配置的复杂性、“努力”的力量复杂性，使得这种规范的产生成为可能。我们可以看到两个过程：一个是“conatus（努力）”完满化要素的积累过程，另一个是将这些要素表现为完满化的过程。存有造就本质，以动态的方式、构成性的方式，所以当下的现在也造就趋势：哲学要想保持平衡，就得奔向未来。霍布斯物理学（以及所有机械论思想）部分地提出的东西，作为一种趋势，却被霍布斯政治学（以及所有的绝对主义思想）断然勾销了，从而未能达到对规范的这种卓越的二次奠基，这就是那个世纪的一大难题：斯宾诺莎对事实与价值——它们在系统的配置的复杂性中是一而二、二而一的——的肯定，将这个难题去神秘化和解决了。样式物理学向受动激情物理学的这一过渡把机械论纳入了革命规划的关键连续性之中。机械论—危机—绝对主义：斯宾诺莎打破了这个序列，危机被纳入了解放的规划之中。战争的地平线全景被颠倒并重构为解放的地平线全景。

197

在给出了这个规划的总蓝图之后，斯宾诺莎继续具体地以分析的方式处理了意识的谱系、“conatus（努力）”向主体的过渡。斯宾诺莎思想发展中逐步为我们所辨认出来的所有那些近似值（approssimazioni）在这里被明确而综合地排列了起来。《伦理学》第三部分从这里开始可以分为四个子部分：（a）命题十六到命题二十八，从想象角度对种种感情（受感致动的情状）作出分析；（b）命题二十九到命题四十二，从社会性——以及社会化——角度对种种感情（受感致动的情状）作出分析；（c）命题四十三到命题五十二，从否定

(冲突和破坏)方面谈种种感情(受感致动的情状)的构成;(d)命题五十三到命题五十九,从解放的方面谈种种感情(受感致动的情状)的构成。第三部分还开列有关于种种感情(受感致动的情状)的四十八条定义,为的是从外部概括运动中的构成之构型的复杂性。

现在,在进入对这些构成性分析和种种定义的具体讨论之前,有必要对斯宾诺莎这一设计程序补充一点说明。我想要说的是,后来的哲学史进程再怎么发展,也无法对以这种方式规定的分类作出丝毫改动。实际上,康德要组织先验作用的分析论和辩证论,只能采用斯宾诺莎的这个系统,而且,也只有借助于斯宾诺莎,古典观念论才能使自身投入对康德方案的相对失败的再检讨工作中,才能在存在论方面重建这种规划。① 然而,[后来哲学史上的]这种做法是不正当的:实际上,斯宾诺莎认为,这个构成性规划是一种结构投影,其效能涉及存在论层面;辩证法在斯宾诺莎这里是没用的,这与在有关表象的(康德式)科学和有关对立的(黑格尔式)科学那里绝不相同;在斯宾诺莎这里,存在的连续性与其现象层面的不连续性之间的关系被认为是诸原理的公理性的作用效果,而永远不可能纳入辩证法契机的先验操作性范围之中。请切记这个基本的说明,因为"斯宾诺莎主义"给斯宾诺莎思想造成的混淆是如此强烈和明显,以至于往往妨害了对这位哲学家的构成性程序的(忠实于文本的)正确理解。在作出这个警告之后,就让我们回到构成性过程本身,同时切莫以观念论的分析论或辩证论减低它的强度:毋宁说,这里起作用的正是一种集体

198

① 有关斯宾诺莎阐释中的康德主义线索和黑格尔主义线索,参看马舍雷《黑格尔或斯宾诺莎》(前书已引)。

实践的现象学。

“假如我们想象着某物具有与平常引起心灵快乐或悲伤的对象相似的性质,虽则某物与此对象相似的性质并不是这些感情(受感致动的情状)的致动因(causa efficiente),而我们将仍然会仅仅由于这些性质相似之故,而对那物发生爱或恨的情感。”①因此,想象在时间和空间方面扩展了(但在这里,时间上的扩展是最基本的,因为只是从命题十九开始,空间维度才能成为社会化分析过程的基础)基本的感情(受感致动的情状)(affetti fondamentali),也就是说,想象从开始就让构成性图式具体化了。想象的构织作用在它的构成性直接性中突显了出来。命题十五(“任何事物均可成为快乐、悲伤或欲望的偶然原因[accidente causa]”)②给了我们有关这个结构的共时性定义:命题十六则从历时性角度扩展了想象的结构,并特别强调了想象的结构的构成性功能——这一构成性功能是形而上学的,或确言之是元个体的(metaindividuale),并在存在论层面富有能产性:“在原因为我们所不知的情况下”,想象挺身而出,展示出一种生产的自主性,此自主性以如此强烈和内在的方式让存在运动起来,并产生着对明晰化(specificazione)的需求。从个体意识的角度来说,想象产生偏见和混淆的结果,但这不是问题的关键,关键在于想象在自身的这种存有之上还产生了一种张力——集

---

①《伦理学》第三部分命题十六,第270-271页。(格布哈特编《斯宾诺莎著作集》卷二,第152-153页。)[贺麟译本第112页。——译注]

②《伦理学》第三部分命题十五,第266-267页。(格布哈特编《斯宾诺莎著作集》卷二,第151页。)[贺麟译本第111页。——译注]

体性的张力,产生了它的存在论的和构成性的功能。正是因此,那些认识论因素——混淆、偏见、不确定、疑惑——在构成性作用中以决定性的方式得到调理并被改造。“**这种为两种矛盾**的情绪所引起的心灵状态就叫作心灵的波动(animi fluctuatio/fluttuazione d’animo)。这种心灵波动与感情(受感致动的情状)的关系,一如疑惑与想象的关系,而且两者间的差别只是程度上的差别。”①心灵的波动是构成性进程旋律中的头一个元素:它是一种不确定的力量,但也是一种真实的力量,它是对在斯宾诺莎物理学中就有所预示(在这里要再次提请读者回顾第二部分命题十三)的那种动力机制的一次重大而有效的提升。多元性是一个动力系统,而波动(即便呈现为疑惑的形式)则消除了所有残余的外在性的、认识论的和方法论的隐含意义,成了一种实质性元素,成了构成世界的关键。倘若说它是一种方法,那么它就是存在本身的方法。仅举几例,首先就是活动中的波动——此时其形态是不稳定性:“从上面所说,我们可以了解希望、恐惧、199 信心、失望、欣慰、悔恨的性质。**希望**不是别的,只不过**是一种为将来或过去的事物的意象所引起的不稳定的愉快**,而对于这一事物的结果,我们还在怀疑中。反之,恐惧乃是一种可疑的事物的意象所引起的不稳定的悲伤。**如果将怀疑之感从这两种情绪中取消,则希望会变成信心,恐惧会变成失望。这就是说,变成我们所希望的或恐惧的事物的意象所引起的愉快或悲伤。欣慰乃是一种为过去的事物的意象所引起的快乐,而对于那一事物的前途,我**

---

①《伦理学》第三部分命题十七附释,第272-273页。(格布哈特编《斯宾诺莎著作集》卷二,第153页。)[贺麟译本第113页。——译注]

们曾经加以怀疑。悔恨是与欣慰相反的一种痛苦。”①毋宁说,波动是适度与过度之间的关系:“由此可见,一个人如何会很容易陷于对于他自己或他所爱的人评价过高,而对于他所恨的人贬抑太甚。一个人自视太高,此种想象叫作‘骄傲’,这可以说是一种疯狂症。因为他睁眼做白日梦(sogna ad occhi),仿佛他能够做出他想象中所能做到的一切事情,因而认这些事情为真实,并且引以为快乐,因为他不能想象出任何事物足以排斥它们的存有并限制其活动的力量。”②一个存在的平面,有着它的全部批判的复杂性,由构成性过程所划定,被此过程推动并范导。这样一种现象学分析是极其丰富的,这种丰富性实际上也是对存在的建构性开掘:这一分析论揭示了在复杂性不断提升的配置运动中存在所建构和涉入的情形——这个运动过程是众多真实个体间波动而不断复杂化的组合联结的过程。③

---

①《伦理学》第三部分命题十八附释二,第 276 -277 页。(格布哈特编《斯宾诺莎著作集》卷二,第 155 页。)

②《伦理学》第三部分命题十六附释,第 288 -289 页。(格布哈特编《斯宾诺莎著作集》卷二,第 159 页。)[贺麟译本第 119 页。——译注]

③ 应该在这里顺带强调一点——我后文还会论及这一点——,斯宾诺莎的规划构成绝不能被化简成“功利主义”的规划构成。斯宾诺莎的规划构成不存在功利主义的个人主义维度,即便在斯宾诺莎思想发展的这个阶段——该阶段对个人层面和人际层面是强调的——也不存在功利主义的个人主义维度。如果要谈功利主义,我们最好还是谈“同情性的道德(morale della simpatia)”,但这些方面与其说是理性主义的,不如说是现象学的。在这个框架内,对斯宾诺莎和大卫·休谟的某些立场之间的类同作一考察是有趣的。沃恩已经试着指明了这些类同之处,而且也说明了,坚持认为斯宾诺莎和英国自然神论之间存在联系的所有人(梅里是其中最杰出者)都会反复地谈及这些类同。

探讨由这里进入了一个新的维度,进入了感情(受感致动的情状)的社会化领域。“我们将努力做一切我们想象着人们(人们在此处以及下面,都是指我们对于他们并无特殊情感的人而言)将用快乐的眼光注视的事情;反之,我们将避免做任何我们想象着人们所厌恶的事情。”①“Conatus(努力)”扩展到了个体间的、人际的动力学之中。② 这个段落初看上去显得是薄弱的:在附释中就该命题所论的社会化过程给出的示例分析了“野心(Ambizione)”和“通人情(Cortesia)”两种感情(受感致动的情状),我们可以发现它们都是处在陈旧、呆板的动机刺激的伦理学系统之内的感情(受感致动的情状),即便它们是在被作了精彩的分析之后才被提了出来的。③ 除了示例的薄弱之外,我们还想要强调的一个事实是:这里却也勾画出了存在的另一个更高的平面。如果说

---

①《伦理学》第三部分命题二十九,第 294 -295 页。(格布哈特编《斯宾诺莎著作集》卷二,第 162 页。)

② 这个方向是马泰隆的解读所给出的,此一方向从这方面看是极为根本的。

③ 马泰隆在其反对麦克弗森的解释的论战中强调一个事实,即,斯宾诺莎对政治世界的感知在许多方面还同中世纪的视域联系在一起(尤其参看《斯宾诺莎那里的个体与共同体》第 221 -222 页)。显然,斯宾诺莎在这些段落对“野心”和“通人情”两种能力的指涉似乎是支持马泰隆的主张的。但是,这也会带来许多难题,而若正确处理的话,这些难题却也能指向完全相反的结论。具体来说:斯宾诺莎的这些指涉和他所举的例子在什么意义上是明确的?我不相信是明确的:首先,它们基本上是随意举出的,它们很少在文本中再出现。其次,17 世纪的狭义道德难道不纯粹是一种掩饰,而在新兴资产阶级道德中尤为怪异吗?对这一问题的积极回应,请允许我提请读者参阅拙著《政治的笛卡尔》(前书已引),其中讨论了与此论题相关的丰富参考文献。

想象理论已经在意识的领域中进展得取代了简单而基本的物体物理学的话,那么在这里更进一步的部署配置是在成熟的个体间的层面展开的。这样一来,理性化机制则开始明晰地呈现了出来——理性化机制即理性的充分性在存在论组成的水平上的不断演进的发展机制,每一个新水平都比前一水平更为复杂。但是,更高水平的存在论组成/复杂性也意味着更宏大的动态和更巨大的冲突:组成—复杂性—冲突—动态这一关联是前后相继的不连续的(而不是辩证的和线性的)部署配置方式的连续关联。事实上,我们可以看到在这第一个社会化层面上爱和恨的动态运动:这两种基本感情(受感致动的情状)转变为其他的感情(受感致动的情状),它们转变成了新的感情(受感致动的情状),之所以如此,唯一的原因就是此刻这两种感情(受感致动的情状)指向了他人,正是他人让这两种基本的感情(受感致动的情状)运动了起来:爱和恨伴随着某种外在原因而发生了改变。[1] 然而:爱和恨,在与它们的外在原因的关系里,甚至陷入了它们的内在张力之中,成了矛盾的契机[2],但爱和恨毕竟不是向外延展性的。所以说,爱作为社会性的一种诉求得到发展,同样地,源于爱的冲突和斗争也发展了起来:这样一来,我们就进入了一个新的领域,一个新的、向外延展开的、动态的领域。形而上学意义上的存在之多变性已经成为了伦理学意义上的存在之丰沛性(esuberanza)。所

200

---

①《伦理学》第三部分命题三十附释,第 296 -299 页。(格布哈特编《斯宾诺莎著作集》卷二,第 163 -164 页。)

②《伦理学》第三部分命题三十五附释,第 305 -309 页。(格布哈特编《斯宾诺莎著作集》卷二,第 167 页。)

以说爱不仅生产着冲突，而且也在数量和程度上推动着存在构成之发展；感情（受感致动的情状）愈强，它所能包含的主题（soggetti）的多样性就愈大。“由悲伤或快乐、由恨或爱而引起的欲望（Cupidità）之大小，以感情（受感致动的情状）之大小为准。”①我们进而面对的不仅是原生的冲突机制，而且还有它的扩展机制。起源于爱的冲突的社会动力学扩展开来，表现出不断增长的复杂性和变易性。这个过程的伦理学性质被给出了如下界说：“所谓善（bonum/bene）是指一切的快乐，和一切足以增进快乐的东西而言，特别是指能够满足愿望的任何东西而言。所谓恶（malum/male）是指一切悲伤，特别是一切足以使愿望受挫的东西而言。因为在上面我们已经指出，我们并不是因为判定一物是好的，然后我们才去欲求它；反之，乃是因为我们欲求一物，我们才说它是好的。因此凡我们厌恶的一切事物，我们都叫作是恶的。所以每一个人都是依据他的感情（受感致动的情状）来判断或估量，什么是善，什么是恶；什么是较善，什么是较恶；什么是最善，什么是最恶。”②错将这种存在论决定机制当成功利主义道德的看法至少也是目光短浅的判断：实际上，在这里诸个体的动力学和联结已经构成了一种不可逆的构成性机制。它是一种集合性的和唯物主义的地平线全景：我们不能返回作为原则或作为价值的个体性，

---

① 《伦理学》第三部分命题三十七，第310－311页。（格布哈特编《斯宾诺莎著作集》卷二，第168页。）［贺麟译本第128页，译文有调整。——译注］

② 《伦理学》第三部分命题三十九，第314－315页。（格布哈特编《斯宾诺莎著作集》卷二，第169页。）［贺麟译本第130页。——译注］

相反我们所诉诸的个体性只能是存在结构中的一种元素，它持续不断地展开为社会性并通过社会性实现着这一展开过程。

部署配置不能被理解为连续性，而只能被理解为不连续性的相继、一系列不连续性。不连续性在个体的构成过程中并在个体间最初阶段的共通性(comunità)中得到了证明之后，分析就转向了对整体过程的考量。必然性与自由相综合所需诸条件的关系——至此这些条件已经得到了证明——进一步展开，并达到了连锁扩展的关节点。“恨由于互相的恨而增加，但可为爱所消灭。”①截至目前所分析的动力学的冲突性基础开始被一更高程度的量级所过度决定(sovradeterminate)。这意味着感情(受感致动的情状)的复杂动力学由于发展到了更高的存在水平而不会排拒对抗的强度和[对抗者间的]互相破坏，相反它将这强度当作中心性的东西吸收掉了，并进而使之得到了提升。扩展性也是破坏：但它是这个生机勃勃的过程的不断增长和过剩意义上的破坏，是存在不断达到更大量级意义上的破坏。动态过程就是感情(受感致动的情状)不断地再配置，因而也是感情(受感致动的情状)和它们在存在论层面的受决定的突变式反转和体系化的重新确定，是它们持续地向更高水平的存在论复杂性的提升。这些段落简直像是出自莎士比亚笔下！伦理的悲剧即伦理的胜利！但这就是斯宾诺莎反常的野蛮性的绽露！不连续性的不断地再配置总是导向一种趋势：只要再配置要成为构成性过程——这个过程体现着conatus(努力)的强度、体现着层叠激荡的活力、体现着此消

201

① 《伦理学》第三部分命题四十三，第322－323页。(格布哈特编《斯宾诺莎著作集》卷二，第173页。)[贺麟译本第134页。——译注]

彼长的动态平衡机制——就必将导向一种趋势。这个趋势——尤其在此时,当对抗各要素的出现是如此充分的时候——并不是目的论张力:这个趋势就是“conatus(努力)”,是连续展开、定质地被建构的“conatus(努力)”,就是冲突的实际解决办法。此外,这个趋势(它被存在连续的对抗量级所决定)绝不可能被抹平。存在的每个层级的形成都是一种构成,存在被联结和精细化的程度越大,这个层级的存在也就越有整体的能力参与构成性过程、解决对抗并赢得自由。所以“快乐,实际由我们想象我们所憎恨的事物被消灭或受其他样式的侵袭而来的那种快乐,其产生不可能不伴随着心灵的某种悲伤。”①所以“对于某事物——被我们想象为自由的某事物——的爱和恨,由于同样的原因,必定大于对一个必然的事物的爱和恨”。② 让我们来看看这两个命题:它们说明了构成性过程在被构成的存在之上加上了极重的人类痕迹。构成过程的对抗阶段总是一再地将生活的不确定性推入存在之中,逐步将波动转变为疑惑和伦理对立,而在经验上,这疑惑和伦理对立即为痛苦(sofferenza)和 pietas③:存在的构成性实践是充满风

---

① 《伦理学》第三部分命题四十七,第 328 -329 页。(格布哈特编《斯宾诺莎著作集》卷二,第 175 页。)

② 《伦理学》第三部分命题四十九,第 332 -333 页。(格布哈特编《斯宾诺莎著作集》卷二,第 177 页。)[贺麟译本第 136 -137 页,根据此命题拉丁文“Laetitia, quae ex eo oritur, quod scilicet rem quam odimus destrui aut alio modo affici imaginamur, non oritur absque ulla animi tristiti”有调整,见 *The Vatican Manuscript of Spinoza's Ethica*, ed. Leen Spruit and Pina Totaro, LEIDEN · BOSTON: Brill, p. 204. ——译注]

③ 拉丁语,“虔敬”。——译注

险的，因为它是自由的；或确言之，因为只有通过对抗，它才能达到更高程度的自由。“人们常常喜欢回忆任何已经过去的不幸，也乐意将他们已经逃脱危险的故事诉说给人听。我们每一想象着危险，总是认为祸在眉睫，便被决定感到恐惧。但这一决定复又受到了自由的观念的阻碍，因为人们在解脱危险之后，就将那自由的观念和危险的观念联系在了一起，这个联系让人们重又安全，因而他们也就重新从此想象中得到快乐。”①而且这个过程——扩张和收缩——会继续下去，只要对抗存在，就会继续下去，并在社会性程度方面不断攀升。再一次——必须明确强调这一点——在这儿又出现了空间维度，真正意义上的社会维度：“如果一个人受来自不同于自己阶级（classis/una classe）或民族（nationis/una nazione）的某个人的感情（受感致动的情状）促动而发生快乐和悲伤的情感，而这快乐或悲伤伴随着作为原因的、被归在阶级或民族的共相名称（nomine universali/nome generale）之下的那人的观念，那么，他爱的或恨的不仅是那人，而且是那整个阶级或民族。”②这就是说，在所有可能的维度中，对抗会使得构成性存

202

① 《伦理学》第三部分命题四十七附释，第330－331页。（格布哈特编《斯宾诺莎著作集》卷二，第176页。）［贺麟译本第136－137页，译文有调整。——译注］

② 《伦理学》第三部分命题四十六，第326－329页。（格布哈特编《斯宾诺莎著作集》卷二，第175页。）［贺麟译本第135页，译文有调整，参看本命题拉丁文原文：“Si quis ab aliquo ejusdem classis sive nationis à sua diversae, laetitia vel tristitia affectus fuerit, concomitante ejus ideâ sub nomine universali classis vel nationis tanquam causâ, is non tantum illum, sed omnes ejusdem classis vel nationis amabit vel odio habebit.”见 *The Vatican Manuscript of Spinoza's Ethica*, p. 203. ——译注］

在的能产性扩张加倍。在斯宾诺莎这里被建构起来的存在是一个爆炸性的现实!就想象问题的那些早期理解方式而言,由于想象,规划的不确定性如影随形地伴随着现实——但我们如今已经远远地抛开了这类理解方式了!现在,这种批判的存在、冲突的存在、对抗的存在既是更大程度的存在论完满化的关键,也是更大程度的伦理自由的关键。事实上,这些力量(potenze)永远不会被抹平,它们竭力增长、不断扩散,介乎生活——对抗本身——的力量的全界。

《伦理学》第三部分的最后一部分论述是一组直接针对解放(liberazione)问题的命题。这并不意味着存在的构成性过程到了这个程度的时候研究目标已经被实现了!研究是自由式的,这里所说的自由式是指,研究获得了最新的结果,这些结果是那个过程的力量所致,也正是那个过程让研究本身得以成形,让存在论联系不断攀升到更完全的充分性水平。"当心灵观察它自身和它的动作力量时,它将感觉愉快(allieta),假如它想象它自身和它的动作力量愈为明晰,则它便愈为愉快(allieta)。"①"心灵努力着只去想象那些肯定它的动作的力量的事物。"②这是再清楚不过的存在论层面的说明,而且实际上,这个命题的证明也给出了解释:

---

①《伦理学》第三部分命题五十三,第342-343页。(格布哈特编《斯宾诺莎著作集》卷二,第181页。)[贺麟译本第142页。——译注]

②《伦理学》第三部分命题五十四,第344-345页。(格布哈特编《斯宾诺莎著作集》卷二,第182页。)[贺麟译本第142页,译文有调整,参看原文:"Mens ea tantum imaginari conatur, quae ipsius agendi potentiam ponunt."见 *The Vatican Manuscript of Spinoza's Ethica*, ed. Leen Spruit and Pina Totaro, p. 209。——译注]

"心灵的努力或力量就是心灵的本质,但心灵的本质只确认心灵所有与心灵所能的东西(这是自明的),而不确认心灵所没有的东西与心灵所不能做的事情,所以心灵只努力去想象足以确认或肯定它的动作力量的东西。"①"conatus(努力)""potentia(力量)""potentia mentis(心灵的力量)""essentia mentis(心灵的本质)""conatus sive essentia(努力或本质)"是一个构成性的链条,勾连起了存在的全部统绪。这个链条也彻底粉碎了全部的流溢论的假说。构成性的节奏极为有力。当然,我们仍然处于感情(受感致动的情状)的物理学中,因而也还处在波动的王国之内:"有快乐、悲伤、欲望等种类,以及每个种类组合而成的种类(如心灵的波动),或由这三个种类派生出来的种类(如爱、恨、希望、恐惧等),因为能使我们受感致动的对象有很多种类"。② 事实上,第三部分从未超出波动和样式多元性的地平线全景。这个部分是一个过渡。然而请再次记住,存在的动力学既不可思议又值得赞赏。这个动力学联结着存在论层面的多样性,也联结着伦理的自由,所以就此来看,它构成了过程的独一无二的特质:"一个个体的感情(受感致动的情状)与另一个体的感情(受感致动的情状)是不同的,因为一个体的本质(essenza)不同于另

203

① 《伦理学》第三部分命题五十四证明,第 344 -345 页。(格布哈特编《斯宾诺莎著作集》卷二,第 182 页。)[贺麟译本第 142 -143 页。——译注]

② 《伦理学》第三部分命题五十六,第 350 -351 页。(格布哈特编《斯宾诺莎著作集》卷二,第 184 页。)[贺麟译本第 145 页,译文有调整。——译注]

一个体的本质。"①所以说到底,这个过程是汪洋恣肆的。诸条件的这种总和——我们想要的被动的诸感情(受感致动的情状)、机械反应的结果——汪洋恣肆,汇成整体自由的、纯然主动性的地平线全景。"除快乐与欲望是被动的感情(受感致动的情状)外,就我们是主动的而言,属于我们的还有别的快乐与欲望的感情(受感致动的情状)。"②物理的"conatus(努力)"已经被明确地转变成了"欲望(cupiditas)",转变成了具有了意识的一种"appetito(冲动)":"此证"。

现在有必要在这第一个结论上停留一下。"cupiditas(欲望)"是作为受动激情被给出的,这种受动激情却也是理性的——尽管是部分的但也是彻底的理性的。其为"部分的"理性的,这或许是否定性吗?或许是在存在论和伦理学上的一种根本欠缺吗?在这个阶段的研究中,明确的答案是付诸阙如的。"cupiditas(欲望)"是人的本质。③ 受动激情的分析论的和构成性的展开过程

---

① 《伦理学》第三部分命题五十七,第356-357页。(格布哈特编《斯宾诺莎著作集》卷二,第186页。)[贺麟译本第147页,译文有调整。——译注]

② 《伦理学》第三部分命题五十八,第356-357页。(格布哈特编《斯宾诺莎著作集》卷二,第187页。)[贺麟译本第147页,译文有调整。——译注]

③ 《伦理学》第三部分"诸感情(受感致动的诸情状)定义一(Definizione degli affetti, I)",第362-363页。(格布哈特编《斯宾诺莎著作集》卷二,第190页。)["Cupiditas est ipsa hominis essentia, quatenus ex data quacunque ejus affectione determinata concipitur ad aliquid agendum.(欲望是人的本质自身,就人的本质被认作受人的任何一个感情[受感致动的情状]所决定而发出某种行为而言。)"见 *The Vatican Manuscript of Spinoza's Ethica*, ed. Leen Spruit and Pina Totaro, LEIDEN · BOSTON: Brill, p. 217. ——译注]

划定了——在存在自发性的基础上划定了——夯实主体性的范围。主体性是一种不连续性的跃出(risalto),是在构成性条件和构成性运动之流中跃升出来的、将自身表现为一种个别性的存在。主体性的被决定的物质性则是绝对固定的。这种跃出性存在的存在理性(razionalità)本身也绝对地固定于它与它的组成成分的关系以及与构成性运动的关系的物质性之中。同步性就是同一性。因此,对理性的定义不可能脱离器官的和物质性的综合而被给出,不可能脱离由身体性(corporeità)所决定的综合而被给出。相同的这些项——身体性和理性——倘若被界定为一种关系便会模糊不清。所以,不仅——这是显而易见的——从存在论分析的角度来看,而且也是从术语的角度来看,传统二元论的提法在研究的这个阶段已经是不敷为用的了,几乎是可以被抛弃的了。如果像现代哲学史所做的那样,把斯宾诺莎置于这个传统,并且大而化之地找出他那里的理性主义和笛卡尔二元论——这被当作整个那个世纪哲学的根本性解释线索——的特征,如今看来这就是一种可笑且明目张胆的神秘化做法。①《伦理学》第三部分结尾处的"诸感情(受感致动的诸情状)的定义"②将身体性

---

① 这也就是说,最近对斯宾诺莎思想的最全面的解释,在我看来,果鲁特的工作无疑是其中最为重要的,这些解释工作开始同传统解读思路区别开来。即便如此——正如果鲁特的工作所体现的那种情况所示——,这种解释也还是高度忠实原文,且避免了一切对哲学史写作的大思路提出质疑的倾向。同沃尔夫森的研究相联系的那些解读线索也适用这种评价。

②《伦理学》第三部分"受感致动的诸情状定义一至定义四十八(Definizione degli affetti, I-XLVIII)",第362-393页。(格布哈特编《斯宾诺莎著作集》卷二,第190-203页。)

与理性相等同,还引申出了这种唯物主义同一性的种种彻底的后果。对现实的挖掘方法是中心性的和唯一的。二者的对应如此紧密,甚至可以称得上每个抽象都是一种差异、一个唯物主义的地平线全景。一个“充实的”地平线全景。

204 这个主题——“充实”——当然是这个阶段的斯宾诺莎思想中最为重要的主题。斯宾诺莎反对真空的论争实际上有着直接的形而上学理由。也就是说,这绝不是简单的物理学争论,而与分析的唯物主义体系本身有着莫大关系。斯宾诺莎所标举的充实是对唯物主义的一种形而上学界说。正如我们已经看到的那样,充实规定着使物理学得以构成的力场;正如我们已经知道的那样,充实是想象在其中得以展开的系统。同样,现在充实向我们展现为存在的一种特质:构成性过程就是充满充实的过程,就是建构存在之充实和渐进发展的过程——这个过程不是自上而下流溢的,而是在每次跃升中都具个别性的过程。整全的地平线全景就是充实。一个地平线全景,也是一个边界。不是因为地平线全景是其外便是莫可名状的深渊的一个边缘,而是因为地平线全景就是一个全限(limite pieno),“cupiditas(欲望)”——物理的conatus(趋势)和心灵的potentia(力量)在人这里的综合——在其上验证了它对存有的侵越,借以建构新的充实、在形而上学层面展示出存在的力量并将这力量据有为cupiditas(欲望)的建构张力的主动性。充实和空无之间并无彼此之分,正如在斯宾诺莎这里存在和非存在之间并无彼此之分一样。最终,也是被决定了的是:或然这个概念(concezione del possibile)——作为肯定与否定之间的中介——在斯宾诺莎这里也是不存在的。真空、非存在、或然性在形而上学和伦理学上是站不住脚的,而它们的反面则是存在的建构性充实。在存在的边界上人类思想正经历的焦灼躁动和哲学的惊奇被斯宾诺莎导入建构性的存在之中、导入这种存在的无限的力量之中：它们不再被无知困扰，相反它们领会了人类本质的建构性力量及其知识，并赖此而活跃起来。这样一来，我们也就理解了"cupiditas（欲望）"的概念，并且不再对它作出任何否定性的定义。在何种意义上可以从否定的方面定义它呢？根本没有这个可能：实际上，就构成性力量而言，那里不会有任何让人眼花缭乱的外部性，有的只是动态本质的张力。"cupiditas（欲望）"不是一种关系，不是一种或然性，不是一种含蓄的东西。它就是力量，其张力是直接外显的，它的存在是充实的、真实的和被给予出来的。人积极提升类本质的发展过程因而被确立为存在因自发性张力而完成的收缩和扩张的法则，只有这样，人的类本质的提升发展过程才能将自身界定为主体。

2. 作为组织过程的无限

在第三部分结束之时，斯宾诺莎伦理学完全展现了出来。换言之，至此，形而上学的前提条件已经完备，因而我们便能开始踏上真正的伦理学路途了。力量的地平线全景也只能是一种形而上学地平线全景。然则唯有伦理学——作为关于解放、关于世界的实践构成的科学的伦理学——才能充分地探究此一地平线全景。我们一直以来将力量理解为积极的无限性，而现在这积极的无限性必须通过伦理行动而获得组织化。然而，构成了伦理行动的力与规定了无限的力乃是同一种力量，因此，无限不可能像某对象被一主体所"组织"那样纯然被伦理行动所"组织"：无限本

205

身就是伦理的结构组织,本身就是各自充分的主体和客体的结构组织。无限,无限力量的表现,这种力量的组织:二者在人类行动的大舞台上纠缠为一体。事实上,在进入第四部分的开篇之前,我们一直身处无限的组织领域,这是一个分析的领域,在这里,无限力量的要素成分被解析为使存在结构得以澄清的要点,从而也使无限力量得到了说明。如今,这些要素成分要从存在论重构的角度得到考量,而人的行动,有其身心复杂性的人的行动,也已达到了充实的构成性作用和存在论确定性。从现在开始,无限就是人的解放的组织过程:在人类伦理的行动能力的决定机制中,无限从人类解放的角度来看,就是力量本身。

解放(liberazione)因而不是自由(libertà),只有到后来我们才能再把自由概念纳入思考,如果那时这个概念仍旧还有某种意义的话。解放,因为世界是一个充满了奴役和不完美的世界,尽管在我们的视域之中世界是人的一种建构。在斯宾诺莎这里,解放(liberazione)与完满(perfezione)是两个可以互换的术语。什么是完满?就第一种定义而言,我们可以将完满和不完满界定为"思想的样式,也就是说,只是我们习惯于将同种的或同类的个别事物彼此加以比较而形成的概念"。① 这个定义是对这些范畴的内容的习惯性解释。但是,还有第二种定义,也即当我们积极深入对共同概念的检视,并充分地认识到这种检视就是对充分性的检验,因而也是对现实性的检验的时候,我们将会把"善"界定为我们所确知的任何事物,它足以成为帮助我们愈益接近我们所建立

---

①《伦理学》第四部分前言,第 402 -403 页。(格布哈特编《斯宾诺莎著作集》卷二,第 207 页。)[贺麟译本第 168 页。——译注]

的人性模型的工具，而把相反的情况界定为“恶”。[1] 最后，在真正充分性的基础上，我们将把完满理解为“任何事物的本质，只就那物是按一定的方式而存有和动作的而言”。[2]

在这里极有必要强调一下这种包含着从习惯性界说到实在性界说的过渡的论证形式。之所以会有这种过渡，是因为习惯性的定义是被利用起来，以便重述对伦理世界的所有目的论理解的批判的：所有目的因的概念都必须被清除掉。在这里的行文中提到了第一部分附录[3]，这么做就是要把行动的必然性引入存在的必然性之中。构成伦理存在的不是目的因，而是致动因："conatus - appetitus - cupiditas（努力—冲动—欲望）"构成了一条本质与存有间张力由以释放的途径。"cupiditas（欲望）"是解放的机理。如果说在第一部分里被建构的——也是斯宾诺莎体系的初次奠基中占支配地位的——形而上学视域在这里被重新引入了的话，这次的重新引入也绝非再作一次对无限之组织的具体范畴（种种属性）的说明。[4] 相反，那种范畴方面的探讨被放弃了，这里的方法仅带有现象学的和构成性的开掘的那种张力，处在实体与样式间

206

---

①《伦理学》第四部分前言，第 404 页。（格布哈特编《斯宾诺莎著作集》卷二，第 208 页。）

②《伦理学》第四部分前言，第 406 －407 页。（格布哈特编《斯宾诺莎著作集》卷二，第 209 页。）

③“在本书第一部分的附录里，我已经指出自然的运动并不依照目的，因为那个永恒无限的本质即我们所称为神或自然，它的动作都是基于它所赖以存在的必然性；像我所指出的那样（据第一部分命题十六），神的动作正如神的存在皆基于同样的本性的必然性。”见贺麟译本第 167 页。——译注

④ 见本书第三章第 2 节。

关系的绝对性之中。完满被确立为人类实践、构成性实践、解放实践领域中的一条道路。

第四部分的计划就此得到了规定。斯宾诺莎的这部分分析论让体系在偶然、可能和实践的世界中敞开,使之成为了一门有关偶然和可能的科学。当然,较之于哲学传统而言,偶然和可能的定义在这里已经得到了本质上的改造。"定义三:我称个别事物为偶然的(contingentes/contingenza),是指当我们单独考察它的本质时,我们不能发现任何东西必然肯定它的存有,或者必然排斥它的存有而言。"①"定义四:我称同一些个别事物为可能的(possibiles/possibili),是指当我们考察产生该事物的原因时,我们并不知道这些原因是否被决定而产生这些事物而言。"②正是由于斯宾诺莎对存在具有革命性的理解,他的存在观才能把构成偶然和可能的消极性包容进去:这种存在观吸纳了消极性,使之成为了组织着存有之存在及其边缘的一个要件,使之成为了扩张性存在的某种未然,因而使之成为了一个有待被积极性占据的空间,也使之成为了要整合无限就必须不断被建构的某种东西。偶然即未来,偶然就是无规定,是人的实践——作为 potentia(力量)的人的实践——置入积极无限之中的无规定。"定义八:能力(virtutem/virtù)与力量(potentiam/potenza)我理解为同一种东西。换言之,就人的能力而言,就是指人的本质或本性,或人所

---

①《伦理学》第四部分定义三,第 406 -407 页。(格布哈特编《斯宾诺莎著作集》卷二,第 209 页。)[贺麟译本第 170 页。——译注]

②《伦理学》第四部分定义四,第 406 -409 页。(格布哈特编《斯宾诺莎著作集》卷二,第 209 页。)[贺麟译本第 170 页。——译注]

具有的可以产生一些只有根据他的本性的法则才可理解的行动的力量。”①奴役是一种恶，人的力量努力使之降低为偶然，竭力使存在与造成我们奴役的世界秩序的决定机制相脱离，因此，人的力量，通过某种存在论意义上的行动，消除奴役并启动真正的解放过程。

重要的是强调这样一个事实，即斯宾诺莎文本的这些部分呈现出的这种构成论观点的存在论激进主义作为系统的解决方案，已经达到了非常成熟的程度，代表了西方思想史中的一个断裂，代表了西方思想史发展过程中的一个转捩点。在现代哲学史中，对存在论层面的和唯物主义视角的肯定构成了一个被低估了的替代方案。这个方案跳出了资产阶级意识形态发展的顺序，也跳出了资本主义发展的形形色色可能性的处境。它不表述资本主义革命固有视角内的种种意识形态，因为这些意识形态从 17 世纪 30 年代起就开始确定地将中介放置在了“资产阶级”范畴定义的中心地位了：那些意识形态方案因而只有在对中介的构成中才能成为可能。斯宾诺莎则否认构成—中介这一关系，也就是说，否认了资产阶级概念本身的基础。斯宾诺莎的选择与资产阶级的定义无关，相反，他的选择思考的是革命的本质——世界解放过程的激进特质。

207

以上可以说是对第四部分的一个基本介绍（本节迄今都是对此的说明）。但是，在进入第四部分的规划及其展开了的细节之前，我们还需要对一些要素进行一番考量。实际上，斯宾诺莎在

---

①《伦理学》第四部分定义八，第 408－409 页。（格布哈特编《斯宾诺莎著作集》卷二，第 210 页。）［贺麟译本第 171 页。——译注］

《伦理学》每一部分的开头都会花些时间去重新组织分析工具。如果那只是一种简要的重新组织,我们大可以跳过这些段落。但情况却是,在"冗长多余的方法论介绍"背后,存在着一些重大的调整。比如说,在这里,在第四部分的公理和命题十八之间,就是对第三部分中从 conatus(努力)通向主体的全部系统过程的总结。这里存在的调整是极其重要的,它是对分析的一种真正意义上的部署配置。实际上,从"conatus(努力)"向主体的过渡并没有被描述为一个过程,而是被当作一个结果给予出来的,此时,分析的涵容力量得到了极大的提升。换言之,构成性力量在这里并非简单地被重构,而是被陈列在一个有待占领的更广阔和更丰富的领域之中。无规定被纳入无限的积极力量之中。"自然中没有任何个别事物就其本性而言不会被别的更强而有力的事物所超过。对任何一物来说,必总有另一个更强而有力之物可以将它毁灭。"①这个公理连同第二部分的命题十三②和第三部分的命题四十三③,一起构成了斯宾诺莎哲学的动力学核心。在这些地方的每一处,战争都服从于人的实践。机械论的和霍布斯主义的假说,即每当在论证的类似要点中遭遇这一难题的时候总是强行给出一个先验的解决方案的那种假说,在这些段落里被彻底抛弃了。

---

① 《伦理学》第四部分公理,第 410 -411 页。(格布哈特编《斯宾诺莎著作集》卷二,第 210 页。)[贺麟译本第 171 页,译文有调整。——译注]

② "构成人的心灵的观念的对象只是身体,即某种实际存有的广延的样式,而不是别的。"——译注

③ "具有真观念的人,必同时知道他具有真观念,他决不能怀疑他所知道的东西的真理性。"——译注

这一击为生活分析提供了何等的丰富性啊！这段文字对意识形态的拒绝是何等深刻啊！这里所探讨的这个公理是一个有力的飞跃，它形成了向力量更高阶段的构成性前抛：这是一个不断重启存在的开放性的规划。当然，分析的这种强有力部署配置也产生了一些消极影响，尤其是在解释的层面产生了消极的影响。实际上在第四部分"附录"的开头斯宾诺莎就承认："在这一部分内所说的关于正当的生活方式的话，未曾按照顺序排列，因而也未一目了然。但我为了更容易地由此推彼起见，将许多意思分散在命题中分别加以证明。"①第四部分确乎很容易招致讥评，不仅因为它自称在方法上"依几何学方式"，而且也因为它的推论——在推论这方面，第四部分与其他部分存在着显著的差异——的"顺序"（原文如此！所谓"顺序"却是实际上的不协调，我们马上就要对此作一检视）。但这种批评在与解放这个新领域中爆发的前抛性（progettualità）相比便显得荒谬了。② 第四部分的第一批命题用了同样的论述技巧，对已经探讨过的构成性过程进行了概述和重述，但却改变、深化了重点，而前抛性也在此过程中得到了进一步的强调。几乎可以肯定的是，辩证法三一体的综合如今被重新提出，从而首次以肯定方式推出了一个继之而来的三一体③：辩证法三一体是闭合，而斯宾诺莎的

208

---

①《伦理学》第四部分附录，第548－549页。（格布哈特编《斯宾诺莎著作集》卷二，第266页。）[贺麟译本第227页，译文有调整。——译注]

② 就此问题请参看《伦理学》第四部分命题一和命题二，第410－415页。（格布哈特编《斯宾诺莎著作集》卷二，第211－212页。）

③ 即"努力—冲动—欲望"。——译注

三一体则是不断的新的前抛。但二者的这种比照仅作示例时才是有效的:在斯宾诺莎这里,这一三一体既不为继起的、更高水平的存在过渡的动力学先行设定否定,也不提供辩证法过程的那种严格的形式连续性。

第四部分第一批命题是在什么方向上得到配置的呢?这些命题是依照存在的潜力(potenzialità)而展开的。这一组命题界定的是一种动力学机制而不是一个状态,是一个前提而不是一个结果。A. 命题三到命题八:人的伦理生活,对伦理生活在其中使自身得到构成的这个力场(campo di forze)进行充分的界说;B. 命题九到命题十三:伦理生活中的偶然或想象和可能,这部分界说了人在世界的构成中的抉择和趋势;C. 命题十四到命题十八:cupiditas(欲望),它被界定为趋势的推动力和动力系统,也被界定为构成在过渡过程中的稀释(diluire)。在三步骤的每一个当中,张力都是被置于前景之中的,而构成性关系也被证明为根本性的。我们现在来逐一看看这些步骤。

第一组命题的陈述把人类力量在自然与生命的完整性维度之中打开了。一直以来构成着小世界的那个力场在张力之下被翻转向宏观世界。"若要一个人不是自然的一部分,若要他只感受那些仅从其自身本性即可理解的变化,而且他就是这些变化的充分原因,这是不可能的。"①"任何受动激情的作用力(forza)和发展,以及此受动激情的存有之保持,不受我们努力保持存有的力量(potenza)所决定,而是受外在原因的力量与我们自己的力量

---

①《伦理学》第四部分命题四,第 414 -417 页。(格布哈特编《斯宾诺莎著作集》卷二,第 212 页。)[贺麟译本第 173 页,译文有调整。——译注]

相比较所决定。”①世界中的对抗势必造成人的个体——人的个体性在世界中被决定为过程的内部边界——汇集起来的力量向世界扩展。第二组命题的陈述以这种力量为重点，将之重新定义为对存有之受决定性（determinatezza dell'esistente）的超越——可能的超越。本质对存有的这种超越，是作为伦理个体性向伦理世界展开过程的一种模式而被提出来的非存有之现实性。“假定其他情形相等，由一个我们想象着是必然的事物引发的感情（受感致动的情状），比起由一个我们想象着是可能的、偶然的或无必然性的事物引发的感情（受感致动的情状），必然强度更大。”②因而，说人是一个力场（campo di forze）还不充分，根本在于还需通过张力的延展让这个力场具体化——人的一般构造正是由张力的延展所塑造的。想象使张力在极其广阔的和明确的身体性的——物质性的、可能的——领域中延展为存有。空无构成了——在每个即刻当下构成了——本质与存有之间的联系，这空无将会流动起来，犹如幻影。此即非存有的真正急迫性（urgenza），它被当作伦理学的扩展规划提了出来。最后——第三组命题的陈述——“cupiditas（欲望）”被用来说明克服纯粹张力的现实性的形式条件。即使“从善恶的真知识所发生的欲望，可以为许多别的由刺激我们的感情（受感致动的情状）而发生的欲望所压制或克

①《伦理学》第四部分命题五，第 418 –419 页。（格布哈特编《斯宾诺莎著作集》卷二，第 214 页。）[贺麟译本第 174 页，译文有调整。——译注]

②《伦理学》第四部分命题十一，第 426 –427 页。（格布哈特编《斯宾诺莎著作集》卷二，第 217 页。）[贺麟译本第 178 页，译文有调整。——译注]

制”①,但毕竟,“假如其他情形相等,起于快乐的欲望比起于悲伤的欲望强度更大”。② 在对人的现实性的动力学进行了这番陈述之后,自在且自为地表现着自身的无限组织力量便被重新在构成性力量的更高层面勾画了出来。快乐(la Letizia)以积极的方式为这个构成性过程打上了烙印。当我们这里说“以积极的方式”的时候,我们的意思是“应然存在”,是对存在的建构,也是对非存有的消除。

解放过程就此开启。这个过程首先是作为一个整体规划被提出的(命题十九到命题二十八)。继而,该过程被扩展到社会(命题二十九到命题三十七)。最后(命题三十八到命题七十三),该过程实现了具体的身体决定,进而证明了 cupititas(欲望)之实现乃是从奴役王国进入打开了的力量的王国,是奴役的解放。我们逐一来看。

“个人愈努力并且愈能够寻求他自己的利益或保持他自己的存有,则他便愈具有能力;反之,只要一个人忽略他自己的利益或忽略他自己存有的保持,则他便算是缺乏力量(impotens)。”③

---

①《伦理学》第四部分命题十五,第 432 -433 页。(格布哈特编《斯宾诺莎著作集》卷二,第 220 页。)[贺麟译本第 180 页,译文有调整。——译注]

②《伦理学》第四部分命题十八,第 436 -437 页。(格布哈特编《斯宾诺莎著作集》卷二,第 221 页。)[贺麟译本第 182 页,译文有调整。——译注]

③《伦理学》第四部分命题二十,第 442 -443 页。(格布哈特编《斯宾诺莎著作集》卷二,第 224 页。)[贺麟译本第 185 页,译文有调整。——译注]

"我们不能设想任何先于保存自我的努力的能力。"[1]正是对现实的这种深挖让解放的作用力(forze)开动了起来。所有这些都蕴含在现实之中,毫无矛盾地打开了现实的积极性,使之按照完满化的连续层级依次展开。只有在理智所展开的真之运动这一过程中——也就是说,在存在的更大强度的运动之中——混淆和虚假才能显示其为混淆和虚假,才能得到界定,也只有这一运动才能消灭虚假。解放的关系有两个现实性——分别由 a quo [2]和 ad quem[3] 两个角度而来的两个现实性——构成了一个难题,也唯有在此难题之中,其难题性(problematicità)才能构成现实。人发展理智的力量,以指导对存在的不断推进的、水平更完整的建构,进而使自身摆脱这个难题性。"绝对地依能力而行,在我们看来,不是别的,即是在寻求自己的利益的基础上,以理性为指导而行动、生活、保持自我的存有(此三者意义相同)。"[4]"凡一切基于理性的努力,除了企求认识(conoscenza)之外,不企求别的;而且当心灵运用理性时,除了按照它的判断,认为能促进认识的东西是有利益的之外,不承认别的。"[5]"心灵

210

---

①《伦理学》第四部分命题二十二,第 446 -447 页。(格布哈特编《斯宾诺莎著作集》卷二,第 335 页。)[贺麟译本第 186 页,译文有调整。——译注]

② 拉丁文,"从哪里"。——译注

③ 拉丁文,"向哪里"。——译注

④《伦理学》第四部分命题二十四,第 448 -449 页。(格布哈特编《斯宾诺莎著作集》卷二,第 226 页。)[贺麟译本第 187 页。——译注]

⑤《伦理学》第四部分命题二十六,第 450 -451 页。(格布哈特编《斯宾诺莎著作集》卷二,第 227 页。)[贺麟译本第 188 页。——译注]

的最高的善是对神的认识,心灵的最高的能力是认识神。”①这个个体的存在自与存有相揖别,心灵的能力也就开始使自身努力通向至高对象——神,解放的过程就此开始,就如规划在形式上规定好了的一般。显然,恰恰是从那个“揖别”开始,规划才是可能的:实际上,对受动激情的认识促生了理性的极大力量,以此为起点,形式化的规划也得到了重构,并因此被重新启动。这个过程是可能的,并不意味着这个过程是现实的。具体与绝对间张力的这种直接性不能证明——也同样不能直接地证明——这个过程有具体的、直接的必然性。个体的样式和神的绝对样式构成了一个悖论,处在抽象层面的二者的综合和统合一致若要具有现实价值就必须得到决定。这个决定过程就是构成过程本身。我们已经看到流溢论的论调是怎么被从知识理论中摒弃的,也已经看到共同概念的决定作用——由心灵生成的这种决定作用——何以能决定认知的发展。也就是说,我们已经看到了认识是不断努力提升具体的强度的。解放的抽象蓝图因而必须发展为构成的具体蓝图。② 必须从抽象到具体、从可能到现实。在任何情况下,思想的这个过程都不可能脱离知识积累的物质连续性。知识积累——作为存在的一种充分活动的知识积累——构成了具体。在这里前所未有的是,可称作斯宾诺莎式苦修主义的那种态度呈现出了它的全部力量,因此,这种

① 《伦理学》第四部分命题二十八,第452-453页。(格布哈特编《斯宾诺莎著作集》卷二,第228页。)[贺麟译本第189页。——译注]

② 有关这一问题,主要参看德勒兹《斯宾诺莎和表现难题》,第271-281页。

态度也比神秘主义态度本身更具苦修主义：这是一条通向具体、努力抓住具体、拥抱具体的无尽的苦修之途，目的是要不断清晰地澄清具体。心灵朝向这一“目的”的工具性是一种总体的工具性。抽象以具体为旨归，抽象被用来领会具体，并因而为具体赋予尊严。神即事物的情况。①

抽象因而要达到它的决定：这就是接下来的建构步骤。最初，认识的顺序（从抽象到具体）只是在功能意义上对应于构成性过程这一存在论顺序，二者的统合一致尚未形成。唯有在构成性顺序及其过程中，认识才逐渐成为了累积存在的有机工具。但是，接下来，这个发展过程还必须得到验证。共同概念转变为对真理的理解的这个发展过程，是如何作为对存在的构成—样式化—整合（costituzione-modificazione-integrazione dell'essere）而得到决定的呢？共同概念是认识的社会形式，其被细化并达到具体，全赖于社会的形成。② 我们在这里还要再次强调，认识形式的细化——从抽象到具体——与社会形式的对应谱系绝非是辩证法过程，如果非要说这个谱系是否定，这里的否定也仅是指，敌对对抗、消灭目标或占领空间，这否定不是过程的动力，过程的动力只

211

① 意大利原文为“Dio è la cosa”，cosa 是事物的具体情况（case）。可参看维特根斯坦《逻辑哲学论》，其第一节标题就是“Die Welt ist alles was der Fall ist”，“世界是所有实际情况”，见《逻辑哲学论》，韩林合译，北京：商务印书馆 2000 年版，第 33 页。——译注

② 参看德勒兹《斯宾诺莎和表现难题》，第 268 页及以下，专论认识形式的谱系和社会形式的谱系之间的关系。

能是存在本身向解放的不断攀升的诉求。① 存在的连续攀升也取消不了[认识形式与社会形式的]对立,而只能将之作为对抗提出来,绝不会借口不完满这样平庸而犬儒的托词对之视而不见。认识及其朝向完满、朝向解放的运动无非就是不断去吞并存在(annessione di essere)。"在本性上与我们完全不同的任何个别事物,既不能增进也不能阻碍我们活动的力量,与我们没有共通点的任何事物,对我们而言都不能说是善的和恶的。"②而对存在的吞并也即对存在的切分,——此一切分是由对个别存在的肯定方向、对它的定价的迫切性和必要性所决定的。"凡符合我们的本性之物必然是善的。"③反过来说:"一物愈符合我们的本性,则那物对我们愈为有益。"④这样一来,对存在的吞并和切分就确定地在冲

① 我们在这里必须强调马泰隆在《斯宾诺莎那里的个体与共同体》中的立场完全是不可接受的。他即便强调了——有时候是以非常精妙的手法强调——社会形式和认识形式之间的关系,但总是试图以某种否定的辩证法来解释这种谱系。

② 《伦理学》第四部分命题二十九,第 454 -455 页。(格布哈特编《斯宾诺莎著作集》卷二,第 228 页。)[贺麟译本第 189 -190 页,此命题引文原文作:"Res quaecunque singularis, cujus natura à nostra prorsus est diversa, nostram agendi potentiam nec juvare nec coercere potest, et absolutè res nulla potest nobis bona aut mala esse, nisi commune aliquid nobiscum habeat."见 *The Vatican Manuscript of Spinoza's Ethica*, ed. Leen Spruit and Pina Totaro, p. 249. 引文据此有调整。——译注]

③ 《伦理学》第四部分命题三十一,第 456 -457 页。(格布哈特编《斯宾诺莎著作集》卷二,第 219 页。)[贺麟译本第 190 页。——译注]

④ 《伦理学》第四部分命题三十一绎理,第 458 -459 页。须参考第四部分命题十八附释,第 438 -441 页。(格布哈特编《斯宾诺莎著作集》卷二,第 230 页,第 222 -223 页。)[贺麟译本第 191 页。——译注]

突的领域里被给予出来了,——抽象与具体、想象与现实、对世界的构成要求和世界的存有性给予,便被置于冲突之中。引领我们走上解决对立的解放之途乃是哲学的任务,这个任务必定首先是在社会维度这个领域里展开的。

让我们把讨论再次继续下去,同时侧重于对这种对立的强调。“人们只要受制于被动的感情(受感致动的情状),他们就不能说是与他们的本性相符合的。”①从这种功利主义的界定出发,我们可以推论得出,人的联合愈密切,则愈产生矛盾。联合动机中的矛盾性因个体诉求的多样性、不稳定性和易变性而增加②,也因个体之所急、其为受动激情刺激而致动的特性——这两个因素是由个体的异质个别性所过度决定的——而增加。③ “唯有遵循

① 《伦理学》第四部分命题三十二,第458 -459页。(格布哈特编《斯宾诺莎著作集》卷二,第230页。)[贺麟译本第191页,此命题原文作:“Quatenus homines passionibus sunt obnoxij, non possunt eatenus dici, quod natura conveniant. ”见 *The Vatican Manuscript of Spinoza's Ethica*, ed. Leen Spruit and Pina Totaro, p. 249. 引文据此有调整。——译注]

② 参看《伦理学》第四部分命题三十三,第460 -461页。(格布哈特编《斯宾诺莎著作集》卷二,第231页。)[“只要人们为情欲所激动,则人与人之间彼此的本性可以相异;只要同一个人为被动的感情(受感致动的情状)所激动,则这人的本性前后可以变异而不稳定。”贺麟译本第192页,引文有调整。——译注]

③ 参看《伦理学》第四部分命题三十四,第462 -463页。(格布哈特编《斯宾诺莎著作集》卷二,第231页。)[“只要人们为被动的感情(受感致动的情状)所激动,则他们便可以互相反对。”贺麟译本第192页,引文有调整。——译注]

理性的指导而生活,人们的本性才会必然地永远地相符合"①:斯宾诺莎就是这样第一次承认了对立的。但这是一个同义反复:
212
"一个人要最大程度地符合于他自己的本性,最有益的即是他自己之所是。"②这个同义反复没有消弭对立,它决定了一种纯粹形式的解决办法。这个阶段的人,作为概念被提出来的人,不是具体的人,而仅仅是一种共同概念。由社会性而展开的第一个步骤因而还不是将社会性本身奠立为解放过程在其中展开的领域和场地,而是共同概念的确立。与这个同义反复相应的是从约定和实证的角度对社会和国家作出的现实界定。命题三十七显然表达了存在论诉求:"每一个循能力为自己追求善的人,也愿为他人去追求善。而且他具有对于神的知识愈多,则他为他人而追求此善的愿望将愈大"③,但是该命题的两个附释却对这种诉求作了钝化处理。附释看上去甚至像是构成了对命题的反讽:公正和不公正的相关判断仅仅在"社会状态"中才是可能的,"唯有在社会状态下,经过共同的同意(comune consenso),确定了何者属于这人,

---

①《伦理学》第四部分命题三十五,第464-465页。(格布哈特编《斯宾诺莎著作集》卷二,第232页。)

②《伦理学》第四部分命题三十五绎理一,第466-467页。(格布哈特编《斯宾诺莎著作集》卷二,第232页。)[贺麟译本第194页,此处原文为:"Id enim homini utilissimum est, quod cum suâ naturâ maximè convenitus hoc est homo."见 *The Vatican Manuscript of Spinoza's Ethica*, ed. Leen Spruit and Pina Totaro, p. 253. 引文据此有调整。——译注]

③《伦理学》第四部分命题三十七,第470-471页。(格布哈特编《斯宾诺莎著作集》卷二,第235页。)[贺麟译本第201页,译文有调整。——译注]

何者属于那人,才有所谓公正或不公正的观念”①;而共同的同意则是被服从国家这一义务,因而还被协定的强制执行所过度决定。② 在这里,甚至连契约的条件也消解了。对立之克服这一难题的形式化解决方法,即对应于共同概念的存有。斯宾诺莎的解决方案的这些步骤和措辞显然皆非偶然:我们必须自问在构成性过程的发展系统中它们处在何种位置。

本质被转变为存有——在这里,是转变为了社会的和公民的存有/生存——,一方面是由于承认了辩证的功利性对立,另一方面则由于仅仅形式上凭借理性就中介了这些对立;此外,命题三十七的附释一和附释二以极普遍的方式将“国家的基础”界定为为杜绝相互损害而对“自然法权/天赋权利”的“收归”,并以对实证性法权的集中的和集体的认可为终点;最后,所有这一切导致法律和国家的明显的实证主义基础——即便如此,难题并没有消失。事实上,斯宾诺莎对这种论述线索作了这样的总结:“公正与

---

①《伦理学》第四部分命题三十七附释二,第 480 -481 页。(格布哈特编《斯宾诺莎著作集》卷二,第 238 -239 页。)

②《伦理学》第四部分命题三十六附释二,第 478 -479 页。(格布哈特编《斯宾诺莎著作集》卷二,第 238 页。)[“我曾经指出,任何感情(受感致动的情状)非借一个相反的较强的感情(受感致动的情状)不能克制;并且又曾指出,一个人因为害怕一个较大的祸害,可以制止做损害他人的事。就是这个定律便可以作为维系社会(Societas)的坚实基础,只消社会能将私人各自报复和判断善恶的自然法权/天赋权利收归公有,由社会自身执行,这样社会就有权力可以规定共同生活的方式,并制定法律以维持秩序。但法律的有效施行不能依靠理性,而须凭借刑罚,因为理性不能克制感情(受感致动的情状)。”贺麟译本第 200 页,译文有调整。——译注]

不公正,罪错与功绩皆是加自于外部的概念(notiones esse extrinsecas/nozioni estrinseche),而不是表明心灵的性质的属性。”①处在外部的位置吗?但这又是什么意思呢?

在我看来——请注意,我们早先说的第四部分论证程序的混淆和不对称在这里必须得到强调——在这里被决定的体系状况是一个危机状况(situazione di crisi)。事实上,仅仅再次提出“共同概念”和“公民社会”间的等价性,既不足以解决也不足以深化构成的主题。《神学政治论》在这方面已经作出了非常出色的推进。但那又如何呢?体系无疑存在不确定性。必须以突出的方式予以标明。213 如果从一方面来讲,反霍布斯主义的解决方案被固定成为了确定的政治学研究领域,其中占有不仅是自由的形式,而且要优先于形式化的安全诉求,那么同样明显的是,安全诉求也被抽离了出来,这一诉求与其说是真实的发展过程的组成部分,不如说是更明确地被归入了(构成性过程接近其真正本质的)发展过程的逻辑机制。必须补充说明的是,《伦理学》从未超出这个水平。这个政治难题——作为构成性难题的政治难题——留给了《政治论》去处理。

而此处的处理方式存在着显然可辨的裂隙。尽管处理方式较散漫,但在效果上来说,斯宾诺莎就此回到了政治主题,此后的段落

---

①《伦理学》第四部分命题三十七附释二,第470-471页。(格布哈特编《斯宾诺莎著作集》卷二,第235页。)[贺麟译本第201页,此处原文为:“justum et injustum, peccatum et meritum notiones esse extrinsecas, non autem attributa, quae mentis naturam explicent.”见 *The Vatican Manuscript of Spinoza's Ethica*, ed. Leen Spruit and Pina Totaro, LEIDEN · BOSTON: Brill, p. 259. 引文据此有调整。——译注]

都是对这个主题的论述，直至第四部分结束。斯宾诺莎在返回政治主题的同时也是在强调政治是[伦理学]这个研究领域中的构成性要素。现在我们可以看出，这些进路仅仅是提示性的，是在提请读者留意这里经常出现的这样一些论证线索：重提作为伦理学形式旨归的和谐(concordia)("凡足以引导人们到共同的社会生活，或凡足以使人们和谐生活的东西，即是有益的；反之，凡足以引起国家失序的东西，即是有害的"①)；重提战争的地平线全景，正是在战争的地平线全景这个领域里才能产生出社会的伦理统合力量，战争的地平线全景因而也是对恐惧、无知与解放之间对立的一种功能化②。能看到启蒙的目的和构成的目的的重合吗？当然可以。但是还可以看到更多的东西。构成性过程是不协调的，而且斯宾诺莎克制自身融入当时主流的认识视域，事实上这也反映出斯宾诺莎对那种[启蒙的]历史预期是有所保留的。昨日革命突飞猛进，今日危机四起：在理论的眼中，革命不可能是一条顺滑的抛物线。社会在斯宾诺莎的理解当中不是被一揽子式的生产的构成所支配的。在生产的前提下勾勒出解放的图景，要做到这一点就必须与现实拉开距离。而拉开距离的做法也体现在《伦理学》的论述形式之中，决定了其中存在着这样或那样的裂隙，以及这样或那样的悬搁。

---

①《伦理学》第四部分命题四十，第 484 -485 页。须参考第四部分命题四十五绎理二，第 492 -493 页。(格布哈特编《斯宾诺莎著作集》卷二，第 241、244 页。)[贺麟译本第 202 -203 页，译文有调整。——译注]

② 在《伦理学》第四部分的最后部分，斯宾诺莎经常返回到国家主题上，尤其参看《伦理学》第四部分命题五十四附释、命题五十八附释、命题六十三附释、命题六十九附释、命题七十附释、命题七十二附释和命题七十三附释。我们后面还要回过头谈这些部分。

社会仍是一个远景,是有待研究和改造的一个目标。它不可能再是别的什么。社会关系的决定论会封死这个远景。因此,在视野中为可能留出地盘,坚持从抽象到具体的路径,就成为了替代性方案的理论任务。这是一个特殊的替代方案,其之为替代,并不是规避社会性中的无法解决的维度,而是将其纳入思考。体系的顺序服从于可能的研究——永不会消失的可能的研究——的顺序。因此,在当前的有关可能的视界之中,我们必须把身体(corpo)及其在历史上、在存在论层面、在理智层面的被决定的现实性考虑进来。身体是"cupiditas(欲望)"的组织,也是有意识贯穿其中的物质冲动。意识和身体的联结被理解为动态的。这样一来,可能——由于断裂发展在历史上是难于确定的,因而在社会形成的假说的领域中受到了限制,只能被纳入构成的形式规定之中——在身体性领域中就成为现实的了。"凡能支配人的身体,使身体可以在多种样式中受动,或使身体能够以多种样式施动于外界物体/身体之事物,即是对人有益的事物。一事物愈能使身体适宜于以多种样式受动或施动于外界的物体/身体,则那事物将愈为有益。反之,一个使得身体愈不适宜于受动或施动于外部物体/身体之事物,即是愈为有害的事物。"①而身体的这种灵

214

---

①《伦理学》第四部分命题三十八,第480-481页。(格布哈特编《斯宾诺莎著作集》卷二,第239页。)[贺麟译本第201页,此命题原文作:"Id quod corpus humanum ita disponit, ut pluribus modis possit affici, vel quod idem aptum reddit ad corpora externa pluribus modis afficiendum, homini est utile, et eo utilius, quo corpus ab eo aptius redditur, ut pluribus modis afficiatur, aliaque corpora afficiat, et contra id noxium est, quod corpus ad haec minus aptum reddit."见 *The Vatican Manuscript of Spinoza's Ethica*, ed. Leen Spruit and Pina Totaro, p. 253. 引文据此有调整。——译注]

活性——即依急需而动的灵活性——也是理性的一种展开。“人的身体由诸多性质不同的部分组成,它们不断需要新的和多样化的给养,这样才能使整个身体胜任它的本性所允许它做的一切事情,进而心灵也可以胜任同时理解诸多情况。这种生命方式(vivendi institutum/metodo di vita)既相合于我们的原理,也相合于共同的实践。因此,如果除此别无选择的话,这种生命方式(vivendi ratio/maniera di vivere)便是最好的,也应以各种样式得到推荐,而再无更清晰、更广泛地论述这一主题的必要。”①理性在与身体的联系和平衡中实现的展开,构成了 appetitus(冲动)向 virtus(德性/能力)的真正转变。cupiditas(欲望)实现了飞跃,其中出现了意识内容,这种意识内容牵涉身体,通过本质与存有间的张力构成了德性/能力的可能,而德性/能力也是人的身体与理性的充实和统一。最后,构成性过程完全得到了表现。真是让人筋疲力尽——这里有一些退让,论述的东西也多是老生常谈!我们能感到这里有很浓重的 17 世纪的道德教义问答的东西。好在构成性过程毕

---

①《伦理学》第四部分命题四十五附释,第 494 -495 页。(格布哈特编《斯宾诺莎著作集》卷二,第 244 -245 页。)[贺麟译本第 206 页,此处原文为:“Corpus namque humanum pluribus diversae naturae partibus componitur, quae continuo novo alimento indigent et vario, ut totum corpus ad omnia, quae ex ipsius naturâ sequi possunt, aequè aptum sit, et consequenter ut mens, etiam aequè apta sit ad plura simul intelligendum. Hoc itaque vivendi institutum, et cum nostris principijs et cum communi praxi optime convenit. Quare si quae ulla, haec vivendi ratio optima est, et omnibus modis commendanda, nec opus est de his clarius neque prolixius agere.”见 *The Vatican Manuscript of Spinoza's Ethica*, ed. Leen Spruit and Pina Totaro, p. 253. 引文据此有调整。——译注]

竟在推进之中。在教义论辩的观念——充分或不充分的观念——之间，第一次出现了仁爱（generositate/generosità）的道德性："遵循理性的指导而生活的人们必努力用仁爱（generosità）或德性以报答别人对他的仇恨、愤怒或污蔑。"①仁爱，完全唯物主义的一种道德，乃是身体通过良性驱动在社会决定中实现的第一个构成结果。研究指向了对存有空间的构成和充实。存在的充实，就是指被构成的存在填入空无而实现的对恶的驱逐——我发现自己很难找到词语来扩展和重述斯宾诺莎的这类高度概括的语汇了。也许，在这些段落，更突出了对基督教消极德性（恭谦、审慎等）的论辩性的蔑视②，更突出了苏格拉底式自我认识的主张，以便先确定构成性进程的基调。进入唯物主义的场地、存在之充实的场地。直至实现了第二步，论述才以更具力量的方式具体化。至此，对"cupiditas"的肯定才是绝对的，它被说成是对一种完全展开的理性功能的提升："我们被受动激情的刺激所决定而产生的一切行为，也可以不为此种感情（受感致动的情状）所决定，而为理性所决定。"③理性既不高踞于身体之上，也不悖于身体，而是补充它、发展它、充实它。总的、绝对的肯定以如下方式被作

215

① 《伦理学》第四部分命题四十六，第494－495页。（格布哈特编《斯宾诺莎著作集》卷二，第245页。）［贺麟译本第206页，译文有调整。——译注］

② 《伦理学》第四部分命题五十三和命题五十四。

③ 《伦理学》第四部分命题五十九，第518－519页。（格布哈特编《斯宾诺莎著作集》卷二，第254页。）［贺麟译本第215页，译文有调整。——译注］

出:“一个起于理性的欲望,绝不会过度。”①证明对这一肯定作了强调:“一般地讲来,欲望即是人的本质,因为人的本质是在任何状况下被决定而产生某种行为,因此一个起于理性的欲望,换言之,一个由我们的主动而发生的欲望,即是人的本性或本质。因为人的本质是被决定而产生某种行为,而这种行为可以单纯从人的本质加以充分的理解。假如这种欲望可以过度,则人性自身将会有超出其自身的可能,换言之,它将有超出它自身的能力的可能,这显然是自相矛盾,所以这种欲望绝不会过度。”②欲望行为——为理性所充实的欲望行为——的总体性和强度产生的结果本身是绝对的。构成性过程的诸阶段现在被重历和重述为实际性(attualità)。于是想象及它所构成的具有时间性的诸形象的种种作用被引入每个当前之中;绵延被体验为构成性的、有其强度的每个当前。所有阶段的真正意义上的伦理构成甚至都可通过实现了的欲望的力量得到重构:“通过欲望,只要它起自理性,我们便直接地遵循善,而间接地避开恶。”③因此,“自由的人绝少

---

①《伦理学》第四部分命题六十一,第 522 -523 页。(格布哈特编《斯宾诺莎著作集》卷二,第 256 页。)[贺麟译本第 218 页,译文有调整。——译注]

②《伦理学》第四部分命题六十一证明,第 522 -525 页。(格布哈特编《斯宾诺莎著作集》卷二,第 256 页。)[贺麟译本第 218 页,译文有调整。——译注]

③《伦理学》第四部分命题六十三绎理,第 528 -529 页。(格布哈特编《斯宾诺莎著作集》卷二,第 258 页。)[贺麟译本第 200 页,原文作:“Cupiditate, quae ex ratione oritur, bonum directè sequimur, et malum indirectè fugimus.”见 *The Vatican Manuscript of Spinoza's Ethica*, ed. Leen Spruit and Pina Totaro, p. 276. 译文据此有调整。——译注]

想到死;他的智慧,不是死的默念,而是生的沉思”。①

解放被换成了自由。过程达到了结果。无限不是作为客体而是作为主体被构成的。自由是无限的。通向自由的所有形而上学路径都取决于对自由的构成性决断(decisione costitutiva)。这样一来,使世界已经这样得到建构的全部条件,现在就被给定为当前本身——被行动再奠基的当前。斯宾诺莎的这个建构于是也达到了它的最高点:它不是系统地重释这个世界,而实际上是系统地打散这个世界,以便把这个世界导向伦理行动的真理——这一真理即拒死乐生、趋爱避恨、离苦向乐的肯定,即避免丧失理性、避免孤独而趋向社会性的肯定。生活就从这里开始。知识和进步的确定性取决于自由。作为生活之流逝的维度、作为让生活弥散在幻象之中的维度的时间消失了。更进一步的巴洛克。时间在希望中延伸。世界监狱被砸烂,它的牢笼和监禁机制被打破。世界于是就是平面的当前存在,敞开着并能够接受伦理存在者的全部张力——伦理存在者全力抛入未来的全部张力。再没有什么比这自由的存在者的每次“成为自己”——既是认识上的“成己”,也是伦理上的“成己”——更为具体的了。斯宾诺莎的全部体系都以此为旨归,以高扬存在的充实、高扬快乐的伦理规划的美善性为旨归。这种观念中的绝对唯物主义极为精致,而且在实质上得到了视点上的主体主义的塑造,——视角不再是形而上学的,而是现象学的、构成性的。最终归结于主体的存在的自发性同样也贯穿着主体的伦理行动。一方面是任自身处于

216

① 《伦理学》第四部分命题六十七,第 534 -535 页。(格布哈特编《斯宾诺莎著作集》卷二,第 261 页。)[贺麟译本第 222 页。——译注]

本质性对抗之中的存在的厚度,另一方面是世界的构成过程,在这两者之间,世界本身被打散并得到了重构。因此,构成性的规划成了一种真正的过渡中的规划。解放对建构自由来说是至关重要的,自由总是表现为解放。在此视野中根本不可能存在辩证法关系,预定论先行构成的所有东西都应被视为必予推翻、砸烂的障碍。自由的视界即绝对肯定的视域,既然自由超越了绝对否定。自由通过建构存在的充实而消灭空无。这种存在是主体——以规划的方式——所推进、建构和决定的全部事物的实体。实体存在就是在这个规划之中恢复并重构密实的主体性。我们最终就这样被给予了一个整全的世界,在唯理论和观念论的二元论把现实撕裂开来的这个世纪!

3.解放与限界:反乌托邦

即便《伦理学》第四部分标志着世界的胜利,也仅仅是说这部分提出并高扬了对可能性的唯物主义的构成,提出并高扬了世界的伦理存在,因而也是说解放有其决定和限界。这里也提出了一种真正的反乌托邦。斯宾诺莎的解放哲学和第二次形而上学奠基在这一点上——这个点就是真正的现实主义意义上的限界——达到了顶峰。解放是对某些可能性的界定。存在论的平面视界——因人的构成性活动而被重建的,也是在 cupitditus(欲望)之中被升华的这个视界——在各方面都是决定的和被划定了限界的。当然,世界的构成普遍是未完成的,cupitditus(欲望)的变异和人类的构成性身体的变动性必定仍然继续,但也是在这个限界之内的。“但人的力量是异常有限的,而且无限地为外界的力量所超过,因此我们并没有绝对的力量能使外界事物皆为我用。但是,有时许多事变发生,与考量我们自己利益的要求相违背,我们也只好以宽大的度量去忍受,只要我们觉得已经尽了自己的职责,我们已竭尽所有的力量,但实无法避免此种不幸之事,并且觉得我们是整个自然的一部分,我们必须遵循自然的法则,那么我们便会感到精神的满足。如果我们清楚明晰地了解这点,则我们为理智所决定的那一部分,亦即我们的较高部分,便可得到充分的满足,而且要努力保持在这种满足里。因为,我们既了解我们只能追求有必然性之物,则我们只有对于真理才能满足。所以只要我们对于这点有了充分的了解,则我们的较高部分的努力,将可与整个自然的秩序和谐一致。"①所以现在要超越这个限界。要把解放的关系坚持到底,因为限界——在第四部分的解放性张力中——就等于解放的视野和解放的维度的范围本身。限界勾勒出了一个难题:如果说第四部分中的解放过程已经让对限界的感觉得以构成,那么我们就必须从这个被决定了的限界维度——该维度在第五部分中展开——开始去重建解放过程,重新评估并最终超越限界,去认识它、掌握它。现在就进入《伦理学》的第五部分。第五部分证明解放过程是一个过渡的过程,是存在的一种部署配置。斯宾诺莎泛神论显然从头至尾地贯穿着这种对偶然的感知:贯穿着对偶然的存在论层面的和决定的界定。《伦理学》第一阶段所谈到的世界的悖论——一

217

---

①《伦理学》第四部分命题六十一,第522-523页。(格布哈特编《斯宾诺莎著作集》卷二,第256页。)[贺麟译本第235页,译文有调整。——译注]

方面是实体存在，另一方面是样式——此时呈现为样式伦理学(etica del modo)：伦理学是绝对的，样式伦理学则是有限存在之解放性的转变，是存在从一个等级向另一等级、向更高等级的过渡，是动态和集体的构成和存在论的实践。第五部分确立了解放的新进程。“最后我进到伦理学的另一部分，来讨论达到自由的样式(modo)或途径。所以在这一部分里，我将讨论理性的力量(potenza)，指出理性有什么力量可以克制感情(受感致动的情状)，并且指出什么是心灵的自由的幸福。由此我们将看出，有智能的人比起愚昧的人是多么强而有力。至于应当以何种样式、取什么途径来使理智完善，以及应当用什么技术来保养身体，使它能适当发挥其机能，则不属于本篇范围。因为后者属于医学，前者属于逻辑的范围。因此这里所要讨论的，正如以上所说，只限于心灵或理性的力量(potenza)，并且首先要指出理性对感情(受感致动的情状)进行克制和管辖的统治(dominio)程度究竟有多大，以及性质如何。”①任务明确，条件亦然。让我们来对它们作一检视。根本性的前提是我们对我们的感情(受感致动的情状)没有绝对的统治，所以，我们必须否定斯多葛学派基于自觉的绝对主义——文艺复兴革命诉求曾重提这种主张，相当具有怀乡症意味，而如今则是修辞性的和风格主义的一种主张。除了这种绝对主义之外，我们还必须否定伦理学中介，比如在笛卡尔那里，这种伦理学中介是无法开掘存在的。笛卡

218

① 《伦理学》第四部分附录(第三十二条)，第572－573页。(格布哈特编《斯宾诺莎著作集》卷二，第277页。)[贺麟译本第236页，译文有调整。——译注]

尔二元论僵化而无能,在伦理难题的解决办法上,不是依赖于生理学的 escamotage(松果腺:"一个比任何神奇的性质还更加神奇的假设"①),就是依赖于某个超验中介:一个巴洛克式的意识形态 deus ex machina②。不,我们必须要摆脱这些幻想:通过心灵的经验,通过理智,我们是有可能将解放难题作为人的存在的部署规划提出来的。这无须任何实体的中介,唯一相关的就是独一实体——及其力量——的运动。

此乃这一规划的根本枢机。但必须从一开始先对一个事实及其引发的一些后果作一番考量。这个事实就是,与第三部分和第四部分不太一样,《伦理学》第五部分接续上了斯宾诺莎研究最初的主干,即初次奠基基础上的最初主干。而且显而易见的是,第五部分的内容写于不同的时期和阶段。也就是说,第五部分内容的大部分是先于第三部分和第四部分完成的。所有这一切都为这一情形所证明:已经被体系发展所否定和抛弃的那种形而上学景象的残余——有些还很明显——重新出现了。③ 而最关键的

---

①《伦理学》第五部分前言,第 578 –579 页。(格布哈特编《斯宾诺莎著作集》卷二,第 279 页。)[贺麟译本第 238 页,译文有调整。——译注]

② 拉丁语,"天外救星"或"机械降神"。——译注

③《伦理学》第五部分又重现属性的主题(这是第一稿里的元素重现的最明显的标志),有关此问题,参见后面第八章,在那里,将根据斯宾诺莎的通信来探讨有关属性的批判。至于对看似回到"初次奠基"的第五部分中残余元素的一般性讨论,也请参看本书第八章。阿勒基在其《斯宾诺莎的"论奴役"与"论解放"》(前书已引)中感到并强调了他称之为《伦理学》第五部分的悖论的东西。他强调说,《伦理学》第五部分打开了一个新的视野,关于绝对自由的新视野。向着一种新地平线的这种开放,其形成是同《伦理学》前面

证据是强烈的苦修主义张力又贯穿于文本之中。仿佛存在论限界仅仅是一个形而上学的视界,而非人的样式和行动的性质似的！苦修主义竭力冲破——在认识和道德方面——存在论层面所固定的事物。请注意:这种苦修主义绝不是唯一的,相反,它显然还从属于构成性紧张。但它在场于第五部分,我们还会看到它决定了第五部分内部的不平衡,——这部分的走向及其音调所特有的不平衡。因此,第五部分贯穿着两种张力:一种是苦修主义的张力,另一种则还是构成性的和唯物主义的决定机制的张力。矛盾的不协调、表达和反复出现,然后是综合的努力、不统一的音色,继而又是新的不协调:第五部分就这样构成了活的思想所应有的——也是暂时的——终结阶段。

几部分的价值界定的自然主义的和决定论的运动相矛盾的。自由地平线全景的这种重新开放,理智之爱的绝对形而上学力量的这种设定,在阿勒基看来是对某种"笛卡尔式"视域的采纳,尽管他没有用"笛卡尔式"这个词来说。不过,我显然是反对阿勒基的这种立场的,也反对他伴随这一立场所做的——在"伦理学反对道德"这个论点的基础上所做的——全部重构工作!但是,阿勒基的解释毕竟给我们在第五部分的伦理学方面发现的不同带来了极大的启发。然而,与他所认为的恰恰相反,他的解释并非是对斯宾诺莎悬而未决的、在逻辑上也无解的形而上学戏剧的合适的(也就是说必然的)解决方案。相反,难题性层面的重新出现是对激进存在论视角的长期构成过程结束的反对。斯宾诺莎的存在论不是不可解的缠结;它当然和每一种存在论一样是一种缠结,但有着一条优先的意义线索,这条优先的线索堪比《伦理学》最初阶段的内在乌托邦(这种乌托邦只是部分地重现于第五部分)。如果说该线索并非不可解的缠结的话,它至少发展出了构成性话语的诸多连续的表述。不能否认,《伦理学》第五部分是全书最为矛盾的一部分,阿勒基对此看得很清楚。

但不管怎么说,第五部分的开启代表了对《伦理学》中心部分(第三和第四部分)所分析的构成性过程的接续。它仿佛是给这一连续性开创了某种方向似的始于公理的部署配置——在《伦理学》展开了的这个新层面,对存在论构成的原则进行部署配置。"公理一:假如两个相反的动作,在同一个主体里被激动起来,那么它们将必然发生变化:或者是两个都变,或者是只有其中的一个发生变化,一直到两者彼此不再反对时为止。公理二:效果的力量为它的原因的力量所决定,只要它的本质为它的原因的本质所解释或决定。"①怎能不强调这种公理上的飞跃的非同寻常的重要性呢,既然它恰恰在体系的核心之处重新提出了"potentiae(力量)"间的关系?这里似乎看上去像是将第一部分典型的那种形而上学设定、革命且泛神论的乌托邦的设定按原样重新确立了起来。但这仅仅是表象而已。因为如果说 ens realissimum② 及其力量重又被提出了的话,这种重提却是在升华了(否定了)属性及其他流溢论形而上学范畴的语境中实现的,是在样式的绝对个别性视野中作出的。这个力场的多元动力系统成了唯一的方法论框架,理性主义传统在清除了它的所有二元论——即使是认识论的二元论——之后,被完全压平为一个平面视野,被完全压平为世界的平面。这样一来,构成性过程才可能继续进展,才可能从 cupiditas(欲望)中释放出转为理智的力量。论证过程直接而简单。

219

---

① 《伦理学》第五部分公理一和公理二,第 580 -581 页。(格布哈特编《斯宾诺莎著作集》卷二,第 281 页。)[贺麟译本第 239 页,译文有调整。——译注]

② 拉丁语,"最实在的存在"。——译注

每一种感情(受感致动的情状)都借由清晰和区分的观念而得到纯化和升华。不能打上清晰性和区分性印记的身体的应变致动之情状是无法存有的。心灵将外在原因、对心灵而言过度的部分都消除掉,管控住 appetiti(冲动)和 cupidità(欲望),依照理智所要求的顺序将身体的应变致动之情状秩序化并使它们联结起来。自由带来的快乐和对自由的爱在这个系统中能够并确乎成为了积极的力量,正是这些力量范导着身体的应变致动之情状。确言之:这里运作着的升华作用是内在的、积累的、渐进的。"一种感情(受感致动的情状),其激发来自同时作用着的原因的数量愈多,则此感情(受感致动的情状)就越强烈。"①这个过程的方向取决于心灵与现实的充分性的强度:"由一物引起的感情(受感致动的情状),而此物不是作为必然的、可能的或偶然的东西被我们想象,我们只是简单地就它本身想象它,这样的感情(受感致动的情状)——只要别的条件相等——是全部感情(受感致动的情状)中最大的一种。"②"只要心灵理解了一切事物如何必然,心灵就有更大的力量控制感情(受感致动的情状),或者说,心灵就愈少受

---

① 《伦理学》第五部分命题八,第 592 -593 页。(格布哈特编《斯宾诺莎著作集》卷二,第 286 页。)[贺麟译本第 244 页作:"同时凑合起来以激起一个情感的原因愈多,则这个情感将必愈大。"拉丁文原文为:"Quo affectus aliquis à pluribus causis simul concurrentibus excitatur, eo est major." 见 *The Vatican Manuscript of Spinoza's Ethica*, ed. Leen Spruit and Pina Totaro, p. 297. 译文有调整。——译注]

② 《伦理学》第五部分命题五,第 588 -589 页。(格布哈特编《斯宾诺莎著作集》卷二,第 284 页。)[贺麟译本第 242 页。——译注]

感情(受感致动的情状)的困扰。"①充分性：或毋宁说心灵与现实的一种统一化的动态系统？这类措辞在根本上甚至都是不正确的,因为它默认了理性主义的难题解法,而恰恰忽略了斯宾诺莎的难题的本原性：此一难题即力量的表现难题。斯宾诺莎的平行论正是在这一点上才构成了对非绝对单义和渐进的存在观念的消解。"平行论"不过是那个世纪的"意识形态"贴上的标签,不过是一种文化成见,根本的关键是构成性规划的统一性、力量的统一性。联结,同它的解体相关联的联结,是存在的努力过程,是一项规划——是战争地平线全景中的解决办法,是对存在的一种建立。不是一种新秩序,而是一种新存在,完全积极的存在。因而,它就是自由的增量过程。"所以凡是只是由爱自由的原因而努力克制其感情(受感致动的情状)与欲望的人,将必尽力以求理解德性/能力和德性/能力形成的原因,且将使心灵充满着由关于德性/能力的真知识而引起的愉快;但他将必不会吹求他人的缺点、鄙视世人,或以表面的虚矫的自由恬然自喜。并且凡能深切察见(因为这并非难事)此理并能实践此理的人,则他在短期内必

220

① 《伦理学》第五部分命题六,第589－591页。(格布哈特编《斯宾诺莎著作集》卷二,第284页。)[贺麟译本第243页作："只要心灵理解一切事物都是必然的,那么它控制情感的力量便愈大,而感受情感的痛苦便愈少。"拉丁文原文为："Quatenus mens res omnes ut necessarias intelligit, eatenus majorem in affectus potentiam habet, seu minus ab ijsdem patitur."见 *The Vatican Manuscript of Spinoza's Ethica*, ed. Leen Spruit and Pina Totaro, p. 296. 译文有调整。——译注]

能大部分基于理性的至高命令以指导其行为。"①方法本身就已经成为了对存在的建构。"几何学"的方法——只是一种 fumus②——反而是在展示它作为自由的方法在自由中的实质性和固有性。"几何学"方法也是自由所建构的积极性的总体。样式的伦理学因而是一种操作:在存在上面、在存在之内,并为了存在。解放的伦理学是一种构成——存在论层面的构成——的伦理学。

也就是在此处,构成性规划的强度遭遇了它的第一次抉择和不协调。构成性诉求在第五部分的第一组命题中按照规划的连续性方向得到了展开,继而命题十四阐述道:"心灵能使身体的一切感情(受感致动的情状)——也即事物的全部意象——与神的观念关联起来。"③但其意思是歧义两可的:(1)与神的观念的这种关联升华了"cupiditas(欲望)",使之获得了更高水平的对现实的理解力;(2)与神的观念的这种关联在存在论层面使构成性过程成为绝对。倘或分析的体系演进不是不协调的话,解释上如何取舍的问题还不会被提出来,或者提出的力度是比较小的。"事

---

① 《伦理学》第五部分命题十附释,第 600 -601 页。(格布哈特编《斯宾诺莎著作集》卷二,第 289 页。)[贺麟译本第 247 -248 页,译文有调整。——译注]

② 拉丁语,"烟雾"。——译注

③ 《伦理学》第五部分命题十四,第 604 -605 页。(格布哈特编《斯宾诺莎著作集》卷二,第 290 页。)[贺麟译本第 248 页。这一命题原文作:"Mens efficere potest, ut omnes corporis affectiones seu rerum imagines ad Deum referuntur."见 *The Vatican Manuscript of Spinoza's Ethica*, ed. Leen Spruit and Pina Totaro, p. 301. 引文有调整。——译注]

物的情况即是神(La cosa è Dio)"和"神即是事物的情况(Dio è la cosa)"标志了两种视野:第一种视野再次唤醒了第一次奠基的乌托邦,而第二种视野则确认了第二次奠基的规划的积极性。让我们来看看这两条轨迹是怎么发展的。

首先我们来看看,理智,身体之内的理智,是如何建立它与神的观念的关系的。也就是说,苦修主义后果是怎么由构成性过程而被生产出来的。心灵和身体的应变致动之情状获得了明晰和确切的规定,这种规定的可能性现在也获得了决定,进而我们也将看到第二个过渡:心灵确保身体的应变致动之情状——也即事物的意象——与神的观念关联起来。第二种知识吗?是的,如果在渐进图式的基础上并完全在流溢着第一次形而上学奠基的问题基础上来说的话。这种论述因而是坚持清晰而确切的观念向神的观念的必然过渡的:"清楚明晰地认识他自己和他的感情(受感致动的情状)的人爱着神,而愈是如此,他就愈认识他自己和他的感情(受感致动的情状)。"①在这里,斯宾诺莎论述(或至少是这则论述)的推理特征变成了苦修主义的。这就是说,在心灵的规定中,并且也在神的规定中——二者越来越同质——有一种特殊性质的理智获得了胜利,它迫使感情(受感致动的情状)条分缕

221

① 《伦理学》第五部分命题十五,第604 -605 页。(格布哈特编《斯宾诺莎著作集》卷二,第290 页。)[贺麟译本第249 页作:"凡是清楚明晰地了解他自己和他的感情的人,必定爱神,而且他愈了解他自己和他的感情,那么他便愈爱神。"此命题原文为:"Qui se suosque affectus clare et dictincte intelligit, Deum amat, et eò magis, quo se suosque affectus magis intelligit."见 *The Vatican Manuscript of Spinoza's Ethica*, ed. Leen Spruit and Pina Totaro, p. 301. 引文有调整。——译注]

析地分化开来。“这种对神的爱必定最占据心灵”，“神没有受动激情，不被快乐或痛苦的感情(受感致动的情状)所动”，“没有人能够恨神”，“爱神的人不能期待神回报以爱”。① 受动激情的过程被升华了，理智作为由事物和时间而来的抽象被给予了出来。心理给身体及其活力强加了种种矫正。苦修主义，古典意义的苦修主义。命题二十的附释将心灵在苦修主义过程中强加给感情(受感致动的情状)的矫正逐条列出。② 对感情(受感致动的情状)的认识因而必定清楚地体现为使思想与外部原因相分离的能力、对发生感情(受感致动的情状)的时间的控制、对感情(受感致动的情状)的原因多样性的把握、对它们的分辨，以及对苦修主义借由这些感情(受感致动的情状)达到神性的动态机制的分析——这是一种永无完结的苦修主义，除非顺序和关联完全框范住了感情(受感致动的情状)及其效果。

但是其次，我们也还看到，苦修主义张力——平行并同时地——得到平息，被导向了与身体性的本能关系。心灵是与身体相联系的，它是同身体的绵延共绵延的。“只有当身体存有时，心灵才能表现其身体的当前存有，并如其实际那样构想身体的应变

---

①《伦理学》第五部分命题十六、命题十七、命题十八、命题十九，第606－609页。(格布哈特编《斯宾诺莎著作集》卷二，第290－292页。)[贺麟译本第249页作：“这种对神的爱必定在心灵中占据无上的地位。”原文为：“Hic erga Deum amor mentem maxime occupare debet.”见 *The Vatican Manuscript of Spinoza's Ethica*, ed. Leen Spruit and Pina Totaro, p. 301.——译注]

②《伦理学》第五部分命题二十附释，第610－615页。(格布哈特编《斯宾诺莎著作集》卷二，第292－294页。)[贺麟译本第250－252页。——译注]

致动之情状,因此,心灵只有当自己的身体存有时,才能如其当前实际那样构想一个身体。所以只有当身体存有时,心灵才能想象某种事物,并回忆过去的事物。"①你可以反对说:这只能是苦修主义路径的残余或它的条件的残余!事实上,这种处理手法已经完全并彻底地变成了反苦修主义的了,丝毫没有任何被质疑的可能,因为斯宾诺莎已经把这样两则存在论陈述拿了出来并将它们联结在了一起:(1)"我们认识的个体事物越多,我们就越多地认识神。"②(2)"毕竟,在神中必然有观念被给予出来,此观念在永恒形式之下表现着这人身体或那人身体的本质。"③世界复归于不可化约的总体性。关于世界的这种理论整全无余地涵纳了神性力量、产生效果的原因性,并为存有赋予了存在论的彻底性。神之活跃,即个别性及其力量之活跃,即存在多变性之活跃,此外无他。其背后的意涵即伦理就在于实现存有的永恒性、样式的永恒性。这种永恒性正是在它的个别决定性中被建立起来的。当斯

---

①《伦理学》第五部分命题二十一证明,第614－617页。(格布哈特编《斯宾诺莎著作集》卷二,第294－295页。)[贺麟译本第253页,译文有调整。——译注]

②《伦理学》第五部分命题二十四,第620－621页。(格布哈特编《斯宾诺莎著作集》卷二,第296页。)[贺麟译本第255页,译文有调整。——译注]

③《伦理学》第五部分命题二十二,第616－617页。(格布哈特编《斯宾诺莎著作集》卷二,第295页。)[贺麟译本第254页。此命题原文作:"In Deo tamen datur necessariò idea, quae hujus et illius corporis humani essentiam sub aeternitatis specie exprimit."见 *The Vatican Manuscript of Spinoza's Ethica*, ed. Leen Spruit and Pina Totaro, p. 305. 引文有调整。——译注]

宾诺莎提出如下主张的时候他说的和灵魂不死的难题没有一点关系："人的心灵不能同身体一道被绝对地毁灭，它总是留下了某种永恒的东西。"①他主张的毋宁说是要过度决定存有、它的给予性、它的神的个别性。

伦理学的这两个轨迹是相互矛盾的。哪一个优先呢？在我看来，二者并存，这是文本写于不同阶段所造成的不连续性所致，是这种不连续性的残余，最终是有助于澄清斯宾诺莎思想的基本趋向的。换言之，只有通过与乌托邦直接发生冲突，斯宾诺莎的反乌托邦才会获得完整的自我界定的力量。第二次奠基只有在明面上把第一次奠基当作一个总体进行了批判之后，才能达到自身表现的极致。所以，在第五部分展开的过程中，构成性需求愈益明显，而全书所贯穿的这个矛盾也使这个需求愈益突出。实际上，第五部分里不同知识等级（这种等级是理性主义传统中很常见的东西）之间渐进地形成的区分又重现于体系当中，但这一次，它不再——像它在斯宾诺莎的早期思想阶段所意味的那样——意味着世界及其悖论所处的难题性可以在认识论层面被消解掉。17 世纪思想有着机械论形式的二元论、陈旧不堪的认识论，它们的影响和残余如今被《伦理学》的存在论的体系和维度所取代，它

222

① 《伦理学》第五部分命题二十三，第 616 -617 页。（格布哈特编《斯宾诺莎著作集》卷二，第 295 页。）[贺麟译本第 254 页作："人的心灵不能绝对随身体之消灭而消灭，它的某种永恒的东西仍然留存着。"此命题原文作："Mens humana non potest cum corpore absolute destrui, sed ejus aliquid remanet, quod aeternum est."见 *The Vatican Manuscript of Spinoza's Ethica*, ed. Leen Spruit and Pina Totaro, p. 305. 译文有调整。——译注]

已彻底成为陈迹。实际上,如此真实的是:即使在苦修主义要求、在它成熟表述的至高点中,也渗入了构成性要求。“这种对神的爱决不能为嫉妒或猜忌的感情(受感致动的情状)所污染;反之,当我们想象到凭借同一的对神之爱的纽带,与我们有联系的人越多,则我们对神的爱便愈加增长。”①这个出现在苦修主义对认知过程建构的核心位置的命题,透露出相反的意思:知识无法升向神性、升向更高等级的存在,除非它能遍历想象和社会并使想象和社会得到构成。对神的爱,即使它是作为向上提升世界性的垂直张力被重新提起的,毕竟已被带回并压平进了想象与社会性的水平维度之中了,唯一能滋生这种垂直张力的,也只能是想象与社会性。

那么,苦修主义诉求的作用是什么呢?它只是一种残余的作用吗,——实际上仅仅是在规定着冲突的作用吗?无疑是这样的,它无疑是一种明暗对照的东西,更加突显了斯宾诺莎的反乌托邦。但它还有另外的而且是完全不同的作用。首先,它充当着一种“临时道德”,——也是对体系因它相对于绝对的关系而产生的逻辑张力的一种再肯定。这种再肯定不仅必定存在于共同社会之中,而且也必定存在于人的诸多共同体之中。直到构成性过程完成之后,某种高级道德标准才能指导人的生活,但这种指导毕竟还是以外在方式进行的,另外也恰恰是那种临时道德才能确证这种高级道德标准的有效性。苦修主义精神,这么说吧,是想象及其对现实的构成性作用的充分执行和过度决定。苦修主义

① 《伦理学》第五部分命题二十,第610 -611页。(格布哈特编《斯宾诺莎著作集》卷二,第292页。)[贺麟译本第250页。——译注]

诉求是伦理过程中的一种正当化理由,是其外在的动机,它一直被利用,除非伦理过程最终实现了本质与存有间的坚实的直接关系或同一性,那时候伦理除了它自身之外就再无须其他正当化理由了。苦修主义是一种外在的操作。 223

但是,其次,另一种操作也在被执行着。我们在斯宾诺莎的体系中还可以看到一种终极的努力,也就是尝试着利用矛盾,而不是贬斥它,相反是尝试着让矛盾在认识论中履行一种飞跃的作用。这一尝试所花篇幅不长,时间很短。"心灵的最高努力和心灵的最高德性/能力(virtù)就是通过第三种知识认识事物。"①"心灵愈能通过第三种知识认识事物,它便愈欲望着通过第三种知识认识事物。"②"从这第三种知识可以产生心灵的最高满足。"③这里提出了"第三种"知识的假设,这看上去似乎从一侧,即有利于苦修主义的一侧,打破了矛盾。斯宾诺莎主义圈子的乌托邦式的神秘主义再次出现了吗?这种神秘主义投射到实践领域了吗?是的:但这仍旧是一个没法使自身得到控制并停留在中介的和建成了的维度之中的过程。薄弱的命题,对《知性改进论》甚或《简论神、人及其心灵幸福》的重复。这种再次出现与其说关

---

①《伦理学》第五部分命题二十五,第620-621页。(格布哈特编《斯宾诺莎著作集》卷二,第296页。)[贺麟译本第255页,译文有调整。——译注]

②《伦理学》第五部分命题二十六,第622-623页。(格布哈特编《斯宾诺莎著作集》卷二,第297页。)[贺麟译本第255页,译文有调整。——译注]

③《伦理学》第五部分命题二十七,第622-623页。(格布哈特编《斯宾诺莎著作集》卷二,第297页。)[贺麟译本第256页。——译注]

乎体系的过程,不如说触及的是欲望和希望。[1] 这三个建议性质的命题之后,紧接着是对这种苦修主义路径加以调节的三个命题,为的是使那种路径还原到它的物质存在论维度:"第三种"知识被与 cupiditas(欲望)相提并论("通过第三种知识认识事物的努力或欲望不能起于第一种知识,而只能起于第二种知识"[2]),而 cupiditas(欲望)也被提升到了构成性层面,在那里,理性充当了身体性与神性间的联结模式。继而身体性被提升至永恒,这不是以决定的存有形式被给出的,而是以本质对存有的吸引力的形式、理智对存有的吸引力的形式被给出的:"凡是心灵在永恒形式下理解的一切,并非说是心灵构想身体的当前实际的存有所致,而是由于心灵在永恒形式下构想着身体的本质。"[3]这样一来,神

---

① 有关认识论综合的困难和难题,有关认识程度的连续性的难题,除了马尔蒂内梯(Martinetti)发表于《哲学评论》(*Rivista di filosofia*)上的著名文章之外,可参看 F. 梅里《斯宾诺莎与两位意大利斯宾诺莎主义先驱》(前书已引)第四章。

②《伦理学》第五部分命题二十八,第 622 -623 页。(格布哈特编《斯宾诺莎著作集》卷二,第 297 页。)[贺麟译本见 256 页,译文有调整。——译注]

③《伦理学》第五部分命题二十九,第 624 -625 页。(格布哈特编《斯宾诺莎著作集》卷二,第 298 页。)[贺麟译本第 256 页作:"心灵在永恒的形式下所理解的一切事物,它之所以能理解它们,并不是因为它把握了身体的现在的实际存在,而是因为它是在永恒的形式下把握身体的本质。"此命题原文作:"Quicquid mens sub specie aeternitatis intelligit, id ex eo non intelligit, quod corporis praesentem actualem existentiam concipit, sed ex eo quod corporis essentiam concipit sub specie aeternitatis."见 *The Vatican Manuscript of Spinoza's Ethica*, ed. Leen Spruit and Pina Totaro, p. 308. 译文有调整。——译注]

的观念便被带回到了平面的维度之中，神和永恒都被置于身体层面之上。“我们的心灵只要能在永恒的形式下认识它自身和它的身体，就必然具有对于神的知识，并且知道它是在神之内，通过神而被设想。”①总之，认识论努力——苦修主义在这里是认识论复现的时刻——仍旧停留在努力的状态，并没有超出接近方式（approccio）的水平，没有超出驱力的极端化的水平。苦修主义，在存在已经发展成如此完备和复杂的动态系统之后，未能使自身得到重新整合。存在如此致密、如此厚重，以至于不可能为认识行动所完全解决。

224

然而，论述的这种偏向是有原因的。一方面这种反乌托邦是定位在解放与限界的关系之上的，但是认识论解决方案的严格性和复现——在那时刻，这种解决方案被证明是前一阶段体系的纯粹残余——是有其作用的。它的作用就是，再度让体系的内在历史突显出来，与系统的进程形成反差；它的作用就是表明——在一个时刻中、在一种行动中、在一种情境中——最终的解决方式无可挽回地必然绝不可能是认识论的。被尝试的这种努力最终把心灵化约为纯“形式因”的地位：“第三种知识依赖心灵为它的形式因，就心灵本身是永恒的而言。”②形式因！在完整的系统发展在存在的全部契机中确立了力量（potenza）或形成了致动因

① 《伦理学》第五部分命题三十，第626－627页。（格布哈特编《斯宾诺莎著作集》卷二，第299页。）［贺麟译本第257页，译文有调整。——译注］

② 《伦理学》第五部分命题三十一，第628－629页。（格布哈特编《斯宾诺莎著作集》卷二，第299页。）［贺麟译本第258页，译文有调整。——译注］

(causa efficiente)的在场之后！我们遇到了斯宾诺莎思想中理论停顿的复现,这种停顿还假扮成被升华了的东西。实际上,正如早期在体系历史的某个时刻发生过的那样,这一次的停顿的复现是一个理论插曲。就像是在一个经验的连续性中可以明确地看到的那样,其中诸阶段或内容之间、意向和解决办法之间都会有差异。历史也有这种差异。但是如果说理论时刻和历史时刻最初是作为一对矛盾被给予出来的话,那么这里偏向于理论时刻——这种时刻以乌托邦预先构型的力量预见并击碎现实——的解决办法的这种重复,却是从历史时刻的基本优先性的视角、从存在论维度的视角、从反乌托邦的视角被给出的。曾几何时以乌托邦面目出现的文艺复兴式解放要想成为真正的解放,就必须还原为反乌托邦,必须采取革命的伦理普遍性立场,必须先清算它自己内部的乌托邦目的。必须有一种未被击败而承认失败的方法,必须有不否认理智建设力而承认意志的局限的一种方法。《伦理学》第一阶段的神话在第五部分中的重现具有一种净化功能(funzione catartica)、一种临时道德的功能。我们已经说过,要清楚辨认这个过程的结构要素并非难事。如果说形而上学乌托邦是对市场意识形态的一种转写的话,那么伦理学反乌托邦就是击碎市场——在其中引入并投射入未来哲学的物质的和实践的维度——的方案。反乌托邦是实在力量的革命,它就运行在市场的意识形态完满化背后、运行在资产阶级权力线性发展的危机之中;它是对已经能限定自身却又仍在自身永恒性中保有力量的一个方案的主张。通过内在于《伦理学》的这个游戏,现实且巨大的历史选择得以展开,它是我们要常常一再强调的选择:要么屈服于市场的危机,要么借助构成性力量便能渡过危机并超越危机。

反乌托邦是对现实和未来的革命地平线的发现。

倘若我们回头看一下截至目前我们已经看过的那些命题，倘若我们按字面意思原原本本地理解了它们并在一个尽可能原原本本的织体系统之中使它们各就其位，那么我们这里的解释要点就能得到确证了。至高的“努力”，或毋宁说心灵至高的德性/能力——这里的 virtù（德性/能力）强调的是心灵的主动性的和道德的意涵——在于理知（intendere），也就是说在于通过、经历了神的某些属性的充分观念之后达到事物本质的充分知识。conatus－potentia－mens（努力—力量—心灵）这一连续性因而在神性的物质性之中得到确证和锚定。第三种知识全赖这个过程以及它最大程度的扩展、最大强度的加冕——第三种知识的完成性将取决于此。然而，紧接下来，这个被设定的连续性却又难以维持：从杂多和混淆的知识中，从意见和想象中，换言之，从第一种知识中，是无法生成更高的知识的。更高的知识只能从滋养着第二种知识的充分观念中产生出来。既然这样，那么 conatus（努力）的最可能的定义是什么呢？但是，在我们面前又展开了一个新的颠倒：第三种知识，就它在永恒形式之下包含着一切事物而言，在永恒形式之下包含着身体的本质。这些段落文字上的含混性达到了最大值。这种含混性最终明确地表现在这一事实中，即在这个过程的核心之处，苦修主义观点和构成性观点之间的矛盾、它们共存的不可能性如此明显，以至于不可能再被捏合在一起了。于是，这就如明暗对照图案似的向我们表明了，第二次奠基此前给我们作出的那种选择的必然性，而且也向我们表明了必须取舍，必须作出选择，表明了选择性真理的无可避免性（imprescindibilità）。

这在很大程度上是一出教育剧。第五部分即该体系戏剧化了的相对简要的大纲,其中运用了多少修辞,使用了多少对比法的雄辩术啊!不必真的为这些修辞而烦恼。绝对关键的是牢牢把握住贯穿全书的另外那个方面,即本质上难题性的那个方面。我们必须再次牢牢把握住解放—限界这个关系。我们必须再次聚焦于希望与构成之间的关系和张力、聚焦于尚未被击败的革命——正扩展进入规划之中的革命——的边界。乌托邦批判性的运用必须成为构成性的。否定的思想必须与构成性视角相结合。"所以个人获得这种知识愈多,便愈能知道自己,且愈能知神。换言之,他将愈益完善,愈益幸福……这里还有一点须得注意:即虽然我们现在确知,就心能在永恒的形式下认识事物说来,它是永恒的,但为了使我们所要证明的更易解释、更好理解起见,我们将像以前那样的办法,认为心灵好像现在才开始存有,并且现在才开始在永恒的形式下去认识事物。我们尽可以这样去做,而不致有错误的危险,只要我们谨慎,除了充分明白认识到的前提外,不轻下结论。"①即便是几何学方法的繁复性(fatuità)——这种繁复性是付给那个世纪的代价——也在这里表明了存在论和构成性的彻底性。否定的思想实际上与构成性过程的肯定性质结合了起来。第五部分在《伦理学》中是一部宏大的间奏插曲,整个就是对系统展开历史的模仿,但就是在这里,这个间奏插曲归结于这个充满潜能的规划。于是,现在开始要向后踏回一步,只是为了更好地起跳。这不是真正的返回,更不是退缩:这恰恰

226

① 《伦理学》第五部分命题三十一附释,第628-629页。(格布哈特编《斯宾诺莎著作集》卷二,第300页。)[贺麟译本第258页。——译注]

是获得清晰性所必需的,是对最后的形而上学主张进行终极自我批判所必需的。

这是对致动因的完整而总体的肯定,致动因属于神,属于联结起了限界—解放关系的神。神是伦理学的创造者,伦理学是限界与解放之间构成性关系的科学。神即对这一关系发挥作用的反乌托邦。奴役的宗教难题彻底地从这一世俗的和唯物主义的解放视角重新得到了阐释。①《伦理学》结尾的几个命题就这样把贯穿于整个第五部分的矛盾演历了一遍,并且给这个矛盾加上了解放和奴役的积极标记。摆脱奴隶状态(schiavitù)和奴役(salvezza)的解放,是幸福的积极地平线。在阐述中,构成性张力预见了趋势、希望、快乐,在此方向上它也预见了它们的限界的规定性、它们绝对唯物主义实证性的规定性。"对于凭借第三种知识而理解的事物我们都感觉快乐,而这种快乐乃是伴随着神的观念而来,以神的观念为原因。"②对神的理智之爱:现在,在系统的当前的布局设定中,这绝非神秘主义的行话。这个命题所肯定的("从第三种知识产生的对神的理智的爱是永恒的"③)不是一个过程,而是一种条件:"这种对神的爱,虽然是没有开端的,但是却具有爱的一切完满性,仍然好像是有开端的一样…… 唯一的区别

---

① 正如我们有机会在前面指出的那样,马泰隆在《斯宾诺莎那里的基督和无知者的得救》中,即便基本上是从宗教视角出发,也成功地透彻论述了这一点。

②《伦理学》第五部分命题三十一(二),第630-631页。(格布哈特编《斯宾诺莎著作集》卷二,第300页。)[贺麟译本第258-259页。——译注]

③《伦理学》第五部分命题三十三,第630-631页。(格布哈特编《斯宾诺莎著作集》卷二,第300页。)[贺麟译本第259页。——译注]

即在于心灵自永恒以来即具有完满性,且伴随着神的观念而来,以神的观念为永恒的原因,而我们在那里只是假想它现在才达到这种完满性。如果快乐在于到较大完满的过渡,那么幸福便应该在于心灵具有完满性本身。"①这是一种预先被构成的条件:因此,这也是对神秘主义的一种否定。系统的射程高度并没有取消无限空间内的趋势:它只是在完满性的最高水平上设定了这个趋势。根据定义而言,这就是解放,这就是卷入生存结构中的解放,在身体和心灵、现在现前和永恒中交替完成的解放:"想象是一种观念,借此观念心灵认为事物是现在现前的,但这种观念只指示身体的现在现前的状态,而非外部事物的性质。因此,感情(受感致动的情状)是一种想象,只要它指示身体的现在现前的状态。所以,若仅只有身体绵延,则心灵必顺从于受动激情。"②这样一

227

① 《伦理学》第五部分命题三十三附释,第632-633页。(格布哈特编《斯宾诺莎著作集》卷二,第301页。)[贺麟译本第259页,译文有调整。——译注]

② 《伦理学》第五部分命题三十四证明,第632-633页。(格布哈特编《斯宾诺莎著作集》卷二,第301页。)[贺麟译本第260页作:"想象是心灵用来考察事物以为它即在目前的一种观念。但想象表示人的身体的当前的状况较多于表示外界事物的性质。所以,情感是表示身体当前的状况的一种想象,所以只有身体存在时,心灵才受被动的情感的宰制。"原文作:"Imaginatio est idea, quâ mens rem aliquam ut praesentem contemplatur quae tamen magis corporis humani praesentem constitutionem, quam rei externae naturam indicat. Est igitur affectus imaginatio, quatenus corporis praesentem constitutionem indicat, atque adeo mens non nisi durante corpore obnoxia est affectibus, qui ad passiones referuntur."见 *The Vatican Manuscript of Spinoza's Ethica*, ed. Leen Spruit and Pina Totaro, p. 311. 译文有调整。——译注]

来,在命题三十五和命题三十六那里,世界作为朝向完满的趋势的绝对性被完整地给予了出来:“神以无限的理智的爱,爱它自身”①,“心灵对神的理智的爱,就是神借以爱它自身的爱,这并不是就神是无限的而言,而是就神之体现于在永恒的形式下看来的人的心灵的本质之中而言,这就是说心灵对神的理智的爱乃是神借以爱它自身的无限的爱的一部分”②。

阐述中的张力直至此处已然受到了该趋势划定限界的支配。这两个陈述是互补的。它们实际上不可分离。而恰恰也正是沿着这些命题直到这一点上,我们发现了重新聚焦于过程的实体性的新命题;它们重新将趋势置于限界的决定机制之内。趋势与限界的关系是构成性的。进路在存在论层面是稳固的,这就直接使构成性行动成为了过程中根本性的和起规定作用的要素。于是,如果“在自然中没有违反这种理智的爱的事物,也没有能够取消这种理智的爱的事物”③——“心灵凭借第二和第三种知识所理解的事物愈多,则它受恶劣感情(受感致动的情状)的损害将愈少,并且它将愈不畏死”④。故此,如果“一个人有胜任愈多事情

---

①《伦理学》第五部分命题三十五,第 634 –635 页。(格布哈特编《斯宾诺莎著作集》卷二,第 302 页。)[贺麟译本第 260 页。——译注]

②《伦理学》第五部分命题三十六,第 634 –635 页。(格布哈特编《斯宾诺莎著作集》卷二,第 302 页。)[贺麟译本第 260 页。——译注]

③《伦理学》第五部分命题三十七,第 638 –639 页。(格布哈特编《斯宾诺莎著作集》卷二,第 303 页。)[贺麟译本第 262 页。——译注]

④《伦理学》第五部分命题三十八,第 640 –641 页。(格布哈特编《斯宾诺莎著作集》卷二,第 304 页。)[贺麟译本第 262 页。——译注]

的身体,则他拥有愈多部分属于永恒的心灵”①——“一物具有完满性愈多,那它就愈是主动,愈少被动;反之,一物愈能主动,那它就愈是完满”②。存在论层面的必然性本身由行动的量构成,消灭的过程也由这种构成性行动的力量和质——由这种构成性行动的完满程度大小——来表达、置出或/和消除;而心灵则完全与存在的这个渐进的、构成性的、系统的过程交融一体。存在论视野还原于内在性之中是如此彻底,以至于这种还原不再代表研究的一种结果,而毋宁说是这项研究的一个条件:使解放的规划得到界定的根本条件。神学维度让位于存在论维度,限界——在传统中,限界是被排除在神的观念之外的——的含义被归因于神的视野,趋势——17 世纪哲学否认趋势是现实的——的含义在存在论层面得到指认。

《伦理学》以之作为结尾的两则命题因而纯粹是唯物主义的辩词,也是斯宾诺莎思想的构成性动力学的辩词。其一是无神论悖论:“即使我们不知道我们的心灵是永恒的,我们也必须特别重视虔诚与宗教,以及一切我们在第四部分里所指出来的有关刚毅

228

① 《伦理学》第五部分命题三十九,第 640 -641 页。(格伯哈特编《斯宾诺莎著作集》卷二,第 304 页。)[贺麟译本第 264 页作:“凡是具有一个足以适应多数事物的身体的人,都具有一个大部分都是永恒的心灵。”此命题原文作:“Qui corpus ad plurima aptum habet, is mentem habet, cujus maxima pars est aeterna.”见 *The Vatican Manuscript of Spinoza's Ethica*, ed. Leen Spruit and Pina Totaro, p. 314. 译文有调整。——译注]

② 《伦理学》第五部分命题四十,第 644 -645 页。(格伯哈特编《斯宾诺莎著作集》卷二,第 306 页。)[贺麟译本第 264 页。——译注]

与仁爱的诸德性/能力。”①另一则是唯物主义的辩词：“幸福不是德性/能力的报酬，而是德性/能力自身。并不是因为我们克制情欲，我们才享有幸福；反之，乃是因为我们享有幸福，所以我们能够克制情欲。”②神的力量向人的解放视野的还原——神的力量被还原为给人的解放不断地划定限界的力量——现在已经就这样完全证成了。将人的生活构成为永恒运动，这证明伦理行动也是划定限界的永恒运动，是 libidines（力比多）、cupiditates（欲望）和 virtus（德性/能力）的紧张的永恒运动：virtus（德性/能力）是理智之爱，只要它绝对地展现着这个运动。理智之爱是现实构成性过程的结果。在此范围内来说，神就是事物的情况，神，在行动之中，成为了对事物情况的决定。神学被存在论所升华，而存在论则为人的构成性实践的现象学所升华。

《伦理学》行将结束时通过自身展开了的阐述给选择性的两个对子提出了解决办法，这两个对子即限界—绝对性（limite-assolutezza）和被给予性—趋势（datità-tendenza）——我们也可以说它们是第二部分已经指出过的样式—实体这一形而上学悖论的表现——，它们都被消解在了构成性存在论之中，这种存在论有着彻底的唯物主义和实践的基础。斯宾诺莎思想中的原生性组成成分已经融入并升华成了新的视角、新的基础，这一新视角和新基础又是不可逆推地还原成那些原生性组成成分的。《伦理学》

① 《伦理学》第五部分命题四十一，第 646 -647 页。（格伯哈特编《斯宾诺莎著作集》卷二，第 306 页。）[贺麟译本第 265 页。——译注]

② 《伦理学》第五部分命题四十二，第 648 -649 页。（格伯哈特编《斯宾诺莎著作集》卷二，第 306 页。）[贺麟译本第 266 页。——译注]

在第三、四和五部分一路下来，直至此处，经院哲学的 ens realissimum① 还剩下了什么呢？到了这里，斯宾诺莎的存在论已经是由实践的存在的运动所支撑着的趋势的存在论了。有关世界新秩序的文艺复兴乌托邦还剩下了什么呢？到了这里，斯宾诺莎的构成性存在论并不指向秩序：相反，举凡不直接是由决定的存在的力量所表现的秩序观念，都被他的这种存在论破坏了并因而运动了起来。必然性和流溢的泛神论意识形态还剩下了什么呢？除了世界之给定性视野之外的一切世界视野都被斯宾诺莎存在论消除了，那些视野无非是从绝对降到现实的"下降之途"的视野，因而无非是这样的必然性观念的视野，即必然性在其中总是被设定为二元论的或选择性的，或干脆只是表述着一种形式化图式，而与自由行动的实际必然性殊途异趋。知识理论是与自由的行动的具体理论相联系的，也是唯物主义的和系谱学的，是与构成性的存在论过程共时展开的。不仅就知识理论而言，而且就自由理论而言，趋势都被加上了限界，这限界不是某种外在于构成性存在节律的东西，而正是构成性过程现行实际力量的被决定的标记。一切在构成性领域之外提出的形而上学问题，无论涉及的是理智的实践，还是实际的实践，都无非是迷信的产物、作为"asylum ignorantiae（无知的避难所）"的神的观念的产物。

斯宾诺莎从他的时代所汲取的并保有了它的纯粹性的唯一真理就是对重建世界的革命的坚持。他原封不动地保留了这个真理。他让它继续有力。这种革命的冲动被拿来反抗资产阶级发展意识形态在 17 世纪所具有的那种具体形式：与新秩序和苦

229

① 拉丁语，"最实在的存在"。——译注

修主义相对抗。斯宾诺莎伦理学中苦修主义实践的重现——稍纵即逝的重现——仍然是一种存在论要素。清除这种苦修主义的行动最清晰地体现了斯宾诺莎思想中的反资产阶级(也是反资本主义的吗?)决定性。在资本主义的资产阶级思想中,苦修主义是来自秩序要求的命令,为积累设定规则的一种命令。在斯宾诺莎思想中,构成性实践是限界对积累、对构成的服从关系。限界内包于构成性实践:因而,实践是开放的。限界不对构成性实践构成制约,它不外于这一实践,它没有安顿自己的外部空间——限界就是实际存有关系的实质范围,在这里存有将本质辨认为力量、辨认为有待克服的张力。限界的观念在存在论上与克服的观念是一致的。来自秩序要求的命令——或其唯名论抽象、其形式主义——的观念、内化而成的否定性的观念,所有这些观念在斯宾诺莎这里甚至是不可思议的。没有命令性的秩序,只有解放。作为对存在的连续攻克、连续建设的解放。乌托邦,不存在;观念论的驱动,也不存在。心灵思想着,同时必然联系着身体。不是平行式的联系,而是同时性的联系。来自秩序要求的命令之为一种观念,总是预示着与现实的形式上的平行关系:这种形式对应着现实。然而,来自秩序要求的命令在斯宾诺莎那里是没有地位的,因为那里就没有给平行关系留出余地,没有给现实与思想之间的任何激励并进的关系和——这更为重要的——“对应”关系留出余地。救赎之所以是一种合理的理想,不是因为它标明了更高的一个地平线全景,而是因为它会把人的全体——作为解放的当事人的人的全体——带入解放之中。神学消失了。神学曾经制造的那种神秘化决定机制如今通过构成性规划、解放的规划的物质性被去神秘化并得到了把握,而这里的构成性规划、解放的规划就是在存在的自我充分性基础上、在祛除了一切命令性秩序假说的前提下勾画出来的救赎规划。在17世纪,秩序要求下的命令观念内化并表现着危机的观念,斯宾诺莎的伦理学打破了这种联系。危机不是来自本质的征兆,并不驻留于本质之内;危机不过是存有的存在以建设的方式越来越有力、越来越物质性地打破限界的标志。否定性不是对象;否定性就是空无。危机之责不在于主体,其咎在于主体之空无、在于主体之缺席。存在论层面的规划努力对抗危机,因为它想将之作为存在论层面的一种现实而清理掉;换言之,存在论层面的规划将危机当作它要与之斗争的一种外部原因来处理。斗争的伦理学内包于构成性的伦理学之中,只要构成性的伦理学已经将形式化的观念、来自秩序的命令、它的唯名论的超越性都从现实可能性的视野之中剔除净尽。斯宾诺莎的反乌托邦是如此深刻,以至于拒绝所有的假说可能性。问题不在于抵抗危机,而在于反抗非存在,在于反抗来自存在论层面的毁灭性力量和空无。要求秩序的命令是危机的婉称,危机又是空无的婉称。文艺复兴的图像学就是靠着这种婉称、这种象征体系得以为继的,而巴洛克的图像学则耗尽了这类婉称的作用,对斯宾诺莎来说它也就没有什么存在的理由了。世界是真实的,因为它是一个平面,它就是被给予性本身。世界就是存在论的、物质性的构成过程。图像学、象征主义、色彩,仅仅是一种投射,我们不能将它们当作对现实本身的描述。

230

然而,迄今为止,我们也还只是在一个特殊的方向上就《伦理学》给出的存在论维度作探讨。迄今为止存在的领域仅仅是一种空间。我们想要而且必须在时间维度中来面对这个问题。目前,斯宾诺莎在这方面还没有给我们提供太多助益。斯宾诺莎《伦理学》中的时间分析论是植根于悖论式的现在—永恒之中的，还未像存在论层面的空间分析论那样得到清晰说明。当然，按照空间分析论，以类比的方式也可以重构这里的时间分析论。这样我们就会把时间理解为自由难题的一个根本界限。你也不能说这种对斯宾诺莎有关现实的发展的思想阐释不充分。但是，这样做仅仅触及的是某种原质。况且斯宾诺莎本人是不喜欢类比的。现实时间的问题显然必须通过批判才能被把握。时间的形而上学是对形而上学的破坏。时间的存在论把思辨视野中的对象拉到了实践的视野之中。构成性实践，在时间视野中被观照的构成性实践，因而必须得到确证，如果这么做可能的话。必须去确证时间视野之下的构成性实践的特殊性、它的各种联结，以及限界—趋势关系赋予它的那种戏剧化特征。一种未来哲学吗？斯宾诺莎的反乌托邦中的历史必然性对这个问题给出的答复应该是肯定的。

第八章

现实的构成

La costituzione del reale

1. “*Experientia sive praxis*”①

235

我们怎样验证构成性实践的现实可能性呢？斯宾诺莎的反对者们——无论是清教徒一方的，还是天主教一方的反对者们②——都认为政治问题是斯宾诺莎的核心问题，是其宗教问题的实质所在。当然，他们对这种颠倒的态度是否定性的。“您认为一切事情都系于公共安全（sicurezza pubblica），或者说，所有事情都系于——在您看来的——公共安全的善……这就等于将人的善简化成了公民政府（governo civile）的善，即简化成了物质上的福祉。”③

---

① 拉丁语，“经验或实践”。——译注

② 凡尔底森的信件（标号为第四十二封的信，我们前面在第六章第一节已经看过）已经透露出了对新教阵营的谴责。而对天主教一边的谴责，我们可以参考标号为第六十七封和第六十七（a）封的信件，这两封信分别是由博许和斯蒂诺寄给斯宾诺莎的。在标号为第七十六封的信件中，斯宾诺莎答复了博许，后者是荷兰举足轻重的博许家族的成员，也是斯宾诺莎的学生之一，但当时已经改宗天主教。更多信息请参看这一时期的通信。《书信集》第74、274－282、297－302页。（格布哈特编《斯宾诺莎著作集》卷四，第280－291、292－298、316－324页。）

③《书信集》标号为第六十七（a）封的信，第274－275页。（格布哈特编《斯宾诺莎著作集》卷四，第292页。）［该信标题为“尼古拉·斯蒂诺就真哲学问题致新哲学的改革者”，洪汉鼎译本第264页，译文有调整。——译注］

在一次审慎的讨论——这次讨论很可能是在这封信的背景下进行的——过程中,甚至就连我们温和的奥尔登堡也首次表现出了某种论争的语气,即便最后他还是支持斯宾诺莎的。他终于收到了《神学政治论》——1675 年他才去信告知斯宾诺莎,并且说,他曾写信给斯宾诺莎谈论这部著作,但是"我怀疑我的信是否及时交付与您了。在那封信里,我陈述了我关于那部论著的意见,这意见确实是经过一番深入细致的考察和分析得出来的,但我现在认为是很不成熟的。当时我认为,如果我以一大群神学家们所提供的标准和正统的使徒信经教义(这似乎更多地带有教派偏见)来衡量的话,其中有些东西是有损于宗教的。但是经过深入地重新考察整个情况后,我不能不深信您对真正的宗教和坚固的哲学非但没有任何伤害的企图,而且正相反,还努力要求和建立基督教的真正对象,和富于生产性的哲学的神圣崇高性和卓越性"。① 可以看出,奥尔登堡最初对这部论著是有强烈的疑虑的,这一点在随后的另一封信中说得很明确,在这封信里,奥尔登堡还写道:"我知悉您想要出版您那五部分的论著,为不辜负您对我的忠厚情谊,请允许我劝告您,其中不要有任何对当今宗教道德实践的触犯,特别是这个堕落而可悲的现世所热切追求的无非只是那样一些学说,这些学说的结论似乎是为罪恶昭著的邪恶提供一种激素。"②斯

236

---

① 《书信集》标号为第六十一封的信,奥尔登堡致斯宾诺莎,第 255 页。(格布哈特编《斯宾诺莎著作集》卷四,第 272 页。)[洪汉鼎译本第 241 页,译文有调整。——译注]

② 《书信集》标号为第六十二封的信,奥尔登堡致斯宾诺莎,第 256 页。有关斯宾诺莎发表《伦理学》所面临的政治困境,请参看他给奥尔登堡的标号为第六十八封的信,这封信对境况有完整的记录。(格布哈特编《斯宾诺莎著作集》卷四,第 273 页。)[洪汉鼎译本第 243 页,译文有调整。——译注]

宾诺莎的一位这么坚定的支持者，这样一位自由思想的赞助人，为什么变得如此谨慎，是为斯宾诺莎批判的激进性力度所震惊吗？然而不久他就清楚地阐明了他的理由："我不能不同意您告诉我的那种看法，即您要解释和简化《神学政治论》中某些使读者感到苦恼的章节。首先，我认为是那些似乎含糊地讲到神和自然的章节。许多人认为您把这两者混为一谈。其次，在许多人看来，您似乎丢弃了奇迹的权威和价值，而几乎所有的基督教徒都相信，只有在奇迹上才能确立神的启示的可靠性。第三，他们说您隐藏了您对耶稣基督、世界的救主、人类的唯一救星的看法，以及对其道成肉身、受苦受难为人赎罪的看法。他们要您在这三方面坦率地表达您的思想。如果您这样做的话，贤达而明智的基督教徒就会感到满意，我认为您的利益也将会安然无恙的。"①不久之后，他更为深入地谈道："正如我所知道的，您要我指出，在您的著作里，读者认为有哪些观点破坏了宗教道德的实践，现在我就告诉您最使读者恼火的地方吧。您似乎要所有的事物和行动都服从命定的必然性。他们说，如果接受和承认这一点，那么一切规律、道德和宗教的基石岂不就全部被扫除了，各种赏罚岂不就全成了泡影了吗？他们认为，凡是受制的东西，或包含必然性的东西，都是可以宽恕的。所以他们认为，这样一来，在神的眼里，任何人都是可以饶恕的了。因为如果我们被命运所驱使，万物被铁手所控制，都遵循某种不可避免的进程，那么他们就不能明白为

---

① 《书信集》标号为第七十一封的信，奥尔登堡 1675 年 11 月 15 日致斯宾诺莎，第 288 页。（格布哈特编《斯宾诺莎著作集》卷四，第 304 页。）[洪汉鼎译本第 280 页。——译注]

何有谴责或惩罚存在的余地。"①对宗教的颠覆就是对政治的颠覆,因为政治是建基于正义、奖赏和惩罚之上的。斯宾诺莎摧毁正义,又构成了另一种正义;斯宾诺莎通过摧毁支配世界的可能性的方式又建成了一个世界。

斯宾诺莎的答复十分迅捷,完全充分地反驳了加之于他的那些责难。在片刻的支吾之后(他佯作对庸俗唯物论指控的反驳,仿佛那些指控只是对这个问题的责难似的!②),斯宾诺莎就构成性实践给出了一个整体的证明。他的政治决定是彻底的和具有颠覆性的。他们对我的指责是对的:政治相对宗教而言是中心性的和根本的,——但这一点应被肯定地理解。旧有的自由主义的机会主义宗教人类学被取消了,而且它的各种自然神论的衍生也被取消了。③ 旧有的"bene vixit qui bene latuit"④的佯装,被斯宾诺莎对实践的颠倒彻底揭破了。"我终于知道了您要求我不要发表的那一点看法究竟是什么了。可是,既然这一点看法正是所有那些包括在我曾经想出版的著作中的东西的根本基础,这里我就

237

---

①《书信集》标号为第七十四封的信,奥尔登堡致斯宾诺莎,第292-293页。(格布哈特编《斯宾诺莎著作集》卷四,第309-310页。)[洪汉鼎译本第285-286页。——译注]

②《书信集》标号为第七十三封的信,斯宾诺莎致奥尔登堡,第290-292页。(格布哈特编《斯宾诺莎著作集》卷四,第306-319页。)[洪汉鼎译本第283页。]

③ 有关无信仰的自由思想—怀疑论—自然神论的关系问题,首先应该参考波普金(Popkin)的著作。但是,请允许我提请读者参阅拙著《政治的笛卡尔》(前书已引),那里有与此难题相关的讨论和相关参考文献的批判性讨论。

④ 拉丁语,"自在生活的逍遥隐者"。——译注

要简单地说明一下，我是在什么意义上主张一切事物和一切行为都服从命定的必然性的。首先，因为我并没有以任何方式使神服从命运，我只是认为一切事物皆以不可避免的必然性由神的本性而来，正如人们一般所认为的，神理解它自身，是出于神自己的本性一样。当然，没有一个人否认这是由于神的本性而必然地如此的，可是没有一个人会认为神理解它自身是由于受任何命运的强迫，而是认为神是绝对自由地这样做，虽然这也是必然的。其次，这种支配事物的不可避免的必然性既没有取消神的法律，也没有取消人的法律。因为道德本身的戒律，不管它们是否从神本身接受法律的形式，它们都是神圣的和有益的；而且不管我们是否从作为裁判者的神那里接受了由于德性/能力和对神的爱而产生的善，或者善是否是从神的本性的必然性而产生的，善并不因此就比较值得想望些或不值得想望些。反之，由不道德的行为和感情（受感致动的情状）所引起的邪恶，同样也不会仅仅因为它们是从不道德行为和情感必然而产生的就更少可怕些。最后，不管我们是必然地或偶然地行动，我们总是受希望和恐惧支配的。此外，人在神面前之所以是不可宽赦的，并不是因为其他理由，而只是因为他们是在神自己的权力（potere）之中，就像泥土在陶工的权力（potere）中一样，陶工把同样的泥团捏成人，其中一些人得到名誉，而另一些人却得不到名誉。倘若您愿意考察一下这几句话，我相信您将能够毫不费力地对通常提出来反对这个意见的一切论证作出回答，像我和其他许多人已经发现的那样。”①世界是陶

①《书信集》标号为第七十五封的信，斯宾诺莎致奥尔登堡，第294－295页。（格布哈特编《斯宾诺莎著作集》卷四，第311－312页。）[洪汉鼎译本第287－288页。——译注]

工手中的泥团。在平面的形而上学领地中,样式性是建构的。建构的顺序内在于构成之中。必然性内在于自由之中。政治是人的构成性活动在其上——基本以之为中心——发生的组织。《伦理学》即使是相对于《神学政治论》也挣得了自己的成就:这部著作重述了一个关键性的断裂,并使之在新的规划之中得到了重新表述。现在我们看到了这一努力的结果;我们必须阐明它。构成性实践的真正可能性就是政治,被自由灌注了生气的政治。宗教不是国家的基础;真正的宗教生存在有自由的地方。①

我们如何可能遍历整个现实性的织体呢,我们又如何可能在实际上构成现实性呢?这个领域的规定为实现的方法的规定给出了路径。《神学政治论》和第二个阶段的《伦理学》已经将我们带到了《政治论》——这部论著写于1675年到斯宾诺莎去世之年的1677年之间,是一部未竟之作②——那里呼之欲出的必然后果的这个节点了。③ 但是,必然,并不意味着一定。构成是一个复杂的过程。我们首先必须挣脱错误的政治视角,只有这样才能把握

238

① 这是在标号为第七十六封的信件中斯宾诺莎答复博许的主旨,这封信值得认真对待。斯宾诺莎在这里的答复是对思想自由和宗教自由的最高诉求。

② 有关《政治论》的写作历史,请主要参看列奥·斯特劳斯(Leo Straus)和安东尼奥·德洛埃托(Antonio Droetto)的著述(前书已引),尤其是德洛埃托为《政治论》意大利文译本(*Trattato politico*, Torino, 1958)撰写的导言。此外,我们还可参阅前面引的有关斯宾诺莎政治思想的其他各种著述,尤其是缪尼耶-布莱的《斯宾诺莎的政治哲学》。

③ 我们这里使用的引文为德洛埃托所译的《政治论》意大利文译本(*Trattato politico*, Torino, 1958)。[汉译参看斯宾诺莎《政治论》,冯炳昆译,北京:商务印书馆1999年版。下文参考以"冯炳昆译本第某页"表示。——译注]

真正的现实性。《政治论》的第一章是对由政治所代表的现实性之构成的方法论介绍。

我们先梳理一下方法论的争论。开篇第一个段落[①],《政治论》便将矛头指向了经院哲学,非但如此,它的矛头指向的是全部哲学,是先验论的科学,是不把受动激情视为从中可得出有关具体事物的分析的实际现实性的所有人。政治不是"应做"什么的领域,而是就人的实际受感致动性(effettualità)的自然而言的理论实践。这非常接近于马基雅维利在其《君主论》第十五章中所作的总结。[②] 这让人想到的不仅仅是佛罗伦萨共和国执政委员会秘书,还让我们想到了17世纪全部的乌托邦批判者,从霍布斯到笛卡尔;这让我们想到的是这个时代的精神。但是,有什么区别呢!在斯宾诺莎这里,危机构成的不是视域全景(horizon)而是条件,它确立的不是事情之所是的特征,而恰恰只是让事情的受感致动性(effettualità)具有了自身的特性。存在高于"应然"的领导权使存在如其是于动态和趋势之中那样是受感致动的(effettuale);也就是说,使存在能在其自身之中理解其发展,能将它自身理解为致动因(causa efficiente)。哲学家流连于乌托邦,他们梦想黄金时代:他们积累着危害和无益。第二种分析趋势由"政治家"所代表。[③] 他们试图将他们的科学建立在人的本性的基础上,在这么做的时候,他们发现自己首先与神学家们及其使政治隶属于道德

---

① 《政治论》第一章第1节,第145－148页。(格布哈特编《斯宾诺莎著作集》卷三,第273页。)

② 请主要参考L. 斯特劳斯《斯宾诺莎的宗教批判》(前书已引)第224页。

③ 《政治论》第一章第2节,第148－149页。(格布哈特编《斯宾诺莎著作集》卷三,第273－274页。)

的主张相悖:这项工作的全部努力皆出自技能(abilità)而非智慧。“毋庸置疑,政治家们在政治著述方面比哲学家们更加卓有成就,因为他们以经验为向导,不教无涉于实践的东西”,但实践并非是直线性的,实践也并非自在地是解放性的。危机给实践提出的不是简单的改错符,而是难题。政治家们敏于实际表现危机,但却难于表述对它的克服。“我相信,凡是可能设想到的用以维护人类和睦生活的一切国家形式,以及用来管理人民或把他们控制在一定范围内的一切必要手段,均已被经验所揭示;因此我不相信,在这方面我们能够设想出完全不违反实践经验而经验却尚未发现和试验过的任何东西。人类的本性就在于,没有一个共同的法律体系,人就不能生活。一些有识之士,说他们明智贤达也好,说他们老奸巨猾也好,现在已经建立起这样的体系,并且管理着公共事务,因此很难相信,我们能够为共同社会设想出从未有机会被提出过,或从未被致力于公共事务和关心自身安全的人们所发现过的任何治理方策。”①所以,政治家们对实践所说的一切皆视机会和时机而定。但是,政治家和统治者的精明和“诸众性”——作为应该被限制在被决定了的范围内的活的现实性的“诸众性”——之间的关系,这恰恰是一个难题性的因素。机会和时机是中介的形式要素,它们是活在想象的界域之内的。而中介如何批判性地被构成呢?中介怎样被构成从而能据有自由的内容——每一构成性过程必然地表现着的自由的过程——呢?“Experientia sive praxis(经验或实践)”:这就是政治家们和斯宾诺

239

① 《政治论》第一章第3节,第150－151页。(格布哈特编《斯宾诺莎著作集》卷三,第274页。)

莎都运筹其中的同一个领域，但这也是一个他们在其中发生尖锐分歧的领域。斯宾诺莎补充说[①]，在他的政治学中，新东西无非是他“通过可靠和无可争辩的推理”将政治建立在“conditio humanae naturae（人的自然的条件）”之上，并由此而获得了“与实践完满地相符合的那些原则”。所有这一切都是通过数学方法并将人的受动激情视为人的本性的“特点”——必然特点，即便这些特点是不幸的，也应被以同一切其他自然现象的完全相同的标准来予以考量——而得出的。与其他自然的现象一样，受动激情也是“被决定了的原因的效果”，“我们应该借着这些原因去努力地理解它们的自然，而我们的心灵从对它们的泰然沉思中获得的乐趣，并不亚于对愉悦感官的事物的感知所带来的乐趣”。虽是在不知不觉之间但也清楚明白的是，经验（或人的实践）以“人的状况”之名被洗脱了恶名。而“诸众性（moltitudine）”本身就是一种人的状况。这一状况是样式性的，是被决定了的所是。人的状况因而就是人的构成。政治家们的语言过渡为真正哲学的语言，而所谓真正的哲学即有关经验与实践的一门科学，而非对它们的纯然描述。这一过渡也就是向人的自由的必然性之分析的过渡，而人的自由的必然性是有着集体性和渐进性的构成节律的。

这种构成的真实过程所具有的物质性、集体性、渐进性，显然就是接下来几段专论方法问题的段落的主题。同《伦理学》中所解释过的一样，斯宾诺莎又在一开始解释说[②]，人在自然上服从于

---

①《政治论》第一章第 4 节，第 151 －152 页。（格布哈特编《斯宾诺莎著作集》卷三，第 274 －275 页。）

②《政治论》第一章第 5 节，第 152 －154 页。（格布哈特编《斯宾诺莎著作集》卷三，第 275 页。）

种种受动激情,在这里,受动激情在本质上就是指同 cupiditas(欲望)联系着并受其激发的行动。宗教并无任何矫治自私和占有态度的功效。只有在疾病压倒种种激情的人的弥留之际,或隔绝直接人际关系静处于教堂之中时,宗教才有作用;但是,“在那些最需要宗教的地方,如法庭上和宫廷里”,宗教却不能以矫正的力量发挥作用。但另一方面,理性毕竟能够支配受动激情,但是理性所指出的道路是很艰难的:“因此,如果认为诸众(multitudo)或为公众事务而忙碌的人们能完全凭理性的指令生活,那简直是沉迷于诗人所歌颂的黄金时代,或耽于童话似的梦想”。社会构成性过程的基础从来都是系于占有性动机的物质性之上的。政治即关于物质的想象王国。政治家们本人——以及他们自己的审慎——都受制于它,在这点上他们同诸众并无差异。政治联合(associazione politica)的构成性规律是绝对物质性的,不可化简为道德或理性,——除非道德和理性本身构成了这个构成性过程的组成部分。物质性,这个过程由于是物质性的,所以也是集体性的。斯宾诺莎实际上特别指明[1],政治王国(“imperium”)不可能建基于其管理者的个人德性/能力(virtù),也不可能建基于个人主义的方案。履行管理职能的那些人,无论他们的动机意向是什么,是受动激情也好,是理性也罢,必须胜任的条件是恪守信义、治理有方。“Libertas, seu fortitudo animi”[2]:就此而言,“自由”是一种个人美德,是不充分适用于这里的情况的,它仅仅是一种私

240

① 《政治论》第一章第 6 节,第 154 –155 页。(格布哈特编《斯宾诺莎著作集》卷三,第 275 页。)

② 拉丁文,“自由,心灵的精神力量”。——译注

人德性，相反，“imperii virtus securitas est”①。人的集体实践——伴随着政治地生成的人的集体实践——在不断趋向普遍条件的构成性过程之中超越并涵容着个人性的私德。公民、臣民的“诸众性”与政治家、管理者的审慎之间的辩证法——这在过去似乎构成了一个难题——消失了，因为它之为辩证法的这个提法本身就是被否定的。它在这里是作为构成的集体维度这一难题被重新提出的。审慎本身并非一种私德，相反它只有作为集体性构成的一个要素才能发挥活力并得到发展。“安全稳定”的概念并不构成对“自由”概念的否定。不久之后，斯宾诺莎就会重申《神学政治论》中的那句格言：“Finis revera Respublica libertas est”②。如果我们肯定了这里的安全稳定的概念，那么它所表示的意思就是公民自由的集体特征。这样一来我们便可以作一小结，把构成性规划这个唯一的核心要旨重新提出来。既然所有人——无论是未开化的还是已发展了的人——都是结成关系的，并因而创制了社会状态或某种公共秩序，“国家的起源及其自然基础就不能在理性的教训中（ex rationis documentis）去寻找，而只能从人的共同自然/天性或共同状况中推导出来”。③

《政治论》的第一章就结束在这里，以重申构成性过程的复杂

---

① 拉丁文，“政权的德性在于安全稳定”。——译注

② 拉丁文，“国家的真正目的是自由”。拉丁文 respublica 或 res publica，原意为“公民组织”或“公民共同的事业”。这句话见于《神学政治论》第二十章：“在一个自由的国家，每个人都可以自由思想，自由发表意见”，参看温锡增译本（北京：商务印书馆 1996 年版）第 272 页。——译注

③《政治论》第一章第 7 节，第 156 页。（格布哈特编《斯宾诺莎著作集》卷三，第 276 –276 页。）

性作结。斯宾诺莎已经直截了当地作出了解释。他已经给出了《伦理学》第二阶段以极其关键的方式所阐明的那些条件。这种综合,自由和必然性之间的这种不可分性,现在将在现实构成的场地内得出,政治生活的物质性和集体维度就是这个场地的代表。但是在这里我们还需要仔细留心。这里面临的是这个难题的具体性,所以不可能简单重复形而上学的条件:这些条件本身仍待清理和部署配置。方法与生动的现实性完全是贴合一致的。政治现实主义中那些矛盾对子①——"prudentia - multitudo""libertas - securitas""conditio - constitutio"②——的解决,其隐含的前提条件是在消除自由与必然性之间基本的但却是表面性的矛盾方面取得理论上的进展。自由与必然性间矛盾的这一疑难我们可以在《伦理学》第五部分读到,但在这里却消失了。斯宾诺莎坚持认为——他还在同一时期与谢恩豪斯(Tschirnhaus)的讨论中深化了这一论题③——"自由的必然性"不再是一种结论,而是一种前提条件。换言之,自由并不在于对决定着它的原因的无视,

241

---

① 这些在斯宾诺莎的政治研究过程中直接呈现出来的二择一的对子已经为许多解释者所把握。尤其参看缪尼耶 - 布莱的《斯宾诺莎的政治哲学》(前书已引),但该著作的立论却陈旧烦琐、乏善可陈。马泰隆的方法要好得多。

② 拉丁语,"审慎—诸众性""自由—安全稳定""状况—构成"。——译注

③《书信集》标号为第五十七封和第五十八封的信,这两封信写于 1674 年至 1675 年之间。第 245 -247、247 -251 页。(格布哈特编《斯宾诺莎著作集》卷四,第 262 -264、265 -268 页。)[在标号为五十八封的致席勒(Schuller)的信中,有关自由的事物,斯宾诺莎用这样的措辞来进行评述:"您看到,我并没有把自由放在自由的决断上,而是放在自由的必然性上。"——译注]

不在于“想象的人的自由”，而恰恰在于对自由的运动过程的认识。于是，自由不再是一个结果，甚至也不是一个前提，它是一个主体。意识将真观念经验为观念与它的观念对象（ideatum/ideato）的符合一致：自由便在这个基础上得以展开。但这种符合一致本身难道不纯粹是本能的标志吗？“我对一物有诸多观念，但要知道从它的哪个观念我们才能推导出该事物在主体这方面的全部性状（omne subjecti proprietates），就必须注意该物的表现其致动因（la causa efficiente）的那个观念或定义。”①所以，主体与致动因倾向于同一。自由并不是使观念与观念对象间相一致的某种充满张力的桥接，相反就是致动因。自由的必然性就是构成性过程的实际性，越是在动态过程中展开存在论的力量，就越是变得明显。

这样一来，《伦理学》的视域才被补充完整。我们不禁想称之为对规划的一次新的奠基。但这不过是一个外在的标签。我们面对的只是那个二次奠基的主题扩展。在这种扩展之中，斯宾诺莎在广泛地阐述了空间的物理学分析论之后，首次处理了时间的分析论，我们可以这样说吗？事情似乎是显而易见的，构成性的和表现性的存在力量必须通过在时间之中的方式才能成为一种真正的本质。尽管如此，这并不能取消一个事实，即这种理论主张及其相关实践都只是隐含的。当然，在同谢恩豪斯——一位优秀且迫切求知的对话者——进行讨论的那些年里，斯宾诺莎澄清了对属性的批判，也澄清了对一切可能就体系

① 《书信集》标号为第六十封的信，第253－254页。（格布哈特编《斯宾诺莎著作集》卷四，第270页。）

作流溢论阅读的批判。①对时间维度的某种新理解还不仅是这一批判性再确证的背景。通过对时间维度的处理,在基本上对力量的扩展和这个构成性过程的维度的条件作出了测定的同时,斯宾诺莎得出了一系列肯定的陈述,从而证明了他的难题性及思想形式与笛卡尔的难题性及其思想形式之间的分歧有多么的巨大而深刻,即便后者曾经是斯宾诺莎的最初起点:“从笛卡尔所设想的广延,即一种静止不动的质出发,则……很难证明物体的存在,而且是绝对不可能的。因为静止的物体将继续尽可能地静止,除非由于某种更强有力的外部原因,否则它不会开始运动的。由于这个缘故,我曾经毫不迟疑地说笛卡尔关于自然事物的原则,即使不说是荒谬的,也是无益的”。② 但是,在承认了全部这些的同时,我们必须重申,对构成性过程在时间层面的界定一直是隐含的。现实性的构成,就其力量和其动力学而言,蕴含着时间,时间是现实性中的一个隐含维度。绵延和永恒都

242

① 主要参看标号为第六十三封、第六十四封、第六十五封和第六十六封的信。《书信集》,第257-258、259-261、261-262、262页。但是,在这些信件中,就它们涉及属性概念而言,仍存在着许多含混不清之点。斯宾诺莎似乎对他的“书面表达”体系的整体性、对他的著作的整体性,有一种严格的忠诚,即便他已经发展出了另一些解决思路,这种忠诚仍旧不变。(格布哈特编《斯宾诺莎著作集》卷四,第274-276、277-278、279-280页。)

②《书信集》标号为第七十一封的信,第309页。也可参看标号为第八十三封的信,此信是1676年7月15日斯宾诺莎写给谢恩豪斯的。在这封信中,他说“如果生命持续”,他还会再次考察广延和属性的难题,并从这方面从事对笛卡尔的批判。(格布哈特编《斯宾诺莎著作集》卷四,第332页。)

以自由的必然性为基础。

因而,自由的必然性是斯宾诺莎政治学的奠基基础。这就是他的工作的方法论核心。经验或实践:实践在经验中、在样式的被给予性(datità modale)之中的构成性的固有内在性,其根本性何在呢? 这里的“或(sive)”是一个意涵标记。这个意涵标记也适用于如下其他表面上的二律背反对子:libertas(自由)在 securitas(安全稳定)之中的固有内在性、prudentia(审慎)在 multitudo(杂乱/诸众性)之中的固有内在性,这种固有内在性使得对子中的两项紧密联系、相互干预。但这个意涵标记首先适用于“人的状况”—“自由的构成”这个对子:政治现实主义由此而达成(堪比马基雅维利,但也因而是以非马基雅维利的方式达成的),政治现实主义在这里也才成为了自由动力学的基本要素和自由的视域。所有这一切,正如我们下面将会看到的那样,都通向了这最终的对子,这个对子这次不再是表面上的二律背反,而是真正的二律背反,这就是 potentia 和 potestas 的对子——对抗权力(potere)的力量(potenza)。“力量(potenza)”是构成性地寓于杂多性之中的单一性,是构成性地寓于身体/物体之中的理智,是构成性地寓于必然性中的自由——就是在同权力的对抗过程中浮现的力量,在这里,权力(potere)应被理解为对心灵、自由和 potentia(力量)等多元要素的辖治。在斯宾诺莎阐释史中,评论者们大多试图给这种潜能和力量的政治观赋予一种四平八稳的确定性规定,或是使之成为现实主义政治学,或是使之成为自由主义政治学,要么则是从民主理论的意义上去理解它。这些定性方式或许不无道理,但也都是片面的。斯宾诺莎所说的“力量(potenza)”具有总体性,它是通过政治这一形式来进行的现实构成的基础,而且这种力量的总体性的体现方式只有一种,即:与权力(potere)冲突并从中浮现。它是一种野蛮的隐性显现,是一种颠覆性的决定,一种唯物主义的奠基。《政治论》的方法论开端,以及这种方法论所产生的对《伦理学》结论的形而上学配置,都将我们置于这一境况之中:力量与权力冲突并从中浮现。

2. "*Tantum juris quantum potentiae*"①

《伦理学》第一部分命题三十四和命题三十五提出了"poentia"和"potestas"之间、"力量(potenza)"和"权力/权能(potere)"之间的区别。"神的力量就是它的实际所是。"②"我们能在神的权力/权能中设想的一切都是必然存在的。"③显然,这种差异——正如果鲁特正确地强调的那样④——完全基于属性的生产性机制所引发的认知复制(duplicazione conoscitiva)。"权力/权能(potestas/potere)"被给予为生产事物的能限(或可设想性);"力量(potentia/potenza)"则被给予为实际生产着事物的

① 拉丁语,"力量越大,权利(法权)越大"。——译注

②《伦理学》第一部分命题三十四,第 82 -83 页。(格布哈特编《斯宾诺莎著作集》卷二,第 76 页。)

③《伦理学》第一部分命题三十五,第 82 -83 页。(格布哈特编《斯宾诺莎著作集》卷二,第 77 页。)

④ M. 果鲁特:《斯宾诺莎:论神》(前书已引),第 387 -389 页。有关同一立场的另外阐述,参看伊古安《从斯宾诺莎学说在青年马克思那里的简省来看》,载《斯宾诺莎手册》卷一(前书已引),第 213 页及以下。但最主要的,还请读者参看本书第三章第 3 节。此外,请记住,所有这些论点也都被弗朗塞以非常出色的方式把握到了,见弗朗塞《卢梭〈社会契约论〉的斯宾诺莎主义记忆》,载《哲学评论》141 卷(前书已引),第 259 -291 页。

力量。在果鲁特看来,斯宾诺莎之所以要特别指出这种区别,是为了达到一个论辩的目的:"通过将神的力量(potenza)与神的所是的内在必然性等同起来",以证明"对神力量的运作的那些悖谬解释的荒谬性"。实现了这个论辩目的之后,他又立即提出了对这个区别的否定:权力/权能(potestas/potere)——作为虚力量(potenza virtuale)的权力/权能——被命题三十六所否定("无任何效果跟随着其自然/性质而出的东西是不存有的")[①]。对"权力/权能(potere)"和"力量(potenza)"作出区分的命题三十五只具有论辩意义,论辩针对的是那些在断言自由意志的同时,还主张在神之所是中可能的东西异于世界中实际被给予出来的东西的人。果鲁特的这种理解无疑是正确的:这再现了《伦理学》第一阶段乌托邦框架的特殊性。但是,就像果鲁特的阐释中常见的那种情况一样,这种理论情形在乌托邦领地之内被压平了。在本书的前面[②],我们沿着《伦理学》第一部分这组命题的内在展开过程,实际上已经证明了,权力/权能(potestas/potere)被化简为力量(potentia/potenza),这种化简不仅取消了存在的流溢论的和下降的顺序的理由(因而否定了属性的动态过程的组织化力量),而且——更为重要的是,再次打开了世界的悖论:存在的总体与样式的实际决定机制之间不可解决但又是生产性的悖论。自此以后,在《伦理学》后面的各部分中,这种对立变成了一种构成性的推力,potentia(potenza,力

---

① 《伦理学》第一部分命题三十六,第 84 -85 页。(格布哈特编《斯宾诺莎著作集》卷二,第 77 页。)

② 参看本书第三章第 2 节,在那里对此处涉及的几个命题有明确的评述。

量)-potestas(potere,权力/权能)的这一区分甚至失去了一度在第一部分里所具有的那种论辩功能。换言之,potestas(potere,权力/权能)这个词,就算不是从有意义的(斯宾诺莎主义)术语体系中被清除掉了,也只能被——在可设想的视域内——理解为服从于存在的potentia(potenza,力量)的一种功能,只能被理解为这样一个要素,它完全被决定并服从于连续性的部署配置,服从于连续性的实际过程,这种连续性的部署配置或实际过程正是力量的存在(essere potenziale)所决定的。这种差异不能从potestas(potere,权力/权能)第一性角度去理解,不能从《伦理学》第一阶段那个版本的斯宾诺莎主张——果鲁特对此主张已经进行了强调——的那个角度去理解。不仅如此,而且——随着《伦理学》第二阶段那个版本的斯宾诺莎的出现——必须在相反的方向上运用这个词,将它理解为potentia(potenza,力量)——现实的、具体的、被决定的力量——在与任何可能性和任何观念对象(ideatum/ideato)遭遇时使自身突显出来的平面观测基础。这种颠倒构成了对人文主义乌托邦的颠覆,这同一种人文主义乌托邦被带回到了唯物主义的地平线全景之中。从这个角度来看,"postestas","权力/权能",只可能意味着:通向构成的"potentia(potenza,力量)"——若要对该词的意思加以强调的话,我们可以说,potere(权力/权能)这个词不是再现性的词,而是隐喻性的词。因为存在的potenza(力量)在现实的构成过程之中不是与它相等,就是毁灭它;不是对它进行设定,就是超越它。potere(权力/权能)概念要求将重点放在potenza(力量)概念之上,这正是因为必然性(通向"力量[potenza]"的必然性)被证明总是将自身置于同"权力/权能(potere)"相对抗的位置。论述至此,斯宾诺莎政治学的真正维度再次涌现了出来——社会世界的唯物主义建构方式的形而上学机制、为现实世界中被决定了的行动条件作准备的理论机制再次涌现了出来。①

《政治论》第二章就是有关力量(potenza)的形而上学。正如我们在第一章中所看到的那样,形而上学科学必须是对这种现实性的分析。一切都已就绪②,曾经一度被当作当务之急探究的东西,如今将通过明白的演示得到重启。③ 这一明白的演示正是存在的力量(potenza)自我呈现的过程,突显了它的奠基和它的扩张的神的必然性。“既然已知自然万物借以存有和运行的力量(potenza)实际上就是神的力量(potenza di Dio),由此我们不难理解,自然法权/天赋权利(diritto naturale)究竟是什么。其实,因为神对一切事物均具法权(diritto),而且神的法权不外乎被认为是绝对自由的神的力量(potenza di Dio),由此可见,一切事物从自然取得的法权同它们借以存有和运行的力量(potenza)一样多,因为各个自然物借以存有和运行的力量(potenza)实际上就是绝对自由的神的力量。”④Potentia - Jus - Liberta,力量—法权—自由:这个联系已经是再严格不过的了,它是最被决定了的

① 有关这些难题的提出,参看本书第五章第2节。

② 特别参看《神学政治论》第十六章和《伦理学》第四部分命题三十七附释二。

③《政治论》第二章第1节,第158页。(格布哈特编《斯宾诺莎著作集》卷三,第276页。)

④《政治论》第二章第3节,第160-161页。(格布哈特编《斯宾诺莎著作集》卷三,第276-277页。)[冯炳昆译本第10页,译文有调整。——译注]

一种联系①,而且,更为重要的是,它的潜能性和自发性是再明白不过的了。这一分析返回到了源头,目的是通过体验的、沉浸的方式对存在的密度进行探究。斯宾诺莎那里自然的野蛮力量从来都是第一性的主导情节(scenario),正是这自然的野蛮力量推动着构成性规划的展开。自然的正当(diritto naturale)因而就是自然的法则(legge della natura),自然的正当或自然的法权有其直接性,直接是"cupiditas(欲望)"的表现,是"conatus(努力)"的延展和投射。"因此,如果按照人的本性,人们只根据理性的指令生活而毫无其他要求的话,人类固有的自然法权/天赋权利便只取决于理性的力量。但是,较之受理性的指导,人们更多受目的欲望所驱使,所以,人的自然力量,亦即自然法权/天赋权利,不应该由理性、而应该由人们借以决定行动和努力保全自己的诸种冲动来予以规定。诚然,我承认,凡非来自理性的诸种欲望,与其说是人的主动作为,不如说是人的被动情感。但是,既然这里讨论的只是万物共具的自然力量或自然法权/天赋权利,我们可以暂不区别我们心中有理性根据的欲望和那些由其他原因产生的欲望,因为这两者同样是自然的产物,都是人借以努力保全自己的自然力

① 有关这一问题,A. 德洛埃托援引了 I. P. 拉祖莫夫斯基(I. P. Razumovski)写于 1917 年的《斯宾诺莎与国家》(*Spinoza and the State*),将之作为苏联思想界对斯宾诺莎进行唯物主义解释的一个起源。显然,对斯宾诺莎的唯物主义解读的起源要比这早得多,甚至早已存在于历史自然主义传统的领域之中了。但是,苏联哲学中的斯宾诺莎唯物主义解读的学术发展起源,还是值得更为深入地研究的,克兰已经在这方面作出了贡献,见克兰《苏维埃哲学中的斯宾诺莎》(前书已引)。只有准确地紧跟《政治论》的步伐(这正是我们考虑的),这种解读才能更为坚实。

量的表现。人不分贤愚,都是自然的一部分,而驱使人们采取行动的一切动机必然来自自然力量;自然力量不但表现于贤者的本性,同样表现于愚者的本性。其实,不论是由理性所指引,还是只受欲望的驱使,人总是按照自然法则或自然规律行事,也就是说,按照自然法权/天赋权利行事。"①自然的人的世界是在它的直接性之中被构成的:再错误不过的就是认为人是外于自然的"国中之国(imperium in imperio)"②了。毋宁说,人让具有直接性和狂暴性的这种自然力量的能限成倍地增加,并且也体现着固有于"aeternus ordo totius naturae(整个自然的永恒顺序)"③之中的构成性紧张:这个顺序是由连续的完满层级构成的,由存在的积极性构织成为一个整体。"自由实际上是一种德性/能力(virtù),是一种完满,因而在人之中的任何无力的东西都与人的自由无关。"④"人与生俱来的且在绝大部分生命时间中具有的自然法权/天赋权利和自然原理(Il diritto e l'istituto naturale),不禁止任何东西,除非其为人所不欲。"⑤自由是通过正当性而不是法——通过

245

①《政治论》第二章第5节,第162-163页。(格布哈特编《斯宾诺莎著作集》卷三,第277页。)[冯炳昆译本第11-12页,译文有调整。——译注]

②《政治论》第二章第6节,第163页。(格布哈特编《斯宾诺莎著作集》卷三,第277-278页。)

③《政治论》第二章第8节,第167页。(格布哈特编《斯宾诺莎著作集》卷三,第279页。)

④《政治论》第二章第7节,第166页。(格布哈特编《斯宾诺莎著作集》卷三,第278-279页。)

⑤《政治论》第二章第8节,第166-167页。(格布哈特编《斯宾诺莎著作集》卷三,第279页。)

力量(potenza)而不是权力/权能(potere)——在存在的这种密度之中展开的。①

但是这种展开过程必定是通过悖论性的样式来推进的:自然法权的定义所要求的主体的独立性正是对抗性的独立性。实际上,这种定义在阐明有其独立性的自然法权概念时这样说:"凡是一个人处于他人的权力(potere)之下的时候,他就是处于他人的法权(diritto)之下;反之,只要他能够排除一切暴力,对于遭到的损害能够独立地给予报复,而且,一般地说,还能够按照自己的天赋而生活,那么,他就是处于自己的法权之下。"②自然状态是一个对抗的舞台,主体的独立性在这个舞台上呈现为对立的 cupiditates(欲望)之间、独立各方之间的对抗、暴力和冲突,在这个过程中,这些对立的欲望或独立的各方不仅仅是简单的"libidines(力比多/原欲)"或冲突的对抗。这个场所充满了神秘化和伪装,充满了不真实,所有这些不真实便孕育出了奴役的关系。请注意,这个段落很容易被这样理解:始于斗争——正如实际发生的那

---

① 在近期一次"斯宾诺莎,文本新理解(Spinoza, nouvelles approches textuelles)"会议(1977年5月25日,巴黎)的发言和随后发表于《现时代理性》(*Raison présente*)1978年43卷上的文章中,P. E. 莫劳(P. E. Moreau)就《政治论》中jus(法)和lex(法律)两词的出现所作的信息处理研究结果作了介绍。分析表明,jus(法)更为经常地在《政治论》文本中被使用。然而在斯宾诺莎文本的翻译中,尤其是在英语译本中,lex/law更为常用。有关这个问题的全部情况,请参看《斯宾诺莎手册》(*Cahiers Spinoza*)卷二,1978年,第327页及以下。

②《政治论》第二章第9节,第168页。(格布哈特编《斯宾诺莎著作集》卷三,第280页。)

样——终于和解的这个争议性的过程，相对于力量的最初定义而言，有着否定性——辩证法意义上的否定性——的前提。然而并非如此。这种对抗的基本情节，并不是在辩证法式展开之中推进的，而是在存在的配置的运作过程之中推进的。对抗是第二性的基本情节，它是第一性的力量情节的必然结果：对抗整合力量，使力量与存在的顺序的否定性决定相对立，并且是尽其限度的对立——这一限度是在存在本身之中被设定的。因而，对抗之解决的难题，并不通向不可能的和解，相反，却使得存在的建构风险得以开放，使得政治的建构风险得以开放。我们在《伦理学》第三部分和第四部分里已经看到的那个过程在这里又重新开启，政治的对抗性条件在这个现象学过程的显而易见的张力之中形成了。① 这种对抗因而本身就是构成性的。主体的独立性被平息，平息于人与人之间的关系之中。故此“如果两个人通力合作，那么，他们合在一起产生更大的力量，从而比任何一个单独的人对自然事物有更多的法权；以这种方式联合起来的人愈多，他们共同拥有的法权也就愈多”。② 这种过渡是根本性的：集体维度对存在的对抗过程进行着配置。“诸众”不再是一个否定性条件，而是使法权得以确立的积极前提。对多数人的真理持嘲笑态度进而否定法权的怀疑论论点于是被完美地颠倒了过来：这种法权是不存在的，因为法权不来自多数人，而是构成多数人。诸众的大多数，最初

246

① 此处须参考的材料，基本上即本书第七章所谈《伦理学》的那些命题：《伦理学》第四部分命题五十四附释、命题五十八附释、命题六十三附释、命题六十九附释、命题七十附释、命题七十二附释和命题七十三附释。

② 《政治论》第二章第 13 节，第 171 页。（格布哈特编《斯宾诺莎著作集》卷三，第 275 页。）

显然是自然敌对的,这种敌对性构型他们的行为,他们的大多数在此过程中也开始构成一个政治的和法律的实体。政治物理学也就是从这时开始汇集成型并得以发展。[①] 社会契约理论——《神学政治论》一度提出过这种理论,但遭遇了相同的困境——在这种不断进步的对抗的定义之中是没有任何位置的。物理学取代了所有意志论假说。如果说社会性是内在于存在之中的话,那么它就是由这种在存在之中的"在"所构成的:物理学的、物质的世界维限中存在论配置和集体性建构这个双重而同一的机制是不可能被任何魔术式的解决办法替代的。

在这种物理学顺序中,进一步的构成性过度愈加明显地呈现了出来。"由诸众(multitudo)的力量所确定的共同法权通常称为国家(imperium),它完全被授予这样一些人,这些人根据共同一致的意见管理国家事务,诸如制定、解释和废除法律,保护城市,决定战争与和平,等等。如果这些职能属于由众人全体组成的大会,那么这个国家就叫作民主政体;如果属于仅仅由选定的某些人组成的会议,这个国家就叫作贵族政体;最后,如果国家事务的管理以及随之而来的统治权被授予一个人,那么这个国家就是君主政体。"[②]这样一来,诸众视域之构成性决定机制便被给予了出

---

① 有关这种政治体(corpo politico)物理学的理论条件,请参看《政治论》第二章第14节和第15节。也可参看莱克里维安的文章《斯宾诺莎和笛卡尔物理学:〈原理〉第二部分》(载于《斯宾诺莎手册》1977年卷一第235-265页和1978年卷二第93-206页),尤其参看第二部分,第204页及以下,在那里,斯宾诺莎为政治所建立的物理学模型的确定性得到了相当大程度的强调。

② 《政治论》第二章第17节,第175-176页。(格布哈特编《斯宾诺莎著作集》卷三,第282页。)

来。“诸众”已经成为一种生产性的本质。公民法权即“诸众”的力量。一致同意取代了契约,集体性的方法取代了个体性的方法。在这种构成之中,法权的现实性既发现了它自身的动态机制,也发现了它的种种决定机制。换言之,公民法权为正义和不正义制宪,也就是说为合法和不合法制宪。“由此可见,只有在国家里面才有所谓罪过,也就是说,在国家里面,善与恶的分辨依据全国共同的国法,而且,按照本章的第16节,除了根据共同的法令或符合公意的事情以外,人们没有法权做任何其他事情。其实,如前节所述,罪过就是按照法权所不能做的,或者依法禁止的事情。反之,服从就是去做按照法律来说是善的,而且又符合共同的法令的事情这样一种恒常的意志。”①“犹如严格意义上的罪恶与服从问题一样,如果不是在国家里面,正义与非正义问题也是不可设想的。其实,在自然中没有什么东西可以说是属于这个人的法权而不属于那个人的法权;一切东西属于一切人,也就是说,所有具有权能(potere)的人都可以要求它。但是在国家中,共有的法权规定了每个人各自所拥有的东西。也是在国家之中,如果一个人具有恒常的意志,能恰如其分地对待每人应有之物,他就被称为公正的;如果他企图将他人的东西据为己有,他就被称为不公正的。”②

247

这是对法的实证论的和律法主义的肯定吗?若是如此,它与构成性过程建基其上的形而上学力量观的一致性是什么呢?在

① 《政治论》第二章第19节,第177-178页。(格布哈特编《斯宾诺莎著作集》卷三,第282-283页。)

② 《政治论》第二章第23节,第181-182页。(格布哈特编《斯宾诺莎著作集》卷三,第284页。)

我们的分析观点下法律似乎应服从于法权,而这种律法主义实证论难道不是把这种服从关系颠倒了过来吗?所有这些问题——它们是那么频繁地出现在斯宾诺莎阐释史中①——在这里是不成问题的,也是不该在这里出现的。它们只是对他的体系的片面解读的恶果,是专业化可怕的愚钝的产物,是形而上学感丧失的结果。斯宾诺莎的实证主义纯然是表面上的,如果从严格的现代角度理解的话:实际上,他的实证主义就是力量的肯定性。历史地看,这正是所谓斯宾诺莎平行论所产生的悖论性的法权—法律术语意涵颠倒的结果:这种平行论肯定了法权、法律这两极的同一性,绝对否定了二者之间的可分离性。所以,诸众和公民法权也否定了这两极的可分离性,并将二元论引入了同一性之中。然而这种同一性毕竟是力量的同一性。斯宾诺莎的公民法权消除了自然法权,它也勾销了对法律的单独肯定,重新将规范性引入了人的构成过程的顺序之中。也就是说,斯宾诺莎的公民法权否定了使谈论法律实证论成为可能的一切条件:那些条件在法律生产过程中提供了法律价值的先验性,因而是一些片面强调法律的、流溢论的条件,而法律生产过程恰恰是以原生的规范性力量本身为前提的。② 那种律法主义实证论并不是由斯宾诺莎给出的,因

① 拉瓦和索拉里已经相当明白而正确地提出了应对斯宾诺莎作“基础解释”的问题,并断言不可能对斯宾诺莎思想作实证主义还原,但即便如此,从实证主义角度解释斯宾诺莎的法学和政治思想的诱惑仍旧非常强大,在意大利尤甚。

② 有关实证主义和法律主义,以及它们的理论的和功能的特征,请允许我提请读者参考拙著《法律形式主义的起源》(*Alle origini del formalismo giuridico*, Padua, 1962)。

为，显而易见，在斯宾诺莎那里不可能有它的存在空间，它与他的全部体系的条件及其形而上学形式是相矛盾和扞格的。法权乃是力量构成的一个过程。法律，是对一个一个过失的界定，是对合法和非法的个别定义，是对人的物质与集体的过程的形式过滤。斯宾诺莎的实证论是力量的实证论，紧贴着力量的强度，组织着它的范围——实际上，这种实证论从属并服从于力量的投射；服从于力量在其中得以发展的对抗的动态过程。具有神秘化作用的精致的资产阶级科学才会否认集体事务的集体性，但在历史中行动着的并能够要求为这项事务的支配性规则确立规矩的恰恰是集体性本身：实证论本身、律法主义本身就是精致的资产阶级科学。在斯宾诺莎那里，法律根本不是重点。斯宾诺莎的实证论是法律生成论，这里的"法律"不是"法"，而是一致同意、是关系、是构成/制宪。

所以，力量(potenza)又一次反对权力/权能(potere)。《政治论》的阐述很快就集中于对资产阶级国家建构学说的种种前提的考察之上，这绝非巧合。如果说第一章和第二章指出了政治原理是一种选择性功能的建构并从这一角度论述了这个难题的话，那么第三章和第四章则是从否定性的角度指明了该难题的关键所在，极具论辩性地将矛头对准了现代自然法权/天赋权利学说和绝对主义学说的种种前提；换言之，这两章的侧重点是批判自然法权/天赋权利的先验转让和主权权力的无限制性的基本思想。这台斯宾诺莎机器在运行过程中——它的运行绝不是线性和连续性的——碾碎了资产阶级的意识形态视域，让其种种矛盾重又涌现出来，借助这个否定性的过程，斯宾诺莎机器建立起了一种选择——共和主义的选择。我们所面对的是类似于康德先验辩证论的东西，是诸表象的辩证法的展开过程，这个辩证法过程吸

248

纳了理性的种种决定,既表现着这些理性的决定赖以产生并使它们得到说明的刚性要求,也表现了这种刚性要求所牵涉并因而在其中板结固化的那种现实(和非现实)的区别性特质。①

因而讨论的第一个要点就是:对自然法权/天赋权利的先验转让观念的批判、对权力/权能(potere)的法律起源的批判。这个难题是通过臣民(亦作"国民",subditus)和公民(civis)之间的差异被提出的。② 在经典的自然法权/天赋权利学说中,这个差异是由契约所调节和组织的,契约形形色色,但总是能对纯然的联合现象进行过度决定。然而,在斯宾诺莎这里,契约已经连同其个体主义特征一起被取消了。继而,契约之取消起着积极的作用。从单个个体达成公意的这种过渡形式在原则上是不被斯宾诺莎承认的。过渡只能在集体层面上完成。因而,契约不是诸个体法权的转让;毋宁说,契约乃是对个体法权的集体建构。"从第二章第 15 节可以清楚地看到,国家或最高掌权者的法权无非就是自然法权/天赋权利本身,但是,它不取决于各个公民的力量,而取决于宛若受一个头脑指挥的民众的力量。这就是说,像处于自然

---

① 马泰隆以极大的智慧把握了斯宾诺莎政治学的这些辩证的—先验的特征。然而在我看来,马泰隆对这个主题的深化仍然过分关注于他所研究的例证的具体决定机制。这决定了——正如我们将在本章下一节看到的那样——某些奇特的效果,以至于斯宾诺莎的著作看上去仿佛是属于更早时期的,几乎只是与对前资产阶级国家形式的批判相关。

②《政治论》第三章第 1 节,第 183 -184 页。(格布哈特编《斯宾诺莎著作集》卷三,第 284 页。)["凡是根据政治权利享有国家的一切好处的人们均称为公民;凡是有服从国家各项规章和法律的义务的人们均称为臣民",见冯炳昆译本第 24 页。——译注]

状态中的个人一样,整个国家的实体和精神具有与其力量同样大小的法权。因此,国家在力量方面超过各个公民或国民愈多,各个公民或国民的法权就愈小,由此可见,除了按照国家的共同法令得到保障的东西以外,每个公民无权从事或占有任何事物。"①这是一种绝对的构成,但也从来是一种相对的构成:如果说实际上"绝对不可设想的是,在国家状态中每个公民还能按照本人意向生活,并因而还能按着每个人都能充当自己的裁判官的这种自然法权/天赋权利去生活"的话,但毕竟"我明确地说过要 per diritto civile(服从于公民法权),这是因为按照正常的考虑,在国家状态之中每个人的自然法权/天赋权利并未消失。实际上,不论在自然状态还是在国家状态之中,人都是按照自己本性的法则行事,着眼于自己的利益。据我看来,在这两种状态之中,人们有所为或有所不为的原因都是出于希望或恐惧。这两种状态的主要区别在于:在国家状态之中大家所恐惧的对象相同,得到安全的原因相同,彼此的生活方式也相同;但是,这一点当然也不会取消个人的判断机能"②。这是绝对的构成,也是相对的构成,甚至即便绝对主义趋势将其权力推置最高点的时候③,这个永恒的悖论还会出现:"正如在自然状态中一个遵循理性的人的力量越大,他的独立性就越大,有其理性和基础的国家也是最为有力和独立

249

---

①《政治论》第三章第 2 节,第 184 -185 页。(格布哈特编《斯宾诺莎著作集》卷三,第 284 -285 页。)

②《政治论》第三章第 3 节,第 185 -186 页。(格布哈特编《斯宾诺莎著作集》卷三,第 285 页。)

③《政治论》第三章第 4、5、6 节,第 189 -190 页。(格布哈特编《斯宾诺莎著作集》卷三,第 285 -287 页。)

的。实际上,国家的法权是由万众一心地行动着的群众的力量决定的。"[①]此种连续性不是一劳永逸地被奠定的,而是不断被构成的,这个事实必定会使这种悖论一再发生。"为了今后不致由于必须答复类似的非难而多次打断我的论证思路起见,我想提醒读者:我的一切论证都是根据人的自然(姑且不论人们对此如何解释)的必然性,也就是每个人的自我保存的普遍愿望展开的。这种愿望是人所共有的,不论贤者或愚者都是一样。这种论证,如上所述,是放之四海而皆准的,不管我们对人的问题怎样认识,认为受受动激情驱使也好,受理性引导也好,结论都是一样的。"[②]主权、权力(potere)都被还原并压平到"诸众"之中:组织化的诸众的力量(potenza)实现之处,即为主权、权力实现之处。[③] 这个限制是原生性的,它是该构成动态系统的存在论因素,不可能存在转让。无论是霍布斯还是卢梭,他们那里的转让都是不可能的。政

---

① 《政治论》第三章第 7 节,第 189 -190 页。(格布哈特编《斯宾诺莎著作集》卷三,第 287 页。)

② 《政治论》第三章第 18 节,第 200 页。(格布哈特编《斯宾诺莎著作集》卷三,第 291 页。)

③ 《政治论》第三章第 9 节,第 192 -193 页。(格布哈特编《斯宾诺莎著作集》卷三,第 288 页。)["我们应该看到,凡是会引起多数人公愤的事情差不多都不属于国家的法权范围之内。诚然,为了对付共同的恐惧,或者为了要对共同的损害进行报复,人们按照自身的自然就会联合起来。既然国家的法权取决于多数民众的共同力量,国家越是使多数人有理由勾结起来进行反对活动,国家的权力与法权必然越加衰微。的确,国家也有一些应该畏惧的危险。犹如每个公民或处于自然状态中的人一样,国家感到畏惧的原因愈多,它所掌握的自己的法权也就愈少。"冯炳昆译本第 29 页,译文有调整。——译注]

治领域里不存在转让，这一点使得斯宾诺莎不可能对“国家理性”作任何修复，更遑论利用了。法律领域里也不存在转让，在这个领域里，我们同样会看到对律法主义或实证论学说的种种理论质疑。所以说，政治与法律、臣民与公民（请注意，这些术语在这里的情况下所具有的意涵既不相应也不相关）完全构成了相对的差异，这些差异只有在独立性—“诸众”—主权的这一连续性的种种具体变体中才是可测知的。但换一种说法，换一种更为有意义的说法，我们可以说这个连续性也正是“appetitus（冲动）”—想象—理性的连续性。在这里，在这种形而上学的展开之中，此一过程会愈加清晰，强烈地，深刻地。这首先有利于排除掉一切对斯宾诺莎哲学发展所作的生机论或有机论的解释[1]：在斯宾诺莎这里，我们所面对的对国家的分析，将国家的全部含混性展现了出来，它展示了一个将神秘化和现实性、集体想象同集体欲望杂糅在一起的领域。构成性规划正是从否定的思想[2]中创造出来的。 250

现在我们就可以看一看第二个要点，即斯宾诺莎对资产阶级绝对主义的批判：对主权权力的无限制性的批判。这一批判在相当大的程度上包含在斯宾诺莎通过《政治论》第三章的文本脉络所言说的内容当中。但在那里，它是作为法律论点的一部分，也就是说作为反对绝对主义立法机制（法权的中介契约和中介性转让）的论点的一部分得到推进的。在第四章里，争论却是关乎其

---

① 狄尔泰及其学派的研究并没有摆脱生机论的（更不要说有机论的）倾向。请允许我提请读者参考拙著《德国历史主义研究》（*Studi sullo storicismo tedesco*, Milano, 1959）。

② 这里的“pensiero negativo（否定的思想）”指集体想象、集体欲望。——译注

定质的。换言之,论辩不再集中于诸众与国家之间的关系——含混而现实的关系(如第三章所论述的那样)——的构成性含混性,而是致力于解析由各种构成性关系组成的复杂总体。如果说第三章将作为逻辑作用的契约取消了的话,那么第四章则对作为物质性功能的契约进行了解释,并表明契约作为一种结构有着矛盾却毕竟仍是可用的性质,这个论点完全是悖论性的。但这并不是说这个悖论性的论点——以及其他悖论性的论点——没有一点效用!实际上斯宾诺莎的整个体系的发展都会表明它的效用。正如已经说明过了的那样,国家的基本活动范围取决于自然法权在国家中的延展和连续性:“必须具备某些条件,才能使国民(臣民,sudditi)对国家抱有敬畏之心,如果不具备这些条件,敬畏之心以至国家本身都会化为乌有。所以,为了使国家掌握自己的法权,必须保持引起敬畏之心的条件,否则,国家就不成其为国家。对于执政的最高掌权者来说,不可能一方面酗酒狎妓,赤身露体,粉墨登场,公然破坏和蔑视自己颁布的法令,一方面还保持统治者的威严;这就像是与存在同时而又不存在一样不可能。况且,虐杀与掠夺国民,诱拐妇女,以及其他类似的行为会把畏惧化为愤激,从而使国家状态变成敌对状态”。① 这就是说——这正是这个论证过程的悖论性关键所在——,在诸众的社会和政治需要保持其连续性的同时,主权权力越是发展为无限制(绝对),国家就越是受到一致同意的决定性的限制和调节。于是,对由一致同意达成的法(norma)的破坏,将会使战争一触即发;对公民法权

① 《政治论》第四章第4节,第205页。(格布哈特编《斯宾诺莎著作集》卷三,第293页。)[冯炳昆译本第38页,引文有调整。——译注]

(diritto civile)的破坏就其本身而言又是体现战争正当性(diritto di guerra)的一种行动。“国家为了自身的利益不得不遵守的诸项法则,以及产生敬畏之心的诸项条件都不属于公民法权的范围,而属于自然法权/天赋权利的领域。因为如前节所述,上述法则和条件的维护实施不是凭借公民法权,而是凭借战争的正当性(jus belli/diritto di guerra)。国家之所以接受那些法则和条件的约束,其理由就像一个人在自然状态中,为了掌握自己的法权和不成为自己的敌人起见,必须保证不要自取灭亡一样;当然,这样做不是服从什么东西,恰好相反,这是人性的自由的表现。”①这些段落中令人吃惊的东西是在公民法权和战争正当性之间划出了极为微妙的限界。当然,我们不是因为无法对之有所把握而吃惊,我们清楚地知道,构成性过程总是不断地配置存在,使之通过对抗上升到更高的完满化水平。因此,国家、主权和权力的受限性便通过构成性过程、力量的本质性对抗被过滤了出来。正如我们已经在《神学政治论》那里所见,此时难题性经过提纯并已经成熟,国家的域限就是战争的域限。② 国家之构成的形式结构自我完满化过程也扩展着它的物质性构成中的对抗,使对抗达到临界值。于是就有了进一步的理论后果:“公民社会”,作为从自然状态到政治国家的发展过程中的一个中介性契机,这个概念在斯宾诺莎那里是不存在的。公民国家既是公民社会又是政治国家,一体两面:一面侧重一致同意和物质构成,另一面则侧重法令和形式构成。这两个要素绝不能分别单独存在。资产阶级和资本主

251

① 《政治论》第四章第5节,第206页。(格布哈特编《斯宾诺莎著作集》卷三,第293-294页。)

② 有关这个问题的全部,请参看本书第五章最后一节。

义对公民社会的实体化(ipostasi),使之成为了法律建基于其上的一个固定层,但这在斯宾诺莎那里是不存在的。尽管这并非不可设想,但仅能被设想为一个过渡的过程,绝不可能被形式化。这种过渡中的各种条件一旦被形式化了,也就意味着斯宾诺莎会将力量同权力/权能分开、将立法的奠基同权力的行使分开,那样一来,斯宾诺莎所做的和资产阶级为了使它的权力神秘化而必定做的事情还有什么区别!和霍布斯—卢梭—黑格尔这个微妙的思想线索为了给那种神秘化提供担保而必定做的事情还有什么区别!在斯宾诺莎这里,公民社会和政治国家完全内嵌在一起,一如构成过程中产生的联合与对抗这两个不可分离的契机。国家只有同时是社会性的才是可被设想的,而公民社会只有同时是国家性的才是可设想的。所以,公民社会的资产阶级意识形态纯粹是一种幻想。

力量的紧张性通过它全部的建构强度而得到平复。谚语"tantum juris quantum potentiae"[1]逐渐展露为这个复杂过程的关键。一旦脱离了绝对主义拜物教的场地——这并不意味着抛开了诸众的构成的绝对特征——,便立即开启了自由的政治过程,并使之充分地延展开来,这即是"国家统治方式的最佳构成"所思考的东西。[2] "国家状态的目的不外乎生活的和平与安全。由此可见,凡是能使生活和睦、治安良好的国家统治构成方式,就是最佳的。其实,叛乱、战争以及作奸犯科的原因与其说是由于民性邪恶,不如说是由于政权腐败。人们不是生而为公民,而是被造就为公

① 拉丁语,"力量越大,权利(法权)越大"。——译注

②《政治论》第五章第1节,第212页。(格布哈特编《斯宾诺莎著作集》卷三,第295页。)

民。而且,人们的天然受动激情在不论何地都是一样的。所以,如果某一国家比另一国家邪风更猖獗、犯罪更普遍,那一定是由于这个国家谋求和睦不足,法制不够昌明,而且未能建立起完全的国家法权之故。其实,作为国家状态,如果没有消除叛乱的因素,经常受到战争威胁,而且法纪屡遭践踏,那么,它与那种每人按其本性生活、生命朝不保夕的自然状态也就没有多大区别。"①最终,"一个其国民由于恐惧而不敢造反的国家与其说享有和平,不如说没有战争更恰当一些。因为和平不只是没有战争,而且也是建立在精神坚固性(fortezza delfanimo)之上的德性/能力(virtù)"②。不自由,无和平。有自由的国家统治方式,才是最佳的统治方式。但是,请注意,自由不唯思想自由,还有身体的舒展、身体的保存和再生产的能力,自由犹如诸众。诸众形成于社会,其需要亦形成于社会。自由只是单纯的安全,它应是一致同意借以通过共和的形式而达成的一种情境,由对抗而生成一种内在调节。在斯宾诺莎看来,最佳构成(制宪)就存在于公民法权和战争正当性之间的那条边界线上,自由得自于前一种法权,而和平则得自于后一种正当性。共和式自由唯一真实的形象就是反权力(contropoteri)的构成/制宪阈限内部发生的反乌托邦的组织化和种种独立性的现实性投射。斯宾诺莎给出的这个假设得到了强有力的、最令人信服的证明,——斯宾诺莎一如既往地通过归谬的证明法来到了这一点。"关于一味追求支配权的君主必须

252

① 《政治论》第五章第 2 节,第 212 -213 页。(格布哈特编《斯宾诺莎著作集》卷三,第 295 页。)

② 《政治论》第五章第 4 节,第 213 页。(格布哈特编《斯宾诺莎著作集》卷三,第 296 页。)

用以巩固与维持其国家的手段，精明的马基雅维利已有详尽的论述。不过，他这样做的意图何在似乎不大明确。如果说他这样做是出于某种善良的用心，就像我们对一切哲人可以期望的那样，那么，他大概是想证明，因为没有消除使君主变为暴君的诸种原因，许多人想铲除暴君的做法是多么不智。其实，使君主感到畏惧的理由愈多，君主变为暴君的理由也就愈多。如果诸众以君主为例，把弑君行为夸耀为光荣的伟业，那么情况就会如此。此外，马基雅维利或许想要说明，获得自由的民众应该如何慎于将自己的身家性命完全信托给一个人。因为，那个人如果不是狂妄自负到自以为能达到天下归心的程度，那么，他必然随时提防别人的暗算，因而不得不更多地为自己打算而不是考虑国民的利益，甚至反而暗算其国民。因为马基雅维利维护自由，而且为此提过一些非常有益的意见，如果这样解释这位贤哲的思想，我觉得更为可信。”①

253　现在只需做的就是在纯粹肯定的哲学场地中使“tantum juris quantum potentiae”②这则箴言的阐释得出其全部的结论。斯宾诺莎的共和主义思想在《政治论》前五个关键章节里显然是确定的，围绕着三个重要要素展开：(1)彻底否定先验性的国家观，也就是

---

①《政治论》第五章第7节，第215－216页。有关马基雅维利—斯宾诺莎的关系，请参看德洛埃特为《政治论》意大利文译本所撰写的导言。但是，显然仍有必要回过头检视一下他们的关系，这一关系在现代政治哲学史中是绝对根本性的。我们将探讨的实际上是另一种思想脉络，即马基雅维利—斯宾诺莎—马克思这一思想脉络，它是同霍布斯—卢梭—黑格尔这一“宏大”传统相对立的。（格布哈特编《斯宾诺莎著作集》卷三，第296－297页。）[此处引文参考冯炳昆译本第44－45页。——译注]

② 拉丁语，“力量越大，权利(法权)越大”。——译注

说对政治去神秘化的国家观；(2)诸众的社会力量(potenza)对权力/权能(potere)的决定，后者作为一种功能服从于前者，故此，诸众的社会力量在构成性上也组织着权力/权能；(3)必然始于主体间的对抗的构成/制宪观，也即制宪组织观。在第一点上，斯宾诺莎使自己认同贯穿于现代性的反资本主义和反资产阶级的批判脉络，否认了绝对主义国家、原始积累国家相对于社会的超越性——就像他反对经济价值不以市场为转移而具有独立性的这种纯粹神秘化一样。在第二点上，斯宾诺莎再次完全地主张群众与国家彻底对立的诉求，这种诉求在17世纪危机的时期里尤其强烈。因而这也使他主张同国家相对的社会需要，并对有别于命令的生产力的领导权、联合和法律现实主义作出了肯定。在第三点上，斯宾诺莎认可并接受了一个传统，这个传统确信最好的制宪方式(甚至也是最可能的制宪方式)乃是以抵抗的权利——与权力相对立的抵抗的权利——和对独立的肯定为基础的。① 尽管作此论断，但我们还必须说，这些要素还不足以界定全部，还覆盖不了斯宾诺莎的整体政治规划。因为，在斯宾诺莎那里，从这些要素中产生的东西不是某种类似无政府主义国家观的东西。恰恰相反，斯宾诺莎有一种绝对的构成/制宪观。斯宾诺莎思想的革命性就存在于这种绝对的构成/制宪观之中：生产性的社会关系、自然需要的生产性都绝对地表现在构成/制宪之中，而所有这

---

① 在这里给出参考文献是比较困难的事，因为，这实际上需要对我们已作的长篇探讨进行总结概述。但我们可以随手翻阅奥托·冯·基尔克的《阿尔特胡修斯和自然法权政治理论的发展》。我们还可以参阅斯宾诺莎的“社会契约”解释的相关评论——尤其是考沃恩、索拉里和埃克斯坦所作的评论(参看本书第五章第2节)。

一切作为在政治中挂帅的领导权,又使统治的所有抽象功能都来自对幸福和自由的需要的积极表现。所有政治的东西的独立性都消失了,群众的集体需要的领导权和独立性获得了肯定,这就是斯宾诺莎那里现实的政治构成/制宪的非凡现代性。

3. 构成/制宪、危机、规划

《政治论》是一部未竟之作。在标号为第八十四封的“致一位友人”的信中,斯宾诺莎解释了他有关这篇文本的计划:“衷心感谢您对我的幸福所给予的亲切关怀。如果不是忙于某种我认为更为有益的、我相信也会使您更为高兴的事情,即不久以前在您的敦促下我开始撰写《政治论》,那么我不会错过这个机会。这部论著有六章已经完成。第一章可以说是全书本身的导论,第二章论述自然法权/天赋权利,第三章论述最高统治权,第四章论述归最高政权管辖的政治事务,第五章论述一个社会所能考虑的最终和最高的目的,第六章论述一个君主制政府应以何种方式组织才不致陷于暴政。目前,我正在写第七章,在这一章里,我循序论证前六章中有关组织一个完善的君主政体的所有部分。继后,我将转而论述贵族政体和民主政体。最后,论述法律和有关政治的其他专门问题。”①斯宾诺莎《遗作集》的编者将该信收录为《政治论》序言,并附有这样的编辑说明:“这封信说明斯宾诺莎写作本书的意图,但是,由于患病和过早去世,如读者所看到的,他在完

254

① 《书信集》标号为第八十四封的信,第 312 -313 页。(格布哈特编《斯宾诺莎著作集》卷四,第 335 -336 页。)[洪汉鼎译本第 331 页,译文有调整。——译注]

成论述贵族政体各章之后,没有能够继续写下去。"[1]所以说,《政治论》是一部不完整的著作——而它的未完成性恰恰在于,该著是一个不完整的文本——它的不完整性就在于论文本身所规划的核心章节是缺失的,斯宾诺莎思想的全部展开在达到其必然终点前戛然而止:对民主政体的分析或者说对共和国的更好的规划付之阙如。但《政治论》不仅是一部不完整的(inconcluso)著作,它还是未完成的(incompiuto)。我们现在能看到的已经写出的部分也还有许多令人颇费踌躇之处。第一章到第五章本身就包含了许多论证上的内在变动,这些变动不能简单归结为现象学方法的多变性所致;而且在这五章之后,文本越来越多地出现了含混。史实例证也不能令人信服。国家形式和政体形式的结构类型学高度地受到局限,有时显然是"地域性"的局限,与荷兰政治发展所特有的偶然性有着直接的联系。[2]

若还有时间能继续从事撰著,斯宾诺莎无疑会对已写成的这部分进行大量的重新修订。但死亡使这成为了不可能。在他工作的巅峰时期,在他的极为活跃并因而见证着历史现实、见证着自由及其构成的这个时刻,死亡降临了。可是,黑格尔对这个受诅咒的犹太人的死亡的描述却是完全相反的情形,他笔下写出的

---

① 《政治论》前言第144页。(格布哈特编《斯宾诺莎著作集》卷三,第272页。)[冯炳昆译本第1页,注释一。——译注]

② 专注于《政治论》具体内容的分析,除了可参看德洛埃托的意大利文译本导言、缪尼耶-布莱的《斯宾诺莎的政治哲学》(前书已引)之外,还可参看让·普莱泼西埃(Jean Préposiet)《斯宾诺莎和人的自由》(*Spinoza et la liberite des hommes*, Paris, 1967)。所有这些文本都强调了斯宾诺莎看问题的方式和低地国家制度演进之间的一致性。

是灯枯油尽而庸俗不堪的死亡,其笔调仿佛是在写一部滑稽可笑的哲学罗曼司:“长期病痛折磨的身体完满告终,——根据他的学说,所有特殊性、每个个别性都消失于实体的总体之中”。①

集中见于第六章到第十一章的那些未完成的和含混不明的要素,不能阻止我们进行批判性阅读,我们毕竟还是可以通过爬梳文本并重构其主轴的方式来把这种阅读进行下去的。而且,在以这种方式进行阅读的过程中,还会有一些颇为重要的优势。事实上,文本的这些含混和局限对我们来说不仅是紧迫性和高密度所致的解释的难点,而且还是新的抗争逻辑——新的政治抗争逻辑——在文本中得到呈现的征兆。《政治论》的写作时间是 1675 年到 1677 年。1672 年危机——我们已多次谈到——和荷兰政体向君主制与民粹主义的复归(采用了公民投票的形式)已然发生并已底定。② 相较其他欧洲国家的政治事务来说,荷兰国内的人文主义革命延长了五十年(差不多历时一个世纪)。但此刻,这场革命也终究结束了,它的外在的而且有时候是神秘的——但也是效果卓著的——制度上的痕迹也已经被清除净尽。随着德·维特的被害,荷兰的反常开始被纠正,回归主潮,随即与资本主义积累和绝对主

255

---

① 黑格尔:《哲学史讲演录》,详见第七章。[见《哲学史讲演录》第四卷,贺麟、王太庆译,北京:商务印书馆 1978 年版,第 97 页:“斯宾诺莎 1677 年 2 月 21 日死于肺结核宿疾,享年四十四岁,—— 像他的学说所主张的那样:一切特殊性和个别性都归于唯一的实体。”——译注]

② 在我看来,本书前章多次提及的泰尔汉姆的文章《斯宾诺莎时代荷兰的阶级关系与阶级斗争》(载于泰尔汉姆和德波林编《斯宾诺莎在辩证唯物主义前史中的位置》,第 11 –39 页)尽管有学术上的缺陷和决定论的欠缺,但在我们考察荷兰政治制度在 17 世纪的变迁时是必须予以参考的。

义国家的大陆节奏相同步。在这个背景下,斯宾诺莎体系中也时而出现的逻辑抗争——这些抗争或抵牾应被理解为对现实的构成/制宪条件的还原——逐渐成为了一种政治抗争,意在重构革命的历史条件的政治抗争。① 我们现在来看文本。

第六章和第七章探讨的是君主制政体形式。两章之间的划分是不明确的:在第六章中,分析又一次论述了构成/制宪的结构性原理,这样做为的是在随后的工作中将这些原理运用到对君主政体的诊断中;在第七章,斯宾诺莎试图对他已经主张的东西进行证明。整体比较混乱,因为无疑我们面对的是未完成的研究的各个部分。但这些部分毕竟是非常重要的,因为较之于《神学政治论》对君主制的诅咒②,这里表明了有关君主制政体形式思考的某种新发展。在这里,我们仍然看到了诸众(multitudo)对构成/制宪的推动。这种促使配置得以成形的特殊的对抗性推动力就是"对孤独的恐惧"。③

---

① 在我们已多次提及的重要著作《斯宾诺莎那里的个体与共同体》中,马泰隆得出了同我们相似的结论。马泰隆的著作之所以重要,是因为他设法使自己摆脱了斯宾诺莎政治哲学旧学术解释的束缚。也即是说,凡是把斯宾诺莎[政治]思想视作一一对应于各种政体形式的意识形态类型学的传统做法,都是他所拒绝的。今天,我相信这种危险已经不复存在,但马泰隆对这种危险的克服,在我看来还是非常重要的。归根到底,凡是将斯宾诺莎形而上学和斯宾诺莎政治学割裂看待的做法,无非是对政体形式历史编纂学心怀激情的一种表现而已。显而易见,19 世纪资产阶级最喜欢做的,就是意识形态史—政治史编纂的研究,这种研究只不过是"它自己的"政体形式分类而已。

② 参看本书第五章最后一节。

③《政治论》第六章第 15 节,第 219 页。也可参看第 221 页和第 214 页注释。(格布哈特编《斯宾诺莎著作集》卷三,第 297 -298 页。)[冯炳昆译本作"害怕孤立"。——译注]

自然状态陷入了恐惧和孤独的境地:在对孤独的恐惧里还有某种超出了单纯恐惧的东西,那就是诸众的"欲望",对合众为一的安全的欲望,对诸众的绝对性的欲望。向社会状态的过渡并没有像17世纪绝对主义思想中往往表述的那样被说成是法权的让与;相反,这种过渡在这里呈现为一种向整合性存在的飞跃,从孤独到合众为一的飞跃、向社会性的飞跃,这种社会性自在且自为地终止了恐惧。我们再一次触及了政治存在配置的核心,正是它奠定了斯宾诺莎集体实践现象学的基础。主线索就是它。无须再有更多的思想素材,政治构型的谱系也可以沿着这个线索的方向完全展开。"经验似乎反倒表明若把全部权力交给一个人掌握更有利于确保和平与和谐。"①我们若能理解这个转接词"invece(反倒)"的性质的话,我们就会理解斯宾诺莎那里存在论和历史之间的关系了!实际上,我们不理解它,但这并不是说,这是我们的无能所造成的结果。情况更可能是我们所面对的正是斯宾诺莎本人的疑惑,现实的不同顺序之间的关系是混淆不清的,难以在构成性阈限的连贯性之中为这种关系找到合适的定位。权归一人的规则,君主制度,是一个事实,是在历史中被给予出来的,这个事实确乎与政治规划的构成/制宪现象学的主线相矛盾。

256

体系的整体一致性不久之后便得到了恢复。也就是说,斯宾诺莎在理解了现实的矛盾之后,很快便尝试着对它作出合理说明。首选的君主政体是"温和的"君主政体形式。它被《神学政治论》视为绝对否定的政体形式,如今在这里成为了可接受的东西,

---

①《政治论》第六章第4节,第220页。(格布哈特编《斯宾诺莎著作集》卷三,第298页。)

只要它的形式是温和的，只要君主的绝对主义不是以自在的方式出现的，而是作为好的政府的一种功能出现的。① 但是，好的政府除非作为同“诸众”所达成的一种关系的表现、除非在一致同意的力量之内才是可想象的。“愈是将国家的法权无保留地交付给一个君主，这个君主就愈不享有自己的法权，而其国民的情况就愈是不幸。因此，为了适当地加强君主政体，必须使它建立在若干坚固的基本原则之上。依据这些基本原则，君主得到安全，诸众得到和平，从而保证在君主最充分考虑诸众的福利时，他也最充分享有自己的法权。”②在对君主政体形式作出这种实际的定义的背后，斯宾诺莎政治学的思想核心再次浮现了出来：“决不能丝毫违反如此坚实地确立起来的法权，那是连君主本人都不能加以废除的。”③如果君主给他的大臣下令去做违反国家基本法律的事情，他们有义务拒绝执行他的命令④：“君主并不是神，而是常人，往往受到海妖歌声的迷惑。所以，如果一切事情都取决于常人变幻无常的意愿，那么就不会有稳定性了。为了长治久安起见，这个政体必须组织得一切只按君主的决定行事。也就是说，一切法律都是君主明文宣布的意志。然而，并非君主的一切意愿都有法

---

①《政治论》第六章第5节到第7节，第222－225页。（格布哈特编《斯宾诺莎著作集》卷三，第298－299页。）

②《政治论》第六章第8节，第225页。（格布哈特编《斯宾诺莎著作集》卷三，第299页。）

③《政治论》第七章第1节，第243页。（格布哈特编《斯宾诺莎著作集》卷三，第307页。）

④《政治论》第七章第1节，第244页。（格布哈特编《斯宾诺莎著作集》卷三，第307页。）

律效力。”[①]这种君主政体形式的定义由于强调了该政体的限制而又回到了构成/制宪逻辑之中。

这是一种立宪君主制吗？我们很难接受这个术语，因为它已经被后来异质性的用法固定了含义，我们无法用这个术语来描述《政治论》中我们所见的君主制构成性中介的基本特征。我们之所以拒绝这个术语，还不仅仅是出于语文学正确性的考虑。实际上，在斯宾诺莎那里有一种对从形式角度理解构成/制宪过程的观点的深刻否弃：活动范围取决于强度，而权力/权能(potere)的界定是由力量(potenza)作出的。不能说君主制的适用范围就是法律的范围且仅是物理的范围，也不能说君主制的适用范围是形式的决定且仅是宪法及其阐释在物理上设定的决定。如果我们对斯宾诺莎借以论证其论点的个案研究作一考察，我们就立即会发现所有的政治形式仅当它们显然可被视为构成/制宪过程的时候才是有效的。[②] 君主制政体(从纯粹历史事实的角度来看)只有当清除掉其表面的法律界定的抽象性之后，只有当被置于权力/反权力的对抗性框架中的时候，才能显露其合理因素：绝对主义必定是调节的产物，温和化调节过程是一种动态关系，这种关系涉及参与到构成/制宪过程中的所有主体。构成/制宪的力量平衡是一种各种力量之间的相遇—调节—冲突(incontro - mediazione - scontro fra potenze)。这个过程也正是“诸众性”作为人的集体本质的展开过程。“有些人把人类共有的天生缺陷说成只是平民才有，因为，‘群众总是走极端的，如果不使他们俯首听命，他

257

① 《政治论》第七章第 1 节，第 245 页。(格布哈特编《斯宾诺莎著作集》卷三，第 308 页。)

② 《政治论》第六章第 9 节到第 40 节，第七章第 3 节到第 31 节。

们就会胡作非为’;‘平民要么当低三下四的奴仆,要么当盛气凌人的老爷,两者必居其一’;‘并不是由于他们有什么是非之心,也不是出于他们的真诚’;等等。这些人大概会觉得我的见解可笑。不过,我认为人类的天性只有一个,而且是大家共通的。……一切人的天性都是一样的。任何人当长官都会扬扬得意,不用俯首听命时便胡作非为。而且,哪里都是一样:一批人卑躬屈节地讨好,另一批人又在咬牙切齿地痛恨,这样一来,真相就被歪曲了。当一个人或少数人掌握支配大权,而且在审判时所考虑的不是正义或真理,而是被告财产的多寡,这时候情况尤其是这样。”①历史考察之下的君主制的实际范围,在很大程度上,即便不是被斯宾诺莎思想所打破了的,也是有其限制的。这种看待方式的含混性,它把君主制当作可接受的政体形式予以承认的(现实主义的?)态度中内在的模棱两可性质,都取决于以构成/制宪批判为侧重点的分析。斯宾诺莎政治物理学的去神秘化力量在《政治论》中显然是不断取得胜利的。君主制是作为事实的一种境况被给予出来的:这项分析工作接受了君主制的事实本身,但一开始就同时拒绝接受它的绝对性,继而在起稳定作用的调节机制视角下界定它,又进一步将之分解为各种权力/权能(poteri)间的构成/制宪关系,最后使君主制从属于“诸众”的构成/制宪过程的运动。②

如果说当斯宾诺莎面对君主政体形式时,构成/制宪过程在其分析的前景上出现了诸多困难的话,那么在我们转入贵族政体

---

①《政治论》第七章第27节,第272页和第274页。(格布哈特编《斯宾诺莎著作集》卷三,第319-320页。)

②《政治论》第七章第31节,第286-287页。(格布哈特编《斯宾诺莎著作集》卷三,第323页。)

制度的相关分析之后,讨论中的基本核心的表达所遇到的种种抗阻则要小得多。实际上,新的讨论的起点是前面对君主制概念的挖掘工作,以及君主制被追溯到构成/制宪运动过程——这一过程的主体被揭示为"诸众"——的结果。我们亲历了前面的推导,亲历了——可以这么说吧——构成性方法的路径。主体:"即便绝对权力(un potere assoluto)存在,它实际上也必定要掌握在诸众整体(integrates multitudo/tutta una collettività)的手中。"[①]对抗性的运动:"这种政体实际上不可能是绝对的,其原因只能是,统治者惧怕群众,群众保持着一定的自由,即便明文法对此自由未加规定,群众确乎根据默契有权要求并维护这种自由。"[②]构成/制宪运作:"最好的贵族政体显然应符合下述条件:它的确立的制度最大限度地接近于绝对统治。"[③]接近于绝对的这一决定是由当政者选举机制和议会自由所形成的。贵族政体正是议会形式的政体:"如果说君主是必死的,那么议会则是永恒的。"在与君主政体的

258

① 《政治论》第八章第 3 节,第 294 页。(格布哈特编《斯宾诺莎著作集》卷三,第 325 页。)

② 《政治论》第八章第 4 节,第 295 页。(格布哈特编《斯宾诺莎著作集》卷三,第 325 –326 页。)

③ 《政治论》第八章第 5 节,第 295 页。(格布哈特编《斯宾诺莎著作集》卷三,第 326 页。)[本节在后面的表述中,对这种构成性的运作有进一步说明:"也就是说,民众尽可能不成为(统治者的)惧怕的对象;对民众来说,除了国家的根本法所必然容许的自由以外,没有其他的自由。因此,这种自由与其说是民众的法权,不如说是整个国家的法权,只有当政的贵族才把它当作自己的事情坚持要求并维护。正如前节所阐明,而且是不言而喻的:理论与实践以这种方式结合得最好。因为,无可置疑,平民要求拥有的法权愈多,贵族手中的统治权力就愈少。"——译注]

比较之下，贵族的政体形式就其接近于统治的绝对性而言是较佳的。但该政体的绝对性意味着社会对政治领域的有效参与。因而必须从社会分析开始，从被决定的“诸众”现象学开始才能建构贵族政体的结构原理——这就是斯宾诺莎在这一部分汇集起来的个案研究试图达到的目标。① 但这还不够。迄今为止我们还只是处在关于权力/权能（potere）由以生成的过程的论域之中，政体的结构原理分析（就这里的个案而言是贵族政体结构，但就总体而言，该分析涉及全部政体形式）要充分完整，还必须把握住权力（poterte）之内的生产过程机制。② 最后，我们还必须将权力（potere）生产原理的静力学分析同权力经营（gestione del potere）原理的分析结合起来，从而把握统治的社会生产所必需的一系列规则。③ 两个极为重要的“补说（excursus）”将使整个图景完整地呈现出来——即便只是点到为止——，一则补说涉及联邦形式的贵族政体④，另一则补说涉及诸退化形式的贵族政体⑤。请注意，这部分的分析非常漂亮，它试图就所研究的现象给出一个充分的图景，完全呈现出这些现象的复杂性，给这些现象赋予一个在它那

① 《政治论》第八章第 8 节及以下，第 297 页及以下。（格布哈特编《斯宾诺莎著作集》卷三，第 327 页及以下。）

② 《政治论》第八章第 12 节，第 301 －302 页。（格布哈特编《斯宾诺莎著作集》卷三，第 329 －330 页。）

③ 《政治论》第八章第 13 节，第 302 页。（格布哈特编《斯宾诺莎著作集》卷三，第 329 －330 页。）

④ 《政治论》第九章。一般而言，有关共和国的国际关系，可参看《政治论》第三章第 11 节及以下。

⑤ 《政治论》第十章。

个时代的研究水平上而言充分的框架。这部分的分析之所以非常漂亮,毕竟还是因为首先它在总体的原理、研究方案和方法论规划方面是极其完美的。可是,一旦研究的线索转入列举实例,规划中的探讨往往就变得极为混乱了。

我们可以从这种分析的现象学中得出些什么呢?最重要的就是不需要掩盖文本的不完整性。就论述贵族政体的这几个章节而言(也适用于那些论述君主政体的章节),我们看到了一系列强烈明显的方法上的偏离。"绝对政体"的思想、"诸众"这一指导性的和构成性的观念虽起着形而上学的作用,但在涉及政体形式分析的分析论和结构性的内容时力有不逮。他无论是从这种形而上学原则出发(比如在贵族政体制度的论述中),还是得出这一形而上学原则(比如在有关君主政体的论述中),情况几乎没有什么改变。毕竟,这种牵强的做法让人感觉政体的结构原则是任意的,具有某种历史偶然性。可是,当我们将这些被如此过度地决定的分析内容思考为支持并指导这一分析的方法的时候,我们就会改变这种评价了:这是一个构成性的图式,它实际上是以绝对完满性被呈现出来的。从挖掘和建构的方面、从批判策略和设想的规划的方面来看,这个图式都是绝对完满的。这些不同走向的假说运动或许会在民主政体的分析中达成重叠——"最后,我将转入第三种政体形式,也就是说民主政体这种最为绝对的形式"①——,但众所周知,文本至此戛然而止。这样说,研究《政治论》的这第二部分(即特别从第六章开始的这一部分)是否是多余

259

① 《政治论》第十章第1节,第365页。(格布哈特编《斯宾诺莎著作集》卷三,第358页。)

的呢？在我看来，绝不是多余的。实际上，解释性规划的危机与为这一规划奠基的基础的危机同样具有理论重要性（和戏剧性）。我们已经（在第一章到第五章）看到了为它奠基的基础是什么。在这里，两个方面之间的不平衡达到了最大限度，一方面是体系及其在构成上的成熟性的理论条件，另一方面则是体系撰述所处的历史—政治条件。① 重要的是在体系中看到政治斗争。借助与构成性原则形成反差的论述上的绝对不连续性，是可以感受到这种斗争的。战争显然是逻辑战争，但其政治重要性是毋庸置疑的。政治存在绝对地同构成必然性相矛盾。所以，一切都是不确定的。存在之否定。论述从未成功地搞清构成原则在现象学分析框架中所组织起来的那些问题，并确当地予以回应。构成性原则撒下了网，却没捕上一条鱼。实际上，无论是与君主政体相关的条理井然的论述，还是关于贵族政体的论述，斯宾诺莎都是在从当代文献中汇集起一些要素②，这些材料往往是没有结论的，或者甚至完全缺乏科学相关性。所以，这样一来，这种论述往往是

① 再次提请读者参考前面常常提及的历史性文本。请记住泰尔汉姆到德桑蒂等的马克思主义经典解释，这类解释在把握到斯宾诺莎难题性内部变化的同时，强调了它在资产阶级意识形态发展之中的决定论情境。但从另一方面来说，在我看来，体系的连续性的断裂是断然不能以决定论的方式被归入当时的意识形态维度之中的。

② 相关文献可以在德洛埃特为《政治论》意大利文译本撰写的导言和注释中找到。但主要还可参考 M. 弗朗塞（M. Francés）为德拉·库尔兄弟（fratelli J. e P. De La Court）所著《政治平衡》（*Balance politique*, Paris, 1937）撰写的编辑说明和注释。弗朗塞广泛地收录了斯宾诺莎时代的政治学和制宪问题的论争。

混淆的。因为,比如说吧,如果我们将反权力(contropoteri)的动力机制难题视为构成过程(制宪过程)发展的难题的话,该论述给出的示例至少是含混不清的:一方面,斯宾诺莎将城市或地区的特权视为真正的群众自治而大加赞扬(在这里他提及的是阿拉贡王国的秩序)①;但另一方面,他又将莱茵和汉萨同盟与汉萨同盟城市的特权视为行会式的和不良的东西而予以否定(在这里他提及了行会秩序)②。就其他较次要的论述而言,情况也是如此,在那些论述中,我们根本看不到确切如正、反或左、右的清晰立场。唯当论述被推进到一个更高层面的时候——此时,"精明的佛罗伦萨人(指马基雅维利)"③被再次提及,而且分析也迅速地从辩难形式转入了对构成/制宪的规定性原理的肯定——,才又重新肯定了这样一种必然性,即"国家应该恢复它从一开始便赖以被构成的那一原理"。所以,若像《遗著集》编者为了自高其功所说的那样,妄称《政治论》为一场决定性的政治战役是毫无益处的。④ 再怎么说,我们也根本不能同意这种定位和指导这场战役

① 《政治论》第七章第30节,第276-278页。(格布哈特编《斯宾诺莎著作集》卷三,第321-323页。)

② 《政治论》第八章第5节,第295页。(格布哈特编《斯宾诺莎著作集》卷三,第326页。)

③ 《政治论》第十章第1节,第353页。(格布哈特编《斯宾诺莎著作集》卷三,第358页。)

④ 要特别留心《遗著集》编辑者所作的调整,这些编辑者显然有支持贵族政体的倾向。在《政治论》卷首插画页中,"aristocrazia(贵族政体的)"一词显然是他们所加;而第八章开篇首页对"eccellenza della aristocrazia(贵族政体的优越性)"的前提总结,很可能也是这些编者所加。(格布哈特编《斯宾诺莎著作集》卷三,第271、323页。)

的那些思想。在有些人看来,这种定位和指导思想是自由主义的和贵族政治的;而又有些人认为,它们是君主主义的和构成论/制宪论的;对另外一些人来说,它们归根到底是民主主义的(即便那一章还没写出来)和卢梭主义的!相反,斗争是内在于体系之中的斗争。这就是原理同现实之间的斗争——这个体系是由其原理所推动的,但是,从绝对主义和资产阶级的角度思考那个世纪的现实这一事实妨害了该体系的原理发挥其应有的历史性作用。

260

规划因而被推进到了一个现实的边界。规划并未破产,而是被悬置。这一规划虽与世隔绝地筹划了密谋和革命,但其中却也活跃着唯物主义的和激进的构成/制宪原理。它不可能克服那些它自己都理解不了的矛盾而走向成熟,——它只能靠自己去生长:就这些矛盾而言,它们是非存在的一部分,它们是死的矛盾。有关力量(potentia)的积极性和完满性的这一理论遂悬搁于权能/权力(potere)和否定性的虚空之中。《政治论》是一部失败之作,既然只能这样来理解它:它在政治学上的直接失败乃是世界胜利、"诸众"胜利、人的胜利的必然效果。故此,这个建设规划戛然而止,但留下了如何去占有它已经阐明的关键性力量(potenza)这一关键之点。这一政治哲学首次——在马基雅维利的早期实验之后——成为了关于群众(诸众)的学说。这一学说继承了文艺复兴的危机的世俗与民主的意义,而群众(诸众)这个维度也成为了革命的历史难题。斯宾诺莎在"诸众"的结构性运动的构成中记录的正是这些意义。这些意义代表了一种愿望:展望一种绝对政体、展望自由的绝对性的一种愿望。群众(诸众)与他们自身的物质关系的理性绝对性。《政治论》一书的悬置,虽是斯宾诺莎的逝世所造成的,但也同这种积极的、内在的实在症结相吻合。但这项规划毕竟是活的:它就在那里,随时在场,蓄势待发,随时准备着收集某种消息。时间、未来的维度、未来的概念已经形成——这是在被决定的历史板块边缘之上形成的、在愿望和想象之中蕴含的一种预见。但它是偶然的。存在的必然性——受制于张力的存在的必然性——无法被妄断已然在握。它继续自己生长,等待革命,等待哲学可能性充满强力的再次释放。斯宾诺莎并未预见启蒙,但他亲历着启蒙并充分展示了启蒙。须知,斯宾诺莎所需要的,乃是应被给予出来的新的现实条件——唯有革命才能给出这些条件。《政治论》的完成,有关民主政体的章节的完成,或确言之,有关群众(诸众)政体的绝对的、理智的和身体的形式的那些章节的完成,成了一个只可能内在于并依循着革命的现实难题。斯宾诺莎思想的力量以普遍性的方式绽放出它在革命的实际性中的意义。

第九章

差异与未来

Differenza e avvenire

1. 否定的思想和构成性思想

265

在17世纪哲学中，斯宾诺莎奇迹般地把危机纳入了规划之中。唯有他——这个匿名的、不可或缺的人物——把文艺复兴的危机当作应予把握的现实性。理论把握必须具有与乌托邦在危机中相同的绝对性潜能。斯宾诺莎哲学的反常即在于此：他的思想不能被化约为现代理性主义和现代经验主义的发展。这两种哲学都是内包于危机的，也都是二元论的和未决的哲学。它们一方面谙于超验的东西，将之当作排他性的观念复制的领地；另一方面则又专门辟出世界的实践领域。因而，这两种哲学都是竭力为定义资产阶级而工作的，它们无不努力地服务于资产阶级将自己在规定性上辨识为危机和中介的阶级而工作着。斯宾诺莎反对笛卡尔，重新将危机评价为一种存在论要素；斯宾诺莎也反对霍布斯，而使危机在存在论的建构主义中发挥其作用。①

---

① 有关这一问题，请再次参阅拙著《政治的笛卡尔》(前书已引)。此外可参看麦克弗森《占有式个人主义政治理论：从霍布斯到洛克》(前书已引)。斯宾诺莎与笛卡尔及霍布斯所拉开的距离证明了斯宾诺莎在现代思想中的反常这一现实。我们可以向我们自己提出一个问题，即，在斯宾诺莎去世后的那些年里(除了论争继续和妖魔化之外)这种反常为什么没有得到强调？这是一个有趣的问题。我们将在本章的下一节回过头对此进行论述。在这里

斯宾诺莎哲学展开的全部过程皆源自这个实质性的断裂。正如我们在本书的开头曾问过的那样:有两个斯宾诺莎吗?[1]是的,有两个斯宾诺莎。一个斯宾诺莎将文艺复兴乌托邦推到危机之点,并让它在世界的悖论中发挥作用;另一个斯宾诺莎则介入这个世界的悖论并使之被纳入伦理学重建的策略之中。这两个斯宾诺莎是同一个思辨规划的两个阶段,是针对同一个问题的解决办法的两个契机。我们可以用当代术语称之为朝向构成性思想运动的否定的思想。实际上,斯宾诺莎对绝对的透射关系图式(schema di omologia)的破坏性批判,是从绝对的内部展开的。如果说绝对的这些组织条件不可能再被彻底变革的话,那是因为这种内部批判将它们推向了不可调和的二律背反——这就是他的理论的否定契机。正是在这个以危机为导向的理论限制之中,思想有太多次的中断。然而,这个批判化了的理论生命体的活的条件似乎也代表了哲学活动的绝对条件。否定的思想进而归结为——在这个限制之中——一种愤世嫉俗的存在观、一种漠视一切存在论内容的纯然实用主义设计,故此,这种否定的思想形式化地投射(ipostatico)着这个批判化了的体系的逻辑顺

266

我只想集中讨论一下围剿斯宾诺莎思想的异常激烈的政治迫害和意图压制与诽谤斯宾诺莎思想的意识形态镇压。我们会再次看到,正是在思想史的政治学层面,斯宾诺莎哲学受到了抵制。强调这一点是至关重要的:斯宾诺莎那了不起的形而上学装置很快就被承认是政治学,它本身也直接地将自身呈现为革命性的思想。这确证了我的假说:真正的斯宾诺莎政治学就是他的形而上学。

① 参看本书第一章。

序。[1] 海德格尔继维特根斯坦而来。斯宾诺莎在这个哲学路线之外另辟蹊径。他重构了世界可思性的条件。不是一种开端哲学，甚至不是一种重新开端的哲学：重新开始，在这里不是选择，不是区分，不是固定一个新的支撑点，而是把整个存在的维度当成构成性的、可能性的——从推论而言，也是解放的——地平线全景。这个危机的空间是改造性规划的存在论条件，是作为解放的条件内在于无限之中的限度。在批判的和否定的思想上接入构成性思想，这一做法代表了对资产阶级所提出的理论谜题的解决办法。资产阶级之所以提出这个理论谜题，就是要用这个谜作为它自身对世界进行特定的神秘化的基础；也就是说，就是要用这个谜充当它的意识形态、它的占有活动的形象的基础。

斯宾诺莎思想——作为否定哲学的斯宾诺莎思想——所攻击的这些要点，实质上都是一些固定点，它们把多样性架构成了同质性和目的论。一种单义性的存在观被提了出来，以对抗所有的空间同质论，并支持了存在的多元的多变性；此外，这种单义性的存在观，同样地，反对有关存在之展开的时间性目的论。不将世界再现为单一的、平面的和表层的存在事件的一切可能的世界观，都是斯宾诺莎的机械论所否认的。神即事物的情况。

---

① 有关否定的思想中的危机及这种思想的理论局限的评论，请允许我提请读者参考我为马克西莫·卡西亚里（Massimo Cacciari）著《危机》（*Krisis*, Milano, 1976）撰写的评论，载 *Aut-Aut* 1976 年 155 －156 期。我在评论中表示，尽管我很钦佩卡西亚里积极恢复否定的思想效力的努力，但我也指出了，如果否定的思想不与构成性思想相结合的话，那么无论何种恢复的尝试都将会遭遇其局限。

神是多元性。一与多是同一的、不可分割的力,在这一绝对的场地之内,除了诸事件的总体性呈现之外,不可能给予出任何数值化的后果。每个事件都是绝对本身。① 而构成性思想所展开的要点都是得自于批判过程的要点:基点、场合、事件——所有这些都是在规定性的形而上学敞开的场地中出现的——同样地也都受存在的总体性的紧张支配、受存在的总体性的力量支配。对世界的重构,因而就是事件、事物持续地完成物理组合和再组合的过程本身,此种组合和再组合的机制就是历史的、实践的、伦理—政治的自然构成性的机械论。

这个过程和这些步骤都不是辩证法的:在斯宾诺莎那里没有给辩证法划出地盘,因为存在论的构成性过程根本不知道什么否定和空无,哪怕是并不具有悖论或理论翻转形式的那种否

---

① 显然,我在这里——如我在本书中常常做的那样——又涉及了德勒兹《斯宾诺莎和表现难题》(前书已引)的论点。德勒兹的理解之所以极具优点,是因为他抓住了斯宾诺莎思想中有关个别性和平面的那个维度,这个千头万绪的体系可被归总为我们所说的“世界的悖论”。但是,在我看来,这种直觉和这种证明还可以被扩大和推进,不仅使之构成基础,而且还可以构筑起一个“二级”部分:在这个部分里,有关个别性和平面的思想发展为建设性的和构成性的思想。当他强调说有“第二个斯宾诺莎”存在——也就是存在于《伦理学》附释之中的斯宾诺莎、存在于《伦理学》论证配置结构中的斯宾诺莎——的时候,他差不多已经达到了对这一点的意识。然而,他毕竟仍旧将这个斯宾诺莎形象定位于伦理科学本身的场地和宏大道德修辞的领域之中,而未能将之厝置于存在之新理解的场地之中。但我还是要借此机会特别说明,若无德勒兹的工作,我的工作也将是不可能的。

定和空无。[1] 这个构成性过程在量的方面和质的方面进行着积累，总是不断地占领新空间，总是不断地建设着。斯宾诺莎的逻辑中也根本没有可能性前提假说的余地，它只考虑实际的迹象和征象。[2] 存在的多变性——存在本身就是多样多变的——内在于物质活动的系统之中，这个物质活动的系统呈现出多元的配置和形象，经历着组合和自我构形的过程。伦理活动见证了这种动态机制的充分展开。在《伦理学》从第二部分命题十三到第三部分和第四部分（第四部分是斯宾诺莎思想的真正核心），物理学情状向伦理学情状的过渡从那些公理性的和现象学的角度且不带任何形式主义地充分展开。《伦理学》以其全盘规划和配置，为构成性实践的现象学提供了最基本的一组公理。《伦理学》是方法论的著作，不是因为它的繁复的几何学方法为研究给出了一种范式；相反，是因为它是一部开放性的著作，是在规定性上对占有和

267

---

① 马舍雷在《黑格尔或斯宾诺莎》（前书已引）中较其他解释者更好地强调了斯宾诺莎同辩证法思想之间拉开的距离。然而，他的理论关切却使他对这个问题仅停留在直觉上，没能将直觉提升到它应有的透彻程度。马舍雷的工作严格以阿尔都塞式的结构为基础，以至于仅只对辩证法作批判界定，虽对斯宾诺莎思想的分析论核心作出了深刻研究，却未能对其应有的构成的地平线全景（orizzonte costitutivo）作出界定。

② 参看金兹贝尔格（C. Ginzburg）收在文集《理性的危机》（*La crisi della ragione*, Turino, 1979）中的文章。我不认为我将“sapere indiziario（征象的认识）”运用于我所理解的斯宾诺莎的认识是过度利用了金兹贝尔格为“sapere indiziario（征象的认识）”所赋予的含义：实际上，我的意思不是说它们完全相同，而只是说，我所理解的斯宾诺莎敏锐捕捉的那种具体的知识综合，正与征象的知识所吻合，这种知识不是“镜子”式的，而无疑是形而上学的。

建设世界这一人类任务的首次勾勒。在斯宾诺莎的论述中起着总体目标的作用的,乃是一系列绝对现代的条件:他的论述目标不仅仅是可以使推论性认识的迫切需要得到满足的演绎精神,还是某种真正的唯物主义和切实的集体主义,这种唯物主义和集体主义在构成性过程中起着前提条件的作用。流溢论哲学(在文艺复兴条件下得到重构的流溢论哲学)、属性理论和平行论学说,渐次消失在逐渐显明的否定的思想之中,世界重现出它的物质活性,社会再次呈现为自身的集体性决定机制。唯物主义和集体主义是构成性思想的两个基本方面。存在论构成只能被给予为物质要素——物理的和社会的物质要素——的占有和积累。同样地,这里也没有什么辩证法:斯宾诺莎思想——正如它不知道何为辩证否定一样——并不知道垂直的扬弃机制(或者,确言之,斯宾诺莎思想认为那种垂直的扬弃机制是一种解放的诱惑)。斯宾诺莎这里的新东西和在质上完全不同的东西是由构成性过程的复杂性所标志的,这些构成性过程有着物理学层面的动态的(惯性的)决定机制,而这些受决定的构成性过程必然地在伦理和历史层面呈现的决定机制则是“appetitus(冲动)”和“cupiditas(欲望)”。这一首次严格地对现代思想作唯物主义理解的思路,因而可以归结为构成性动力学,既是物理学的也是伦理学的构成性动力学。

否定的思想和构成性思想之间的关系,如其在斯宾诺莎哲学中产生那样,也是科学理论领域中的关键。在斯宾诺莎那里,科学被认定为建构、自由和发明。它绝不以目的论或神学为条件。资本主义为其自身发展而建构的科学模型也被纳入了否定的思想的批判之中。如果资本主义是一种绝对的历史之力,这种力生产着组织和等级,并以利润形式强加资本主义生产,那么,资本主义科学只可能是目的论的。而在这里,否定的思想的批判直接反对这种科学。① 当然,科学不能仅被设想为一种实践力,因而科学在所有情况下都是同规则的机制相联系的,可是,现代性的科学却恰恰是对绝对权能(potere assoluto)的测绘和勾勒。由于这种科学的活动手段是目的论的,它的绝对权威只能建立在二元论基础之上,只能建立在利润与命令的超验基础之上。然则我们该将批判定位在什么地方呢?显然,批判即为对科学与权能/权力(potere)交互关联的批判,对科学的决定机制授予权能/权力(potere)以绝对性的批判。权能/权力表现为命令、等级、财富等等。斯宾诺莎思想相对于现代思想而体现出的本质性差别就在于,它的基础乃是对科学与权能/权力的同族关系的批判,无论这种同族关系是以何种面目出现,无论是结构性的还是形式性的,无论是霍布斯式的还是笛卡尔式的。这种批判的前提条件将斯宾诺莎思想抛入了未来哲学的场地之内。未来哲学也即预见的哲学,它激进地好争好辩,并已经掌握了一种充分的视角,敏锐地辨识

268

---

① 有关现代科学的发展,有关现代科学在资本主义发展中——实际上是在被视为科学的内在动因的技术中——的完美功能性特征,请参看保罗·费耶阿本德(Paul Feyerabend)的《反对方法》(*Contro il metodo*, Milano, 1979)。显然,当我们把隐含了对现代科学的某种反对意见的思辨态度赋予斯宾诺莎的时候,他的思想就会受到二度反思。毕竟这样做是很重要的,如果重构现代思想史的书写的基本目标就是打破思想史的单义性(univocità)进而抓住内在于其中的另类可能性的话。在这本书中,正如我在《政治的笛卡尔》中所做的那样,我尽量落实这一观念,也对现代政治思想作这样的考量。将这种做法运用于科学思想本身同样是必要的。费耶阿本德在这方面作出了激动人心的研究。

出科学和资本主义体系的时代性危机。[①] 它与众不同地表现出了构成性思想。科学应被运用为解放的机器,这一可能性和必然性造就了这种构成性思想。根本性的要点正在于此。否定的思想与构成性思想的交叉勾画出了经过批判的总体性与解放规划之间的共振点,并在这个共振点上决定出一种和谐的作用力。解放规划的宏大性与批判的否定规划的激进性交相呼应。这样一来,科学也就被放回到了伦理—政治的维度之中,因而也充满了希望。我们已经注意到,斯宾诺莎所处时代的荷兰,其文化氛围既相对独立,又具有历史的反常性。这种文化氛围没有经历过科学在其中协调一致地发展的那种市民环境的消亡。绝对权力(potere)的学术还未被推行,文化统一性还坚持存在,体现为伦理的善和认知能力之间的共生互利。斯宾诺莎的科学观所主张的并非一种古风式的规划。他的哲学有一种前抛性的时间,这与它所处的历史时间是不同的,而正是这种前抛性时间所实现的超越和配置,构成了斯宾诺莎科学观的本质方面:这是一种预构、创造和

---

① 所有现代思想,资本主义起源时期的思想,都应该从资本主义危机的角度得到重新评估。对资本主义发展给它的基因组成成分强加的特定综合进行识别,不能简化为纯粹的功能图式的建构(比如伯克瑙在他的著作中所做的那样,但毕竟其著作在有关制造业思想的起源问题上是极为重要的)。如今,发展已经完成,资本主义危机已然成熟,我们不再被裹挟于它的运动之中;相反,在与之拉开了一段距离之后,我们可以清楚地看到它的基因组成成分。这种发展的可能的替代方案——至少就这可能的替代方案表现为革命的方案而言——应该同着眼于这种危机的理论思考联系起来。我想,A. 索恩-雷特尔的《智力和体力劳动:通向社会综合的理论》(前书已引)已经做到了这一点。我们应该记住这个很好的范本。

解放的科学观。这种构成性规划因而将科学规定为非目的论化的本质,规定为自由活动的积累。它肯定不会将科学设定为自然,而是设定为第二自然;它肯定不会将科学设定为认识,而是设定为占有;它肯定不会将科学设定为个人占有,而是设定为集体占有;它肯定不会将科学设定为权力(potestas/potere),而是设定为力量(potentia/potenza)。《依几何学顺序证明的伦理学》本身就是科学——有关客观存在者的科学,这种客观存在者将其自身的自然、将其自身的朝向进步的张力理解为解放。①

在这一重构的框架之内,斯宾诺莎规划的宏大性令人吃惊。我们不知道该如何解释究竟是什么历史动机使它反常地实现了这样一种转化,即从宗教的和形而上学的奠基转化为人文主义的和革命的规划。逐一查明造成这种转化的历史要素倒在其次,重要的是它们体现的绝对性本身。这些历史要素具有一种扩展性的内在节律,乃至于批判并不直接源于这些历史要素。这并不是因为批判改变了历史要素的力量,而是因为它依照这种内在节律校准自身并对之进行了重构。对传统哲学成分的综合,在斯宾诺莎那里是在破坏和打散的意义上实现的。如果不理解斯宾诺莎哲学的质的飞跃,而仅去探求这一哲学的前提是毫无益处的。斯宾诺莎与他之前的形而上学历史进程的连续性就在于彻底的非连续性,这种非连续性通过解放的规划而使意识与自由的乌托邦(这是西方思想的遗产)得到高扬。他看世界的视角却不是乌托邦的,内在论亦非感性的,解放也不

269

① 我想在此强调与之类似的一个哲学思想模型在革命思想史上的重要性,请参看拙著《超越马克思的马克思》(*Marx oltre Marx*, Milano, 1979)。

再是如神创世那般的①,但是,所有这些又都是前提,构成了根本。

攻占世界、使人获得解放、消灭世界中多种二律背反并不断地让切分(二元论的、超验论的切分等等)再生——这种现代哲学的难题,被斯宾诺莎通过知识理论和历史理论重新定义。同样地,斯宾诺莎也消灭了芝诺悖论:前进,让现实运动起来。斯宾诺莎哲学源于存在之存在论悖论的彻底性:若要接受某种假设,那么唯一可能的假设就是世界的实体化(ipostasi),以及它的物理学向实践展开的必然性。这是一种直接生产的世界观,世界以自己为基础直接生产;这也是一种现代的科学观和以世界为对象的——既是技术的也是解放的——知识观。这是一种彻底唯物主义的存在观和世界观。

在我们看来,斯宾诺莎思想在西方形而上学史中构成的这种差异,代表了现代思想理论发展的最高点。换言之,斯宾诺莎思想在我们看来代表了克服资产阶级思想中种种二律背反的一种策略。但因为资产阶级意识形态本质上建立在这些二律背反的基础之上,这种克服也直接就是对这种意识形态的克服。斯宾诺莎把在其直接性之中的存在向我们给予出来。斯宾诺莎消灭了存在的联系及中介和资产阶级权力的联系及中介之间的同族关联。斯宾诺莎使世界成为了一个欢快建设的场所,这建设源于人

---

① 这里原文为:“la liberazione non è più artigianale”, artigianale 为“工匠制作的”,奈格里显然暗指柏拉图所说的“神—工匠”的创世活动。在柏拉图那里,神被理解为“造物主”,其活动方式是将形式与物质依据自己的自由因而装配在一起。奈格里在这里使用“artigianale”一词来说明人的解放在乌托邦意义上是自己的自由实践的过程和结果。故将该句译为“解放也不再是如神创世那般的”。——译注

的直接需要。① 斯宾诺莎这里的独特差别使哲学发生了唯物主义转向，这种转向或许唯有到了晚期资本主义危机的成熟研究阶段才能发挥出它的确定意义：它的策略是当代的，它的种子已经展开了它的潜能。唯物主义哲学以往的历史向我们表明，至少在现代和当代思想中，它是以完全次要的方式——甚至是寄生的方式——发展着的。但是，直到斯宾诺莎的思想这里，在其思想的整合之下，这个传统被有力地重构了。② 这个传统的创新精神被斯宾诺莎构成性思想的人文主义的和实践的奠基所继承。③

---

① S. 扎克和 G. 德勒兹——以及其他众多解释者——从不同视角都明确指向了一种观念，即，需要哲学（una filosofia dei bisogni）是斯宾诺莎思想的一个组成部分（但非重要的部分）。这一思想脉络直接为 A. 马尔库塞（A. Marcuse）和 A. 赫勒（A. Heller）所赓续。

② 我仅限于参考出版时期很早的朗格（Friedrich Albert Lange）的《唯物主义史及其现时代意义之批判》（*Geschichte des Materialismus und Kritik seiner Bedeutung in der Gegenwart*），而且也限于对该著就实证主义和新康德主义的综合的参考。实际上，唯物主义还未被历史化！从这一点来看，唯物主义似乎是双倍地被置于现时代中的从属地位：一则它被从属于哲学的那条"宏大"线索，再则被从属于科学史。尽管古代唯物主义的基本代表人物（德谟克利特、伊壁鸠鲁等）已有经典论述著作，但有关现代唯物主义代表人物的论述却仍然匮乏。

③ 关于人文主义的实际起源和它在斯宾诺莎那里经历的改造（以及这些改造所引发的新方向），请参看 M. 鲁贝尔的《与斯宾诺莎相遇的马克思》，载于《马克思学研究》（前书已引）1978 年 1—2 月卷，第 239 -265 页。有关这一问题还可参看 R. 蒙多尔夫（R. Mondolfo）提供的那些清晰洞见，见其论文《马克思主义"革命的实践"概念及其在布鲁诺和斯宾诺莎那里的萌芽》（"Il concetto marxistico della 'umwälzende Praxis' e i suoi germi in Bruno e Spinoza"），载《卡尔·格林伯尔纪念文集》（*Festschrift für Carl Grinber*, Leipzig, 1932）。

270 斯宾诺莎思想在呈现为否定思想的时候,在阐明资产阶级乌托邦并使这种乌托邦在其精神性的田园牧歌的极端抽象后果之中幸存下来的时候,是完全观念论的;但另一方面,一旦他的思想以建构性的方式被配置起来的时候,斯宾诺莎思想则又完全是唯物主义的,这种唯物主义思想将理念世界的不可能性颠倒为世界构成元素的唯物主义张力,并且将这些元素体现在一种实践规划之中,把它们纳入世界解放的猛烈的动力学系统之中。"Benedictus maledictus.(受诅咒的,有福了。)"这是一位被他的时代——资产阶级和资本主义的时代——所憎恶的哲学家。这种憎恶是有其理由的。从未有一种哲学令人感觉如此特异。实际上,被意识形态和共同感情——被权力(potere)所主导的意识形态和共同感情——体验为最实体性的、体验为它自身最本己的一切东西,都是这种哲学攻击的对象。列奥·斯特劳斯指出:"如果说每一个完整的社会确乎必然会承认有某种东西是绝对禁止被取笑的,那么我们可以说,侵越这一禁令的意志,无所顾忌,正是马基雅维利的意图的本质所在。"①这也是斯宾诺莎的意图。他以一种极其关键的方式同他哲学所处的历史时间断裂了开来。他以一种充分的方式将这种断裂投射进未来,投射进使解放的规划之领导权成为可能的那些思想条件之中。

故此,斯宾诺莎的这种特异性是多么具有建设性,这种否定性是多么地是构成性的啊!在欧洲哲学史中,这两种理性的有机结合是一个根本性的东西。斯宾诺莎是锻造出这一逻辑机制的

---

① L. 斯特劳斯(L. Strauss):《关于马基雅维利的思考》(*Pensée sur Machiavel*, Paris, 1979)。

第一人,而资产阶级哲学在其随后的发展过程中将持续不断地企图对这种逻辑机制加以阉割。在康德主义那里,在古典观念论中,斯宾诺莎一直是一个反面教材和争论的对象①:否定意识形态与建设世界之间的相关联性、界限、物质性以及无限性的内在性——所有这些都必须统统被消除掉。对一切观念论传统和立场来说,否定的思想只能作为怀疑论、作为 pars destruens② 而存在,——把它混同为规划的人,有祸了!观念论思想一心想要的是奠基的单纯性(ingenuità)和纯粹性(purezza):斯宾诺莎否定的思想为存在勾勒出了充满力量的复杂的场域特征,勾勒出了存在的力量性的、复杂的周流不息和多变性,所有这些在观念论思想看来都是不合法的,都是不可接受的。在观念论中,对真理至爱与对存有之存在的激情是分离的。这种做法无疑有一种神秘化的效果。在斯宾诺莎这里,真理和存在只可能是互为效果的单一性,只有构成性的、物质性的和集体性的实践才能解释、说明和生产这种单一性:在斯宾诺莎这里,超验模式论只能是实践的、物质性的。世界只有通过在自身的被给予性之中辨认自己才能使它自己的绝对性得到高扬。这就是解放过程中理性的东西。有限和无限生产出了通向解放的张力。除了世界的绝对性之外,我们再不可就世界说出别的什么东西,世界就是靠着实在之事实生生不息的。在斯宾诺莎这里,在现代世界起源之处,形而上学学说

---

① 有关斯宾诺莎与古典观念论的关系,参看 N. 阿尔特维克尔(N. Altwicker)编《斯宾诺莎主义发展史资料汇编》(前书已引)。

② 拉丁语修辞学术语,"论争中批评观点里最具否定性的部分"。——译注

和科学理论首次被以完全兼容并行的方式给予了出来。在形而271上学学说先行再继之以资产阶级科学理论的这种顺序之外,斯宾诺莎的兼容并行的形而上学学说和科学理论根本性地另辟蹊径。斯宾诺莎践行了一种另类的选择,今天这种另类的选择是现实的。有关完满空间和开放时间的斯宾诺莎式分析论正在形成一种解放伦理学,这种伦理学所涉及的解放是在该分析论所构筑和具有的全部维度之中的解放。

2. 伦理学与反乌托邦的政治学

斯宾诺莎的真正的政治学就是他的形而上学。资产阶级思想的辩护学说却反对这种潜能,想尽各种办法以"斯宾诺莎主义"的名义使这种形而上学的真正政治学潜能神秘化并缴械投降。但斯宾诺莎形而上学同他的政治学论述是贯通一致的,其政治潜能是在形而上学这个领地内以特殊的方式被阐明的。在这里我们必须对这些潜能予以澄清。

斯宾诺莎的形而上学把存在向我们呈现为生产性力量,也把伦理学向我们呈现为需要——或确言之,把伦理学向我们呈现为生产性需要——的现象学表达。在这一框架中,对世界的生产和占有的难题成为了根本性难题。但这一难题并非斯宾诺莎所特有:17 世纪提出了相同的难题,但却是将这个难题作为解决了的难题提出的,而其解决办法的核心依据就是命令假说、秩序等级假说、不同占有程度假说。考索一下 17 世纪哲学,我们便能得出两种根本性的意识形态形象,它们的意图都是要以资产阶级秩序来确立并表述"旧制度"的意识形态:一方面是从亨利·莫尔[①]到各种基督教唯灵论的形形色色的改良版本的新柏拉图主义[②],另一方面则是机械论思想[③]。这两种学说的作用就是对日渐突出的新的关键性现象——市场——进行表述。它们把劳动与价值的联系和生产的循环解释为利润的积累、指令的确立。新柏拉图主义方案将等级秩序引入市场的流通系统之中,而机械论则将指令当作市场所需的、市场所要求的、市场所命令的二元论张力而大加赞扬。在这两种意识形态(新柏拉图主义总的可归为后文艺复兴,而并非属于17世纪本身)之间,涌动的是该世纪前半叶的大危机。机械论是有关这一危机的资产阶级哲学,是不断结构化的市场的观念形式及其意识形态,是绝对权力的新技术体系。[④] 在这一语

---

① 亨利·莫尔(Henry More,1614—1687),英国剑桥柏拉图主义哲学家,神学家,笛卡尔学说的追随者。——译注

② 尽管许多作者已经就现代哲学中这一极其重要的阶段产出了大量的论述,但据我所知,这些文献既不够丰富,也不够确切。实际上,科学哲学领域(如柯瓦雷的工作)较政治学理论或经济科学领域更深刻地研究了新柏拉图主义复兴的全部历史意义。显然这一空白应予尽快填补。关于莫尔,关于他同笛卡尔以及大陆哲学整体的关系,参看拙著《政治的笛卡尔》。当然,任何对工业文明起源时期新柏拉图主义的这类研究框架,都应该把后笛卡尔主义哲学家——他们具有强烈的唯灵论倾向——纳入考察。

③ 机械论思想已经得到了非常广泛的研究。一方面,我们可以读到伯克瑙的重要著作,另一方面还有勒诺布克(Lenobke)的著作可以参考。尽管二人的出发点和方法完全不同,但两位作者都获得了同一种结论。

④ 有关这一问题,请参阅拙文《现代国家难题》("Problemi dello Stato moderno"),载《哲学史批判评论》(*Rivista critica de storia della filosofia*),1967年。我在该文中论述了绝对主义对国家的再组织方式的基本论点,探讨了这种再组织形式同17世纪各种形式的哲学之间的联系。

境中,生产力乌托邦——这种乌托邦是文艺复兴革命牢不可破的遗产——被打散并被再生产出来:散裂为对自然和财富的社会性、集体性连续占有过程的幻觉(这确乎是一种幻觉);被重构,先是被重构为指令的观念,继而则是被重构为利润形式的不断的、进步式的占有这一假说。这就是市场的观念:它是对劳动和价值的(神秘化的和崇高的)复制;进步论的乐观主义、理性的进展、对一切都在不断优化的信念——所有这些都扩展并弥散在剥削—利润关系之中。① 生产力的形而上学,在被危机打破之后,借助市场而被重新组织起来——17 世纪哲学就是它的表述。这是根本性的思想,资产阶级巴洛克文化就是围绕这一理论得到配置的:它使危机的物质效果理论化,也以乌托邦和怀乡症的方式把总体复制为一种覆盖物,包裹住市场的机制。请注意,这种解决方案的系统——它在这个实际包括了霍布斯、笛卡尔和莱布尼茨的哲学在内的所有哲学中起着功能性的作用②——所具有的领导权如此强大,以至于它强加了——在这个世纪里,并且在这个世纪的直接环境之中——对斯宾诺莎思想的一种主导性解读,这就是"斯宾诺莎主义"! 穿凿附会地将斯宾诺莎形而上学化简为借助新柏拉图主义的、流溢论的晚期文艺复兴形象对资产阶级社会图

272

---

① 有关市场观念,请再次允许我推荐参考卡尔洛·贝内蒂(Carlo Benetti)的《亚当·斯密》(*Adamo Smith*, Milano, 1979)。正是通过这一图景,才可能解释唯灵论何以迫切而气势汹汹地要在斯宾诺莎思想中再次引入二元论。这种理解的基本典范是前面多次提及的 F. 阿勒基的著作,该著作论述了"观念(idea)"—"观念的观念(idea idearum)"的主题;或者说,论述了唯灵论、观念论、认识论和存在论对斯宾诺莎思想的复制这一主题。

② 参看埃斯勒的《莱布尼茨和资本主义精神的形成》(前书已引)。

景的一种重写。巴洛克式的斯宾诺莎吗？不，如果我们顺着这个思路去探究，便会发现一种虚假的、老旧的反对危机的形象，它在单纯的文艺复兴形式中让乌托邦重现——我们能发现的不是别的，纯粹是斯宾诺莎主义。① 当古典主义观念论援引斯宾诺莎的时候，实际上它仅仅是在援引(或发明?)斯宾诺莎主义，是在援引资产阶级的资本主义市场革命的文艺复兴哲学！②

斯宾诺莎的成熟思想是生产力的形而上学，它从不把市场的关键性断裂视为一个神秘的超验性事件而予以考虑，而是把占有与生产力之间的关系解释——直接地解释——为解放的内在机制。物质的、社会的和集体性的解放。斯宾诺莎并不否认市场的关键性断裂；毋宁说，他反对的是有关这种裂隙的已被决定了的、17 世纪的解决办法。斯宾诺莎将这种危机当成人类本质发展的

---

① 让我们作一试想，比如说，笛卡尔会对斯宾诺莎的哲学持什么态度呢？在我看来，他或许会视之为那些文艺复兴概念的复兴——尽管斯宾诺莎本人也是一直反对这些文艺复兴概念的(参看古米埃[Goumier])。笛卡尔还可能将斯宾诺莎思想混同于鲁尔或莫尔的思想。这种理解在斯宾诺莎解释史上是很常见的。[奈格里在这里所说的“鲁尔(Lullo)”，当指犹太喀巴拉主义神秘主义大师雷蒙·鲁尔(Raymond Lull, 1235—1315)，著有《组合之书》，鲁尔也是近代早期化学的实践者之一。——译注]

② 毫无疑义，在黑格尔那里，斯宾诺莎主义是作为资本主义的一种乌托邦哲学出现的，代表了存在的客观论和否定辩证法的开端。也就是说，黑格尔将斯宾诺莎等同于论述生产的乌托邦的哲学家，是首次识别出生产发展的危机节律的著作家。而黑格尔恰恰是准备在哲学上绝对地完成这一早期方案的哲学家。所以，斯宾诺莎主义从一开始就被简化为了生产力和生产关系之关系的哲学。但斯宾诺莎思想全然是另外的东西！

一种要素,在否定市场乌托邦的同时,肯定了发展的非乌托邦。占有的集体性质是第一性的和直接的,它直接体现为斗争——斗争不是分裂,而是构成。总之,斯宾诺莎明确拒绝了生产力和占有之间关系的资产阶级的和资本主义的组织方案。对此我们还要在下面加以论述,作更为集中的阐明。在这里,亟须做的就是对斯宾诺莎的断裂、对反乌托邦这个中心命意的重要性作一深描。因为这乃是使在资产阶级思想之外另辟蹊径的关键性、原创性替代方案得以固定的要点所在。这种替代方案,既发现并在理论上高扬了生产力,又摒弃了对这种生产力的资产阶级组织方式。现代思想史是必须被视为这种新生产力的难题性(problematica)的思想史。这种在意识形态上具有领导权的思想线索是为资产阶级的发展服务的:这个线索服从于市场意识形态,这种市场意识形态有着新生产方式所强加的那种被决定了的形式。正如我们已经充分证明了的那样,难题即从霍布斯到卢梭、从康德到黑格尔的形而上学体系中市场二元论的实体化(ipostasi)。[①] 故此这也是现代哲学的核心思路:对市场的神秘化成为了发展的乌托邦。另一方面,还存在着斯宾诺莎的断裂,——这一断裂最初由马基雅维利肇端,后来又由马克思完成。市场的反乌托邦,就此而言,成为了对生产力的一种确证,将生产力确证为解放的场所。而在西方思想史中,我们是不可能充分坚持这种内在而可能的替代方案的:它是尊严的标志,而另一种思路是耻辱的徽号。斯宾诺莎的断裂把握住了神秘化的核心;它在真正意义上首次看到了市场的关键机制,这种机制正是市场的耻辱的症状和显现。

273

① 参看本书第四章和第六章。

市场是迷信，而且是以摧毁人的创造性为目的、为了生产出对生产力的恐惧而被设定的迷信；是一种藩篱，封锁了构成和解放的道路。斯宾诺莎的断裂的厚度(spessore)是无以复加的，是有着再深远不过的意义的。

现在我们就来看看斯宾诺莎的反乌托邦的内容。作为力量物理学的一种形而上学和作为构成的一种伦理学。我们已经详述过斯宾诺莎在对这一研究前提的推进、使之达到其真正规定性的过程中是怎么做的。现在的问题是，对这种推进的政治特殊性作一总结。反乌托邦，或毋宁说，使构成性趋势和被决定的、关键性限界相交织的勾连，被斯宾诺莎在绝对内在性的视域(orizzonte)之中看到。构成这个概念是无关于任何超然在上的、超验的层面的。这个过程的每一个关节都完全、一律地处于伦理学规划范围之内：这个过程处于无差别地从物理学维度延展至伦理学维度的张力之中。这种张力就是对存在的建设的张力。存在肯定自身，非存在否定自身——审慎而直接的肯定和否定。不存在辩证法，存在就是存在，非存在就是无。无：幽灵、迷信、阴影、反面。非存在就是建设规划的障碍。相反，存在的形而上学直接化为伦理学和政治学。存在的形而上学也经受着来自无的诱惑和危险。但是显然，它是能够绝对地抵御这种诱惑的。在斯宾诺莎的反乌托邦中，政治的中心性是对存在的绝对肯定性的一种确证。在面对将政治学构造成狡计手腕和支配的领域的领导权政治学理论时，斯宾诺莎却强调说，政治应该是"审慎的权力"；也就是说，应该是对一致同意和自由的集体组织方式的一种有决定的构成。面对意在确立绝对义务学说的政治哲学的时候，斯宾诺莎则在现象的过程中设定了所有规范性的基础。在面对意图使得社会组织成为市场的自发形式的意识形态的时候，斯宾诺莎相反地提出，社会的构成应该是生产力发展的对应物。“potentia（力量）”、占有，在斯宾诺莎这里是人的集体性和人的渐进性解放条件的构成性要素。在面对因掌握了领导权而在 17 世纪哲学中异军突起的占有式个人主义的时候，斯宾诺莎强调另一种构成性过程，那是一种非线性的、实际的构成性过程，是一种被决定了的、有效的构成性过程，而不是目的论的构成性过程。不断展开着的自由构成了存在，不断构成着的存在决定着自由。实际性，仅能通过把握其效果特征而被预见；必然性，作为一种效果、作为自由的一种尺度而被置出。

274

有人还谈到过一个自由主义的斯宾诺莎，还有人谈论民主主义的斯宾诺莎。按照这同一种标准，我们还可以说有一个支持贵族政体的斯宾诺莎，或有一个支持君主政体的斯宾诺莎——已经有人这么做了。也许还有一个无政府主义的斯宾诺莎？但没人这么说过。把政体形式和国家理论的各种标签贴在斯宾诺莎的政治形象上是徒劳的做法——即便说“无政府主义者”斯宾诺莎是不无道理的！另一方面，“无神论者”和“无政府主义者”的指责，在 ancien regime（旧制度）的几个世纪中，难道不是一直都是指向他的吗？但这毫无意义。难题不是政体形式，而是解放的形式。斯宾诺莎的政治难题是将自由和理性给予出来，将需要的直接性以及这些需要在社会层面、集体层面的显现给予出来，将存在的力量潜能性（potenzialità）的绝对性给予出来。对所有政体形式进行界定，都得面对存在的力量（potenza）这个问题；但在对政体形式作界定时，却让这种存在力量消失不见了。政治学的首要经验作用和认识作用在于，它应该在解放的牵引力和被决定的限界之间建立一种关系。但是这种关系也应该是不断被超越的，不是借助否定的系统、借助一系列指令实现这种超越，而只能是通过不断深入的、完整的、物质性的对占有的规划去实现这种超越。斯宾诺莎所知道的唯一的积累，就是解放的集体性工作的积累。

政治是斯宾诺莎形而上学的中心，并且突出了它在现代西方思想路径之外另辟蹊径的这种替代性方案。政治，从理论的视角，具体地体现了这种另类形而上学。尤其也从实践的视角使这一另类形而上学得到了具体呈现和显现。被压迫的少数群体、被剥削的无产者争取自由的数百年斗争——以推翻资产阶级所强加的新统治体系为目标的伟大社会抗争，新生产方式释放的日益成熟的和扩展性的种种对抗——所有这一切都在斯宾诺莎思想中归结为一个极具表现力的拱心极点。斯宾诺莎政治学，作为另类形而上学的作用结果，是资本主义生产方式发展的真正历史反题。占有是这里的一个构成性关键，而非对统治规范予以合法化的基础，这一事实说明并预示了欧洲数百年历史中构筑起来的人文主义理论经验与解放的具体经验之间的真正关系。在抗争悲惨现实的这些迂回交错的道路上，这种哲学何其壮丽：斯宾诺莎就是它的赞词！①

275

我们还是回到反乌托邦上来。它不是被设想为某种残余的要素或仅仅是辩证法意义上的相关项，甚至不能被设想为具有领导权和统治地位的现代和当代思潮的反面！斯宾诺莎的反乌

---

① 有关斯宾诺莎思想的这个维度，有关争取自由的斗争的尊严——这是斯宾诺莎思想的标志，并使之成为一种伟大的哲学——，请参考 L. 斯特劳斯《迫害和写作的艺术》（前书已引）。

托邦——仅就它是且首先是财富而言——是反抗,是抗争;使这一反乌托邦得以构成的是限界和趋势之间的张力,使它获得了形式的是形而上学层面的占有的和构成性的冲力,所有这些都是财富,是生产力的解放。我们可以说——这种说法当然是对斯宾诺莎的论述作了概括,但毕竟是按着这一论述自身的合理性来进行概括的——这种反乌托邦之力是被置于一切伦理学和政治学阐述之上的,它实际上是一种向完全而彻底地由自由构成的社会过渡的哲学!在这反乌托邦中我们是否能察觉到一种乌托邦呢?许多阐释者①以不同的方式使他们自己相信他们得出了这个确定的结果。他们在阅读斯宾诺莎的时候,心念实际上是从这个结论出发的,也是回到这个结论上的。但批判性的理智不可能接受这种观点。实际上,在《伦理学》第五部分里,这种构成性张力是一直起着支配作用的,即使在《伦理学》的这个部分乌托邦以强有力的方式复归了。② 实际上,反乌托邦思想的解放性冲力绝不可能处在板结的机械系统的视域之中,绝不可能。解放是一种过程,这不是因为解放是对未来的感知,而是因为它是对现在的刺激,并贯穿在整个现在之中。解放是一种需要,是需要——转变为实际并决定着现实中所有新的配置和新的实际性的那些需要——的存在论体系。这个体系刺激着现在,构成着必然性和可能性的同步吻合——这种同步吻合正是斯宾诺莎有关存在的形而上学的标志——的既悖论又有效的关节点。potentia - appetitus - cupiditas - mens(力量—欲望—冲

---

① 扎克、考西和阿勒基等差异如此之大的作者却都得出了这个结论。

② 参看本书第八章最后一节。

动—心灵）：构成性实践为反乌托邦赋予了形式。反乌托邦是对受决定性、对现象学、对实践的理论表述。作为决定机制的反乌托邦、作为被决定的实际性的反乌托邦。解放即反乌托邦。也就是说，周流不息的存在生产性和丰饶性是以解放过程为前提的，而反乌托邦在这一基础上显现着它的力量。伴随着自由，存在瓜熟蒂落。自由和幸福因而是作为存在的显现而被建成的。反乌托邦是推进存在的力量所留下的踪迹。但即便是这种定义也难免生出歧义的危险：因为在斯宾诺莎那里，表现（espressione）和被给予（datità）之间的关系、趋势和界线之间的关系、创造与受造之间的关系，所有这些关系是如此紧密，它们都与存在的具体决定机制相联系。单独谈论或单独指涉存在力量本身难免失之于再度引入不可接受的二元论或形式性存在的种种表象。这是不可接受的。使存在的力量得以确证的，只可能是存在的平面性和完整性；使存在的实际性得以被测知的，只可能是存在的被给予性！因而，解放就是人的活动性——多元的、有伦理动机的人的活动性——同呈现在它自身的被给予性和受决定机制中的存在的力量的汇合。解放就是对无限的组织化，就是人的力量的展现——无规定者的受决定的表现，这就是人的力量。反乌托邦是无限的具体组织方式。 276

斯宾诺莎思想相对于其时代的反常，因而是一种野蛮的反常。野蛮，这是因为，无限归复平和、慷慨博馈，因而生成了多样的肯定——这种命运是斯宾诺莎思想的表达基础。这是世界的欢愉。世界的悖论、世界中释放出来的介乎积极无限性与无限多的决定机制之间的张力，一旦在活动性中被展开、在构成性过程中被承认，世界的欢愉也就随即成为了中心性的欢愉，而反常也随即成了野蛮的反常。野蛮，因为它联系着不可耗竭的存在多样性，联系着它的丰饶，凡存在运行处无不有此巨大的多样性和丰饶性。斯宾诺莎那里的存在是野蛮的，是躁动难驯的，它的表现是多样的。多变而野蛮。总有新的东西在那儿，在斯宾诺莎的存在论之中。不仅是在发展所揭示的历史存在论中，而且是在——并且首先是在——从存在的显豁性、从存在的深处源源不断涌现的本质的存在论中。体现为物理层面的力量向道德层面的心之欲的转化。故此，野蛮的反常，正是无限的组织的内质，是无限和决定之间、趋势和界限之间的张力——这一张力构成了无限的力量的呈现方式——的主要特征。野蛮的反常因而不仅是斯宾诺莎思想在其时代和西方哲学发展中的独特历史配置特质，不仅是他思想的丰富性及其朝向未来的开放性的特性，野蛮的反常也还是存在表现自身的根本契机和特有样式。斯宾诺莎的反乌托邦悦纳野蛮的反常。因而，这里有许多线索，它们通过交织出斯宾诺莎哲学而再次突入表层。这些线索，作为历史的构成成分，构成了斯宾诺莎的体系。之所以这样，无非是因为它们在这个体系对野蛮的复杂性的专注力中得到了规定。同所有发达工业产品一样，斯宾诺莎思想使它的思想机器的复杂性同生产力的力量相匹配，并且首先将这种复杂性表现为一种不可化约的个别性（singolarità）。反乌托邦既是对既有事物、对构成成分的批判，也是对当前的一种积极的、个别性的建构。构成成分是复杂的，但构成方式却是直接性的。平面表现的个别性不断地展现着世界的欢愉和成熟。斯宾诺莎的结论的不可还原性是总体的。从最基本的方面来看——也许有点极端，但理应用有力度的方式来表明——，我们可以说：在斯宾诺莎看来，生产力不服从于别的什么，只服从于它自身。具体来说，生产力是处身于生产关系领域之外的：生产力从自己的角度自顾自地欲图通过它自身的力量支配生产关系。而这种生产力概念——以及该概念指称的物质性的、存在论层面的所指——将不可耗竭的丰富性、将野蛮的维度给予了斯宾诺莎的哲学及其存在观。 277

3. 构成与生产

生产力和生产关系：这个矛盾不是形而上学的，而是物质的、被决定了的。斯宾诺莎思想，就其普遍意义而言，不能被用这个矛盾来一言以蔽之。生产力是从存在的无限性中生发出来的，而生产力的唯一组织方式是在这种无限性的运动之中被给予出来的。将生产力纳入被支配的从属关系中，使之秩序化，这每一种做法都不可能是生产力本身的独立的构成性运动，因而只能是对生产力的否定、抵抗和虚无化。生产力的表现是从物质层面被给予出来的，总是作为未来的力量而涌动在存在的边际，这个边际也正是构成随势而趋地浮现的地方。生产力的表现以积累的方式在物理层面被给予出来，并且以集体的方式在伦理层面被给予出来，总是体现为理论和实践的过程——这个过程正是存在本身的构形过程——的一种结果。生产力，以及生产，因而直接地是构成，——构成是生产力借以揭示存在的形式。物质生产、政治组织、伦理的和认识的解放，所有这些都处在生产力和世界的积极构成的交叉之处。生产与构成之间的关系因而是表达存在的关键，存在的表达是一个单一的过程，无论可从多少种视点去领会它，该过程在本质上从来都是单一的。

故此,将生产与构成之间的关系看作——既在思想这个系统中,也在形而上学动力学本身的系统中,我们在这两个系统中,都面对的是在建构之中的存在本身——第一自然与第二自然之间的、物理学和伦理学之间的关系,这是对自然的占有和对世界的构成的场所。构成是生产的专称修辞(antonomasia)。其次,生产—构成关系是可以在政治层面被感知的,在这个层面,生产—构成的根本性联系在集体杂多性向集体统一性的化简归并之中表现出来,也在集体性构成性地被规定为实践力量、被规定为文明化的规范化的人际社会关系的过程中表现出来。最后,生产—构成的关系可以在真正意义的伦理层面中被观察到,或者说,在解放的意识这个层面上被观察到:存在论和政治学在伦理层面上都是服从于对幸福的追求的;它们在完满表现存在——既是集体的完满存在,也是个体的完满存在——这一目的的探求中,在摆脱悲惨生活而获得完满解放的探求中,在对本身就该是欢乐、欢愉和对存在之所是的高扬的幸福的探求中得到表达。生产即为构成性的存在论。斯宾诺莎以一种绝对的严格一致性确立了哲学的这种可能性,或者说,确立了对哲学的毁灭。这种构成性的存在论只承认生产是存在的结构之中的生产。离开生产谈存在是不可能的。对存在的批判就是对生产的批判。生产性的存在在它的构成中推进着这样一条道路,这条道路积累地(因为它遵循着严格的量的和机械的逻辑)形成着世界的诸种层级。每一种个别的物理自然的事件都是存在的积累性过程中的一次受决定的凝缩聚合(condensazione)。斯宾诺莎形而上学发现了一种物理学,而他的形而上学又正是这种物理学的产物。物理学,或者更准确地说,作为存在的生成科学,

278

又是对哲学的一种否定，它成为了斯宾诺莎体系的基础。这是一个坚实的基础，不断增长和分层链接的动力学就竖立其上。从自然到第二自然。人的活动是自然力量的延长。自然一有成熟的表达，便在心灵的主动性中得到再循环。自然与第二自然之间的关系，构成性存在论的这种根本性的联结，通过人的理智得到组织。这就是自然的表达。人的理智从自然那里获取并发展了建构的潜能。理性几乎就是模糊的印象（indistinto）中产生的。想象，这是斯宾诺莎体系中的根本力量！想象是切中肯綮的、极其有力的一个点，想象的问题也是17世纪的哲学难题、心理学上有关模糊印象的二元论两歧性的核心（对模糊印象的二元论两歧性，17世纪根据巴洛克原则从自然统一性方面作了清算，就在这一时期，激情/被动性的学说第一次为人所瞥见）——哦，这就是17世纪难题性的转捩点：因为，实际上，斯宾诺莎正是将想象当作建设世界的支点提了出来。想象，就其达到理智而言是心理性的，而理智就是在心灵中获得形式的身体。想象宣告了平行论及其替代品的偶然性：心灵是以有着顺序的样式被赋予形式的，——至少依据的是构成性顺序，而存在的野蛮的多变性决定着这个构成性顺序。在斯宾诺莎的思想中没有不连续性，而只有无限多的突变事件（catastrofi），它们不断通过想象的边际、通过对生产性的深层感知——生产性的深层感知就像大地和身体中的水分一样，到处、时时周流不息——，重新表述着存在的连续性。像是一台发动机，以有某种顺序的样式带动着众多的、各个方向上的传送带，进而让附带的动力机组保持着完美的运作。想象处在构成性存在论的核心，因为想象是存在的顺序的绝对单义性，是这一单义性之连续性的中心和标记。

因此,想象就是动力引擎。将存在展示为生产。第二自然是人建构的世界。然而,在斯宾诺莎对存在统一性的感知、对其密度的感知、对致密的现实性的感知中,人构成的世界往往使自身撞上形而上学自然而泯然不见,就像在十分耀眼的背景前无法突显自身一样。但这是纯然的表象。实际上,即便斯宾诺莎确乎看重的是自然生产的世界,而认为相形之下工业生产的世界——资本主义早期的工业生产的世界——是不足道的和可忽略的,这种忽视也是幻觉所致。因为,生产观——斯宾诺莎那里的生产观——不仅是存在的动力学基础,而且——更为重要的是——也是这一动力学复杂性的关键,是其表达、其扩展性的关键。第二自然诞生自人的集体想象,因为科学是这样的东西:它就是人类共同体所把握并发展了的恰当的自然精神的生产性结果。文明化过程就是生产能力的积累。科学是对未被解放的必然性的消灭,因而也是对偶然性的消灭,故此,科学就是对非存在的消灭。这样一来,我们便触及斯宾诺莎思想及其人文主义的悖论:在斯宾诺莎那里,不再有自然,有的只是第二自然;世界不是自然,而是生产。存在的连续性不是在从原理推结果、从因导果(按照因果联系,并以从因推导果的方向)的过程中获得形式的连续性,而是被揭示为已被给予出了的东西,被揭示为产物、结论的连续性。结果就是原理。被生产、被构成的存在,就是生产的原理和构成的原理。每一种生产性的表达都必须被追溯至以其自身为原理的生产本身:而这原理又是实际性,是存在的种种运动的即刻当下的丰富性。原理就是原理本身所构成的当下此刻。生产被倒转为构成性存在论的原理,这一倒转是生产力从生产关系——无论这些生产关系如何确定、如何坚固——中解放出来的标志。这也是对现代哲学的基础进行革命的原理。

构成存在论也成为了政治存在论。在斯宾诺莎那里，向政治学的过渡绝对地势所必然，因为存在的展开可能且必定在主体这里表达出来。斯宾诺莎政治学理论是有关主体性之合成的理论。自然向第二自然的过渡、物理学向人的行动的过渡，必定是经由主体性的。只追问是什么影响了斯宾诺莎政治学的形成，而不先向自己提出斯宾诺莎体系中政治学所处位置这一难题、向自己提出斯宾诺莎理论网络中政治学何以必然占据此种位置的这一难题，是完全抽象的。斯宾诺莎政治学因而是有关存在在"主体"这里的连续性的学说。主体是种种运动的物理积累的产物。集体性的主体只能被理解为集体行为的物理学。主体性是合成的产物，——先是物理合成，然后才是历史合成。主体学说是有关合成的学说。那么，我们现在就来捋一捋这个构成性的理论，推出它的全部惊人的生产性！生产和构成在这里被推至了极为精微复杂的水平，已经产生了一个后果：生产越有效，则构成越复杂。集体主体渴求它的政治动力学的理由。这一动力学既是生产的，又是构成的。在这里，生产关系同样也还是从属于生产力的——权力/权能（potestas/potere）从属于力量（potential/potenza）。政治构成/制宪（costituzione）总是由对权力的抵抗所驱动的，它总是一种抵抗的物理学：构成/制宪（costituzione）的复杂性，无非是力量表达的复杂性，无非是生产之表现的复杂性。政治构成/制宪是第二自然的一架生产性的机器，因而是对权力（potere）的消除和消灭。权力（potere）是偶然的。存在的过程、主体权能（potere）的不断增强、对存在必然

280

性的建成——所有这一切都从根基上动摇着权力(potere),终将消灭权力(potere)。权力(potere)乃是迷信,是对恐惧、对非存在的组织:力量(potenza)则是权力(potere)的反面,因为力量是在集体性层面构成的。对自然的占有在这里完全取决于力量条件的生产——这仍旧是个悖论,因果悖论,实际力量的悖论,存在完满性的悖论!伴随着主体性的合成,使力量(potenza)加强而反对权力的社会性和集体智能也日益增长和积累,这也使权力(potere)相对于人、相对于主体间的生产性、相对于主体性的成熟的合成方式而日益成为一种从属性的和过渡的形式。通过神学批判,斯宾诺莎哲学就对主体性的展开作了挖掘,使主体性呈现为一种存在的力量,呈现为一种日益发达的合成过程。神学是异化的学说,服务于权力(potere):二元论从来都是服务于权力(potere)的,是使命令合法化、使生产关系分离于生产力合法化的一条路线。神学批判(以及宗教传统中的批判的解经学)则消解了那些神秘化形式,并证明了它们的偶然性,说明了其中的历史残迹。神学在多大程度上服务于权力(potere),就相应地应该在多大程度上被消解:主体力量的发展,在消解神学幻觉的过程中,将存在中积累的、存在已经生产出的——在历史上,以借助神秘化同时又不断反抗神秘化的方式生产出来的——全部东西汇集起来,不断生成更大的人的社会性、不断对人的社会性进行再占有和再定义。这个过程是没有终点的,除非力量完全达到它自身的限度、获得它的绝对自治性、完全实现它的生产性。时间不是别的,而只可能是存在的完满化形式,这一完满化就是对第一自然和第二自然的占有:如果说有一个“之前”存在,这个“之前”就是对已有的存在的归结;如果说有一个“之后”存在,这个“之后”从来都对应的是纯粹的力量及其牵引力。时间无涉于任何目的论框架。

自然生产性——以及主体性——的展开、朝向完满合成的展开,真正构成了斯宾诺莎难题性的最根本的关键所在:完满化、解放的伦理学、它的前提条件、它的力量、它的结果。但是,似乎出现了一个矛盾:从存在论的和反目的论的视域出发,斯宾诺莎哲学事实上却把它的难题性投向了存在的内化性(interiorità)和集中性(intensità)。为什么呢?向着存在总体——在微观宇宙和宏观宇宙之间的张力之中的存在之整体——保持为一种开放过程的哲学,为什么却以主体的完满化为自身的收束呢?如果这个问题是合法的,那么它的答案一定也是清楚的,是排除了任何矛盾的。如果说有一种限界的话,这个限界一定是历史的,而不是理论的。斯宾诺莎使自己沉思朝向此一限界而展开的这种主体性,实际上就是伦理学的和政治的反乌托邦的实际界限本身。这里根本无须个人内心刻画手法(intimistico),这里不存在个体的东西,也没有神秘的东西。这里没有任何贬低存在连续性及其扩展性的东西。主体是一个点,无论这个点是个体形象的,还是集体形象的,存在的生产力都在这个点上展现着自身,显现为同存在征象的构成相同一的东西。主体是存在论机制之下的一个存在论位置。因而是解放在其上发生的位置。整个形而上学图景都是在这个集中点上被实现的。因而,在这个终极综合中没有不能固定的东西:毋宁说,这里有的就是解放的活动,这种解放的活动总是不断地密集、加重,但又总是开放、总是趋向完满的。我们在致力于实现完满的主体性的过程中将把握到最高形态的形而上学完满。我们将这种完满理解为完满地实现了自身的合成的一个产物目睹了自己的完满性时所获得的满足。在由无限多个即刻现在所组成的存在的链条中,收束点只可能是任何一个即刻现在,只可能是它的欢乐,是全部被给予出来的存在。我们必须坚持这一点:主体这种被决定了的表象,在任何一刻的它的合成水平上,都是被给予出来的存在的总体性。完满性就在这里,而不在任何存在的先验在场之中。张力及其克服是种种需要,而非种种观念,因为完满是存在论的完满,而非乌托邦的完满。乌托邦本身也是被包含在存在之中的,它只有被物质性地合成在主体愿望之中,才能是真正有尊严的乌托邦。斯宾诺莎伦理学就是以此为收束的。

重新打开存在的每一个时刻。斯宾诺莎的空间存在的难题性,空间构成、空间生产的难题性,最终无非是时间的形而上学规划。这里的时间不是晚近现代哲学所意欲的那种生成未来的时间,因为斯宾诺莎的视角是将所有独立于构成的决定机制之外的未来生成排除在外的。时间之为构成,这是一种形而上学的规划。作为未来之构成的时间。永续存在——建成并选择它自己的未来的存在——的实际性扩展的时间。未来哲学。只要我们经常坚持斯宾诺莎思想对未来保持的开放性,将他的思想视为未来的反常意识形态力量和未来的历史星丛化(collocazione storica),那么,在斯宾诺莎思想中,时间性的迹象将必定会更深刻地得到追溯:也就是说,追溯至存在论。在这里,力量在存在之中的铭写使存在向未来敞开。本质性的张力生成现实。构筑着世界的积累过程获得了未来时间,赢取了一种未来。主体的合成积累起过去,只是为了让它自身进入未来。存在是时间张力。如果说差异作为一个基础划分出了未来,那么,未来同样地在存在论层

282

面给这个差异进行了奠基。这种双向关系就是构成的肌理。故此，从性质方面来说，存在就是解放，同样地，是未来时间中的趋势的完满化。无限地扩展到无限完满。存在生产它自身。存在、生产和构成之间的关系是未来的维度。知识不是别的，而就是这个进步过程的持续不断的分析论，是这种交织过程的分析论，是存在的这种连续积累的分析论。存在朝向未来的张力越大，它的当前密度就越是能提升至更高的水平。未来不是动作的连续过程，而是强烈的存在的无限物质所引发的配置构型：空间性的连贯位移。时间即存在。时间是总体性之所是，是变动、财富、自由之所是。所有这一切都是联合并行的。从空间中一点移至另一点的存在，带着它的无限性，带着它的总体性，实现着完满性顺序中——也就是说在存在本身的建构之中——的跃迁。存在不与任何东西构成比较，它只与它自己比较。所以，存在就是解放、是自由、是跃迁。时间即存在论。构成内在于生产——作为自由的生产。

斯宾诺莎的生产形而上学为集体实践的形而上学的可能性条件划定了理论场地。生产力使自身脱离了生产关系的束缚，将自身直接呈现为构成性的力量，因而也展示出这样一种世界的可能性，这个世界是按照愿望而被展开、被分析和被改造的。斯宾诺莎的悖论在于这个规划的绝对物质性决定机制。集体实践是受决定的。它的种种构型都来自构成。它们的内容是解放。形式是物质的和集体的。愿望的生产，对应着主体的合成水平。存在的客观复杂性在主体方面的这种关联，在斯宾诺莎思想的历史星丛化（collocazione storica）中——并且在他的形而上学规划中——是最受决定、最特殊的东西。故此，从这个意义上说，生产—构成关系代表了斯宾诺莎的规划的基底。这个关系超越了所有逻辑——无论是古典逻辑,还是辩证法逻辑——的可能性。这也许就是他的思想的当代意义所在。由于这一原因,以极端的明晰性去坚持斯宾诺莎思想给我们的思考提供的这一维度是有价值的,本次对斯宾诺莎思想抛砖引玉的初步阐释也是这种坚持的一个部分。斯宾诺莎揭橥了生产与构成之间的同一性,进而——在资本主义文明的起源处——打破了权力(potere)辩证法的可能性并开创了力量(potenza)的视角。从科学角度来说,这种断裂是对需要的表现,并且表明了一种集体实践的现象学的形式。今天,在一个以资本主义危机为典型的时代里,这个(资本主义)生产关系和(无产阶级)生产力之间的断裂,其张力已经再次达到峰值。权力(potere)与力量(potenza)将它们自身呈现为绝对对抗。这样一来,生产力的独立性在斯宾诺莎这里找到了一个重要的指涉手段,它可以在他的推测的展开过程中找到一个使它自身历史化地得到组织的线索。显然,所有这一切都基于这一假设:即应该承认,资产阶级文化发展没有完全掩盖它起源的历史。“从民主的社会的裂解进程中,是否还可能析出这样一些元素,它们同民主的社会的起源和梦有着联系,而又不否定与未来社会的团结、与人类本身的团结?即便这个问题的答案不是‘是的’,弃置了他们国家的德国学者们手头积攒下的也并不会太多,而且他们失掉的也不是太多。在历史之唇上解读这个问题并非是学院学术的努力。”①

283

---

① 瓦尔特·本雅明(Walter Benjamin):《批评和评论》(*Critiche e recensioni*, trad. it., Torino, 1979),第292页。

附　录

《野蛮的反常：斯宾诺莎形而上学和政治学中的权力》（英译本）译者前言[①]

迈克尔·哈特

当代理论——尤其是米歇尔·福柯、吉尔·德勒兹和菲利克斯·伽塔利等法国思想家的理论——向来以权力（Power）性质研究为其核心规划。权力（Power）借以使自身在社会、个人和政治的整个维度中实现投注和渗透的众多形式、机制和配置，乃是这些思想家们分析的焦点所在。在他们的著作中，我们也可以看到许多有关新型的且具有创造性的社会作用力以及肯定性的替代性实践的建议。安东尼奥·奈格里的斯宾诺莎阐释，正是这一理论规划的重要成果之一。他的分析旨在证明斯宾诺莎为我们提

---

① *The Savage Anomaly*, *The Power of Spinoza's Metaphysics and Politics*, Antonio Negri, trans. Michael Hardt, University of Minnesota Press. Minneapolis Oxford, 1991. 迈克尔·哈特的这个英译本对奈格里的原标题作了修改，用英文"power"合并了意大利文的"potere"和"potenza"，而且强调奈格里对斯宾诺莎的解读侧重在于"斯宾诺莎的形而上学"，而非奈格里原标题所意指的"斯宾诺莎的全部基本著作"。哈特在他的这篇英译者前言中对标题的修改理由作出了相关说明。——译注

供了一种有效的“别样”权力(Power):它是一种彻底不同的、可持续的和不可回收的另类社会组织方式。奈格里实际上认为,对两种权力形式之间的区别与对抗进行识别,是认识斯宾诺莎思想的当代价值的关键。

然而,这一命意使我们直接面临着一个棘手的翻译难题。斯宾诺莎使用的拉丁文术语 potestas(权力)和 potentia(力量)在大多数欧洲语言中都存在区别(如在意大利语中为 potere 和 potenza,在法语中为 pouvoir 和 puissance,在德语中为 Macht 和 Vermogen),英语中却仅有一词 power 兼有“权力”和“力量”之义。为了解决这个困难,我们本来考虑用 potency, authority, might, strength, force 等词来解译这两个拉丁词中的 potentia 一词,但这些备选的英文词汇都会造成对原义的曲解,进而掩盖真正的难题。故此,我们选择把这个无法解决的难题保留在翻译之中,并通过首字母大小写来进行区分,将“potestas”译作“Power”,将“potentia”译作“power”,并在读者可能有理解不便的地方附上加了括号的拉丁文原文。

不过,不无幸运的是,棘手的翻译问题由此而开启为复杂难解却引人注目的一种概念探究。奈格里论述的侧重将术语上的意义区别转移为政治场地的区别。奈格里由此视域出发,认为斯宾诺莎不仅为我们提供了大权力(Power)批判,而且还给出了对权力(power)的理论建构。在斯宾诺莎看来,无论是由种种抵抗构成的星丛,还是由个体作用力或潜力构成的平面,都远不能概括权力(power)的概念——权力(power)是有着坚实的形而上学基础的组织动力学。斯宾诺莎所理解的权力(power)从来都是在集体维度中起作用的,动态地构成着民主性社会领导权。由此观之,奈格里有关斯宾诺莎的著述可以说为法国当代思想家们的著作提供了一种建设性的补充:福柯等人对大权力(Power)的性质以及运作方式的批判和分析固然已经取得了长足的进展,但奈格里所阐释的斯宾诺莎则为我们勾勒出了权力(power)解剖学的原理基础,而权力(power)恰恰是自由地创造社会的构成性作用力。

斯宾诺莎分用 potestas 和 potentia 十分严格,因而有必要深入研究两词用法的严格性以证明他的文本中这两个词汇分用的必要性——斯宾诺莎研究往往以这种方式将这个难题理解为一种纯粹语文学的问题;虽已有众多考证性研究对此进行了探讨,但这个问题在很大程度上还未得到解决。① 然而奈格里本人却没有对 potestas 和 potentia 之间的区别进行直接的探讨。他将这种语文学上的区分视为理所当然,同时,认为这个难题是个哲学和政治上的问题,进而使我们不得不自己来考量这些不同的问题。对

---

① 艾德温·柯尔里(Edwin Curley)在其选译本《斯宾诺莎著作选》(*The Collected Works of Spinoza*, Princeton, 1985)中,主张将 potestas 和 potentia 无差别地译为"power"。柯尔里认为两词之间并无实际区别:"对斯宾诺莎的用法所作的系统检视似乎并不能清楚确证 potentia 和 potestas 两词之间存在着显而易见的区别"(第 651 页)。M. 果鲁特(M. Gueroult)《斯宾诺莎:论神》(*Spinoza: Dieu*, Paris, 1968)论述过斯宾诺莎《伦理学》中 potentia 和 potestas 两词的区别,见第 375 -393 页,尤其见第 387 -389 页。就我所作的文献学基础调查而言,我认为政治学著作较通常认为的《伦理学》更有将两词分用的必要。深入的文献学考订材料见吉安科蒂·波歇里尼(Giancotti Boscherini):《斯宾诺莎学说术语词典》(*Lexicon Spinozanum*, The Hague, 1970),第二卷,第 850 -885 页(potentia),第 855 -857 页(potestas),以及第 1039 -1045 页(summa potestas)。

potestas 和 potentia 之间的区别加以识别在何种程度上能为我们提供观照斯宾诺莎著作的一种新视角呢? 这一新视角将使我们以何种方式更好地理解斯宾诺莎那综合性的哲学和政治规划呢? 而我们是否能看出大权力(Power)与权力(power)之间的真正差异呢? 如果我们能看出它们的差异的话,斯宾诺莎式的视角将使我们在何种程度上更深刻地理解权力的性质(或多元性质),并且由此能在何种意义上为我们提供当代理论和实践的新型可能性呢? 奈格里为本书设定的规划虽并不能穷尽这一探寻的线索,但确乎建构了他本人思想的核心要义,这一核心要义既体现在本书之中,也贯穿于他的其他著作。只有为奈格里对斯宾诺莎有关大权力(Power)和权力(power)的解释勾勒出一个大致轮廓,我们才能由此得出一个初步的框架以理解和评价这种区别,同时也可以由此初步厘清奈格里在斯宾诺莎研究中以及在作为整体的当代理论领域中所做的工作。

我们在奈格里的全部著述中都随处可见大权力(Power)与权力(power)之间的明确区分,二者的这种区分不仅是理论上的,而且是实践上的。总的来说,大权力(potestas/Power)意指有中心的、起中介作用的、由上而下地发号施令的强力,而权力(potentia/power)则意指植根于本地的、直接的、实际的构成性作用力。从一开始我们就必须看到,这种区别涉及的不仅是来源各异、潜能各异的不同主体权能。更为重要的是,这种区别是两种具有根本性差异的权威和组织形式间的区别,这两种权威和组织形式既在概念上对立,也在物质方面对立;既在形而上学意义上对立,也同样在政治上对立——既在对存在的组织方式上对立,也同样在对社会的组织方式上对立。在奈格里看来,如果说马克思主义在理论探索上必须要做的就是辨识出真正的对抗，那么，在二者之间进行这种区别就标志着对这一马克思主义理论探索的推进。在马克思主义传统的语境中，虽也涉及大权力（Power）与权力（power）之间的对抗（antagonism），但相对而言不构成难题性。我们可以看到，奈格里著作的基本关切则是以资本主义生产关系之大权力（Power）与无产者生产力之权力（power）之间的对立（opposition）为导向的。实际上，奈格里的大部分智性撰述和政治著述都可以被我们视作在各个领域（形而上学史、政治思想史和当代社会关系的领域）识别这种对抗的努力。既然奈格里专注于这一理论导向和知识史，也难怪会转向对斯宾诺莎的研究，而奈格里在这一研究中发现大权力（Power）与权力（power）之间的对立乃是斯宾诺莎思想的核心也并不令人吃惊。然而，我们要记住这本书的写作环境。正如奈格里在作者序言中指出的那样，他因遭受颠覆意大利国家等诸多罪名的指控而遭羁押，他正是在监狱中写成此书的。即便奈格里在对斯宾诺莎作这种艰深的研究时能在理智的清澈宁静中获得暂时的解脱，即便奈格里有时可以把他囚居的牢房想象为斯宾诺莎那简朴的光学实验室，但要说他不会受到这种恶劣情况的影响却也是完全不可能的。某种真实的、具体的对抗为奈格里的世界灌注了生气，这种压力也是使奈格里能以极为有利的方式辩明斯宾诺莎世界里的那种对抗的原因之一。

不过，从斯宾诺莎学说的系统出发来看，我们确乎要警惕一切二元对立。大权力（Power）与权力（power）之间的对抗（antagonism）这一提法让我们回想起了斯宾诺莎“没有对立，只有差异（non opposita sed diversa）”的告诫。奈格里的阐释是要将斯宾诺莎强行纳入有关对立的传统马克思主义框架之内，难道不是这样吗？显然不是的。当奈格里深入斯宾诺莎的体系中时,奈格里本人的马克思主义权力关系观也得到了极大的丰富。奈格里深入阅读斯宾诺莎并对之加以阐释,我们看到在他的这种阐释中,大权力(Power)与权力(power)绝非简单的静态对立关系:这两个概念之间毋宁说是经过多次复杂的转化而逐步趋向于消解它们之间的对立的这样一种关系。奈格里对斯宾诺莎文本的历史阐释把大权力(Power)与权力(power)之间的这些转化阶段串联起来,勾勒出了一个展开的趋势或逻辑,为这两个对抗的项赋予了本源性的且丰富的含义。

奈格里在斯宾诺莎思想的第一个阶段中发现,大权力(Power)与权力(power)的对立揭示了形而上学与历史之间的对立。奈格里通过细读指出《伦理学》第一部分结尾出现了一种形而上学奠基,但悖论的是,《伦理学》第一部分结尾的这个部分却又有着消除大权力(Power)与权力(power)之间对立的作用。神的本质等于神的力量/权能(power)(命题三十四):这是所有肯定性的基础。斯宾诺莎继而主张我们所能设想的一切都是落在神的大权力/权能(Power)之中的,他随即又补充说,一切原因皆必然地有其效果,而一切效果皆必然地自它们的原因而出(命题三十五和命题三十六)。这三个命题极其典型地表明了斯宾诺莎的论证形式:权力/力量(power)的基本性质乃是这一奠基的真正基础,也正是在此基础之上,斯宾诺莎才能在接受神的大权力/权能(Power)乃是生产万物的实际能限(命题三十五)这一传统观点的同时,又用(第一部分的)最后一则命题(命题三十六)批驳这同一个观点,而作这种批驳才是斯宾诺莎的真正目的所在。这样一来,神的大权力/权能(Power)就不再是能生产出万有的未发却可设想的可能性,而只是生产了存有着的万物的实际性本身;换言之,除了世间实际存有着的事物之外,神不可能为任何别的事物给予可能。斯宾诺莎的形而上学没有给潜在性或可能性留出任何地盘。① 因此,神的大权力/权能(Power)不会超过神的权力/力量(power)的范围。这种范围的缩小为进一步探讨提供了抽象的基础。在形而上学领域内,是没有大权力(Power)与权力(power)之分的;两项之间的区分仅仅是为有助于论战而设计,为的是一方面突出强调斯宾诺莎那里的权力/力量(power)概念,一方面否定传统的大权力/权能(Power)概念。因此,从永恒的角度看,在《伦理学》十分成功的观念系统中,根本不存在大权力(Power)和权力(power)之分,因为在形而上学中,有的只可能是权力/力量(power),而绝无大权力/权能(Power)。

不过,从历史和政治的角度来看,大权力(Power)在斯宾诺莎那里毕竟是有其相当真实和物质性的存有的。奈格里对斯宾诺莎的历史解读向我们证明了大权力(Power)真实而具有物质性的隔栅网络是如何深深地以君主制政体和宗教等级制的形式渗透于17世纪的。实际上,大权力(Power)在概念上和实际中的构成基本上恰恰滥觞于17世纪的欧洲,笛卡尔为这种构成提供了形而上学内核,而霍布斯则为之提供了政治学的核心。斯宾诺莎一

① 奈格里对这一部分的阐释以果鲁特的《斯宾诺莎:论神》为依据。德勒兹认为,斯宾诺莎对神的存有和生产的力量/权能的论述在很大程度上造成了斯宾诺莎对笛卡尔相关观点的反对。在笛卡尔看来,神的存有和生产的力量/权能不是别的,而就是可能性的权能。参看德勒兹:《斯宾诺莎和表现难题》,第24-25、31-32、107-111页。

反这一潮流:奈格里从书信和政治著作中获得充分的证据向我们展示了一个具有民主和共和主义色彩的斯宾诺莎——他主张思想自由、反对神学和政治权威,并对大权力(Power)的构成进行了抨击。显然正是由于这一原因,在斯宾诺莎那里才呈现出了一种形而上学与历史之间的这样一种彻底的、绝对的对立:从《伦理学》的观念论视角出发,大权力(Power)被视为一种幻象,因而从属于权力(power);但从历史角度出发来看,在斯宾诺莎的世界中,权力(power)却(由于政治和宗教权威压制了诸众的自由表现之故)逐渐从属于大权力(Power)。就此我们才能在斯宾诺莎那里大致勾勒出两种权力之间的这种对立的轮廓,虽然这种轮廓只是概要性的且抽象的。但我们还看到,这种障碍——即大权力(Power)和权力(power)之间、形而上学和历史之间的对立——并未妨碍斯宾诺莎的探索。奈格里在对斯宾诺莎的论述进行梳理,直至他的论述的成熟阶段,由此发现了消除这种对立的两种策略。两种策略以某种交错配列的方式同时并行:一种策略是由权力(power)进到大权力(Power)、由形而上学进到政治和历史的策略;另一种策略则相反,是从大权力(Power)进到权力(power)、由政治和历史进到形而上学的策略。

在斯宾诺莎的形而上学权力(power)观中辨认出存在论密度和政治的第一性,这或许是奈格里最重要的贡献。斯宾诺莎的全部工作贯穿着对概念关系的累积,通过这一漫长过程,斯宾诺莎完成了关于权力(power)的理论建构。权力(power)的起点是人的本质,即 conatus(努力),conatus(努力)通过欲望和想象机制展开自身,进而使自身成为了作为复杂生产力的思想和行动的力量意象。权力(power)若仅只是个体作用力或个体冲动,那么,这种权力观念是不能令我们满足的。因为,权力(power)毕竟从来是在集体维度中使它自身得到组织的。《神学政治论》以及《伦理学》的第三部分和第四部分是这方面的核心内容,人的权力(power)在想象机制、爱和欲望驱动之下实现着真实、直接和联合性的运动,这部分文字构成了对人的权力(power)的分析。对人的本质的形而上学探究正是借有关权力(power)之组织的这种分析而转入了伦理学与政治的领域的。奈格里对斯宾诺莎的两个概念作出了强调,从而揭示了权力(power)在组织方面的特征:这两个概念即诸众和构成。“诸众”是斯宾诺莎用来描述集体性社会主体的一个术语,就“诸众”通过共同的社会行为表现着共同欲望而言,“诸众”是一种统一的集体性社会主体。权力(power)借由诸众的激情和智能不断创造出新的社会关系。诸众——作为斯宾诺莎民主愿景主角的诸众——又借由构成而使得社会权威得以创生,社会性的规范和法权通过这一过程而能按照直接性、集体性和联合关系的逻辑生成于社会基础之上。在这种构成过程中,权力(power)的形而上学成为了一种伦理学、一种集体激情的伦理学、一种想象和欲望的诸众伦理学。这种对权力(power)的分析将我们从形而上学带到了政治之中,因此也为我们审视大权力(Power)何以真实地存有、何以居高临下这一难题及其历史维度提供了基础。

斯宾诺莎在《政治论》中给出了一种评估政治形式的逻辑,奈格里又向我们展示了这种逻辑是如何在诸众的构成性权力(power)基础上使大权力(Power)还原为权力(power)这一趋势由潜能而变为现实的。斯宾诺莎从他对当时的历史观察出发思考了君主政体的最佳构成是什么。斯宾诺莎以他成熟的权力(power)观和法权观为基础证明了,从着眼于和平与自由的角度来看,至高的大权力(Power)——即君主——被诸众的权力(power)所节制的君主制才是最好的君主制。换言之,君主制是一种有局限的政体形式,因为这一至高的大权力(Power)并不由诸众的权力(power)自由地构成。接下来,斯宾诺莎转而考察大权力(Power)向权力(power)还原的另一种政体形式,即贵族政体。根据斯宾诺莎的逻辑,贵族政体是一种局限性更少的政体形式。因为,就这种政体而言,至高的大权力(Power)以议会形式呈现自身,相比前者(君主政体)而言,至高的大权力(Power)更充分地由诸众的权力(power)构成。民主政体则是这一进程的最后一环,但斯宾诺莎在完成《政治论》的这一部分之前不幸去世。然而,他留下的逻辑是很清楚的。民主政体是绝对的、无局限性的政体形式,因为至高的大权力(Power)完全由诸众权力(power)构成:斯宾诺莎所理解的这种民主政体的活力来自一种构成性的大权力(Power),而这种构成性的大权力(Power)正是群众性权威的动态形式。[①] 斯宾诺莎从君主政体到贵族政体再到民主政体的考察过程,也是他从历史转向形而上学、从大权力(Power)转向权力(power)的过程。实际上,民主政体是转入《伦理学》方案的转捩:权力(potentia/power)在斯宾诺莎所理解的民主政体中不可能

① 有关斯宾诺莎未写成的民主政体一章的假设性重构,请参看奈格里撰写的《珍贵的遗迹:对斯宾诺莎最后阶段有关民主和谐定义之推测》("Reliquia desideratur: Congettura per una definizione del concerto di democrazia nell'ultimo Spinoza"),载《斯宾诺莎研究》(*Studia Spinozana*, vol. 1, Hannover, 1985),第 143 -181 页。

是别的,只可能是构成性的大权力(Power),只可能是完全自由地由诸众权力(power)所构成的大权力(Power)。故此,在某种意义上说,我们在这里就大权力(Power)与权力(power)之间关系所勾勒出的那种轨迹已然完全地返回到了它的出发点上,但是,这种返回作为一种过程的结果是在两者关系既获得了其形而上学密度又获得了具体的政治决定机制的物质性基础上实现的。如果说《伦理学》从其乌托邦视角的观念论方面尽量消除大权力(Power)与权力(power)之间的区别的话,那么《政治论》则提出了两者的区别在未来真正消失的趋势——民主性的大权力(Power)将来可能会完全由诸众权力(power)构成。今天,斯宾诺莎的愿景在这种民主想象之中至少与在他所处的时代一样具有生命力。在这里,我们看到了他为我们的未来所勾画的那种趋势。

译后记

“理智再也不可能与激情的生活相分离;人的不同部分再次团结了起来。我们坚持着关于一个没有恐惧的世界的愿景。这是斯宾诺莎告诉我们的——女性主义者、工人、学生,以及1968年里希望并憧憬着世界发生改变的所有的人重新发现了斯宾诺莎所说的那些东西,斯宾诺莎之后的四百年里,某种东西已经发生了改变:生活/生命已经以新的方式结为一体”①——在结束监禁、流亡、监视居住的生活之后,在发表了著名的《帝国与诸众》(*Impero e Moltitudine*)之后,奈格里仍然坚持着他对20世纪70年代的“斯宾诺莎研究”的理解。对奈格里来说,17世纪荷兰哲学家斯宾诺莎一直是他汲取生产性概念,并为他自身的政治活动赋予“理论姿态”的一个基本资源。奈格里进入21世纪后所发表的原创性代表著作《帝国》的基本结构、核心概念和伦理学视域基本也都源于他所理解的斯宾诺莎。“诸众”概念是斯宾诺莎《神学政治论》和《政治论》中受想象激情控制的“群众”,而“社会智能”这

① 见《奈格里谈奈格里,与安妮·杜福尔曼特尔的对话》(*Negri on Negri, Antonio Negri with Anne Dufourmantelle*, trans. B. DeBevoise, New York and London, Routledge, 2004),第29页。

个支撑着奈格里对“帝国”的解放前景展望的物质性基础，在很大程度上也来自斯宾诺莎《伦理学》中的“思想的联结与顺序”的观念。奈格里从20世纪60年代至今都是“在斯宾诺莎之中”或“通过斯宾诺莎”思考这一说法并不为过。

奈格里本人在其思想发展的不同阶段都撰写过有关斯宾诺莎的专著。从《野蛮的反常：巴鲁赫·斯宾诺莎那里的权力与力量》(*L'anomalia selvaggia: Potere e potenza in Baruch Spinoza*, 1981)、《颠覆性的斯宾诺莎》(*Spinoza sovversio*, 1992)、《斯宾诺莎那里的民主与永恒》(*Democrazia ed eternità in Spinoza*, 1995)、《斯宾诺莎和我们》(*Spinoza et nous*, 2010)等著作，还有发表在各个时期、散见于政治左翼评论和斯宾诺莎研究刊物的诸多单篇论文中，我们不难看出，奈格里不断地为他早已画就的斯宾诺莎肖像补充着细节，而这幅斯宾诺莎肖像的下面正是奈格里本人的容貌。

《野蛮的反常：巴鲁赫·斯宾诺莎那里的权力与力量》(后简称《野蛮的反常》)是奈格里的斯宾诺莎肖像的初稿，也是在“构图”上最完备、最精审的一稿。这部著作是在监狱里完成的，但它的构思方式和切入点以及它的政治—伦理诉求，却是奈格里在20世纪70年代入狱前政治活动的结果。众所周知，二战后“自由主义民主政治”与左翼(共产主义)民主政党通过共和制议会争夺政治权力、行使社会治理权成为了欧洲的主流政治治理模式。在这一模式下，主流政治左翼的“变化”“社会进步”“社会主义”方案和资产阶级右翼的“秩序”“等级”和“传统价值”的策略以更系统、更具动态的方式巩固了战后资产阶级国家权力。国际共产主义的力量作为苏联党的欧洲同盟，与其说能为欧洲政治提供撕开权力缝隙的撬杠，不如说只是冷战中苏联利益的欧洲代表。即使在1968年之后,工人阶级的具体实践在这种主流政治格局中也难以使自身的实践首创性变为真正的社会制宪力量。也正是在这一背景下,当时还是帕多瓦大学政治哲学教授的安东尼奥·奈格里发起了"工人权力"运动,1971年创办《工人权力》刊物,试图影响当时的意大利共产党,积极从事代表真正工人阶级掌握政治权力的历史实践。但是,20世纪70年代中期,意大利共产党开始接近议会权力中心,并试图通过所谓的"历史性妥协"策略进入由基督教民主党领导的联合政府。因此,到那时为止还尽可能与意共保持团结的激进左派被抛入了危机之中,包括"工人权力"在内的许多革命团体宣告解散。1977年奈格里又建立了一个名为"工人自治"的新团体,对意共的"妥协"行为作出了极为激进的反应,其成员开始走上街头,占领废弃建筑物,并逐渐上升到扰乱社会治安、殴打和胁迫政治对手等暴力活动。由于"工人自治"的无政府主义工团主义和组织上的混乱松散,其成员中有不少人与"红色旅"保持着暧昧的关系,资产阶级当局"不失时机地"将当时的"红色旅"恐怖主义活动算在奈格里领导的"工人自治"组织头上,1979年逮捕了奈格里,并组织了著名的"四月审判"。在审判中,奈格里被指控为意大利主要恐怖主义组织"红色旅"的幕后策划人,除了这些罪名,他还被指控直接参与了对前总理阿尔多·莫罗的绑架活动。实际上,对奈格里的指控和审判并没有经过法庭正式程序,但奈格里还是被长期羁押,先后关押在不同的监狱,后来又流亡法国,1997年返回意大利监视居住,直到2003年才重获自由。《野蛮的反常》就是奈格里在"四月审判"后羁押期间写成的。

该著作中对"力量(potenza)"反对"权力(potere)"的反抗、植根于活生生的生产力的制宪权对中介化了的宪制权的反抗的强调,以镜像的方式反射着奈格里当时的政治实践,这种"反射"在后来转变为了奈格里持久的理论底色。正如2010年奈格里为《野蛮的反常》进行辩护时所说的那样,在"后现代"时期,斯宾诺莎(以及奈格里本人)的"野蛮的反常"得到了延伸。这种"野蛮的反常"指的是什么呢?它有什么意涵呢?从奈格里各个阶段的斯宾诺莎阐释来看,斯宾诺莎的"野蛮的反常"有以下几种意涵:

一、拒绝个体主义。如果说现代资产阶级思想史是一部"个体主义"的思想史,那么从17世纪开始的整个现代性思想主流发展就意味着系统地为个体主义建构话语的过程。笛卡尔建立在心物隔绝二元论存在论基础上的心灵个体主义、霍布斯—卢梭建立在个体竞争自然状态基础之上的政治个体主义、黑格尔建立在追求承认的斗争的辩证法个体主义及其施米特版本,使资产阶级的自我理解局限在对象性的、由个体化国家权力所代表的个体主义集体形象之中。处在现代起点的斯宾诺莎,虽然在很大程度上和这一个体主义传统共享了同一个历史场地和理论前提,但却反常地同这个传统决裂了。历史场地:个人竞争、个体公司的竞争、个体的民族国家的竞争前所未有地创造了充满活力的现代世界历史。理论前提:所有事物无一例外地处在同他物的力量关系之中。然而,斯宾诺莎却由此得出了"联合"和"集体"的理论性结论。"杂多的事物(multitude)"固然在外显的表现中相互不合,却不容否定地是同一些属性的样式化结果,而所有属性都在自类中表现着唯一的实体,因此,个别的杂多事物的外显"对抗",不是敌对关系,而是自然本身的表现——在自然的原因性之下,杂多事物的力量混乱地和谐、协调地紊乱,但都是在同一个原因性规则的决定下表现着同一种力在不同力量量级水平上的“联合”关系。自然不会否定它自身。自然本身的“决定机制”的每次“输入”作用,都以实际的力量决定着杂多事物的样式化的“输出”结果。人不是独立于其他事物之外的“国中之国”,人的“诸众(multitude)”也以社会形态表现着自然的“决定机制”自变—因变的关系,在历史力量的作用下实现着水平程度不同的联合,直至在历史的最高阶段,在“对神的理智之爱”中达到接近于本质性顺序的正确的“联合”。

二、想象是一种物质性社会智能的“传感器”。如果说斯宾诺莎的哲学是对笛卡尔哲学的回应和创造性改造的话,那么这种创造性改造的最具难题性的概念就是“想象”。“想象”这一概念,打通了物理世界和心灵世界之间的笛卡尔式隔绝。在斯宾诺莎的体系中,“想象”一方面是广延的事物的个别样式——即物体——之间发生物理接触的方式,另一方面也是广延的事物的个别样式的心灵——事物的观念——发生接触的方式。物体与物体之间(身体与身体)碰撞,会在各自表面留下“印迹/印象”,物体的观念也会在各自的观念上留下“印象/意象”。宇宙万物的架构犹如一台精密的复合机器,这台机器的动态物质结构同时就是它的神经网络,它的物质内部交换过程产生的任何一次微观的和宏观的物理力量交换,都同时被转译为神经网络中微观的和宏观的意象信息,在神经网络中产生“概念—思想”的数据。人作为自然这台机器中的一种“元”,也兼具身体/物体和心灵这两套并行网络,人的身体与外部物体的瞬时接触会在身体神经网络中生成微观信息,而人的身体与外部物体的经常性、规则性接触则会在人的神经网络中产生“格式塔”效应的意识信息或“意识形态”。

人的身体与外部物体在一定时空中的一定规则性接触,会产生人与人在身体上的、人的集体与外部固定事态之间的"共同顺序",而人与人在"感情"[①]和"观念"上也会由此形成对这一时空中相对固定的"观念的共同顺序"的观念。在这种意义上说,这种集体性的共同顺序"观念"作为"真观念"正是人的身体与外部自然/社会事态发生力量和信息交换的"输出"结果。在奈格里看来,斯宾诺莎为当代提供了一种可能的"生命政治"的社会学,而这一社会学的存在论基础正是斯宾诺莎意义上的这种"想象"。个体的conatus(努力)、受感致动的情状(感情)作为社会物质性指示,借由"想象"传感着社会物质构成中的整体变动。正如奈格里在2009年所写的《内在性与民主的异端》一文中所说:在社会"力场"中的全部个体的"appetitus(冲动)的物理特质和conatus(努力)的想象都体现在cupiditas(欲望)的冲力之中,也正是cupiditas(欲望)这一冲力使二者得以组织而成为社会经验,并生成想象。想象预示着制度的构成;它是徘徊在理性边缘的、表现着理性进展的力量"。[②] 在这一语境中,构成性"想象"在奈格里看来比一切观念论的、个体主义的"理智"更接近集体性的社会智能。不难看出,这一点正是他本人"社会智能"的帝国结构的理论基础。

---

① "感情(affects)"在斯宾诺莎那里是最基本的想象结果,也即身心受外部物体影响而发生的特定意象变动及其在人的个体内心中引发的受感致动的情状。

② 安东尼奥·奈格里:《我们时代的斯宾诺莎:政治与后现代主义》,威廉姆·迈凯格译(*Spinoza for Our Time*, *Politics and Postmodernity*, trans. William McCuaig, New York, 2013),第124页。

三、与“想象”是历史性的社会智能的“传感器”这一理解相关,奈格里进而坚持强调,“历史”主体既不是黑格尔式的“时代精神”的承担者,也不是阿尔都塞意义上的被“唤问”而成的、与自身处在现实与观念表述的错位关系中的“非—主体”,相反,“主体”只能是实时代表着、反射着网络状构成性力量的“诸众”。力量和诸众的关系不应该被思想为存在论上的统一关系,而是一种存在论前景(horizon),一种“开放的关系”。[①] 奈格里在他对斯宾诺莎的解读和他的马克思主义理解中调和了朝向统一性的张力和朝向弥散性的张力,因为斯宾诺莎学说也描述过组合/分解的内在过程,生命的内在目的论决定并推动着这种聚散分合的过程,在奈格里看来,这也印证了马克思对“活劳动”概念所作的理论说明。奈格里实际上以未曾言明的方式在斯宾诺莎的“想象的生产”概念和马克思的“生产力”概念之间画上了等号。一方面,奈格里把斯宾诺莎的构成性想象的生产拉得与马克思的物质的社会生产相近、相符合,进而给斯宾诺莎的构成性想象生产赋予了一种新的历史物质性。这样,奈格里就构造出了一种新的世界形态,因为,这种吻合(想象生产和物质生产中的生产方式、劳动工具、生产力等概念的吻合)使他把生产固定在世界的表层成为了可能。另一方面,奈格里也把马克思的物质的社会生产概念拉向斯宾诺莎的构成性想象生产概念,给马克思的生产赋予了一种被包含在想象的观念中的创造性和自由的维度。对生产概念的这种重构使奈格里将《伦理学》读成了物质化主体性的构成历

---

① 安东尼奥·奈格里:《构成性权力》(A. Negri, *Le Pouvoir constituant*, Paris, PUF, 1997),第 405 页。

史——诸众式主体在存在论构成性想象机制作用下聚变—裂变的张力的历史。诸众式主体在物质性想象机制的作用下,被拉动着以动态的方式成为历史力量的内在发展的意识主体,但这个主体拒绝任何制度中介,也不能被任何一种“大写的名称”所命名。

“构成性力量”的这种拒绝任何制度中介又通过诸众主体生成、拆毁着一切既有的制度性中介权力的特性,就是奈格里从斯宾诺莎的形而上学和政治学中所解读出的“野蛮的反常”。在《野蛮的反常》初版时,法国当代斯宾诺莎研究的重要理论家为该书撰写了序文。吉尔·德勒兹、皮埃尔·马舍雷和亚力山大·马泰隆所撰写的这三篇序文,对我们理解奈格里的斯宾诺莎阐释是极有帮助的。德勒兹和马舍雷的序文在很大程度上肯定了奈格里“读法”的积极方面。德勒兹肯定了奈格里从“力量”的动力学角度解读斯宾诺莎的形而上学的做法,马舍雷肯定了奈格里挑明的斯宾诺莎的“未来哲学”的伦理学重要性,但他们对奈格里的斯宾诺莎解读并非没有保留。德勒兹谨慎地表示对这种解读“不宜匆忙地反对或赞成”,而马舍雷对奈格里所说的斯宾诺莎《伦理学》的“二次奠基”之说也不甚赞成。

亚力山大·马泰隆的序文在文献学的基础上对“二次奠基”之说明确地提出了质疑。这是值得我们重视的。一方面,从斯宾诺莎现存的文稿来看,《伦理学》的五个部分是一个极其缜密、系统的整体,前两个部分的存在论架构为后三部分的伦理学、政治学提供了基本的概念保证;另一方面,《伦理学》与《形而上学思想》《简论神、人及其心灵幸福》《笛卡尔哲学原理》《理智改进论》(也作《知性改进论》)、《通信》在存在论的概念系统上保持着相当的一致性(即便有一些细节调整),而且也与《神学政治论》和

《政治论》(未完成)在伦理学、政治学的推理逻辑上高度一致。仅从推测的撰述时间的历时性上设定一个“二次奠基”似乎是难以说通的。此外,奈格里所说的“二次奠基”不仅仅是一个简单的从存在论向伦理学过渡的再奠基,这里还牵涉着重要的理论问题,其中最重要的一个问题即所谓“属性”概念在《伦理学》后三部分中消失的问题。奈格里认为“属性”概念的消失,是古代哲学残余流溢论的乌托邦式“斯宾诺莎主义”被力量构成论的现实主义斯宾诺莎学说所取代的结果,是值得欢迎的。这是正确的解释吗?

译者在这一问题上是赞成马舍雷的保留态度和马泰隆的批评意见的。奈格里的“属性概念的消失”之说,显然是为了使他自己对“想象”的构成性功能重要性的提升作合理化论证的。在斯宾诺莎的形而上学体系中,“属性”是沟通“实体”和样式世界的核心概念。实体是自然自我生产的全部决定机制和由这一决定机制所出的既有的存有之全体。实体表现为数量无限的“属性”,每个属性作为“自类无限”的整体,从其各自的角度无尽无余地表现着唯一实体的全部,每个属性都是一种形式上的本质性的无限之“是”。虽然人由于只存在于“广延的顺序”和“思想的顺序”之中而只能理知“广延”和“思想”的属性决定物,但无限属性能为一切可被理知的存有“配发”着样式化的条件;也就是说,为直接无限样式提供本质条件,并为间接无限样式提供全部决定的理据。因此,“实体—属性—理性”的决定在形而上学平面上决定了世界万有的可理知性。显然,人若仅凭样式性的致动、仅凭身体性的想象机制,只能形成对外部事物的不充分的印象联系,而不能在理智上接近并进入理性。故此,在《伦理学》第二部分中,斯宾诺莎明确指出过，印象生产—想象机制虽给予真观念，但却由于不能经过理知形成正确顺序而只能给予“第一种知识”，即自发性的“假”知识。进而斯宾诺莎在《伦理学》第三部分、第四部分分析了人基于想象受制于被动激情和受感致动的被动情状（消极感情）所形成的奴役状态，最终在最后部分推导出了改进理智、通过真知识进入“理智之爱”、走上解放之途的伦理学规划。显而易见的是，“属性”若被取消，“实体”的理性决定就不再具有任何形而上学的决定意义，“无序”的力量运动不仅无法由“原因”推出，而且也不会借由广延的运动传导为理性的观念顺序，最终甚至同任何有理据性相脱钩——至此，我们甚至连“存有”即“合理”都不能说了，我们只能说“存有”即“存有”，而这个同义反复的表述是说不通的。如果奈格里强调斯宾诺莎的政治学的根本在于他的形而上学，那么，奈格里所解释的斯宾诺莎政治学确是与奈格里本人的政治实践相吻合的。

本书从 Derive Approdi 出版社出版的奈格里斯宾诺莎研究著作合集 *Spinoza*（Roma, 2006）译出。鉴于英译者前言就其以英语“Power/power”来译奈格里意大利词“potere”和“potenza”所作的说明具有参考价值，译者也一并译出，作为附录，供读者参考。该英译本译者前言由我的研究生刘玥同学译出初稿，我修订了译文，特此感谢。本书初稿译完后，我的研究生武金歌同学通读全稿，订正了我初译中的许多疏漏，使我二次校译的工作轻松不少，也在此感谢武金歌同学。感谢徐晔、陈越两位主编和责任编辑任洁女士，他们的包容使我能在奈格里的理论语境中重读斯宾诺莎，并以较充分的时间推敲译文。

译者学识所限,对奈格里文本和斯宾诺莎文本的认识还相当不充分,这使译文必然存在这样或那样的欠缺,敬请各位读者指正。

赵 文

二〇二〇年十二月十七日

于陕西师范大学

著作权合同登记号:陕版出图字 25-2016-0244

图书在版编目(CIP)数据

野蛮的反常:巴鲁赫·斯宾诺莎那里的权力与力量 /
(意)安东尼奥·奈格里著;赵文译. --西安:西北大学
出版社,2021. 5
ISBN 978-7-5604-4744-5

I. ①野… II. ①安… ②赵… III. ①斯宾诺莎
(Spinoza, Benoit de 1632—1677)—哲学思想—思想评论
IV. ①B563. 1

中国版本图书馆 CIP 数据核字(2021)第 098344 号

野蛮的反常:巴鲁赫·斯宾诺莎那里的权力与力量
[意]安东尼奥·奈格里 著
赵文 译

出版发行:西北大学出版社
地　　址:西安市太白北路 229 号
邮　　编:710069
电　　话:029 -88302590
经　　销:全国新华书店
印　　装:陕西博文印务有限责任公司
开　　本:889 毫米 ×1194 毫米　1/32
印　　张:17. 375
字　　数:370 千
版　　次:2021 年 5 月第 1 版　2021 年 5 月第 1 次印刷
书　　号:ISBN 978-7-5604-4744-5
定　　价:129. 00 元

本版图书如有印装质量问题,请拨打电话 029 -88302966 予以调换。

精神译丛（加*者为已出品种）

第一辑

*从莱布尼茨出发的逻辑学的形而上学始基	海德格尔
*德国观念论与当前哲学的困境	海德格尔
*正常与病态	康吉莱姆
*孟德斯鸠：政治与历史	阿尔都塞
*论再生产	阿尔都塞
*斯宾诺莎与政治	巴利巴尔
*词语的肉身：书写的政治	朗西埃
*歧义：政治与哲学	朗西埃
*例外状态	阿甘本
*来临中的共同体	阿甘本

第二辑

*海德格尔——贫困时代的思想家	洛维特
*政治与历史：从马基雅维利到马克思	阿尔都塞
论哲学	阿尔都塞
*赠予死亡	德里达
*恶的透明性：关于诸多极端现象的随笔	鲍德里亚
*权利的时代	博比奥
*民主的未来	博比奥
帝国与民族：1985—2005年重要作品	查特吉
*政治社会的世系：后殖民民主研究	查特吉
*民族与美学	柄谷行人

第三辑

*哲学史：从托马斯・阿奎那到康德	海德格尔
试论布莱希特	本雅明
*论拉辛	巴尔特
马基雅维利的孤独	阿尔都塞
写给非哲学家的哲学入门	阿尔都塞
*康德的批判哲学	德勒兹
*无知的教师：智力解放五讲	朗西埃
*野蛮的反常：巴鲁赫・斯宾诺莎那里的权力与力量	奈格里
狄俄尼索斯的劳动：对国家形式的批判	哈特 奈格里
免疫体：对生命的保护与否定	埃斯波西托

第四辑

*古代哲学的基本概念	海德格尔
黑格尔精神现象学的起源与结构	伊波利特
卢梭三讲	阿尔都塞
野兽与主权者（第一卷 2001—2002年研讨班）	德里达
野兽与主权者（第二卷 2002—2003年研讨班）	德里达
黑格尔或斯宾诺莎	马舍雷
第三人称：生命政治与非人哲学	埃斯波西托
二：政治神学机制与思想的位置	埃斯波西托
领导权与社会主义战略：走向激进的民主政治	拉克劳 穆夫
德勒兹：哲学学徒期	哈特

第五辑

基督教的绝对性与宗教史	特洛尔奇
生命科学史中的意识形态与合理性	康吉莱姆
哲学与政治文集（第一卷）	阿尔都塞
疯癫，语言，文学	福柯
追随斯宾诺莎：关于斯宾诺莎学诸学说与历史的研究	马舍雷
斯宾诺莎《伦理学》导读（卷一·解放之途）	马舍雷
斯宾诺莎《伦理学》导读（卷二·论心灵）	马舍雷
拉帕里斯的真理：语言学、符号学与哲学	佩舍
速度与政治	维利里奥
《狱中札记》新选	葛兰西